相続税土地評価における

# 鑑定評価実例と裁決事例考察

株式会社 東京アプレイザル
不動産鑑定士
**永井 宏治**

清文社

## 推薦の言葉

　この度、不動産鑑定士の永井宏治先生が単著として第二作目となる『相続税土地評価における鑑定評価実例と裁決事例考察』を上梓されることとなりました。永井先生は、不動産鑑定評価基準に精通されていることは当然として、相続税申告に税務担当者（その最も代表的な存在として税理士）がバイブルとして通常活用している財産評価基本通達についても、相当に造詣が深い方であります。いわば、不動産鑑定理論と相続税等の税務評価理論の両方面を熟知したハイブリッド型の専門家であるといえましょう。

　そのような立ち位置にいらっしゃる永井先生の今回の御著作は、そのメインとして相続税等の課税場面において土地の価額が争点とされ、相続税法第22条《評価の原則》に規定する「時価」（客観的な交換価値）を求めるものであるとして、財産評価基本通達の定めにより算定することなく不動産鑑定士による不動産鑑定評価額が正当であるとの主張の可否について検証が加えられた御労作であります。

　御著作には、採り挙げられた裁決について、Ⅰ 事案の概要、Ⅱ 裁決の内容、Ⅲ 鑑定士視点からの考察、Ⅳ 筆者（注：永井先生）が鑑定評価を行う場合、と理路整然と展開されており、従来書には見られない目線からの不動産鑑定評価理論と相続税等の税務評価理論の融合又は対立についてお考えを述べられている点に好感が寄せられるものと考えられます。

　税理士等で相続税等における土地の価額を財産評価基本通達の定めによるのではなく、不動産鑑定士による不動産鑑定評価によることも検討したいと考えている場合において、その基礎（不動産鑑定評価の基本的な考え方）から応用（不動産鑑定理論と相続税等の税務評価理論の融合又は対立）までの各種論点を確認するときに、本書は実践的な事例を用いて解説された類書の追随を許さない良書であると言えましょう。

　本書の御刊行直後ではありますが、永井先生による本書の続刊が世に出ることを切に願って、私の推薦の言葉とさせていただきます。

　令和6年12月吉日

税理士　笹岡　宏保

# はじめに

　相続税申告に関する不動産の評価については、相続税法第22条により「当該財産の取得の時における時価」と定められており、財産評価基本通達に基づく評価を行うことが原則とされています。ただし、評価通達に定める評価方法によるべきではない特別の事情（以下「特別の事情」といいます）がある場合には「通達によらない評価」も認められています。具体的には「鑑定評価による時価評価」がこの場合に該当するかと思われます。

　筆者は、これまでの不動産鑑定士として多くの相続税申告に関する鑑定評価を行ってきました。通達の世界は「推定無罪」とも言われており、その通達による評価額が高いのではないかと不動産鑑定士が判断しても通達を覆せるだけの説得力がないと鑑定評価は認められません。鑑定評価が認められることも多い一方、更正の請求に関する鑑定評価では否認されることも経験し、国税不服審判所でのやり取りの中でやはり鑑定評価は認められない、という結論となり悔しい思いをすることもありました。

　不動産鑑定士が鑑定評価額で当初申告や更正の請求を行い、国税不服審判所で争ったケースは裁決事例として記録があります。数多くの裁決事例を読むと、鑑定評価について否認された事例が多く、「鑑定評価額による申告を行っても認められないのではないか」と税理士の方々に思われてしまうことは一人の不動産鑑定士として大変残念に思います（実際には認められた事例は知られることはなく、否認事例ばかりが裁決事例として出てしまうので致し方ないのですが）。

　財産評価について税理士によっては評価上の見落としや、評価に対する考え方の違いで評価額に差がつくことも多いかと思いますが、鑑定評価は不動産鑑定士の主観によって評価が大きく変わってしまうことが多いと思われます。さらに、結論の評価額が妥当だとしても、そこに至るまでの鑑定評価書作成の流れ如何によっては「合理性がない」ということで否認されてしまいます。一方、令和4年4月19日の最高裁判決にもあるように、原処分庁側が鑑定評価を採用するというケースもあります。本書第2部の中でも審判所側の鑑定評価を採用した事例を紹介しています。そのような事例があるならば、鑑定評価が一概に相続税申告における評価の中で「使えない」とは言えないのではないかと筆者は考えます。

　筆者が日常的な鑑定評価業務の中で様々な不動産に接していると、「一体誰が買うのだろうか？」と疑問を持つような不動産を多く見る機会があります。そのような不動産についても不動産鑑定士は定量的かつ定性的な分析を行い、鑑定評価額として表示する必要があります。的確な評価を行うにはやはり経験が重要になってきます。

　本書では筆者の経験を基に全体を2部構成で執筆をしました。

　第1部は鑑定評価の基礎的な知識及び相続税申告における鑑定評価実例を解説し、第2部は鑑定評価に関して争われた裁決事例を検証・考察しています。第1部では共著書『相続税申告で鑑定評価を採用すべきケース25』（清文社刊）で挙げた鑑定実例と一部重複する事例もありますが、新たな実例やコラム、補論も追加しました。

第２部は本書のメインであり、鑑定評価の是非が問われた裁決事例について、不動産鑑定士としての立場から筆者なりの見解（裁決における鑑定評価及び審判所の判断についての私見、筆者が鑑定評価を行うことを想定した場合、及び現時点での通達評価を行ったらどのような評価になるか）を述べています。その際、筆者なりに限られた情報から可能な限り図面の復元を試みました。事例によっては開発法適用の区画割図面を描き、鑑定評価額を査定してみる。財産評価に際しては裁決書で判明している範囲の中で情報を読み取り、精緻に図面を作成し、財産評価額を査定する。このような作業は非常に骨の折れる作業でありました。しかし、このような作業を疎かにしては裁決事例やその事例の中の鑑定評価に対して意見を述べるわけにはいかないという思いがありました。筆者は鑑定評価経験約16年と業界の中では若輩者かつ浅学非才の身ではありますが、その鑑定経験やCAD作図の経験で得たことを本書の中で随所に表現することができたのではないかと考えています。

　裁決事例の考察については税理士・笹岡宏保先生のご著書『難解事例から探る財産評価のキーポイント』シリーズ（ぎょうせい刊）を大変参考に、かつ一部を引用をさせていただきました。また、本書第２部で採用した10裁決事例のうち実に6裁決事例が上記シリーズの書籍で取り上げられており、ご興味を持たれた読者の方はぜひ笹岡先生の上記書籍を熟読され、本書と併せて土地評価に関する理解を深めていただければと思います。

　本書は数々の裁決事例を考察する中で、鑑定評価が相続税申告に関して有効であるか否かを検証し、税理士や不動産鑑定士の方々に深く考えていただきたい。そのような動機で執筆いたしました。本書で述べたことについては筆者個人の考えであり、読者の方々とは異なる考えも多々あるかと思われますが、その点はご了承いただければと思います。

　不動産鑑定士の「鑑」の字は鑑みる、すなわち「先例や規範に照らし合わせる」の意味が含まれています。また、不動産鑑定評価基準においては不動産鑑定評価とは「不動産の価格のあり所を指摘する」「不動産の価格に関する専門家の判断であり、意見である」、さらに「高度な知識と豊富な経験と的確な判断力とが有機的に統一されて、初めて的確な鑑定評価が可能となる」と記されています。今後も筆者は不動産鑑定士として鑑定評価及び税務上の土地評価について研鑽していきたいと思います。

　本書が少しでも読者の方々の「不動産の適切な評価」に関してお役に立ち、土地評価について深く考えるきっかけにしていただくことを願ってやみません。

　最後に、筆者勤務先の㈱東京アプレイザル、本書の執筆にあたりご著書の引用を快くご承諾いただきました税理士の笹岡宏保先生に心より御礼申し上げます。

令和6年12月

不動産鑑定士

# 目 次

## 序論　相続税土地評価における不動産鑑定評価と「特別の事情」の考え方

1　はじめに　2
2　「特別の事情」の構成要件　2
3　「合理性欠如説」と「合理性比較説」　3
4　旧4基準から新3基準へ　6
5　相続税財産評価において鑑定評価に求められること　9
6　本書の構成と着目点　11

## 第1部　鑑定評価を採用すべき「特別の事情」がある土地の評価実例

■ 本書を理解するための鑑定評価の基礎知識　14
実例 1　平坦だが、やや造成費が嵩む大規模画地　22
実例 2　路線価が低い地域に存する大規模画地　24
実例 3　中小工場地区内の大規模画地（地積規模の大きな宅地の適用不可）　26
実例 4　道路面との高低差があり、地盤がやや弱い大規模画地　28
実例 5　前面道路が階段状で敷地内高低差を有する土地　30
実例 6　前面道路・隣地との高低差が著しい自宅敷地　33
実例 7　路線価がやや低い地域に存する市街地山林　35
実例 8　宅地への転用ができない市街地山林（純山林）　37
COLUMN　宅地造成費について考える　39
実例 9　土砂災害特別警戒区域にかかる大規模地　41
実例10　建築基準法第43条2項2号空地に面する大規模画地　43
実例11　区画数が多く、需要者は底地業者となる底地　46
実例12　敷地がやや大きく、個別性から相当の減価が見込まれた底地　48
実例13　分譲マンションの底地　50
実例14　市街化調整区域内の規模が大きく傾斜のある自宅敷地　52
実例15　市街化調整区域内の中間山林　55
実例16　建築不可である市街化調整区域内の雑種地　57

| 実例 17 | 地方に存する傾斜が著しい別荘地 | 59 |
| --- | --- | --- |
| 実例 18 | 老朽化した分譲マンション | 62 |
| 補論 | マンション評価改正による財産評価と時価評価の乖離 | 64 |
| 実例 19 | 減価要因が複合的に存しており、価値が著しく低くなる土地 | 76 |
| 実例 20 | 建築基準法上の道路に接道しない規模の大きな生産緑地 | 80 |
| 実例 21 | 建築基準法上の道路に該当しない道路に路線価が付された建築確認不可物件 | 83 |
| 実例 22 | 間口が著しく狭小である建築確認不可物件 | 87 |
| 実例 23 | 道路協力地を2パターン想定した無道路地 | 92 |
| 実例 24 | 建築基準法上の道路に接道しない線路際の土地 | 97 |
| 実例 25 | 建築基準法の道路まで相当の距離がある無道路の農地 | 99 |

# 第2部 鑑定評価を用いた相続税評価額をめぐる裁決事例の考察

## CASE1 面大地の駐車場に対して鑑定評価で申告を行った事例　104

- Ⅰ 事案の概要　104
- Ⅱ 裁決の内容　105
- Ⅲ 鑑定士視点からの考察　111
  - 1 本件鑑定評価書の妥当性の検証　111
    - ① 規準価格　111
    - ② 取引事例の選択　112
    - ③ 取引事例比較法による比準価格　112
    - ④ 開発法　113
  - 2 審判所の判断に対する検討　113
    - ① 戸建分譲素地の減額　113
    - ② 広大地評価の可能性の検討　115
- Ⅳ 筆者が鑑定評価を行う場合　116
  - 1 本事例において鑑定評価を採用すべきか否か　116
  - 2 具体的な鑑定評価　116
    - ① 販売総額の査定　117
    - ② 造成スケジュール　118
    - ③ 事業収支計画　118
    - ④ 投下資本収益率の査定　118

5　開発法を適用して求めた素地価格（割戻方式による土地価格）　118

## CASE2　大規模地について広大地評価より低い評価となる鑑定評価を行った事例　121

Ⅰ　事案の概要　121
Ⅱ　裁決の内容　122
Ⅲ　鑑定士視点からの考察　146
　1　本件鑑定評価書の妥当性の検証　146
　　① 取引事例比較法における比準価格　146
　　② 開発法による価格　148
　　③ 2土地の山林残存部分　149
　　④ 試算価格の調整　149
　　⑤ 鑑定評価額　149
　2　審判所の判断に対する検討　150
Ⅳ　筆者が鑑定評価を行う場合　150
　1　本事例において鑑定評価を採用すべきか否か　150
　2　具体的な鑑定評価　150
　3　現時点での通達評価額　151

## CASE3　土地の規模、地勢、擁壁等に対する特別な事情の適否が問われた事例　155

Ⅰ　事案の概要　155
Ⅱ　裁決の内容　156
Ⅲ　鑑定士視点からの考察　166
　1　本件鑑定評価書の妥当性の検証　166
　　① 最有効使用　166
　　② 土地評価　166
　　③ 建物評価　168
　2　審判所の判断に対する検討　168
　　① 戸建分譲素地の減額　168
　　② 擁壁の減額　168
Ⅳ　筆者が鑑定評価を行う場合　169
　1　本事例において鑑定評価を採用すべきか否か　169
　2　具体的な鑑定評価　169
　　① 販売総額の査定　170
　　② 造成スケジュール　171

|  |  |  |
|---|---|---|
| 3 | 事業収支計画 | 171 |
| 4 | 投下資本収益率の査定 | 171 |
| 5 | 開発法を適用して求めた素地価格（割戻方式による土地価格） | 172 |

## CASE4 品等の高い住宅地域内の土地建物に対して鑑定評価を行った事例　174

- Ⅰ 事案の概要　174
- Ⅱ 裁決の内容　175
- Ⅲ 鑑定士視点からの考察　185
  - 1 本件鑑定評価書の妥当性の検証　185
    - ① 類型　185
    - ② 規準価格　185
    - ③ 取引事例の選択　186
    - ④ 取引事例比較法による比準価格　186
    - ⑤ 開発法による価格　187
    - ⑥ 積算価格　188
  - 2 審判所の判断に対する検討　188
    - ① 戸建分譲素地の減額　188
    - ② 規準価格　190
- Ⅳ 筆者が鑑定評価を行う場合　190
  - ■ 本事例において鑑定評価を採用すべきか否か　190

## CASE5 傾斜のある市街地山林に対して広大地評価より低い評価となる鑑定評価を行った事例　192

- Ⅰ 事案の概要　192
- Ⅱ 裁決の内容　193
- Ⅲ 鑑定士視点からの考察　211
  - 1 本件鑑定評価書の妥当性の検証　211
    - ① 取引事例比較法の評価過程　211
    - ② 開発法の評価過程　212
    - ③ 試算価格の調整、鑑定評価額の決定　215
  - 2 審判所の判断に対する検討　216
    - ① 鑑定評価の手法　216
    - ② 開発想定図の開示　217
    - ③ 取引事例の選択　217

| Ⅳ | 筆者が鑑定評価を行う場合 | 218 |
| 1 | 本事例において鑑定評価を採用すべきか否か | 218 |
| 2 | 具体的な鑑定評価 | 218 |
| ①  | 販売総額の査定 | 218 |
| ②  | 開発スケジュール | 219 |
| ③  | 事業収支計画 | 220 |
| ④  | 投下資本収益率の査定 | 220 |
| ⑤  | 開発法を適用して求めた素地価格（割戻方式による土地価格） | 220 |
| 3 | 現時点での通達評価額 | 221 |
|  | 地積規模の大きな宅地を適用する場合の評価額 | 221 |
| 4 | 鑑定評価が認められる可能性 | 223 |

## CASE6　無道路の大規模地に対する鑑定評価の合理性が問われた事例　228

| Ⅰ | 事案の概要 | 228 |
| Ⅱ | 裁決の内容 | 229 |
| Ⅲ | 鑑定士視点からの考察 | 245 |
| 1 | 本件鑑定評価書の妥当性の検証 | 245 |
| ① | 評価単位 | 245 |
| ② | 開発法の評価過程 | 245 |
| ③ | 取引事例比較法における比準価格 | 246 |
| ④ | 地価公示地価格等を規準とした価格 | 246 |
| ⑤ | 試算価格の調整、鑑定評価額の決定 | 247 |
| 2 | 審判所の判断に対する検討 | 247 |
| ① | 取引事例比較法 | 247 |
| ② | 開発法 | 247 |
| ③ | 規準価格 | 247 |
| Ⅳ | 筆者が鑑定評価を行う場合 | 248 |
| 1 | 本事例において鑑定評価を採用すべきか否か | 248 |
| 2 | 開発法適用の検証 | 248 |
| 3 | 現時点での通達評価額 | 251 |
|  | 地積規模の大きな宅地が適用できる場合の評価額 | 251 |
| 4 | 鑑定評価を行うべきか | 255 |
| ① | 協力用地取得を前提とした価格 | 256 |
| ② | 比準価格 | 256 |
| ③ | 鑑定評価額 | 256 |

| CASE7 | 建築基準法上の道路に接面しない農地に対して審判所側鑑定評価が採用された事例 | **258** |
|---|---|---|
| Ⅰ | 事案の概要 | 258 |
| Ⅱ | 裁決の内容 | 259 |
| Ⅲ | 鑑定士視点からの考察 | 272 |
| | 1　本件鑑定評価書の妥当性の検証 | 272 |
| | 　① 取引事例 | 272 |
| | 　② 試算価格の調整 | 273 |
| | 　③ 鑑定評価額 | 273 |
| | 2　審判所の判断に対する検討 | 273 |
| | 　① 請求人側鑑定評価 | 273 |
| | 　② 審判所鑑定評価 | 274 |
| Ⅳ | 筆者が鑑定評価を行う場合 | 274 |
| | 1　本事例において鑑定評価を採用すべきか否か | 274 |
| | 2　取引事例比較法の適用 | 274 |
| | 3　筆者が想定する鑑定評価額 | 275 |
| | 4　現時点での通達評価額 | 275 |

| CASE8 | 都市計画道路計画線内に存する土地に対して鑑定評価額で申告を行った事例 | **280** |
|---|---|---|
| Ⅰ | 事案の概要 | 280 |
| Ⅱ | 裁決の内容 | 281 |
| Ⅲ | 鑑定士視点からの考察 | 291 |
| | 1　本件鑑定評価書の妥当性の検証 | 291 |
| | 　① 最有効使用 | 291 |
| | 　② 標準的画地 | 292 |
| | 　③ 取引事例比較法による比準価格 | 292 |
| | 　④ 土地残余法による収益価格 | 295 |
| | 　⑤ 規準価格 | 296 |
| | 　⑥ 試算価格の調整 | 297 |
| | 　⑦ 鑑定評価額 | 297 |
| | 2　審判所の判断に対する検討 | 298 |
| | 　① 本件鑑定評価に関する指摘 | 298 |
| | 　② 特別な事情 | 298 |
| Ⅳ | 筆者が鑑定評価を行う場合 | 299 |
| | 　　本事例において鑑定評価を採用すべきか否か | 299 |

## CASE9 河川に隣接する非線引都市計画区域内の土地について鑑定評価を行った事例　303

- Ⅰ　事案の概要　303
- Ⅱ　裁決の内容　305
- Ⅲ　鑑定士視点からの考察　316
  - 1　本件鑑定評価書の妥当性の検証　316
    - ① 最有効使用の判定　316
    - ② 取引事例比較法の適用　317
    - ③ 収益還元法（土地残余法）の適用　318
    - ④ 規準価格　318
  - 2　審判所の判断に対する検討　318
    - ① 固定資産税評価額　318
    - ② 公示価格との規準　319
- Ⅳ　筆者が鑑定評価を行う場合　319
  - 1　本事例において鑑定評価を採用すべきか否か　319
  - 2　取引事例比較法による比準価格　319

## CASE10 市街化調整区域内の宅地、貸家建付地、雑種地に対して不動産鑑定士による価格調査報告書で申告を行った事例　321

- Ⅰ　事案の概要　321
- Ⅱ　裁決の内容　322
- Ⅲ　鑑定士視点からの考察　361
  - 1　本件価格調査報告書の妥当性の検証　361
    - ① 1土地の検証　361
    - ② 2土地・3土地の検証　363
    - ③ 4土地・5土地の検証　365
  - 2　審判所の判断に対する検討　367
    - ① 各1～5土地の審判所の指摘　367
    - ② 4土地を評価通達の定めで評価する場合の地目　367
- Ⅳ　筆者が鑑定評価を行う場合　368
  - 1　本事例において鑑定評価を採用すべきか否か　368
  - 2　具体的な鑑定評価　370
    - ① 1土地　370
    - ② 2土地　373
    - ③ 3土地　376
    - ④ 4土地　378

| **5** | 5 土地 | 379 |
| **4** | 鑑定評価の適用の可否 | 380 |

＊本書の内容は、令和6年11月1日現在の法令等に基づいています。

# 序論

相続税土地評価における
不動産鑑定評価と
「特別の事情」の考え方

## 1 はじめに

　相続税財産評価では、通常、財産評価基本通達に従った評価によることが原則とされていますが、同通達には、「この通達の定めによって評価することが著しく不適当と認められる財産の価額は、国税庁長官の指示を受けて評価する。」とする規定も置かれています。これは「総則第6項」と呼ばれる課税庁が執行する際の規定ですが、納税者が同項の定めを根拠として、土地の評価において、財産評価基本通達による評価と不動産鑑定評価額の間に著しい乖離があるなどの理由によって不動産鑑定評価額を基に相続税等の申告を行うことがあります。このように、「この通達の定めによって評価することが著しく不適当」である場合、つまり評価通達に定める評価方法によるべきではない特別の事情（以下「特別の事情」といいます）については、税務大学校・山田重將氏が「財産評価基本通達の定めによらない財産の評価について―裁判例における「特別の事情」の検討を中心に―」*（「税務大学校」論叢（80）：2015.7）（以下「山田論文」といいます）で論考されています。

　序論では、山田論文及び税理士・笹岡宏保先生のご著書『令和4年最高裁判決でこうなる!!ケーススタディ評価通達6項の是否認ポイント』（ぎょうせい）を基にして不動産鑑定評価と「特別の事情」の関係を考えていきます。

*国税庁HP（https://www.nta.go.jp/about/organization/ntc/kenkyu/ronsou/80/02/index.htm）

## 2 「特別の事情」の構成要件

　まず、山田論文では、「特別の事情」について下記の要件として述べられています。

> 〔ⅰ〕 評価通達による評価方法を形式的に適用することの合理性が欠如していること（評価通達による評価の合理性の欠如）
> 〔ⅱ〕 他の合理的な時価の評価方法が存在すること（合理的な評価方法の存在）
> 〔ⅲ〕 評価通達による評価方法に従った価額と他の合理的な時価の評価方法による価額の間に著しい乖離が存在すること（著しい価額の乖離の存在）
> 〔ⅳ〕 納税者の行為が存在し、当該行為と〔ⅲ〕の「価額の間に著しい乖離が存在すること」との間に関連があること（納税者の行為の存在）

　上記で、〔ⅰ〕～〔ⅲ〕までを満たすものが一般的に価額乖離型、〔ⅰ〕～〔ⅳ〕まで満たすものを租税回避型と分けられると考えられますが、山田論文の中で価額乖離型の判断基準に租税回避型の判断の枠組みをも包摂していると述べられています。一方で、次のように述べられています。

> 不動産の価額の形成要因に「納税者の行為」が影響を与えるケースは通常想定されないと考えられ、したがって、純粋に当該価額に係る評価方法そのものが争点となる事例においては、「〔ⅳ〕

> 納税者の行為の存在」は評価通達6項適用の判断基準に含まれないものといえる。

　上記山田論文の「不動産の価額の形成要因に「納税者の行為」が影響を与えるケースは通常想定されない」という文言のとおり、筆者が鑑定評価を行う際は、納税者の行為について考えることはありません。そのような意味では上記〔ⅳ〕の要件は考慮せず、特に不動産評価の際は〔ⅰ〕～〔ⅲ〕までの価額乖離型で判断して良いかと思われます。

## 3　「合理性欠如説」と「合理性比較説」

　山田論文の中では、通達と鑑定評価の関係について、二つの裁判例から「合理性欠如説」と「合理性比較説」が述べられています。下記に引用します（下線は筆者による）。

> 　評価通達は、間接的拘束力（「評価通達が時価の評価方法として一般的合理性を有する限り、納税者間の公平性の観点から、原則として、全ての納税者との関係で評価通達の定めに基づく評価を行う必要があり、特定の納税者、あるいは、特定の相続財産等についてのみ評価通達に定める方法以外の方法によって評価することは、たとえその方法による評価がそれ自体としては相続税法22条の定める『時価』として許容できる範囲内のものであったとしても許されない。」というもの。）を有するとされているが、<u>不動産（土地）の評価については、当該拘束力の捉え方が異なる二つの裁判例がある。</u>

　山田論文では、合理性欠如説については東京地裁平成11年8月10日判決（TAINS Z244-8464）の検討において次のように説明されています。

> 　単に一応公正妥当な鑑定理論に従った不動産鑑定評価額が存在するだけで、直ちに「特別の事情」があるというわけではなく、他の諸事情をも考慮して、当該事例において評価通達に定めるところに従った評価額が時価を超えていることが明らかであると認められて初めて「特別の事情」が肯定されることになる旨を判示している。換言すると、<u>他の諸事情をも考慮して、評価通達に定めるところに従った評価額が時価を超えていることが明らかであると認められる場合には、評価通達による評価方法が時価の算定方法として合理性を欠いているとも評価できる</u>ということである（当該見解を「合理性欠如説」と呼ぶ。）。

　また、山田論文では、合理性比較説については、名古屋地裁平成16年8月30日判決（TAINS Z254-9728）の検討で、次のように述べられています。

> 「このような不動産鑑定評価基準の性格や精度に照らすと、これに準拠して行われた不動産鑑定は、一般的には客観的な根拠を有するものとして扱われるべきであり、その結果が上記の通達評価額を下回るときは、前者が「時価」に当たると判断すべきことは当然である」と判示している。つまり、当該裁判例の採用する見解は、<u>納税者側が、不動産鑑定評価書等の反対証拠を提出</u>

> して、評価通達に基づく課税処分の適法性を争った場合には、①評価通達の定める評価方法の内容と鑑定評価書等の合理性を比較考量して決する、②不動産鑑定評価基準に準拠して行われた不動産鑑定は、一般的には客観的根拠があるものとして扱われるべきであることから、不動産鑑定評価額を「時価」と判断すべき、とするものである（①の合理性の比較考量の観点から、当該見解を「合理性比較説」と呼ぶ。）。

そして、山田論文では、鑑定評価については下記の通り「合理性欠如説」によるべきとして結論付けています。

> 　両説について比較した結果、合理性欠如説は、評価通達に定める評価方法以外の方法で評価することが正当と是認される「特別の事情」の有無に関して、評価通達6項適用に係る裁判例が、①評価通達による評価を形式的に適用することの合理性が欠如していること（判断基準〔ⅰ〕）、②評価通達による評価に従った価額と他の合理的な時価の評価方法による価額の間に著しい乖離が存在すること（判断基準〔ⅲ〕）などを指摘していることと整合的であると考えられる。
> 　これに対し、合理性比較説における「評価通達の定める評価方法の内容と鑑定評価書等の合理性を比較考量して決する」との部分は、評価通達の有する拘束力（間接的拘束力）の「特定の納税者、あるいは、特定の相続財産等についてのみ評価通達に定める方法以外の方法によって評価することは、たとえその方法による評価がそれ自体としては相続税法22条の定める『時価』として許容できる範囲内のものであったとしても許されない。」という内容と整合しないと考えられる。また、合理性比較説は、結局のところ、評価通達の有する拘束力について、当該拘束力が評価通達に基づく評価額が納税者にとって有利に働くもの（つまり、評価通達による評価額≦不動産鑑定評価額となる場合にのみ働くもの）と考えるのと同じであるといえるが、そもそも評価通達が間接的拘束力を有するとすると、上記のような片面的な取扱いが導かれることは極めて疑問と言わざるを得ない。
> 　以上のことから、不動産鑑定評価と「特別の事情」の関係は、合理性欠如説によるべきであり、単に不動産鑑定評価額が評価通達に基づく評価額を下回るというのみでは「特別の事情」は認められないと考える。

上記について筆者の見解を示します。

まず、東京地裁平成11年8月10日判決に基づく「合理性欠如説」と、名古屋地裁平成16年8月30日判決に基づく「合理性比較説」ですが、合理的比較説の「納税者側が、不動産鑑定評価書等の反対証拠を提出して、評価通達に基づく課税処分の適法性を争った場合には、①評価通達の定める評価方法の内容と鑑定評価書等の合理性を比較考量して決する、②不動産鑑定評価基準に準拠して行われた不動産鑑定は、一般的には客観的根拠があるものとして扱われるべきであることから、不動産鑑定評価額を「時価」と判断すべき、とするものである」という文言から、やはり鑑定評価書に合理性は求められていることがわかります。

本書第2部ではさまざまな裁決事例を考察し、筆者の私見を述べていますが、鑑定評価書が合理的ではないという理由で否認されている事例が多くみられます。合理性比較説は「①評

価通達の定める評価方法の内容と鑑定評価書等の合理性を比較考量して決する」と書かれている通り、鑑定評価書に合理性を求めている点は合理性欠如説と同様です。したがって、合理的ではないという理由で否認された鑑定評価書は合理性欠如説、合理性比較説のいずれの立場からしても否認されることは免れないと思われます。

次に、合理性欠如説ですが、合理性比較説が通達評価額と鑑定評価書の合理性の比較とされていたことに対し、合理性欠如説はさらに「通達評価が合理性を欠いている」点まで求められていることになります。山田論文では上記の引用の通り、合理性欠如説によるべきと述べていますが、筆者としての見解を述べます。

下線を引いた「合理性比較説は、結局のところ、評価通達の有する拘束力について、当該拘束力が評価通達に基づく評価額が納税者にとって有利に働くもの（つまり、評価通達による評価額≦不動産鑑定評価額となる場合にのみ働くもの）と考えるのと同じであるといえる」について、まず、通達評価額≦鑑定評価額（＝時価）というのは一般的な事象です。これは相続税路線価が地価公示価格の80％水準であることから、標準的な形状の戸建住宅地については通達評価額が鑑定評価額を上回ることはほぼありえません（路線価水準での取引しか行われず、地価公示の下落が追い付いていない、という地域も皆無とは言えません）。

したがって、通常、通達評価額は時価よりも低く評価される仕組みとなっています。そのような意味では通達評価は既に時価より低い水準であり、「通達評価額＞時価」となる場合に合理性比較説の考え方で「通達評価額と鑑定評価の合理性との比較で決める」とされると、合理性比較説について通達評価の有する拘束力が納税者有利に働くものと考えるのと同じである、と述べられた点は首肯せざるを得ません。だからこそ山田論文では「そもそも評価通達が間接的拘束力を有するとすると、上記のような片面的な取扱いが導かれることは極めて疑問と言わざるを得ない。」と書かれたと考えられます。端的に言うと、通常は「通達評価額＜時価（地価公示価格）」とされており、納税者が「恩恵」を受けている状態にも関わらず、通達評価額＞時価となった場合、直ちにその時価を用いて評価することはいわゆる「良い所取り」であり、「片面的な取扱いが導かれる」という考え方に至ると筆者は解釈します。

上記を整理すると、次のようになります。

- ・通常、相続税評価額は時価の80％の評価額となるように定められている。
- ・「通達評価額＞時価」となる不動産も存在する。
- ・しかし、そもそも間接的拘束力がある通達評価の中で、「通達評価額＝時価の許容範囲内」の範囲内であることからすると、通達評価額＞時価となる不動産について、鑑定評価書の合理性のみをもって申告額とすることは課税の公平性を害することとなる。
- ・そのような制度の中での「良い所取り」は片面的取扱いとなり、納税者有利となることから不合理である。
- ・「通達評価額＞時価」となる不動産について時価による申告額を主張するならば、通達による評価の合理性が欠如している（通達評価額が時価を超えていることが明らか）ことが必要であ

山田論文では合理性欠如説が支持されていますが、筆者も合理性欠如説と合理性比較説では、やはり前者の方が支持されるべきとも考えます。ただし、通達評価は一律の評価を定めたものであり、限界はあります。だからこそ、鑑定評価書について、鑑定理論に従っただけでは足りず、「他の諸事情」も考慮した上で通達評価額が時価を上回るということが明らかにされなければならない、ということになります。

　それでは「他の諸事情」とはどのようなことになるのでしょうか。筆者としては通達評価額＞時価となる根拠の部分について、鑑定評価書の中でいかに客観性及び合理性を持たせるかということだと考えます。そもそも、鑑定評価書は「不動産鑑定士の判断」が介在するものであり、全ての数値について根拠付けを行うのは難しいものです。

　しかし、数値の根拠（主に取引事例比較法による比準価格における個別格差率の査定等）については、なぜその数値を採用したかについて、定量的、定性的に述べる必要があると考えます。また、不動産鑑定士の専門外と判断される部分、たとえば開発法適用時における造成費等の控除費用については外部の専門家（一級建築士、土木施工管理技士等）に対して依頼をし、見積を出してもらうことが望ましいでしょう。さらに、鑑定評価書の中の個別分析において、対象不動産がどのような減額要素を有しているか、最有効使用は何なのかということを鑑定評価書の中で十分に説明し得るようにすべきと思われます。鑑定評価書を読む人に対して、「いかに当該不動産が特殊で時価が低くなるのか」ということが伝わるように作成する必要があります。この辺りは不動産鑑定士の文章力や写真等の資料を使い、説明する能力が問われることになるでしょう。

## 4　旧4基準から新3基準へ

　ここまでは山田論文について述べてきました。山田論文では「特別の事情」として4基準を挙げていました。次に、令和4年4月19日の最高裁判決（いわゆる札幌事件。TAINS Z272-13704）を受け、当該4基準は3基準（新基準）に見直しが行われたとされており、この件について笹岡宏保先生がご著書で述べられていますので、引用させていただきます。

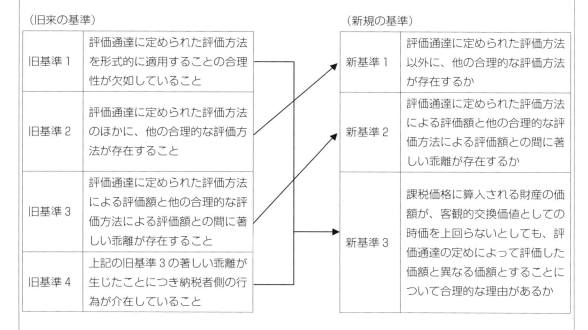

図表－4より、次に掲げる事項が確認される。
(1) 旧基準2（いわゆる「他の合理的な評価方法の存在」）は、新基準1として従来のまま存続していること
(2) 旧基準3（いわゆる「著しい価額乖離の存在」）は、新基準2として従来のまま存続していること

そして、上記に掲げる旧基準と新基準との明確な対応関係以外の対応関係につき、筆者は次の通り考えている。すなわち、旧基準1（いわゆる「評価通達による評価の合理性の欠如」）及び旧基準4（いわゆる「著しい価額乖離と納税者の行為の介在」）の両者につき、その一部を整理して統合したものが新基準3として新たに設けられたものと考えられている。また、新基準3の文面は、札幌事件に係る最高裁判決文を強く意識して策定されたものであると推認できる。

なお、旧基準1及び旧基準4が統合されて、新基準3が新たに策定された理由は、次のとおりであると推認される。
(1) 旧基準1は、評価通達に定められた評価方法は一般的な合理性を有し、評価実務において要請されている画一的な評価のために必要なものとされていることが過去の判例において支持されているにもかかわらず、当該評価方法を形式的に適用することの合理性が欠如していることをいう。
(2) 新基準3に掲げる「合理的な理由」があると認められる場合として、札幌事件に係る最高裁判決文中に「評価通達に定める方法による画一的な評価を行うことが実質的な租税負担の公平に反するというべき事情がある場合」としている。
(3) 上記(1)及び(2)より、上記(1)に掲げる「合理性が欠如していること」とは、これすなわち、上記(2)に掲げる「合理的な理由がある場合」と解されることから、両者を同一視

しても評価実務の判断基準としては相当性を担保していると考えられる。
(4) 旧基準4では、著しい価額乖離の存在につき、「納税者側の行為の介在」が関与していることが挙げられていたが（筆者中略）、評価通達6（この通達の定めにより難い場合の評価）に掲げる「著しく不適当」に該当するか否かの評価実務上の判断基準につき、次に掲げるとおり、2つの取扱いに分類されていた。
① 四要件説に基づいて「著しく不適当」か否かを判断する場合（租税回避乖離型）
その判断に当たっては、旧基準1ないし旧基準4の4つの基準の成立をもって判断するもので、四要件説と呼ばれていた。四要件説では、特に旧基準4（著しい価額乖離と納税者側の行為の介在）が重視されており、相続税等の負担軽減や租税回避の目的があった（租税回避乖離型）と解釈される事例への適用が想定されるものである。
② 三要件説に基づいて「著しく不適当」か否かを判断する場合（単純乖離型）
その判断に当たっては、旧基準1ないし旧基準3の3つの基準の成立をもって判断するもので、三要件説と呼ばれていた。三要件説では、特に旧基準4（著しい価額乖離と納税者側の行為の介在）が関与する余地はなく、純粋に財産の価額（客観的な交換価値）を評価通達の定めによることなく「他の合理的な評価方法に求めることが相当（単純乖離型）と解釈される事例への適用が想定される。
(5) 旧基準4の新基準3への移行に当たっては、次に掲げるとおりである。
① 上記(4)①に掲げる四要件説（租税回避乖離型）で判断する場合には、その判断基準である「納税者側の行為の介在」による相続税等の負担軽減や租税回避の目的があったことは、新基準3に掲げる「合理的な理由」があるか否かの判断基準（上記(2)を参照）において考慮すれば事足りると考えられる。
② 上記(4)②に掲げる三要件説（単純乖離型）で判断する場合には、そもそも「納税者側の行為の介在」がないことが摘示される。
③ 上記①及び②により、旧基準4に掲げられていた「納税者側の行為の介在」という用語は、新基準3への移行に当たっては、不要と考えられる。

　「特別の事情」の要件である「納税者側の行為」については山田論文では価額乖離型の中に租税回避型の枠組みをも包摂されると述べられていましたが、上記で笹岡先生が述べられているように、令和4年4月19日の最高裁判決を受け、旧4基準から新3基準に移行したものと考えられ、「納税者側の行為」についても新基準では不要と解されます。
　下記、新基準3の解釈について笹岡先生のご著書から引用させていただきます。

新基準3の具体的な解釈

Q　新基準3は「課税価格に算入される財産の価額が、客観的交換価値としての時価を上回らないとしても、評価通達の定めによって評価した価額と異なる価額とすることについて合理的な理由があるか」とされているが、その具体的な解釈基準及び留意点について説明されたい。

A　上記＿＿部分に掲げる「合理的な理由」があると認められる場合として、札幌事件に係る最高裁判決では「評価通達の定める方法による画一的な評価を行うことが実質的な租税負担の公平に反するというべき事情がある場合」と判示しているから、今後はこの解釈が標準とされよう。そして、この「合理的な理由」があると認められる場合には、相続税等の課税価格に算入される財産の価額（当該財産の価額は、評価実務上では、上記（2）Aに掲げるところにより求められよう）は、時価（客観的交換価値）を上回らない限り、評価通達の定めによって評価した価額と異なる価額（注）とすることが容認されることになる。すなわち、評価通達6（この通達の定めにより難い場合の評価）が適用されることになる。

（注）　上記の「評価通達の定めによって評価した価額と異なる価額」（換言すれば、相続税の課税価格に算入される財産の価額（不動産鑑定士による鑑定評価額等））は、評価通達の定めによって評価した価額を上回る場合も又は下回る場合もあることに留意する必要がある。この点につき、後記Ⅲを参照されたい。

　なお、札幌事件に係る最高裁判決では「本件各不動産（甲不動産（東京都杉並区所在）及び乙不動産（神奈川県川崎市所在））についてみると、本件各通達評価額甲不動産200,041,474円、乙不動産133,664,767円）と本件各鑑定評価額（甲不動産754,000,000円、乙不動産519,000,000円）との間には大きな乖離があるといることができるものの、このことをもって上記事情（「評価通達の定める方法による画一的な評価を行うことが実質的な租税負担の公平に反するというべき事情」を指し、換言すれば、「合理的な理由」をいう）があるということはできない」と判示している。

　上記の解釈については（中略）、両者間における大きな価額乖離のみでは評価通達6の適用を判断することにはならず、当該大きな価額乖離及びその他諸事情（実質的な租税負担の公平に反するというべき事情の検討材料となる諸事情）を総合的に考慮して判断するというものである。

　したがって、今後も、評価通達による評価額とほかの合理的な評価方法による評価額との間の著しい乖離の存在は、注視すべき事項とされる（このことは、新基準2からも明らかであろう）。

　なお、上記の「合理的な理由」が認められない場合には、上掲の両者間における大きな価額乖離の存在の有無にかかわらず、新基準3の適用がないことは言うまでもないところである。

　上記笹岡先生のご著書の説明を読みますと、「著しい乖離」は引き続き注視すべき事項と考えられます。そして、「合理的な理由」については「著しい乖離」のみでは合理的な理由とならず、総合的に考慮して判断する、ということになるかと思われます。

## 5　相続税財産評価において鑑定評価に求められること

　これまで、山田論文及び笹岡先生のご著書から「特別の事情」についてみてきました。ここで、筆者の不動産鑑定士としての観点から述べていきます。

　通達による減額では時価を反映しきれない（山田論文で示す通達による評価方法を形式に適用することの合理性の欠如）、すなわち他の評価方法（不動産鑑定評価）を採用する合理性があるという点について、具体的な例を挙げると、下記のケースが考えられます（このケースを

Aとします)。

> 【ケースA】
> ・間口4m以下の間口狭小補正率0.90(普通住宅地区)が下限とされており、間口が2mを切る場合、建築基準法第43条の接道義務を満たさず建築ができないこととなるが、そのような建築確認不可の要因は定められていない。
> ・路線価が付されているが、当該道路が建築基準法上の道路に該当しない場合、やはり当該道路に面する土地は建築を行うことができないが、その減額要素はない。
> ・旧広大地制度が適用される(最有効使用が戸建分譲用地で公共公益的施設用地の負担が発生)土地で、地積規模の大きな宅地が適用できない(三大都市圏で500㎡をやや下回る土地、地区区分は中小工場地区内だが、最有効使用は戸建分譲用地と判定される土地)ことについて、他の減額要素はない。
> ・規模の大きな自宅敷地の場合、要件を満たせば地積規模の大きな宅地の減額はあるものの、地目が宅地であれば売却の際に開発で想定される宅地造成費については控除できない。
> ・市街地山林等で、宅地造成費が控除できる場合、奥行距離が長い場合には必然的に角度が小さくなり、それに対応する税務上の宅地造成費と実際に開発を行った場合における宅地造成費では乖離が生じる。

　上記Aのケースは「通達評価では反映しきれない」＝「通達評価を形式に適用することの合理性が欠如している」と判断される(山田論文で述べられた合理性欠如説に該当)ことから、通達評価額と鑑定評価額の差額を検討し、鑑定評価を適用すべきかと思われます。
　一方、通達による評価額は時価より低いと考えられるものの、通達評価に合理性の欠如があると言えるか、すなわち通達以外の評価を適用する合理的な理由があると言えるかの判断が難しい例は下記のケース(このケースをBとします)です。

> 【ケースB】
> ・倍率地域に存する山林等の場合、固定資産税評価額に乗ずる地域の倍率が高く、相続税評価額は高くなるが、地域の山林取引の実態としては相続税評価額よりも低い水準で取引が行われている。単価の差が大きくなり、面積が大きい山林等の場合は総額で相当の乖離が生じる。
> ・市街化調整区域に存する雑種地で、近傍宅地から求めた単価を基礎とし、しんしゃく割合(最大で50％)を考慮した価格について、建物が建たない雑種地は市場では相続税評価額より低い水準で取引が行われており、相続税評価額と乖離が見られる。
> ・老朽化したマンションについて、前面道路の路線価が高いために相続税評価額は高くなるものの、中古マンション市場の実態からすると取引価格は相続税評価額よりも相当安い。

　このように、「取引水準で考えると相続税評価額よりも安い」というケースでは不動産鑑定士としての立場からは鑑定評価を適用すべき、と考えます。しかし、上記笹岡先生のご著書の中での説明でも述べられていたように、「著しい乖離」が直ちに鑑定評価を行うという合理性

を有することにはならない、という考え方に照らすとやはり鑑定評価の適用は慎重になる必要があります。

さらに、最高裁判決文で登場した「合理的な理由」＝「評価通達の定める方法による画一的な評価を行うことが実質的な租税負担の公平に反するというべき事情」という考え方は、山田論文の合理性欠如説（通達による評価を形式的に適用することの合理性が欠如）よりも筆者としては鑑定評価適用のハードルが上がってしまったようにも感じます。合理性の欠如については通達では時価を反映しきれない、上述のAのケースに該当するならば「特別の事情」に該当すると考えられますが、Bのケースについて市場価格は通達評価額より低い、すなわち「著しい乖離」のみだけでは合理性を有することにはならず、「特別の事情」を有するとは主張できません。また、「合理的な理由」＝「評価通達の定める方法による画一的な評価を行うことが実質的な租税負担の公平に反するというべき事情」という考え方に対しても、どこまで主張できるのか、ということになってしまいます。上記山田論文の箇所でも述べた「通達が間接的な拘束力を有するとすると、（通達の拘束力は通達評価額が納税者にとって有利に働くものとする）片面的な取扱いが導かれる」という文言にも繋がり、ケースBのように単に価格が低くなる場合（著しい乖離のみ）に鑑定評価額を適用する、ということはやはり慎重に判断すべきと考えられます。

それではこのBのケースではどのように考えれば良いのでしょうか。筆者としてはBのケースでも鑑定評価を行い、実際に是認された例もある（本書の鑑定評価実例にも掲載しています）ことから、Bのケースも鑑定評価を行うべきと考えます。その場合、市場価格は通達評価額よりも低いという点については価格の根拠を取引事例に求めることとなるため、不動産鑑定士としてできることは、「市場価格は通達評価額よりも低い水準である」ということについて十分な説明を行い得るようにする、ということに尽きるのではないでしょうか。

上記笹岡先生のご著書の中にも「両者間における大きな価額乖離のみでは評価通達6の適用を判断することにはならず、当該大きな価額乖離及びその他諸事情（実質的な租税負担の公平に反するというべき事情の検討材料となる諸事情）を総合的に考慮して判断する。」という文言があるように、大きな価額乖離とその他諸事情を総合的に考慮、ということであれば、その諸事情の中に市場の実態（通達評価に合理性の欠如が認められないとしても、実際の取引水準は通達評価額よりも低い）について不動産鑑定士が十分に説明を行い、税務署側は当該市場の実態について諸事情として考慮し、判断されるべきと筆者は考えます。したがって、Bのケースであっても鑑定評価の適用の余地はあると筆者は考えます。

## 6 本書の構成と着目点

本書の第1部では、筆者が相続税申告で鑑定評価を行った25の実例を解説しています。いずれもが通達評価額よりも鑑定評価額が低くなるケースです。筆者は「単に一応公正妥当な鑑定理論に従った不動産鑑定評価額」を求めることのみならず、「他の諸事情」をも考慮し、い

かに対象不動産が「通達評価額による価額では売れないか」ということに重点を置き、鑑定評価書を作成しました。どの実例も個別性が強い特殊な不動産、または特殊とまでは言えなくとも上記のようなケースで通達評価額が時価を反映しきれていないと考えられる不動産です。そのような不動産は現地を見ると、「この土地を一体誰が通達評価額で買うのだろうか？」と一目見て感じることとなります。この辺りの感覚はやはり経験が必要になり、実際にそのような不動産に多く接することで身につくものと思われます。第1部の各鑑定実例については可能な限り写真を掲載しましたので、実例についてイメージを持っていただければと思います。

　第2部は鑑定評価の合理性が争点となった裁決事例を筆者目線で考察しています。残念ながら、ほぼ全ての事例で鑑定評価が否認されています。ただ、裁決書を読み込むと、裁決事例の中で出てくる鑑定評価書が先の「単に一応公正妥当な鑑定理論に従った不動産鑑定評価額」という点にまで至っておらず、国税不服審判所から「鑑定評価書に合理性はない」と否定されている箇所は首肯せざるを得ない部分は多々あります。一方で、全て国税不服審判所の判断が正しいと言えるのか、と考える部分も多くあります。第2部では裁決事例について、審判所側、納税者側（鑑定評価側）のどちらかに偏るのではなく、筆者なりの考察を行い、想定の範囲ではありますが、筆者であればこのように鑑定評価を行うべきではないか、という検証も行っています。

　第1部では「相続税申告において鑑定評価が必要となる土地」とは、どのような土地があるのか、という実例を読んでいただき、第2部では第1部を踏まえ、各裁決事例についてなぜ鑑定評価が否認されたのか、そもそも鑑定評価を適用すべき不動産であったのか、筆者が考える鑑定評価の適用の可否が正しいのかということを読者の方々にお考えいただければと思います。完全な正解、というものはないと思われます。読者の方々が「特別の事情」及び「適切な土地評価がどこにあるのか」という点について考えていただく契機としていただければと思います。

# 第1部

鑑定評価を採用すべき「特別の事情」がある土地の評価実例

# 本書を理解するための鑑定評価の基礎知識

本書を読み進めるにあたって必要となる鑑定評価用語の定義と解説を簡単に記載します。

鑑定評価用語は、「不動産鑑定評価基準」と「不動産鑑定評価基準運用上の留意事項」に規定されています。

鑑定評価の基礎をなす「不動産鑑定評価基準」は、不動産の鑑定評価に関する法律（昭和38年法律第152号）に基づき、我が国の不動産鑑定評価に係る法制度の発足とともに昭和39年に制定されたもので、評価の実質的かつ統一的な規範となるものです（以下【基準】といいます）。

また、「不動産鑑定評価基準運用上の留意事項」は、この基準を適用する上で、より具体的に注意すべき点をまとめたものです（以下【留意事項】といいます）。

基礎用語に筆者が【解説】として簡単な解説を付します。

## 不動産の類型（基準第2章）

【基準】
Ⅰ 宅地
　宅地の類型は、その有形的利用及び権利関係の態様に応じて、更地、建付地、借地権、底地、区分地上権等に分けられる。
　更地とは、建物等の定着物がなく、かつ、使用収益を制約する権利の付着していない宅地をいう。
　建付地とは、建物等の用に供されている敷地で建物等及びその敷地が同一の所有者に属している宅地をいう。
　借地権とは、借地借家法（廃止前の借地法を含む。）に基づく借地権（建物の所有を目的とする地上権又は土地の賃借権）をいう。
　底地とは、宅地について借地権の付着している場合における当該宅地の所有権をいう。
　区分地上権とは、工作物を所有するため、地下又は空間に上下の範囲を定めて設定された地上権をいう。

Ⅱ 建物及びその敷地
　建物及びその敷地の類型は、その有形的利用及び権利関係の態様に応じて、自用の建物及びその敷地、貸家及びその敷地、借地権付建物、区分所有建物及びその敷地等に分けられる。
　自用の建物及びその敷地とは、建物所有者とその敷地の所有者とが同一人であり、その所有者による使用収益を制約する権利の付着していない場合における当該建物及びその敷地をいう。
　貸家及びその敷地とは、建物所有者とその敷地の所有者とが同一人であるが、建物が賃貸借に

供されている場合における当該建物及びその敷地をいう。
　借地権付建物とは、借地権を権原とする建物が存する場合における当該建物及び借地権をいう。
　区分所有建物及びその敷地とは、建物の区分所有等に関する法律第2条第3項に規定する専有部分並びに当該専有部分に係る同条第4項に規定する共用部分の共有持分及び同条第6項に規定する敷地利用権をいう。

【解説】
　財産評価では自用地、貸家建付地、貸宅地、借地権等の分類がありますが、鑑定評価では上記の分類となります。自用地は更地や建付地を指しますが、相続税申告においては建物が建っていても「更地」として、すなわち建物が存しないものとして評価を行います。また、税務上「貸宅地」とされるものは鑑定評価では「底地」になります（下記「対象確定条件」の項を参照）。

## 最有効使用の原則（基準第4章）

【基準】
Ⅳ　最有効使用の原則
　不動産の価格は、その不動産の効用が最高度に発揮される可能性に最も富む使用（以下「最有効使用」という。）を前提として把握される価格を標準として形成される。この場合の最有効使用は、現実の社会経済情勢の下で客観的にみて、良識と通常の使用能力を持つ人による合理的かつ合法的な最高最善の使用方法に基づくものである。
　なお、ある不動産についての現実の使用方法は、必ずしも最有効使用に基づいているものではなく、不合理な又は個人的な事情による使用方法のために、当該不動産が十分な効用を発揮していない場合があることに留意すべきである。

【解説】
　最有効使用とは、端的に言えば「最も評価額が高くなる使用方法」のことです。鑑定評価に際しては、この最有効使用を前提とした価格を求めることになります。

## 対象確定条件（基準第5章）

【基準】
Ⅰ　対象確定条件
1．対象不動産の確定に当たって必要となる鑑定評価の条件を対象確定条件という。対象確定条件は、鑑定評価の対象とする不動産の所在、範囲等の物的事項及び所有権、賃借権等の対象不

動産の権利の態様に関する事項を確定するために必要な条件であり、依頼目的に応じて次のような条件がある。
(1) 不動産が土地のみの場合又は土地及び建物等の結合により構成されている場合において、その状態を所与として鑑定評価の対象とすること。
(2) 不動産が土地及び建物等の結合により構成されている場合において、その土地のみを建物等が存しない独立のもの（更地）として鑑定評価の対象とすること（この場合の鑑定評価を独立鑑定評価という。）。
(3) 不動産が土地及び建物等の結合により構成されている場合において、その状態を所与として、その不動産の構成部分を鑑定評価の対象とすること（この場合の鑑定評価を部分鑑定評価という。）。
(以下、省略)

【解説】
　相続税申告で多いパターンは、(2)の独立鑑定評価です。本書でも鑑定評価実例や裁決事例考察でも触れていますが、基本的に相続税申告で土地評価を行う場合は、この独立鑑定評価を行います。
　例えば、大きな土地に古い自宅敷地があり、鑑定評価上、建物を取り壊すことが最有効使用だとしても取壊し費用は控除せず、更地としての評価を行うこととなります。そして、建物はあくまで固定資産税評価額で評価します。

## 正常価格（基準第5章）

【基準】
　正常価格とは、市場性を有する不動産について、現実の社会経済情勢の下で合理的と考えられる条件を満たす市場で形成されるであろう市場価値を表示する適正な価格をいう。この場合において、現実の社会経済情勢の下で合理的と考えられる条件を満たす市場とは、以下の条件を満たす市場をいう。
(1) 市場参加者が自由意思に基づいて市場に参加し、参入、退出が自由であること。
　　なお、ここでいう市場参加者は、自己の利益を最大化するため次のような要件を満たすとともに、慎重かつ賢明に予測し、行動するものとする。
　① 売り急ぎ、買い進み等をもたらす特別な動機のないこと。
　② 対象不動産及び対象不動産が属する市場について取引を成立させるために必要となる通常の知識や情報を得ていること。
　③ 取引を成立させるために通常必要と認められる労力、費用を費やしていること。
　④ 対象不動産の最有効使用を前提とした価値判断を行うこと。
　⑤ 買主が通常の資金調達能力を有していること。
(2) 取引形態が、市場参加者が制約されたり、売り急ぎ、買い進み等を誘引したりするような

特別なものではないこと。
(3) 　対象不動産が相当の期間市場に公開されていること。

【解説】
　正常価格は鑑定評価で通常求める価格であり、財産評価基本通達における時価の意義（時価とは、課税時期（中略）において、それぞれの財産の現況に応じ、不特定多数の当事者間で自由な取引が行われる場合に通常成立すると認められる価額）とほぼ同義となっていることがわかります。

## 地域及びその特性（基準第6章）

【基準】
・近隣地域
　近隣地域とは、対象不動産の属する用途的地域であって、より大きな規模と内容とを持つ地域である都市あるいは農村等の内部にあって、居住、商業活動、工業生産活動等人の生活と活動とに関して、ある特定の用途に供されることを中心として地域的にまとまりを示している地域をいい、対象不動産の価格の形成に関して直接に影響を与えるような特性を持つものである。

・類似地域
　類似地域とは、近隣地域の特性と類似する特性を有する地域であり、その地域に属する不動産は、特定の用途に供されることを中心として地域的にまとまりを持つものである。

・同一需給圏
　同一需給圏とは、一般に対象不動産と代替関係が成立して、その価格の形成について相互に影響を及ぼすような関係にある他の不動産の存する圏域をいう。それは、近隣地域を含んでより広域的であり、近隣地域と相関関係にある類似地域等の存する範囲を規定するものである。

【解説】
　近隣地域は実務的には「地域格差がない地域」となります。類似地域は近隣地域とは別の地域で、用途が類似する地域です。
　同一需給圏は近隣地域、類似地域を含む対象不動産と価格牽連性を有する一体の圏域です。近隣地域、類似地域、同一需給圏のイメージで表すと次頁の図になります。また、同一需給圏は取引事例の収集範囲を示す圏域でもあります。同一需給圏は鑑定評価のケースによって異なり、たとえば戸建住宅地だとするとその範囲は狭くなります。不動産業者が戸建分譲用地として仕入れるような大規模地の場合にはより広くなりますし、工業地等の場合にはさらに広くなることもあります。

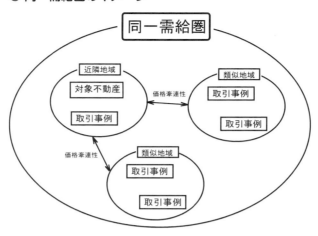

● 同一需給圏のイメージ

## 鑑定評価手法（基準第7章、各論第1章）

【基準】
　不動産の価格を求める鑑定評価の基本的な手法は、原価法、取引事例比較法及び収益還元法に大別され、このほかこれら三手法の考え方を活用した開発法等の手法がある。

・原価法
　原価法は、価格時点における対象不動産の再調達原価を求め、この再調達原価について減価修正を行って対象不動産の試算価格を求める手法である（この手法による試算価格を積算価格という。）。

・取引事例比較法
　取引事例比較法は、まず多数の取引事例を収集して適切な事例の選択を行い、これらに係る取引価格に必要に応じて事情補正及び時点修正を行い、かつ、地域要因の比較及び個別的要因の比較を行って求められた価格を比較考量し、これによって対象不動産の試算価格を求める手法である（この手法による試算価格を比準価格という。）。

・収益還元法
　収益還元法は、対象不動産が将来生み出すであろうと期待される純収益の現在価値の総和を求めることにより対象不動産の試算価格を求める手法である（この手法による試算価格を収益価格という。）。

・開発法
(1)　一体利用をすることが合理的と認められるときは、価格時点において、当該更地に最有効使用の建物が建築されることを想定し、販売総額から通常の建物建築費相当額及び発注者が直

接負担すべき通常の付帯費用を控除して得た価格
(2) 分割利用をすることが合理的と認められるときは、価格時点において、当該更地を区画割りして、標準的な宅地とすることを想定し、販売総額から通常の造成費相当額及び発注者が直接負担すべき通常の付帯費用を控除して得た価格

【留意事項】
(1) 更地について
　開発法によって求める価格は、建築を想定したマンション等又は細区分を想定した宅地の販売総額を価格時点に割り戻した額から建物の建築費及び発注者が直接負担すべき通常の付帯費用又は土地の造成費及び発注者が直接負担すべき通常の付帯費用を価格時点に割り戻した額をそれぞれ控除して求めるものとする。この場合において、マンション等の敷地又は細区分を想定した宅地は一般に法令上許容される用途、容積率等の如何によって土地価格が異なるので、敷地の形状、道路との位置関係等の条件のほか、マンション等の敷地については建築基準法等に適合した建物の概略設計、配棟等に関する開発計画を、細区分を想定した宅地については細区分した宅地の規模及び配置等に関する開発計画をそれぞれ想定し、これに応じた事業実施計画を策定することが必要である。
　開発法の基本式を示すと次のようになる。

$$P = \frac{S}{(1+r)^{n_1}} - \frac{B}{(1+r)^{n_2}} - \frac{M}{(1+r)^{n_3}}$$

P：開発法による試算価格
S：販売総額
B：建物の建築費又は土地の造成費
M：付帯費用
r：投下資本収益率
$n_1$：価格時点から販売時点までの期間
$n_2$：価格時点から建築代金の支払い時点までの期間
$n_3$：価格時点から付帯費用の支払い時点までの期間

【解説】
　原価法は土地のみの評価では既成市街地のためほぼ適用しません。建物およびその敷地の鑑定評価の場合、原価法による積算価格を求める場合、土地は取引事例比較法による比準価格で土地再調達原価を求め、建物再調達原価と合算した上で減価修正を行い、積算価格を試算します。
　取引事例比較法は実際に取引が行われた取引事例から価格を求めますが、鑑定実務としては通常は標準的画地価格を求め、その価格に個別的要因を考慮して価格を試算します。
イメージとしては下記の図になります。財産評価の評価明細書で作成する土地評価と類似する部分もありますが、こちらは不動産鑑定士の判断で各減価要因の数値を査定するため、評価主体によってはその格差率は異なることとなります。

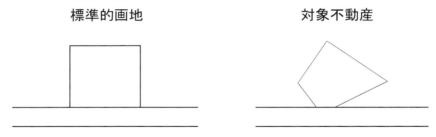

収益還元法は、収益性に着目して、不動産収入（家賃等）から修繕費、維持管理費、公租公課等の費用を控除した上で純収益を求め、還元利回りで還元して価格を試算します。財産評価とは空室の考え方が異なります。財産評価では空室が多い方が自用に近くなるものとして評価額は高くなりますが、鑑定評価では空室が多いと空室による損失は収入項目の控除項目として計上し、純収益に対してマイナスとなるため、結果として評価額は低くなります。

開発法はマンション開発法と戸建開発法に分かれます。上記【基準】の（1）一体利用がマンション開発法、（2）分割利用が戸建開発法です。本書では第1部、第2部ともに戸建開発法が度々出てきます。開発法は規模の大きな土地に適用される手法ですが、本書において登場する機会が多いのは、「相続財産で鑑定評価額と財産評価額に差が出る土地」はやはり大規模地が多いからです。また、控除する費用（造成費等）の多寡によって、価格は大きく変動します。

## 地価公示価格との規準（基準第8章）

【基準】
　この場合において、地価公示法施行規則第1条第1項に規定する国土交通大臣が定める公示区域において土地の正常価格を求めるときは、公示価格を規準としなければならない。

【解説】
　鑑定評価書で土地の価格を求める際は、地価公示法第8条で※公示区域内の土地について鑑定評価を行う場合において、当該土地の正常な価格を求めるときは、地価公示標準地の価格を基準としなければならないと定められています。規準とするとは、対象不動産と標準地との価格形成要因（地域要因、個別的要因）の比較を行い、公示価格と対象土地の価格との間に均衡を保たせることです。実務上は、取引事例比較法による比準価格と同様に、地価公示地の単価を用いて時点修正、地域要因比較、個別的要因比較を行って価格を査定します。
　また、一番近い箇所や代替性がある公示地がない場合は地価調査基準地を採用する場合もあ

ります。

　地価公示地との規準については裁決事例で規準価格を求めていない、地域要因及び個別的要因の比較について根拠がない数値が用いられる等で、国税不服審判所からその鑑定評価書について不合理とされている事例が見られます。

※公示区域内とは、都市計画法に定める都市計画区域その他の土地取引が相当程度見込まれるものとして国土交通省令で定める区域をいいます。

（参考）
地価公示法第8条
　不動産鑑定士は、公示区域内の土地について鑑定評価を行う場合において、当該土地の正常な価格（中略）を求めるときは、第六条の規定により公示された標準地の価格（中略）を規準としなければならない。

# 実例 1　平坦だが、やや造成費が嵩む大規模画地

**対象不動産の状況**

| | |
|---|---|
| 所在地 | ○○市×× |
| 交通接近条件 | 「■■」駅の南東方1,200m |
| 面積 | 約2,200m² |
| 路線価 | 140,000円／m² |
| 行政条件 | 第1種低層住居専用地域　60／100 |
| 現況 | 駐車場 |
| 周辺環境 | 戸建住宅が建ち並ぶ中、賃貸共同住宅等も見られる住宅地域 |

〈鑑定評価適用のポイント〉

① 平坦地

② 隣接地との高低差

③ 地盤がやや弱い

対象不動産は住宅地域内の二方路の駐車場です。

地積規模の大きな宅地の要件を満たすことから、財産評価上も相当の評価減が見込まれました。しかし、対象不動産は隣接地との間に3mほどの高低差があり、安全のために隣地との間にRC擁壁を設置する必要があること、地盤がやや弱い地域にあり、開発の際は表層改良工事を行う必要があることから、造成費がやや嵩む（約31,000円）こととなりました。

一般的に、平坦な土地で新設道路を敷設する場合、造成費は20,000円／m²程度になります。本件は上記の通り、約11,000円／m²造成費が嵩む、という程度でしたが、面積が大きいことから総額に影響し、結果的に地積規模の大きな宅地を適用した財産評価額より評価額が下がることとなりました。

《評価額の比較》

● 鑑定評価額　　　　　　　　：　150,000,000円

● 財産評価通達に基づく価格：約162,000,000円（地積規模の大きな宅地適用）

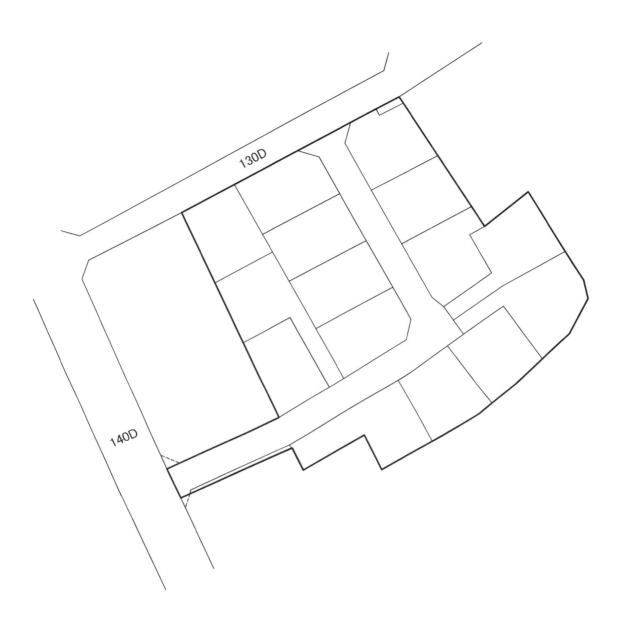

実例1　平坦だが、やや造成費が嵩む大規模画地

# 実例 2　路線価が低い地域に存する大規模画地

### 対象不動産の状況

| | |
|---|---|
| 所在地 | ■■■市○○ |
| 交通接近条件 | 「■■■」駅の南東方 500 m |
| 面積 | 約 3,400 m² |
| 路線価 | 50,000 円／m² |
| 行政条件 | 第1種住居地域　60／200 |
| 現況 | 戸建住宅の敷地 |
| 周辺環境 | 戸建住宅や工場、事業所、駐車場等が混在する住工混在地域 |

〈鑑定評価適用のポイント〉

① 有効宅地化率
② 路線価が低い地域
③ 地目が宅地であることから財産評価上の造成費控除不可

　対象不動産は路線価が低い地域に存する地主所有の自宅敷地です。

　地積規模の大きな宅地の要件を満たすことから、財産評価上も相当の評価減が見込まれました。しかし、対象不動産は平坦ではあるものの、規模が大きいことから、開発を行った際に相当の道路用地が必要となり、さらに開発に際して公園が必要となることから有効宅地化率がかなり低くなります。

　また、平坦ではあるものの、路線価が低い地域であることから造成費の占める割合が大きくなります。さらに、ご自宅敷地とされていたことから税務上の地目は宅地であり、財産評価上は造成費を控除することはできません。一方で鑑定評価上の最有効使用は戸建分譲用地であるため、開発法適用の際は造成費を控除することになります。

　以上のことから、結果的に地積規模の大きな宅地を適用した財産評価額より評価額が下がることとなりました。

《評価額の比較》
●鑑定評価額　　　　　　　　：　　60,000,000 円
●財産評価通達に基づく価格：約 100,000,000 円（地積規模の大きな宅地適用）

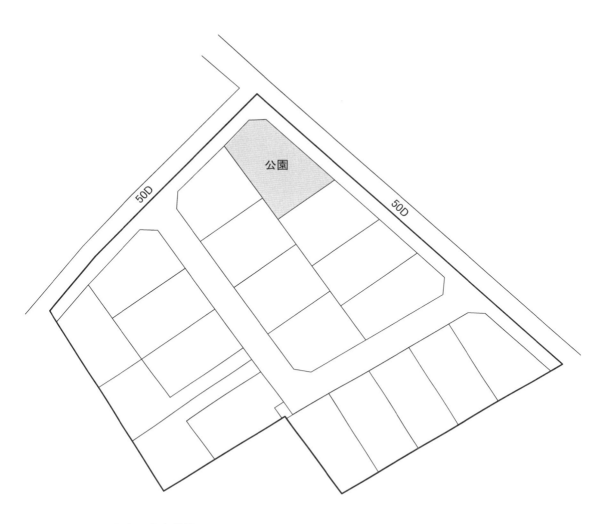

● 広大な自宅敷地

実例2　路線価が低い地域に存する大規模画地

# 実例 3 　中小工場地区内の大規模画地（地積規模の大きな宅地の適用不可）

### 対象不動産の状況

| | |
|---|---|
| 所在地 | ▲▲▲市××区○○ |
| 交通接近条件 | 「○○」駅の北東方 3,000 m |
| 面積 | 約 1,800 m² |
| 路線価 | 66,000 円／m² |
| 行政条件 | 工業地域　60／200 |
| 現況 | 未利用地 |
| 周辺環境 | 戸建住宅や事業所が混在する中、駐車場や畑等も見られる住工混在地域 |

〈鑑定評価適用のポイント〉
① 中小工場地区内の大規模画地（地積規模の大きな宅地適用不可）
② 最有効使用は戸建分譲用地
③ 財産評価上の減額要素はほぼなし

対象不動産は中小工場地区内の未利用地です。

面積は大きいものの、中小工場地区内に存することから、地積規模の大きな宅地の適用ができません。したがって、財産評価上は大きな減額要素はありません。中小工場地区は奥行価格補正率も奥行距離が 60 m 以上でなければ減額はなく、不整形補正もないため、多少の整地費を控除することができるのみです。中小工場地区内の未利用地であることから、最有効使用は工場や事業所の用地とも考えられますが、周辺の大規模地は戸建分譲が行われている地域でしたので、戸建分譲用地と判定しました。旧広大地制度であれば広大地の適用ができた土地です。

鑑定評価で戸建分譲を前提とした開発法を適用すると有効宅地化率が減ること、宅地造成費を要すること等から通達に基づく評価額よりも低い価格となります。

このように「旧広大地が適用できたであろう中小工場地区の大規模地」は、鑑定評価により評価額が下がる可能性があります。

《評価額の比較》
- ●鑑定評価額　　　　　　　：　　100,000,000 円
- ●財産評価通達に基づく価格：約 122,000,000 円

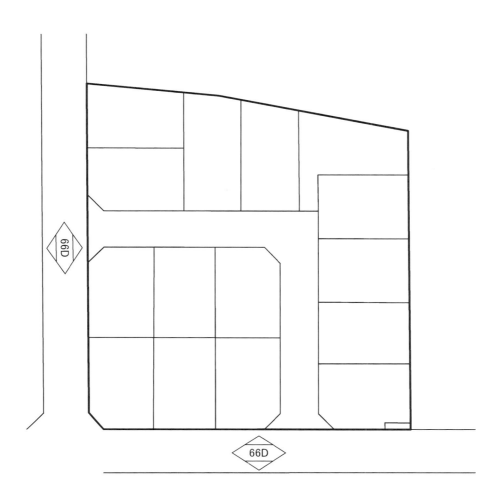

実例3　中小工場地区内の大規模画地（地積規模の大きな宅地の適用不可）

# 実例 4 道路面との高低差があり、地盤がやや弱い大規模画地

### 対象不動産の状況

| | |
|---|---|
| 所在地 | ▲▲▲市××  |
| 交通接近条件 | 「■■」駅の南東方 700 m |
| 面積 | 約 1,600 m² |
| 路線価 | 80,000 円／m² |
| 行政条件 | 第1種低層住居専用地域　40／80 |
| 現況 | 畑 |
| 周辺環境 | 戸建住宅が建ち並ぶ中、農地等も見られる住宅地域 |

〈鑑定評価適用のポイント〉

① 建築基準法の道路に接面していない

② 路線価が低い地域

③ 道路面より低い位置で盛土を要する

④ 地盤が弱い

　対象不動産は建築基準法上の道路に接道しておらず、開発に際しては道路協力地が必要となります。また、上記道路との高低差から、宅地造成のためには大量の盛土が必要となり、さらに地盤がやや軟弱で、地盤改良費が必要となることから造成費が嵩みます。

　路線価が低い地域であることから、造成費の占める割合が大きくなり、必然的に評価額は低くなります。

《評価額の比較》
- ●鑑定評価額　　　　　　　：　　35,000,000 円
- ●財産評価通達に基づく価格：約 60,000,000 円

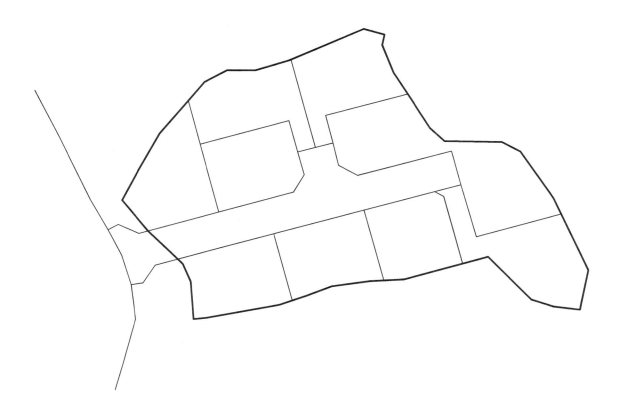

● 対象不動産はすり鉢状となっており、大量の盛土が必要となる

実例4 道路面との高低差があり、地盤がやや弱い大規模画地

# 実例 5 前面道路が階段状で敷地内高低差を有する土地

## 対象不動産の状況

| | |
|---|---|
| 所在地 | ▲▲▲市××区■■ |
| 交通接近条件 | 「○△」駅の南東方 700 m |
| 面積 | 約 320 m² |
| 路線価 | 160,000 円／m² |
| 行政条件 | 第 2 種中高層住居専用地域　60／150 |
| 現況 | 戸建住宅（空き家 2 棟）の敷地 |
| 周辺環境 | 戸建住宅が建ち並ぶ中、共同住宅等も見られる住宅地域 |

〈鑑定評価適用のポイント〉
① 前面道路が階段状
② 敷地内高低差
③ 最有効使用は 2 宅地分譲用地

　対象不動産は前面道路が階段状になっており、車両の進入はできません。前面道路は 42 条 2 項 2 号空地であり、現況幅員が 4 m に満たないため、建物建築の際には道路後退が必要になります。道路後退に際しては階段状道路に手摺や擁壁が存することから、これらの再工事が必要となります。さらに、造成の際は敷地内に高低差が存する（敷地内でも擁壁が組まれ、その上に自宅が存する）ことから、敷地内の既存擁壁を取り壊し、新たな宅地のための再工事が必要となること、前面道路を車両通行ができるようにスロープ状に工事をすること等から造成費が相当嵩みます。

　それらの要因を踏まえ、鑑定評価額は 1,600 万円となりました。

　その後、当該土地が売却されましたが、1,000 万円で売却が決まりました。鑑定評価では既存建物の取壊し費用は加味していない更地としての評価だったため、建物取壊し費用を考慮すると、鑑定評価額は適切な評価の範囲内だったと思われます。

《評価額の比較》
- ●鑑定評価額　　　　　　　　　：　　16,000,000 円
- ●財産評価通達に基づく価格：約 35,000,000 円

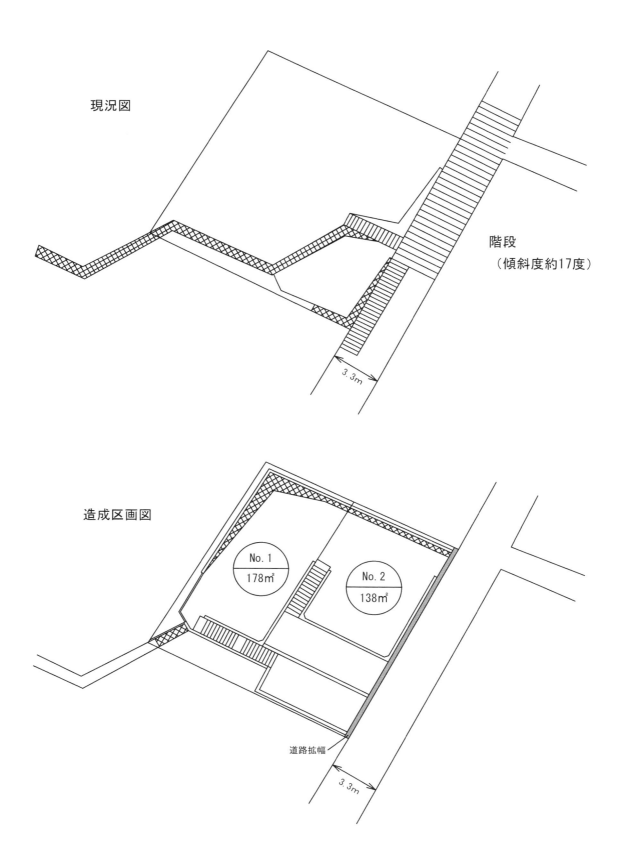

実例5　前面道路が階段状で敷地内高低差を有する土地

● 前面道路

● 敷地内高低差

## 実例 6　前面道路・隣地との高低差が著しい自宅敷地

**対象不動産の状況**

| | |
|---|---|
| 所在地 | ○○市××  |
| 交通接近条件 | 「■■」駅の北西方 700 m |
| 面積 | 約 600 m² |
| 路線価 | 175,000 円／m² |
| 行政条件 | 第 1 種中高層住居専用地域　60／150 |
| 現況 | 駐車場 |
| 周辺環境 | 戸建住宅を中心に、分譲マンションや賃貸共同住宅等も見られる住宅地域 |

〈鑑定評価適用のポイント〉
① 自宅敷地であるが、最有効使用は戸建分譲用地
② 前面道路及び隣接地との高低差から造成費が嵩む
③ 地目が宅地であることから、財産評価上は造成費を控除不可

　対象不動産は被相続人の自宅敷地で、道路面より最大で 4 m 程度低い位置に存しています。
　地積規模の大きな宅地の要件を満たすことから、財産評価上も相当の評価減が見込まれました。一方で自宅敷地（宅地）であることから造成費は控除できません。
　鑑定評価上の最有効使用は戸建分譲用地です。対象不動産は敷地内高低差もあること、背後の隣接地との間に 3 m ほどの高低差があること等から、開発の際は安全のために隣地との間に RC 擁壁を設置する必要があります。このような事情から開発を想定した場合の造成費は約 70,000 円／m² になりました。
　上記を踏まえ、鑑定評価額を求めると、結果的に地積規模の大きな宅地を適用した財産評価額より評価額が下がることとなりました。

《評価額の比較》
●鑑定評価額　　　　　　　：　50,000,000 円
●財産評価通達に基づく価格：約 70,000,000 円（地積規模の大きな宅地適用）

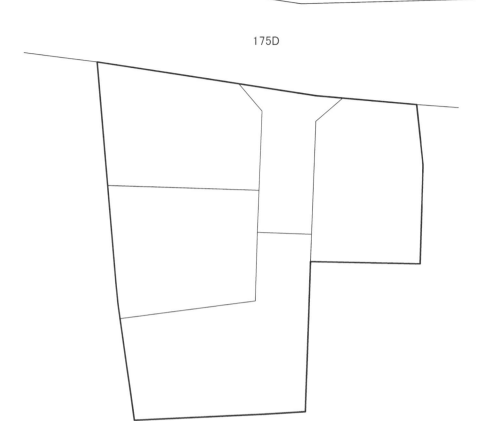

● 前面道路（写真右側）よりも約4m低い位置に自宅が存する

# 実例 7　路線価がやや低い地域に存する市街地山林

## 対象不動産の状況

| | |
|---|---|
| 所在地 | ■■■市〇〇 |
| 交通接近条件 | 「■■■」駅の南方1,500m |
| 面積 | 約1,700 m² |
| 路線価 | 73,000円／m² |
| 行政条件 | 第1種低層住居専用地域　50／100 |
| 現況 | 山林（未利用地） |
| 周辺環境 | 戸建住宅が建ち並ぶ中、賃貸共同住宅等が見られる住宅地域 |

〈鑑定評価適用のポイント〉
① 路線価がやや低い地域
② 傾斜、敷地内高低差等から切土を要することなり、造成費が嵩む

　対象不動産は路線価がやや低い地域に存する市街地山林です。
　財産評価上、地積規模の大きな宅地の要件を満たすこと、市街地山林であることから造成費控除ができることから相当の評価減が見込まれました。
　鑑定評価で戸建分譲用地を想定し、開発法を適用することになりましたが、有効宅地化率は標準的でしたが、傾斜及び敷地内高低差が大きく、開発の際は切土を行う必要がありました。切土により、土砂搬出量が相当な量となり、実際に要する造成費は約65,000円／m²まで嵩むこととなりました。その結果、税務上控除できる造成費と大きな乖離が生じ、結論としては税務上の評価額よりも鑑定評価額が大きく下がることとなりました。

《評価額の比較》
- 鑑定評価額　　　　　　　　　　：　　10,000,000円
- 財産評価通達に基づく価格：約45,000,000円

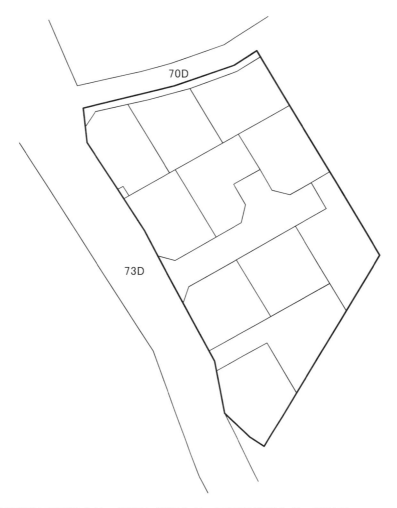

● 現況は市街地山林、写真左側に向かって下り傾斜となっている

# 実例 8　宅地への転用ができない市街地山林（純山林）

## 対象不動産の状況

| | |
|---|---|
| 所在地 | ▲■市○○ |
| 交通接近条件 | 「○○」駅の北東方 2,000 m |
| 面積 | 約 5,000 m² |
| 路線価 | 38,000 円／m² |
| 行政条件 | 準工業地域　60／200 |
| 現況 | 山林 |
| 周辺環境 | 戸建住宅や賃貸共同住宅が混在する中、山林も残る住宅地域 |

〈鑑定評価適用のポイント〉
① 路線価が低い地域
② 傾斜が大きい市街地山林

　対象不動産は傾斜が大きい市街地山林です。

　路線価が低い地域に存しており、財産評価上は地積規模の大きな宅地、造成費控除等の減額は可能です。ただし、奥行距離があることから、傾斜度が大きくならず、税務上の造成費を控除したとしても、高めの評価額となってしまいます。

　鑑定評価で戸建分譲を前提とした開発法を準用すると、販売価格の総額は約 150,000,000 円でしたが、造成費は約 200,000,000 円（40,000 円／m²）となり、開発事業を行おうとすると赤字になってしまうことがわかりました。

　したがって、宅地への転用ができない土地ということになり、評価通達 49 なお書きの純山林に該当することとなりました。本事例は鑑定評価額を出す実例ではありませんが、宅地に転用できない市街地山林の場合、鑑定評価手法を用いて開発行為の経済合理性を示すこととなります。

《評価額》
● 財産評価通達に基づく価格（純山林）：　約 100,000 円

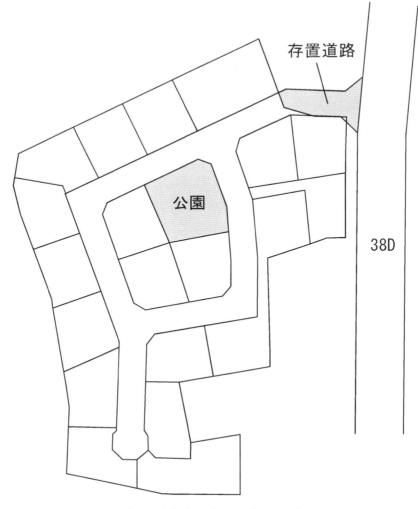

● 傾斜が大きく、開発を想定した場合は造成費が著しく嵩む

## COLUMN

### 宅地造成費について考える

鑑定評価の実例を紹介してきましたが、大規模な市街地山林等は有効宅地化率と宅地造成費の多寡が評価額に影響を与えることになります。すなわち、路線価÷0.8という公示価格ベース（時価はそれよりやや高めの水準が多い）の単価を分譲単価としてスタートするとしても財産評価上では考慮できない（厳密には広大地制度の流れを汲む地積規模の大きな宅地の減額に反映されていると思われる）有効宅地化率、税務上の造成費を時価ベースに割り戻した造成費よりもさらに高額となる実際の造成費用から結果として財産評価額よりも評価額が低くなることとなります。

ここで、改めて財産評価上の宅地造成費を検証してみたいと思います。下記に令和6年までの税務上の宅地造成費（東京都）の推移を一覧表にしました。

● 東京都　宅地造成費推移表

| 年 | 3度超5度以下 | 変動率 | 5度超10度以下 | 変動率 | 10度超15度以下 | 変動率 | 15度超20度以下 | 変動率 | 20度超25度以下 | 変動率 | 25度超30度以下 | 変動率 |
|---|---|---|---|---|---|---|---|---|---|---|---|---|
| H19 | 8,800円/m² | — | 15,000円/m² | — | 20,800円/m² | — | 33,500円/m² | — | — | — | — | — |
| H20 | 8,800円/m² | 0.0% | 15,100円/m² | 0.7% | 21,000円/m² | 1.0% | 34,100円/m² | 1.8% | — | — | — | — |
| H21 | 8,900円/m² | 1.1% | 15,200円/m² | 0.7% | 21,100円/m² | 0.5% | 33,300円/m² | −2.3% | — | — | — | — |
| H22 | 8,700円/m² | −2.2% | 15,000円/m² | −1.3% | 20,800円/m² | −1.4% | 33,200円/m² | −0.3% | — | — | — | — |
| H23 | 8,900円/m² | 2.3% | 15,300円/m² | 2.0% | 21,200円/m² | 1.9% | 33,500円/m² | 0.9% | — | — | — | — |
| H24 | 8,900円/m² | 0.0% | 15,400円/m² | 0.7% | 21,300円/m² | 0.5% | 33,500円/m² | 0.0% | — | — | — | — |
| H25 | 8,800円/m² | −1.1% | 15,300円/m² | −0.6% | 21,400円/m² | 0.5% | 34,300円/m² | 2.4% | — | — | — | — |
| H26 | 9,600円/m² | 9.1% | 16,600円/m² | 8.5% | 23,100円/m² | 7.9% | 37,500円/m² | 9.3% | — | — | — | — |
| H27 | 9,900円/m² | 3.1% | 17,200円/m² | 3.6% | 23,900円/m² | 3.5% | 39,100円/m² | 4.3% | — | — | — | — |
| H28 | 10,600円/m² | 7.1% | 18,300円/m² | 6.4% | 25,300円/m² | 5.9% | 41,300円/m² | 5.6% | — | — | — | — |
| H29 | 11,400円/m² | 7.5% | 19,600円/m² | 7.1% | 27,000円/m² | 6.7% | 41,800円/m² | 1.2% | — | — | — | — |
| H30 | 17,200円/m² | 50.9% | 21,200円/m² | 8.2% | 32,100円/m² | 18.9% | 45,000円/m² | 7.7% | 49,900円/m² | — | 53,300円/m² | — |
| R1 | 17,900円/m² | 4.1% | 22,100円/m² | 4.2% | 33,900円/m² | 5.6% | 48,200円/m² | 7.1% | 53,300円/m² | 6.8% | 55,500円/m² | 4.1% |
| R2 | 18,600円/m² | 3.9% | 22,800円/m² | 3.2% | 34,900円/m² | 2.9% | 49,500円/m² | 2.7% | 54,700円/m² | 2.6% | 57,900円/m² | 4.3% |
| R3 | 19,200円/m² | 3.2% | 23,300円/m² | 2.2% | 35,600円/m² | 2.0% | 50,300円/m² | 1.6% | 55,500円/m² | 1.5% | 58,300円/m² | 0.7% |
| R4 | 19,400円/m² | 1.0% | 23,500円/m² | 0.9% | 35,800円/m² | 0.6% | 50,500円/m² | 0.4% | 55,800円/m² | 0.5% | 60,100円/m² | 3.1% |
| R5 | 20,300円/m² | 4.6% | 24,700円/m² | 5.1% | 37,600円/m² | 5.0% | 52,700円/m² | 4.4% | 58,400円/m² | 4.7% | 64,300円/m² | 7.0% |
| R6 | 21,700円/m² | 6.9% | 26,100円/m² | 5.7% | 40,900円/m² | 8.8% | 57,800円/m² | 9.7% | 63,900円/m² | 9.4% | 68,900円/m² | 7.2% |

これを見ると、直近の令和6年では10%近い上昇の角度帯もあります。時価との比較として、国土交通省が公表している「建築工事費デフレーター」という資料を見てみましょう。この中の「土木総合」という項目を筆者の方で抜粋し、指数変動率を加えたのが下記の表になります。

● 建設工事費デフレーター（2015年度基準）

土木総合

| 年度 | 指数 | 指数変動率 | 年度 | 指数 | 指数変動率 |
|---|---|---|---|---|---|
| 2009 | 93.1 | — | 2017 | 102.4 | 2.1% |
| 2010 | 93.4 | 0.3% | 2018 | 106.0 | 3.5% |
| 2011 | 94.7 | 1.4% | 2019 | 108.5 | 2.4% |
| 2012 | 94.2 | −0.5% | 2020 | 108.4 | −0.1% |
| 2013 | 96.4 | 2.3% | 2021 | 112.8 | 4.1% |
| 2014 | 99.7 | 3.4% | 2022（暫定） | 119.2 | 5.7% |
| 2015 | 100.0 | 0.3% | 2023（暫定） | 122.7 | 2.9% |
| 2016 | 100.3 | 0.3% | | | |

　このデフレーター上でも工事費は上昇していますが、先ほどの財産評価上の宅地造成費よりは上昇幅は大きくありません。あくまで筆者の推測になりますが、財産評価上の宅地造成費はRC擁壁などが加味されているのだと考えます。近年の建設資材としての鉄筋コンクリートの価格上昇は著しく、RC擁壁についても同様に価格が上昇しています。

　筆者も過去に評価を行った市街地山林等で二次相続が発生し、何年か前の土地の再評価を行うケースがあります。その場合には過去の造成見積を使用することはできないため、改めて造成費用を建築士さんに積算していただくことになりますが、積算された数字は前回の相続時点よりも相当程度上昇していました。

　上記の宅地造成費の上昇を踏まえ、土地評価に関してどのようなことが言えるでしょうか。

・地価が上昇していない地域では、造成費の負担も増えていることから、時価（鑑定評価額）をより検証する必要が出てくる（路線価評価でも相当に下がると考えられるが、それ以上に時価が下がる可能性があるか否か）。
・税務上の造成費が控除できない平坦な大規模地について、鑑定評価で開発法を適用する際に用いる造成費は上昇傾向にあるため、地積規模の大きな宅地が適用できたとしても評価額が下がる可能性がある。
・税務上の造成費が上昇していることから、傾斜度を適切に判定する必要がある。東京国税局管内の地域で路線価が安い地域では宅地化が見込めない市街地山林（＝純山林）が増加すると考えられる。

　このように、造成費一つを見ても適切な評価のためには注視していく必要があります。

# 実例 9 土砂災害特別警戒区域にかかる大規模地

## 対象不動産の状況

| | |
|---|---|
| 所在地 | ■■市○× |
| 交通接近条件 | 「■■」駅の北東方 1,500 m |
| 面積 | 約 1,200 m$^2$ |
| 路線価 | 30,000 円／m$^2$ |
| 行政条件 | 第1種住居地域　60／200 |
| 現況 | 未利用地 |
| 周辺環境 | 戸建住宅を中心に、賃貸共同住宅等も見られる住宅地域 |

〈鑑定評価適用のポイント〉
① 対象不動産の一部が土砂災害特別警戒区域内に位置し、当該区域内は開発不適地
② 土砂災害特別警戒区域との境目に擁壁を設けることにより造成費が嵩む
③ 心理的減価による販売価格の減額

対象不動産は、地方都市に位置する未利用地です。

背後には山林が存しており、敷地の一部が土砂災害特別警戒区域（レッドゾーン）、その他が土砂災害警戒区域（イエローゾーン）に指定されていました。周辺は戸建住宅が多いこと、一般住宅の敷地としては規模が大きいことから対象地の最有効使用は戸建分譲用地となります。

土砂災害特別警戒区域が 10% 以上含まれる土地のため、財産評価上は 0.9 の補正率を乗じる（10% の減価）こととなります。鑑定評価に際しては、戸建分譲を前提とした価格を試算することとなりますが（開発法による価格）、県の開発許可基準で土砂災害特別警戒区域に該当する箇所については「開発不適地」として開発区域に含めることができないこととされていました。

したがって、土砂災害特別警戒区域に該当する部分は開発残地として有効宅地に含めず評価を行うこととなりました。また、条例による制限はありませんが、土砂災害特別警戒区域との境目については、擁壁を設けることで造成費がやや嵩むこととなります。また、土砂災害警戒区域については開発行為を行うことができない等の制限はありませんが、エンドユーザーが購入する際、心理的な減価は否めないため、販売価格の減額が認められます。以上から対象不動産の価格を求めると、鑑定評価額は 1,400 万円となりました。

《評価額の比較》
- ●鑑定評価額　　　　　　　：　14,000,000 円
- ●財産評価通達に基づく価格：約 23,000,000 円

（地積規模の大きな宅地の適用あり、土砂災害特別警戒区域の減額あり。造成費については平坦な土地であることから整地費のみ控除）

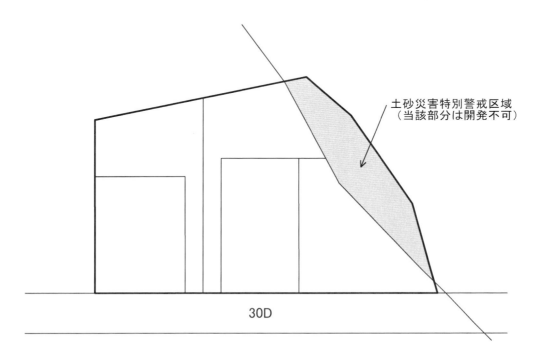

● 対象不動産は平坦だが、背後は傾斜の大きい山林となっている

# 実例 10 建築基準法第 43 条 2 項 2 号空地に面する大規模画地

**対象不動産の状況**

| | |
|---|---|
| 所在地 | ○○区×× |
| 交通接近条件 | 「■■」駅の北西方 700 m |
| 面積 | 約 490 m² |
| 路線価 | 205,000 円／m² |
| 行政条件 | 第 1 種中高層住居専用地域　60／200 |
| 現況 | 駐車場 |
| 周辺環境 | 戸建住宅が建ち並ぶ中、賃貸共同住宅や駐車場等も見られる住宅地域 |

〈鑑定評価適用のポイント〉
① 面積要件を満たさないことから地積規模の大きな宅地の適用不可
② 財産評価上の減額要素は不整形とセットバック等に限られる
③ 前面道路は建築基準法第 43 条 2 項 2 号空地であり、建築に際しては役所の許可が必要

対象不動産は市街化区域内の駐車場です。

三大都市圏に所在しますが、面積が 500 m² をやや下回るため、地積規模の大きな宅地の適用はできません。したがって、財産評価上は不整形とセットバックのみが減額要素（奥行価格補正は 1.00）です。

鑑定評価上の最有効使用は戸建分譲用地です。大規模地（開発素地）の取引事例から取引事例比較法を適用し、下記の個別的要因を考慮して比準価格を試算しました。これらの要因は別途適用する開発法との整合性を取ることとなります。

| 個別的要因等の内訳 | 増減価率 |
|---|---|
| ・造成費が嵩むことによる減価 | －4％ |
| ・有効利用度 | －8％ |
| ・販売価格の格差率に基づく増減価 | －7％ |
| ・道路協力地の取得費用を考慮 | －3％ |
| 減価率（相乗積） | －20％ |

また、対象不動産の前面道路が上記の通り建築基準法第 43 条 2 項 2 号空地に該当するため、許可が下りなければ戸建分譲を行うことはできません。そこで、「前面道路が対象不動産

同様に建築基準法第43条第2項第2号空地であり、不動産業者が個人から取得した事例」を収集し、当該取引価格について標準的画地価格に個別性を乗じた価格に対する割合を査定しました。収集する事例を不動産業者に限定した理由ですが、個人が自用の住宅地として不動産業者等から土地を購入する場合は、既に建物が建てられる前提で売買が行われていることから、同法第43条の許可を得られるか否かの不確実性を考慮する必要がほぼなく、標準的な価格で売買されていることが多いためです。

また、本件対象不動産は大規模地で戸建分譲が最有効使用と判断していることから、需要者を不動産業者と想定しています。したがって、不動産業者が購入したものに限定して調査を行いました。下記表にて、前面道路が43条2項2号空地で不動産業者が取得した事例を7事例収集し、標準的な画地に個別性を乗じた価格に対する割合を査定した結果、約60〜96%まで幅が生じました。平均値は75.6%、中央値は73.0%です。

● 不動産業者が個人から43条2項2号道路に面する土地を取得した場合の取引事例一覧

| 事例NO | 所在 | 取引価格(円/m²) | 用途地域 | 取引年度の正面路線価(円/m²) | 翌年度の正面路線価(円/m²) | 標準的画地価格(円/m²)※ | 個性率 | 個別的要因を考慮した価格(円/m²) | 取引価格割合 |
|---|---|---|---|---|---|---|---|---|---|
| a | *** | 199,300 | 1中高 50/100 | 200,000 | 215,000 | 262,500 | 1.04 | 273,000 | 73.0% |
| b | *** | 188,800 | 1中高 60/150 | 215,000 | 220,000 | 270,800 | 1.00 | 270,800 | 69.7% |
| c | *** | 176,800 | 1中高 60/200(160) | 215,000 | 220,000 | 269,300 | 1.04 | 280,100 | 63.1% |
| d | *** | 182,800 | 1中高 60/200(160) | 230,000 | 250,000 | 297,900 | 1.02 | 303,900 | 60.2% |
| e | *** | 256,100 | 1住居 60/200(160) | 215,000 | 225,000 | 276,000 | 1.04 | 287,000 | 89.2% |
| f | *** | 188,000 | 1住居 60/200(160) | 190,000 | 195,000 | 240,100 | 1.01 | 242,500 | 77.5% |
| g | *** | 272,500 | 1住居 60/200(160) | 215,000 | 225,000 | 277,100 | 1.02 | 282,600 | 96.4% |
| | | | | | | | | 上記平均 | 75.6% |
| | | | | | | | | 中央値 | 73.0% |

※標準的画地については取引された年度の前面路線価（路線価が付されていない場合は固定資産税路線価等から推定）から時点修正率（取引年度の路線価と翌年の路線価から査定）を考慮し、査定した（路線価÷0.8×時点修正率）。

そして、上記は不動産業者が個人から土地を取得する場合、いわゆる仕入目的で購入しており、仕入による割引分も加味されていると考えられることから、当該要素も考慮した上で43条2項3号許可に関する不確実性の減額率を査定します。本件においては43条2項2号許可の蓋然性について差があり、また取引によっては買い進み等の可能性もあることから標準的画地比率に幅が生じたと判断されます。また、収集した事例について、数は多くないものの、標準的画地比率が100%に近い事例も存したことから平均値が上振れし、中央値よりも高めに査定されたと考えられます。

本件においては、周辺の状況（同じ通路に面する対面側の戸建住宅は道路後退後、43条2項2号の許可を経て建設されている）等を鑑み、道路後退の要件を満たせば許可が下りる蓋然性が高いと判断されること、並びに上記減額率には不動産業者の仕入れによる割引分も考慮されていると考えられることから、平均値（75.6％）を参考に43条2項2号の許可に関する不確実性による減価を－10％（価値率90％）と査定しました。

　取引事例比較法による比準価格は標準的画地に上記個別的要因及び43条2項2号の不確実性減価10％を考慮し、試算しました。開発法による価格についても比準価格と整合性を確保した上で試算し、試算価格の調整を行い、鑑定評価額を72,000,000円と決定しました。

　結果として財産評価通達に基づく価格よりも約2,000万円評価額が下がることとなりました。

《評価額の比較》
●鑑定評価額　　　　　　　：　72,000,000円
●財産評価通達に基づく価格：約92,000,000円

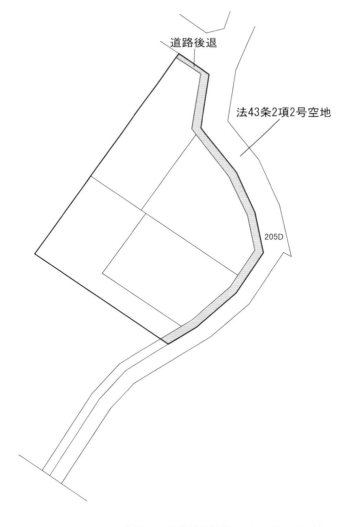

# 実例 11 区画数が多く、需要者は底地業者となる底地

### 対象不動産の状況

| | |
|---|---|
| 所在地 | ■■市○○ |
| 交通接近条件 | 「■■」駅の南西方 1,600 m |
| 面積 | 約 3,500 m² |
| 路線価 | 295,000 円／m² |
| 行政条件 | 第 1 種住居地域　60／200 |
| 現況 | 34 戸の戸建住宅の敷地 |
| 周辺環境 | 戸建住宅が建ち並ぶ中、賃貸共同住宅等が見られる住宅地域 |

〈鑑定評価適用のポイント〉
① 路線価の底地割合は D 地区（借地権割合 60％）の地域
② 市場の実態から求める底地割合は、相続税路線価の底地割合より低い
③ 地代が低廉であり、収益性は低い

　対象不動産は 34 戸の戸建住宅の敷地です。筆は 1 筆で、分筆はされていませんでしたが、評価単位としては底地（貸宅地）部分と私道部分で分かれることとなります。

　鑑定評価としては、それぞれの区画の更地価格を求め、それに底地割合を乗じる方法（割合方式）及び地代収入を基に求める収益還元法を適用し、それぞれの試算価格を調整して鑑定評価額を算定しました。割合方式については、底地を第三者が購入した場合の取引事例を収集した結果 16～21％ と求められました。一般に借地権者が底地の併合を目的とする売買の場合は借地権者が完全所有権を獲得することによる増分価値が認められ、第三者間取引での売買より底地割合が高くなるのが通常です。

　一方、借地権と底地はそれぞれ単独では流動性が劣り、ともに完全所有権ではないことから借地権と底地の価格を合計しても更地価格を下回ることが多くなります。したがって、借地権者が底地の併合を目的とする売買の場合においても相続税路線価に基づく借地権割合を控除した残余の割合よりも下回ることが多いです。

　これらの前提を基に対象不動産の個別性を考慮すると、①地代が相当低廉であり、借地権者側に借り得が認められること、②主な市場参加者である不動産業者が将来にわたって借地権者に各画地の底地を売却していくことが予想されること等が挙げられる。これらの要因を踏まえ、対象不動産に係る底地割合を第三者間取引の取引事例における底地割合を標準に、18％ と査定しました。

そして、

　割合方式による価格：161,000,000 円

　収益還元法による収益価格：110,000,000 円

と各試算価格を試算し、割合方式による価格を標準に鑑定評価額を 160,000,000 円と決定しました。

《評価額の比較》
- ●鑑定評価額　　　　　　：　160,000,000 円
- ●財産評価通達に基づく価格：約 300,000,000 円

● **対象不動産の 34 区画イメージ図**

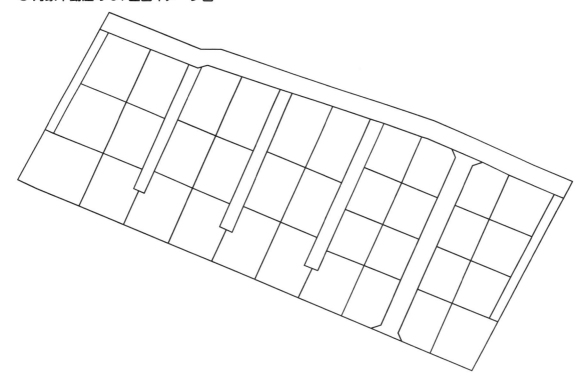

# 実例12 敷地がやや大きく、個別性から相当の減価が見込まれた底地

### 対象不動産の状況

| | |
|---|---|
| 所在地 | ■■■市○○ |
| 交通接近条件 | 「■■■」駅の南方 1,500 m |
| 面積 | 約 330 m² |
| 路線価 | 185,000 円／m² |
| 行政条件 | 第1種低層住居専用地域　50／100 |
| 現況 | 戸建住宅の敷地 |
| 周辺環境 | 戸建住宅が建ち並ぶ中、賃貸共同住宅等が見られる住宅地域 |

〈鑑定評価適用のポイント〉
① 路線価の底地割合はD地区（借地権割合60％）の地域
② 市場の実態から求める底地割合は、相続税路線価の底地割合より低い
③ 対象不動産の個別的要因の減価が大きい

　対象不動産は戸建住宅の敷地とされている底地です。財産評価上は、不整形やセットバックの評価減があり、それに路線価の底地割合（40％）を乗じることになります。

　一方、鑑定評価では対象地の個別的要因（地積が大きい、幅員、居住環境で劣る等）から、相当な減価（下記「個別的要因の内訳」参照）が見込まれます。また、第三者が取得したケースの底地割合を取引事例から調査し、底地割合を30％と査定しました。鑑定評価上の標準的画地価格は路線価よりも高い水準ですが、様々な減価要因があったこと、底地割合が路線価の割合よりも低いこと等もあり、結論としては税務上の評価額よりも鑑定評価額が下がることとなりました。

| 個別的要因等の内訳 | 増減価率 |
|---|---|
| ・地積過大で劣る | −15％ |
| ・セットバック（約20 m²） | −6％ |
| ・幅員（1.8 m）で劣る | −5％ |
| ・居住環境で劣る | −10％ |
| ・形状でやや劣る | −5％ |
| 減価率（相乗積） | −35％ |

《評価額の比較》
- ●鑑定評価額　　　　　　　　：13,000,000 円
- ●財産評価通達に基づく価格：約 20,500,000 円

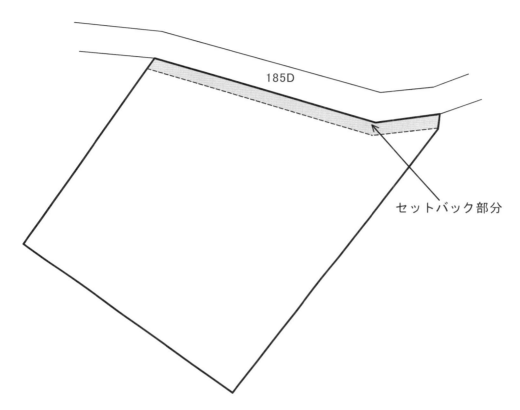

● **狭隘な道路沿いに存しており、環境面は劣る**

# 実例 13 分譲マンションの底地

## 対象不動産の状況

| | |
|---|---|
| 所在地 | ▲■区○○ |
| 交通接近条件 | 「○○」駅の北東方 300 m |
| 面積 | 約 1,400 m$^2$ |
| 路線価 | 1,660,000 円／m$^2$ |
| 行政条件 | 商業地域　80／500 |
| 現況 | 借地権付分譲マンションの敷地 |
| 周辺環境 | 中高層店舗・事務所ビル、共同住宅等が混在する商住混在地域 |

〈鑑定評価適用のポイント〉
① 路線価の底地割合は C 地区（借地権割合 70％）の地域
② 市場の実態から求める底地割合は、相続税路線価の底地割合より低い
③ 分譲マンションの敷地で更地復帰の可能性は低い

　対象不動産は借地権付分譲マンションの敷地とされている底地です。
　財産評価上は、奥行価格補正等の評価減があり、それに路線価の底地割合（30％）を乗じることになります。
　一方、鑑定評価では対象地の個別的要因はそれほどの減価要因はありませんでしたが、本件で重要なのは割合方式による価格を求める際の底地割合の査定です。本件契約上の特徴として下記のことが挙げられました。
・ 本件地上権は旧法に基づく借地権で、堅固建物所有を目的としたものであり、旧法に基づく借地権は貸主から解約は基本的にできないこと
・ 借地権付分譲マンションとして 70 戸に区分所有されており、完全所有権（更地）へ復帰する可能性が乏しいこと
・ 本件地上権契約は 90 年間の長期であり、価格時点においても残存期間が 50 年以上あることから、更地復帰の可能性は低いこと
・ 本件地上権契約について、契約書には「底地権との比率を地上権 8 対底地権 2 とすることに甲乙合意する。」という旨の記載があること
　次に、同一需給圏内における底地の取引事例について、底地の取引単価が標準的画地価格に占める割合（底地割合）を査定した結果、約 15〜26％、平均では 20.5％ となりました。
　上記を総合的に勘案した結果、当該地域の標準的な借地権割合 70％ と比較し、当該借地権

の権利が相当強いことが認められます。したがって、本件では契約書記載の底地割合及び同一需給圏内の底地の取引事例から得られた底地割合を基に、底地割合を20％と査定しました。

底地割合が路線価の割合よりも低いこと等もあり、結論としては税務上の評価額よりも鑑定評価額が大きく下がることとなりました。

本件では割合方式による価格のほか、底地の取引事例から求めた比準価格、地代収入を基にした収益還元法による収益価格を求め、それぞれ下記の試算価格が求められました。

- 割合方式による価格　　　　　　590,000,000 円
- 取引事例比較法による比準価格　　490,000,000 円
- 収益還元法による収益価格　　　　445,000,000 円

上記より割合方式の価格が高く試算されましたが、本件は借地権付の分譲マンションに対応する底地であるため、多数の借地権者が存在するので、借地権と底地とが併合され完全所有権への復帰が期待できないこと、底地は独自の市場を有していること等から更地価格に底地割合を乗じた価格が底地価格になるとは必ずしも言えません。

したがって、当該底地が地代徴収権に加えて、将来底地と借地権とが併合されて完全所有権となる潜在的価値に着目して価格形成がなされているとは認められないので、割合方式による価格はやや規範性に欠け、その精度は他の試算価格よりも相対的に劣るものと判断しました。

比準価格は、底地の取引事例を収集し、試算した価格ですが、通常の土地取引とは異なり、契約事情が不明であり、個別格差の判定にはやや難があるものの、現実の需給動向を反映した実証的な価格と判断されます。収益還元法による収益価格は収益性の観点から対象不動産の経済価値を把握するもので、地代徴収権を基礎として成り立つ底地価格の標準となるものです。本件では典型的な需要者は法人等と考えられ、主に収益性を重視することから、説得力は高いと判断されます。

以上を総合的に判断した結果、本件では、収益還元法による収益価格を標準とし、比準価格を比較考量し、割合方式による価格は参考に留め、鑑定評価額を450,000,000円と決定しました。

《評価額の比較》
- ●鑑定評価額　　　　　　　：　450,000,000 円
- ●財産評価通達に基づく価格：約 600,000,000 円

# 実例 14 市街化調整区域内の規模が大きく傾斜のある自宅敷地

## 対象不動産の状況

| | |
|---|---|
| 所在地 | ■■市○× |
| 交通接近条件 | 「■■」駅の北方 900 m |
| 面積 | 約 1,600 m² |
| 路線価 | なし（倍率地域） |
| 行政条件 | 市街化調整区域　60／200 |
| 現況 | 戸建住宅の敷地 |
| 周辺環境 | 戸建住宅が建ち並ぶ中、山林も多く残る住宅地域 |

〈鑑定評価適用のポイント〉
① 市街化調整区域での建築の可否
② 財産評価上は地積規模の大きな宅地の適用不可
③ 敷地の約 25％ が山林となっている

　対象不動産は市街化調整区域内に存する自宅敷地です。

　市役所でヒアリングを行った結果、線引き前から宅地であることから住宅の建替えは可能という回答を得ました。一方、敷地の規模は大きいものの、戸建分譲を行うことは地区計画等で制限されています。したがって、最有効使用は住宅の敷地となります。周辺地域は比較的一般住宅の敷地規模も大きい地域ですが、やはり対象不動産の敷地規模は相当大きいことから、地積過大による市場性減価が見込まれます。また、財産評価上、地積規模の大きな宅地については、要件を満たさないことから適用はできません。

　また、背後には山林が存しており、調査時点では敷地の一部が土砂災害特別警戒区域（レッドゾーン）に指定されていました（相続時点では未指定のため、減価要因には含めません）。相続時点では土砂災害特別警戒区域の指定はないものの、敷地の約 25％ が山林となっています。当該山林は傾斜度から宅地として利用することが困難です。

　対象不動産はこのような個別的要因を有することから、鑑定評価に際しては、標準的画地価格（建築可能な価格）に対象不動産の個別的要因を下記の通り査定し、鑑定評価額を求めました。

〈標準的画地価格〉

　110,000 円／m² × （1 － 0.43） × 1,600 m² ＝ 100,000,000 円

| 個別的要因等の内訳 | 増減価率 |
|---|---|
| ・方位（西） | 1% |
| ・地積過大（標準的画地の約 3.2 倍）で劣る | −15% |
| ・敷地内の一部が傾斜地であることによる利用価値の低下を考量※ | −24% |
| ・系統・連続性（行き止り道路終端）でやや劣る | −5% |
| ・不整形でやや劣る | −8% |
| 減価率（相乗積） | −43% |

※傾斜部分約 400 m$^2$ については現況及び傾斜度から、宅地としての効用を果たさず、山林としての価値のみ認められると判断される。同一需給圏内の市街化調整区域内における山林の取引事例を収集し、検証を行ったが中心となる価格帯を把握するのは困難である。したがって、その平均単価から山林の価格水準を把握することが妥当と判断し、当該山林単価の上記標準的画地価に対する価格単価に対する割合をもって山林価値率を 3.2 ％ と査定し、当該部分の面積に価値率を乗じた評点が対象不動産面積に占める割合をもって減価率を査定した。

〈山林単価〉

3,500 円／m$^2$ ÷ 110,000 円／m$^2$ ≒ 3.2％

(400 m$^2$ × (1 − 0.032)) ÷ 1,600 m$^2$ ≒ 24％

以上より、鑑定評価額は 100,000,000 円と決定しました。

《評価額の比較》
● 鑑定評価額　　　　　　　：　100,000,000 円
● 財産評価通達に基づく価格：約 210,000,000 円

● 敷地東側は傾斜が著しい山林であり、宅地転用は困難である

# 実例 15 市街化調整区域内の中間山林

### 対象不動産の状況

| | |
|---|---|
| 所在地 | ○○市■■区×× |
| 交通接近条件 | 「■■」駅の南西方 600 m |
| 面積 | 約 15,000 m² |
| 路線価 | なし（倍率地域） |
| 行政条件 | 市街化調整区域　40／80 |
| 現況 | 山林 |
| 周辺環境 | 山林が広がる中、農地や農家住宅も見られる地域 |

〈鑑定評価適用のポイント〉
① 相続税評価額は倍率評価
② 取引事例の調査からは倍率評価よりも低い水準の取引が多い
③ 面積が大きいことから単価の差が総額に反映される

　対象不動産は市街化調整区域内の中間山林です。中間山林であるため、相続税評価額は倍率評価となります。

　取引事例の調査を行うと、固定資産税評価額に倍率を乗じた単価よりも低い水準で取引が行われていました。また、対象不動産の個別的要因は下記の通り、不整形や傾斜、地積過大等の減額要素がありました。

| 個別的要因等の内訳 | 増減価率 |
|---|---|
| ・著しい不整形で劣る | −15％ |
| ・敷地内での傾斜が大きく、地勢の状態が劣る | −10％ |
| ・地積過大（標準的画地の約 5 倍）により、総額が嵩むことによる需要の減退を考量 | −20％ |
| 減価率（相乗積） | −39％ |

　比準価格を上記の個別的要因を考慮して試算し、鑑定評価額を 35,000,000 円と決定しました。結果として財産評価通達に基づく価格の約半分の評価額となりました。

《評価額の比較》
- ●鑑定評価額　　　　　　　：　35,000,000 円
- ●財産評価通達に基づく価格：約 70,000,000 円

● 対象不動産は傾斜の大きい山林となっている

# 実例 16 建築不可である市街化調整区域内の雑種地

## 対象不動産の状況

| | |
|---|---|
| 所在地 | ×××市○○ |
| 交通接近条件 | 「■■」駅の南西方 2,400 m |
| 面積 | 約 2,200 m² |
| 路線価 | なし（倍率地域） |
| 行政条件 | 市街化調整区域　50／80 |
| 現況 | 駐車場 |
| 周辺環境 | 未利用の山林及び畑が広がる中、戸建住宅等も見られる地域 |

〈鑑定評価適用のポイント〉
① 市街化調整区域での建築の可否
② 建築できる場合の建物の用途制限
③ 個別的要因による減価

　対象不動産は市街化調整区域内の雑種地です。
　規模が大きな土地ですが、市の条例による、いわゆる「50戸連たん」の基準は、あくまで自己の居住の用に供する建築物を建築する目的で行う開発行為について定められており、不動産業者等の第三者が取得し、区画割を行い、戸建分譲を行うことはできません。
　住宅以外の用途に関しては、建物の建築ができる可能性はあるものの、道路の整備基準を満たす必要があり、「開発区域の接続先道路として、規模が0.1ha（1,000 m²）以上の土地については、非住宅であれば6.0 m以上が必要、0.1ha（1,000 m²）未満の土地については、非住宅であれば4.0 m以上が必要」と条例で規定されていました。この必要幅員は広幅員の幹線道路まで通り抜ける必要があり、対象不動産が面する道路幅員及び広幅員道路まで抜ける幅員は4.0 mです。そして、条例で規定されるのは非住宅の用途であることから、対象不動産上で建築ができる可能性があるのは「対象不動産の内、1,000 m²未満の敷地面積での非住宅用途」ということになります。
　次に、上記の非住宅用途は規模が大きい建物が多く、小規模の店舗であれば建築が可能となる可能性はあるものの、対象不動産周辺の市街化区域は第1種低層住居専用地域に指定されており、戸建住宅が建ち並ぶ地域であることから、店舗は標準的使用からは外れること、さらに市での協議が必要となり、協議が通るかは未確定であることから、敷地の一部を店舗用地とすることは最有効使用とはいえません。

以上より、宅地化の可能性について、対象不動産の敷地の一部を非住宅用地として条例に規定する建物を建築できる可能性はありますが、住宅等の敷地として利用することはできません。

　対象不動産の最有効使用は、上述の通り、住宅用地とすることは不可であり、一部店舗等の敷地とする可能性も残されてはいるものの市の協議が通るかが未確定であること、店舗の敷地は標準的使用とは異なること等から、現況有姿である駐車場として継続利用することと判定しました。

　対象不動産の個別的要因としては、地積過大や不整形で－20％と査定しました。その個別的要因を踏まえ、鑑定評価額を45,000,000円と決定しました。

《評価額の比較》
● 鑑定評価額　　　　　　　：　45,000,000 円
● 財産評価通達に基づく価格：約 110,000,000 円

● 前面道路の状態（6.0ｍで広幅員道路まで抜けることは困難）

# 実例 17 地方に存する傾斜が著しい別荘地

## 対象不動産の状況

| | |
|---|---|
| 所在地 | ■■■市○○ |
| 交通接近条件 | 「■■■」駅の南西方 1,600 m |
| 面積 | 約 1,700 m² |
| 路線価 | なし（倍率地域） |
| 行政条件 | 非線引都市計画区域　40／200 |
| 現況 | 戸建住宅の敷地 |
| 周辺環境 | 戸建住宅を中心として民宿等が見られる中、畑も多く残る住宅地域 |

〈鑑定評価適用のポイント〉
① 対象不動産は著しい傾斜地
② 対象不動産の個別的要因の減価が大きい

　対象不動産は地方の別荘地域に存する住宅の敷地です。別荘地域ではありますが、近年は地価が下落傾向にあり、人気があまりない地域です。そして、傾斜が著しく、下記の通り相当の減価要因を有する土地でした。

| 個別的要因等の内訳 | 増減価率 |
|---|---|
| ・方位（西） | ＋2％ |
| ・西側前面道路との高低差（約0～6ｍ）で著しく劣る※1 | －30％ |
| ・不整形で劣る | －10％ |
| ・地積過大で著しく劣る（標準的画地の約5.7倍） | －30％ |
| ・分譲用地への転換が不可であることを考慮※2 | －20％ |
| ・敷地内高低差で著しく劣る※3 | －30％ |
| ・車両の進入不可※4 | －15％ |
| ・対象不動産内部に擁壁が存することによる利用低下を考慮※5 | －20％ |
| 減価率（相乗積） | －83％ |

※1　対象不動産は西側道路に面するものの、等高で接面しているのは一部のみで、他の部分は高低差が大きく、対象地内への出入ができないことから、間口部分が大きく制限されるため、－30％の減価と査定した。
※2　対象不動産は標準的画地に比べ、地積が大きいことから区画割を行い、分譲用地と

することも考えられる。しかし、敷地内高低差が著しく、造成費が嵩むため、販売価格との関連で赤字になることが想定される。したがって、分譲用地への転換ができず、用途が制限されることから－20％の減価と査定した。

※3　対象不動産は敷地内で約13mの高低差が認められる傾斜地となっており、平坦な部分は現在建物が建っている部分のみであり、利用効率が著しく劣ることから、－30％の減価と査定した。

※4　対象不動産は等高で接面する箇所が一部であり、北東側道路にも擁壁部分でのみ接道する形になるため、実質的に車両の出入りは困難であり、利便性が劣ることから－15％の減価と査定した。

※5　対象不動産は敷地内部に古い擁壁が存し、敷地の利用に際し一部利用が阻害されることとなることから、－20％の減価と査定した。

　価値率としては標準的画地価格の17％程度となり、鑑定評価額は5,500,000円と決定しました。倍率で求める相続税評価額よりも相当低い評価額となりました。

《評価額の比較》
　●鑑定評価額　　　　　　　：　5,500,000円
　●財産評価通達に基づく価格：約25,000,000円

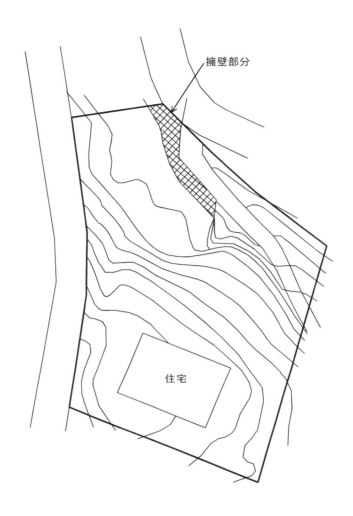

● 著しい高低差が見られ、内部に擁壁も存しており、相当な減価が見込まれる

実例17 地方に存する傾斜が著しい別荘地

# 実例 18 老朽化した分譲マンション

## 対象不動産の状況

| | |
|---|---|
| 所在地 | ▲■区〇〇 |
| 交通接近条件 | 「〇〇」駅の南方 80 m |
| 区分所有面積 | 約 90 m² |
| 路線価 | 11,070,000 円／m² |
| 行政条件 | 商業地域　80／500 |
| 現況 | 分譲マンションの一室 |
| 周辺環境 | 中高層店舗・事務所ビル、共同住宅等が混在する商住混在地域 |

〈鑑定評価適用のポイント〉
① 路線価が高い地域に存する分譲マンションであり財産評価上の土地評価額は高い
② 築年が 50 年以上経過しており、中古の取引はあるものの、取引価格は安い

対象不動産は老朽化した分譲マンションです。

財産評価上、分譲マンションは土地価格と建物価格に敷地権割合を乗じて求めます。しかし、本件は路線価が高い地域に存することから、土地評価額が相当高い金額となります。

相当の年数が経過していることから建物の固定資産税評価額は低いですが、土地は敷地権割合を乗じたとしても相当の金額になり、土地建物の相続税評価額は時価を大きく超えることになりました。

同一マンションの取引事例が多くみられることから当該取引事例から比準価格を試算し、当該比準価格から鑑定評価額を 110,000,000 円と決定しました。

《評価額の比較》
- ●鑑定評価額　　　　　　　：　120,000,000 円
- ●財産評価通達に基づく価格：約 230,000,000 円

＊次項では、本実例を含めた「マンション評価改正による財産評価と時価評価の乖離」について解説します。

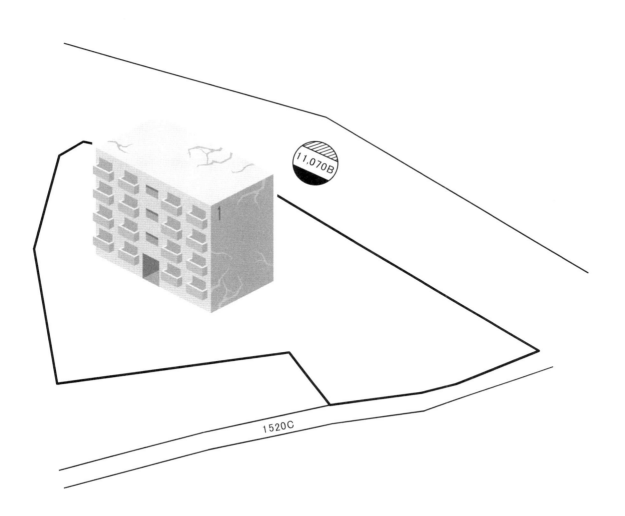

## 補論　マンション評価改正による財産評価と時価評価の乖離

　令和6年1月1日以後の相続より、居住用の区分所有財産の評価方法が改正されました（居住用の区分所有財産の評価について（法令解釈通達））。

　本改正は、「取引実態等を踏まえ評価方法を定める」とされており、乖離率が高いマンションについて、時価の60％程度の評価額に引き上げる、ということが趣旨とされています。

# 1　評価方法の改正

## 1　改正前の評価方法

（算式）

　　マンション（一室）の相続税評価額（自用の場合）
　　　＝区分所有建物の価額①＋敷地（敷地権）の価額②
　　　記算式中の①、②は、それぞれ次による。
　　　　①　区分所有建物の価額＝建物の固定資産税評価額×1.0
　　　　②　敷地（敷地権）の価額＝敷地全体の価額×共有持分（敷地権割合）

## 2　改正後の評価方法（国税庁HPより抜粋）

(11)　評価乖離率
　次の算式により求めた値をいう。
（算式）
評価乖離率＝A＋B＋C＋D＋3.220
　上記算式中の「A」、「B」、「C」及び「D」は、それぞれ次による。
　「A」＝当該一棟の区分所有建物の築年数×△0.033
　「B」＝当該一棟の区分所有建物の総階数指数×0.239（小数点以下第4位を切り捨てる。）
　「C」＝当該一室の区分所有権等に係る専有部分の所在階×0.018
　「D」＝当該一室の区分所有権等に係る敷地持分狭小度×△1.195（小数点以下第4位を切り上げる。）
　　（注）1　「築年数」は、当該一棟の区分所有建物の建築の時から課税時期までの期間とし、当該期間に1年未満の端数があるときは、その端数は1年とする。
　　　　　2　「総階数指数」は、当該一棟の区分所有建物の総階数を33で除した値（小数点以下第4位を切り捨て、1を超える場合は1とする。）とする。この場合において、総階数には地階を含まない。
　　　　　3　当該一室の区分所有権等に係る専有部分が当該一棟の区分所有建物の複数階にまたがる場合には、階数が低い方の階を「当該一室の区分所有権等に係る専有部分の所在階」とする。

4　当該一室の区分所有権等に係る専有部分が地階である場合には、「当該一室の区分所有権等に係る専有部分の所在階」は、零階とし、Ｃの値は零とする。
　　　5　「当該一室の区分所有権等に係る敷地持分狭小度」は、当該一室の区分所有権等に係る敷地利用権の面積を当該一室の区分所有権等に係る専有部分の面積で除した値（小数点以下第4位を切り上げる。）とする。
(12)　評価水準　1を評価乖離率で除した値とする。

## 3 改正された評価方法の着目点

　改正後は定数の3.220を基礎として、Ａ：築年数、Ｂ：総階数、Ｃ：所在階、Ｄ：敷地持分狭小度についてそれぞれ係数を乗じ、3.220に下限をして評価乖離率を求めます。そして、1を評価乖離率で除した値（評価乖離率の逆数）として評価水準を求めます。

　評価水準による場合分けを行います。
・評価水準 ＞ 1
　このケースは市場よりも相続税評価額が高いということです。現行の評価額に評価乖離率を乗じて計算します。
・0.6 ≦ 評価水準 ＜ 1
　このケースは改正前の評価額により改正後も評価することとなります。
・0 ≦ 評価水準 ＜ 0.6
　このケースは市場よりも相続税評価額が安いということで、下記事例のマンションのかなりの数が該当します。この場合は評価乖離率に0.6を乗じた乖離率を乗じて計算します。
　Ａ～Ｄのそれぞれの項目を見ていくと、ＡとＤの△の数値はそれぞれの要因の値が高ければ評価にはマイナスの要因として影響することになります。Ａの築年は築年数が経過しているほど価値としてマイナス要因であることは容易に判断できますが、Ｄの一室の区分所有権等に係る敷地持分狭小度はやや難解です。「一室の区分所有権等に係る敷地持分狭小度」は上記に書かれているように「当該一室の区分所有権等に係る敷地利用権の面積を当該一室の区分所有権等に係る専有部分の面積で除した値」です。まず区分所有権等に係る敷地利用権の面積については、一棟の建物及びその敷地の敷地面積に各専有部分の敷地利用権を乗ずることにより求められます。これが敷地利用権の面積です。この数値を専有部分の面積で除すると敷地持分狭小度が求められることになります。
　それではなぜこの「一室の区分所有権等に係る敷地持分狭小度」がマイナス要因として作用するのでしょうか。敷地持分狭小度が小さいということは「小さい敷地利用権面積に対し専有部分の面積が大きい」ということになります。小さい敷地利用権面積は、商業施設等と組み合わされていないタワーマンションが典型的です（敷地に対して戸数が多い）。そして、専有部分の面積が大きい場合、敷地持分狭小度は低くなります。敷地持分狭小度に乗じるのはマイナスの値であり、敷地持分狭小度が低いとマイナスの値は小さくなります。すなわち評価乖離率

の数値は高くなります。評価乖離率の数値が高いということは通達評価額と時価との差が大きいということです。まさにタワーマンションの場合は時価との差を埋めるのに高い評価乖離率が算定されるようになっていることがわかります。

● **敷地持分狭小度のイメージ**

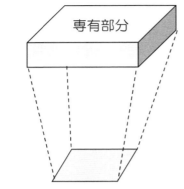

敷地持分：小、専有面積：大

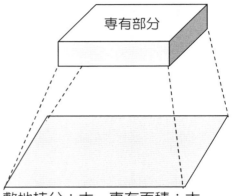

敷地持分：大、専有面積：大

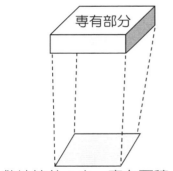

敷地持分：小、専有面積：小

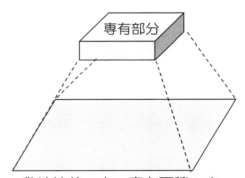

敷地持分：大、専有面積：小

## 2 取引事例の検証

### 1 4パターンのマンションによる検証

　上記の計算方法を踏まえ、マンション取引事例を下記のパターンに分け、それぞれ時価との検証を行いました（建物固定資産税評価額は推定価格）。

　A　都心の高級住宅地内の中高層マンション
　B　都心のタワーマンション
　C　都内の低層マンション
　D　老朽化したマンション（実例18）

それぞれについて解説をしていきたいと思います。

## 🅐 都心の高級住宅地内の中高層マンション（築4年、17階建）

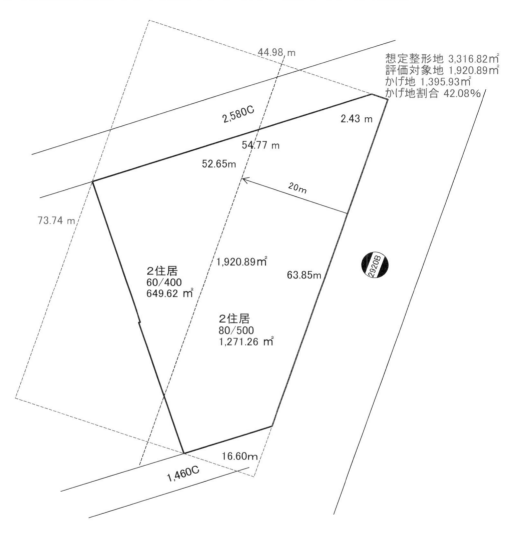

東側道路より
間口距離
63.85m

奥行距離
計算上の奥行
1,920.89㎡ ÷ 63.85m
＝ 30.08m

想定整形地の奥行：44.98m

上記より、30.08m

奥行価格補正
2,920,000円/㎡ × 1.00
＝ 2,920,000円/㎡
（正面路線）

北西側道路より
間口距離
54.77m

奥行距離
計算上の奥行
1,920.89㎡ ÷ 54.77m
＝ 35.07m

想定整形地の奥行：53.02m

上記より、35.07m

奥行価格補正
2,580,000円/㎡ × 0.97
＝ 2,502,600円/㎡
（側方路線）

南側道路より
間口距離
16.60m

奥行距離
計算上の奥行
1,920.89㎡ ÷ 16.60m
＝ 115.71m

想定整形地の奥行：53.02m

上記より、53.02m

奥行価格補正
1,460,000円/㎡ × 0.88
＝ 1,284,800円/㎡
（側方路線）

角地加算
2,502,600円 × 0.08 × 54.77 ÷ 54.88 ＝ 199,806円

1,284,800円 × 0.08 × 16.60 ÷ 55.01 ＝ 31,016円

2,920,000円 ＋ 199,806円 ＋ 31,016円
＝ 3,150,822円

不整形
0.97

3,150,822円 × 0.97 ＝ 3,056,297円

容積率補正
{1－(500％ × 1,271.26㎡ ＋ 400％ × 649.63㎡)/500％ × 1,920.89㎡}
× 0.5 ≒ 0.034

3,056,297円 × (1－0.034) ＝ 2,952,382円

評価額
2,952,382円 × 1,920.89㎡ ＝ 5,671,201,059円

15階（売却価格：350,000,000円）　　　　　3.220

| 築年数 | A | 4 × −0.033 = −0.132 |
|---|---|---|
| 総階数指数 | B | 0.515 × 0.239 = 0.123 |
| 所在階 | C | 15 × 0.018 = 0.27 |
| 敷地持分狭小度 | D | 0.189 × −1.195 = −0.226 |

評価乖離率　　　3.255
評価水準　　　0.30722
評価乖離率（60％）　1.953

| 敷地面積 | 敷地権割合 | |
|---|---|---|
| 1,920.89 | 11,779 ／ 1,019,208 (1.156％) | |
| 敷地利用権面積 | 専有面積※ | 敷地持分狭小度 |
| 22.20 | 117.79 | 0.189 |

※暫定的に壁芯面積を入力していますが、実際は登記簿面積を使います。以下、全て同様です。

- 土地部分の路線価評価：5,671,201,059
- 土地部分の価格（改正前）：65,542,144
- 建物部分の価格（推定額）：23,000,000
- 評価乖離率を乗じた土地価格（改正後）：128,003,807
- 評価乖離率を乗じた建物価格（改正後）：44,919,000
- 評価乖離率を乗じた土地建物価格合計と時価に対する割合：172,922,807（49.4％）

9階（売却価格：210,000,000円）　　　　　3.220

| 築年数 | A | 4 × −0.033 = −0.132 |
|---|---|---|
| 総階数指数 | B | 0.515 × 0.239 = 0.123 |
| 所在階 | C | 9 × 0.018 = 0.162 |
| 敷地持分狭小度 | D | 0.189 × −1.195 = −0.226 |

評価乖離率　　　3.147
評価水準　　　0.317763
評価乖離率（60％）　1.8882

| 敷地面積 | 敷地権割合 | |
|---|---|---|
| 1,920.89 | 9,424 ／ 1,019,208 (0.925％) | |
| 敷地利用権面積 | 専有面積 | 敷地持分狭小度 |
| 17.77 | 94.24 | 0.189 |

- 土地部分の路線価評価：5,671,201,059
- 土地部分の価格（改正前）：52,438,166
- 建物部分の価格（推定額）：19,000,000
- 評価乖離率を乗じた土地価格（改正後）：99,013,746
- 評価乖離率を乗じた建物価格（改正後）：35,875,800
- 評価乖離率を乗じた土地建物価格合計と時価に対する割合：134,889,546（64.2％）

　Aのマンションは都心の中高層のマンションです。2つの事例がありますが、相続税評価額の時価に対する割合を見ると、それぞれ49.4％、64.2％となっており、同一マンションであっても時価に対する割合はかなりの差が生じているのがわかります。

## B 都心のタワーマンション（築5年、27階建）

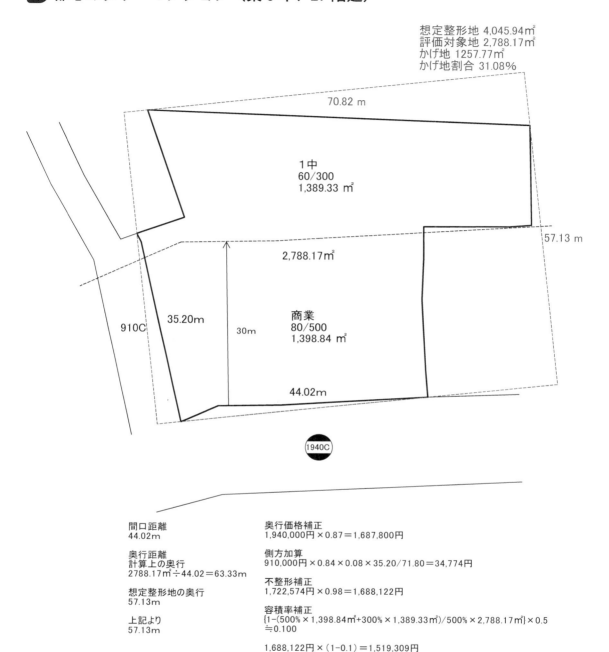

間口距離
44.02m

奥行距離
計算上の奥行
2788.17㎡÷44.02＝63.33m

想定整形地の奥行
57.13m

上記より
57.13m

奥行価格補正
1,940,000円×0.87＝1,687,800円

側方加算
910,000円×0.84×0.08×35.20/71.80＝34,774円

不整形補正
1,722,574円×0.98＝1,688,122円

容積率補正
{1-(500%×1,398.84㎡+300%×1,389.33㎡)/500%×2,788.17㎡}×0.5
≒0.100

1,688,122円×(1-0.1)＝1,519,309円

1,519,309円×2,788.17㎡＝4,236,091,774円

22階（売却価格：335,000,000円）　　　　　3.220

| 築年数 | A | 5 × −0.033 = −0.165 |
|---|---|---|
| 総階数指数 | B | 0.818 × 0.239 = 0.195 |
| 所在階 | C | 22 × 0.018 = 0.396 |
| 敷地持分狭小度 | D | 0.187 × −1.195 = −0.224 |

| 敷地面積 | 敷地権割合 | |
|---|---|---|
| 2,788.17 | 12,230 ／ 1,496,681 (0.817％) | |
| 敷地利用権面積 | 専有面積 | 敷地持分狭小度 |
| 22.79 | 122.3 | 0.187 |

　　　　　　　　　評価乖離率　　　3.422
　　　　　　　　　評価水準　　　0.292227
　　　　　　評価乖離率（60％）　　2.0532

● 土地部分の路線価評価：4,236,091,774
● 土地部分の価格（改正前）：34,614,859
● 建物部分の価格（推定額）：26,000,000
● 評価乖離率を乗じた土地価格（改正後）：71,071,229
● 評価乖離率を乗じた建物価格（改正後）：53,383,200
● 評価乖離率を乗じた土地建物価格合計と時価に対する割合：124,454,429（37.2％）

20階（売却価格：350,000,000円）　　　　　3.220

| 築年数 | A | 5 × −0.033 = −0.165 |
|---|---|---|
| 総階数指数 | B | 0.818 × 0.239 = 0.195 |
| 所在階 | C | 20 × 0.018 = 0.36 |
| 敷地持分狭小度 | D | 0.187 × −1.195 = −0.224 |

| 敷地面積 | 敷地権割合 | |
|---|---|---|
| 2,788.17 | 12,230 ／ 1,496,681 (0.817％) | |
| 敷地利用権面積 | 専有面積 | 敷地持分狭小度 |
| 22.79 | 122.3 | 0.187 |

　　　　　　　　　評価乖離率　　　3.386
　　　　　　　　　評価水準　　　0.295334
　　　　　　評価乖離率（60％）　　2.0316

● 土地部分の路線価評価：4,236,091,774
● 土地部分の価格（改正前）：34,614,859
● 建物部分の価格（推定額）：26,000,000
● 評価乖離率を乗じた土地価格（改正後）：70,323,548
● 評価乖離率を乗じた建物価格（改正後）：52,821,600
● 評価乖離率を乗じた土地建物価格合計と時価に対する割合：123,145,148（35.2％）

　時価に対する割合について、都心のタワーマンションのBが最もが低い結果となりました。このように、改正後だとしても都心のタワーマンションであれば総額面から見ても評価額の差は大きい、ということになります。昨今のマンション価格の急騰から考えても、都心の立地に優れた希少性の高いタワーマンションは今後も節税効果が見込めるということになります。

## ❸ 都内住宅地内の低層マンション

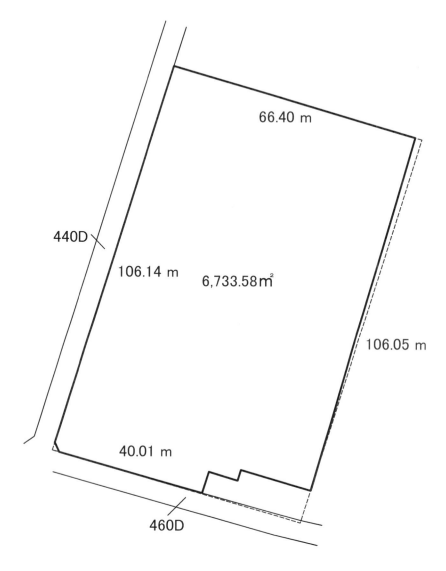

南西側道路より
間口距離
40.01m

奥行距離
計算上の奥行
6,733.58㎡ ÷ 40.01m
＝ 168.29m

想定整形地の奥行：106.14m

上記より、106.14m

奥行価格補正
460,000円/㎡ × 0.80
＝ 368,000円/㎡
（側方路線）

北西側道路より
間口距離
106.14m

奥行距離
計算上の奥行
6,733.58㎡ ÷ 106.14m
＝ 63.44m

想定整形地の奥行：66.40m

上記より、63.44m

奥行価格補正
440,000円/㎡ × 0.85
＝ 374,000円/㎡
（正面路線）

角地加算
368,000円 × 0.03 × 40.01/66.44 ＝ 6,648円

374,000円 ＋ 6,648円
＝ 380,648円

規模格差補正
380,648円/㎡ × 0.69 ＝ 262,647円/㎡
評価額
262,647円 × 6,733.58㎡ ＝ 1,768,554,586円

2階（売却価格：86,800,000円）　　　　　3.220

| 築年数 | A | 13 | × | −0.033 | = | −0.429 |
|---|---|---|---|---|---|---|
| 総階数指数 | B | 0.09 | × | 0.239 | = | 0.021 |
| 所在階 | C | 2 | × | 0.018 | = | 0.036 |
| 敷地持分狭小度 | D | 0.961 | × | −1.195 | = | −1.149 |

| 敷地面積 | 敷地権割合 | |
|---|---|---|
| 6,733.58 | 7,560 ／ 701,240 (1.078％) | |
| 敷地利用権面積 | 専有面積 | 敷地持分狭小度 |
| 72.60 | 75.60 | 0.961 |

　　　　　　　　　評価乖離率　　　1.699
　　　　　　　　　評価水準　　　0.588582
　　　　評価乖離率（60％）　　　1.0194

- 土地部分の路線価評価：1,768,554,586
- 土地部分の価格（改正前）：19,066,614
- 建物部分の価格（推定額）：7,000,000
- 評価乖離率を乗じた土地価格（改正後）：19,436,507（22.4％）
- 評価乖離率を乗じた建物価格（改正後）：7,135,800
- 評価乖離率を乗じた土地建物価格合計と時価に対する割合：26,572,307（30.6％）

1階（売却価格：59,800,000円）　　　　　3.220

| 築年数 | A | 13 | × | −0.033 | = | −0.429 |
|---|---|---|---|---|---|---|
| 総階数指数 | B | 0.09 | × | 0.239 | = | 0.021 |
| 所在階 | C | 1 | × | 0.018 | = | 0.018 |
| 敷地持分狭小度 | D | 0.961 | × | −1.195 | = | −1.149 |

| 敷地面積 | 敷地権割合 | |
|---|---|---|
| 6,733.58 | 6,290 ／ 701,240 (0.897％) | |
| 敷地利用権面積 | 専有面積 | 敷地持分狭小度 |
| 60.40 | 62.90 | 0.961 |

　　　　　　　　　評価乖離率　　　1.681
　　　　　　　　　評価水準　　　0.594884
　　　　評価乖離率（60％）　　　1.0086

- 土地部分の路線価評価：1,768,554,586
- 土地部分の価格（改正前）：15,863,625
- 建物部分の価格（推定額）：6,000,000
- 評価乖離率を乗じた土地価格（改正後）：16,000,052（26.8％）
- 評価乖離率を乗じた建物価格（改正後）：6,051,600
- 評価乖離率を乗じた土地建物価格合計と時価に対する割合：22,051,652（36.9％）

　都内の住宅地内の低層マンションです。容積率が地積規模の大きな宅地の要件を満たすこと、路線価が比較的低めの住宅地域であることから、土地部分の全体的な評価額は低くなります。また、評価水準が0.6未満のため、60％を乗じた評価乖離率を乗じることになりますが、当該乖離率は1とほぼ変わらない数値となっています。これは評価乖離率を求める際、築年が相当経過していること及び敷地持分狭小度の数値が高いことから、マイナス分が大きくなったこと、総階数指数や所在階のプラス分が小さいことから、結果として評価乖離率が低い数値になったことが原因です。

　60％を乗じた評価乖離率が1とほぼ変わらない数値であることから、改正前も改正後も評価額としては大きな変化はありません。着目すべきは相続税評価額の時価に対する割合です。

いずれのケースも30%台となっており、前述のタワーマンションのケースと近い割合になりました。「時価との乖離」での節税を考えるならば、このような低層マンションは選択肢に入るかもしれません。

## D 老朽化したマンション（本書の実例18）

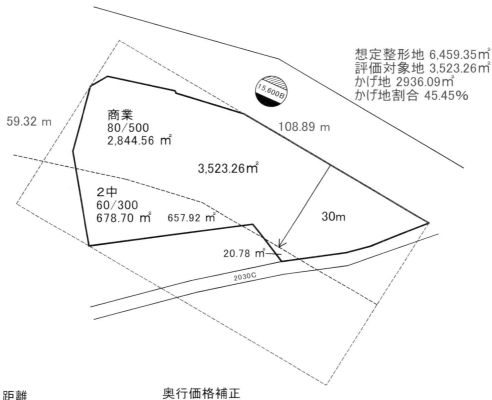

想定整形地 6,459.35㎡
評価対象地 3,523.26㎡
かげ地 2936.09㎡
かげ地割合 45.45%

間口距離
108.89m

奥行距離
計算上の奥行
3,523.26㎡÷108.89m＝32.35m

想定整形地の奥行
59.32m

上記より
32.35m

奥行価格補正
15,600,000円×0.97＝15,132,000円

側方路線加算
2,030,000×0.85×0.08×46.21m÷102.82m
＝62,038円

15,194,038円

不整形補正
15,194,038円×0.95＝14,434,336円

容積率補正
{1-(500%×2,844.56㎡+300%×678.70㎡)/500%×3,523.26㎡}×0.5
≒0.039

14,434,336円×(1-0.039)＝13,871,396円

評価額
13,871,396円×3,523.26㎡＝48,872,534,670円

※本書の実例18では路線価は1,100万円としていますが、執筆時点では1,560万円に上昇しているため、今回の補論では執筆時点の路線価を採用しました。

8階（売却価格：77,000,000円）　　　　　3.220

| 築年数 | A | 58 | × | −0.033 | = | −1.914 |
|---|---|---|---|---|---|---|
| 総階数指数 | B | 0.333 | × | 0.239 | = | 0.079 |
| 所在階 | C | 8 | × | 0.018 | = | 0.144 |
| 敷地持分狭小度 | D | 0.256 | × | −1.195 | = | −0.306 |

| 敷地面積 | 敷地権割合 | |
|---|---|---|
| 3,523.26 | 12 ／ | 2,928（0.410％） |
| 敷地利用権面積 | 専有面積 | 敷地持分狭小度 |
| 14.44 | 56.58 | 0.256 |

　　　　　　　　　　　評価乖離率　　1.223
　　　　　　　　　　　評価水準　　0.817661

●土地部分の路線価評価：48,872,534,670
●土地部分の価格（改正前）：200,297,273
●建物部分の価格（推定額）：3,000,000
●土地建物評価額（改正前と同じ）：203,297,273（264.0％）

5階（売却価格：120,000,000円）　　　　　3.220

| 築年数 | A | 58 | × | −0.033 | = | −1.914 |
|---|---|---|---|---|---|---|
| 総階数指数 | B | 0.333 | × | 0.239 | = | 0.079 |
| 所在階 | C | 5 | × | 0.018 | = | 0.09 |
| 敷地持分狭小度 | D | 0.257 | × | −1.195 | = | −0.308 |

| 敷地面積 | 敷地権割合 | |
|---|---|---|
| 3,523.26 | 12 ／ | 2,928（0.410％） |
| 敷地利用権面積 | 専有面積 | 敷地持分狭小度 |
| 14.44 | 56.21 | 0.257 |

　　　　　　　　　　　評価乖離率　　1.167
　　　　　　　　　　　評価水準　　0.856898

●土地部分の路線価評価：48,872,534,670
●土地部分の価格（改正前）：200,297,273
●建物部分の価格（推定額）：3,000,000
●土地建物評価額（改正前と同じ）：203,297,273（169.4％）

　Dは路線価が高い地域に存する老朽化したマンションで、改正前の段階から評価額が時価より高くなってしまうことから、参考として検証を行いました。補正率が0.6以上1未満であることから、改正前と同じ評価になりましたが、時価との乖離が大きいことから、このようなマンションについては実例18で述べたように、鑑定評価による時価評価が適切です。

## 2 検証

　いくつかのパターンに分け、取引事例を検証してみました。同一マンションであっても相続税評価額の時価に対する割合は差が出てくること、タワーマンションは改正後であっても相続税評価額の時価に対する割合は低いこと、低層マンションについても相続税評価額の時価に対する割合は低いこと等がわかりました。ただし、あくまで上記は一例ですので、やはりそれぞれのマンション、売買時期によって時価に対する割合は変動があることは注意すべきと考えられます。

　最後に、改正後の評価額の時価（取引価格）に対する割合が求められたことから、改正の目

的である「時価の60％」水準になっているかを検証します。上記Dのマンションについては時価を上回る結果となったため、Dを除外して、本稿では取り上げなかった他のマンションの取引事例を収集し、計20事例について評価額の取引価格に対する割合を集計すると下記の表のように平均で51.2％、中央値が55.9％となりました。平均値はやや低くなっていますが、中央値から見ると概ね目標とされていた「時価の60％」は達成されているように考えられます。

| | |
|---|---|
| 1 | 49.4% |
| 2 | 64.2% |
| 3 | 58.0% |
| 4 | 55.2% |
| 5 | 63.1% |
| 6 | 56.7% |
| 7 | 37.2% |
| 8 | 35.2% |
| 9 | 59.0% |
| 10 | 41.4% |
| 11 | 59.3% |
| 12 | 45.8% |
| 13 | 57.4% |
| 14 | 30.6% |
| 15 | 36.9% |
| 16 | 56.6% |
| 17 | 47.7% |
| 18 | 40.7% |
| 19 | 62.7% |
| 20 | 66.5% |
| 平均値 | 51.2% |
| 中央値 | 55.9% |

# 実例 19 減価要因が複合的に存しており、価値が著しく低くなる土地

### 対象不動産の状況

| | |
|---|---|
| 所在地 | □□市○○○区××  |
| 交通接近条件 | 「■■」駅の北方 900 m |
| 面積 | A 地：約 350 m²、B 地：約 150 m² |
| 路線価 | 175,000 円／m² |
| 行政条件 | 第 1 種住居地域　60／200 |
| 現況 | 戸建住宅の敷地 |
| 周辺環境 | 戸建住宅が建ち並ぶ中、山林も多く残る住宅地域 |

〈鑑定評価適用のポイント〉
① 現況の利用状況から 2 つの評価単位（A 地、B 地）に分かれる
② 財産評価上、A 地 B 地ともに相当の減額は見込まれる
③ 時価の面から考えると、財産評価の減額以上に対象不動産の特殊性から、「売れない土地」である

　対象不動産は住宅地域内に存する未利用地と雑種地です。筆は跨っていますが、現況が異なるため、評価単位は 2 つに分かれます。A 地、B 地とすると、現況は下記のとおりです。

A 地　路地状部分が長い極めて不整形な中間画地。路地状部分で道路と接続するものの、条例により建築不可。高圧線に隣接しており、また、土地の一部について高圧線架設に関する契約を結んでおり、当該契約部分は建築不可であり、年間使用料を受け取る契約が結ばれている。路地状部分以外は畑（家庭菜園）として利用されている。

B 地　マンションの敷地内に存しており、建築基準法上の道路に面しないほぼ台形の無道路地。管理会社と駐車場の賃貸借契約を結んでいる。A 地との境界は擁壁及びフェンスが存するため、互いに行き来はできない状態となっている。

● **評価単位イメージ**

〈A 地の鑑定評価〉

　A 地については取引事例比較法による比準価格、個別性が類似する取引事例を直接比準した価格、収益還元法による収益価格を試算し、調整の上、鑑定評価額を決定します。

　取引事例比較法による比準価格では標準的画地価格を求め、下記の減価要因を考慮して比準価格を 8,000,000 円と試算しました。

| 個別的要因等の内訳 | 増減価率 |
|---|---|
| ・接道間口に満たないことにより、原則として建築不可※1 | −30% |
| ・高圧線鉄塔隣接及び高圧線下地で劣る | −25% |
| ・不整形で劣る | −30% |
| ・間口狭小で劣る | −20% |
| ・奥行長大で劣る | −15% |
| ・環境面で劣る | −10% |
| ・地積過大で劣る | −20% |
| ・傾斜及び敷地内高低差、隣地との高低差で劣る | −20% |
| ・土砂災害警戒区域に指定されていることによる減価 | −10% |
| ・通路部分（65 m²）について、通路の用に供されていることにより当該部分を私道並みの評価（30%）として取扱うことによる減価※2 | −13% |
| 減価率（相乗積） | −89% |

※1　○○市建築基準条例第○条によると、対象不動産（A地）のように建築物の敷地が路地状部分のみによって道路に接する土地に建物を建築する場合には、その敷地の路地状部分の幅員は、その路地状部分の長さに応じて、下記の数値が必要となる。対象不動産Aの路地状部分の長さは約27 mのため、4 m以上の幅員が必要となるが、その幅員を確保できないため、建物の建築ができない。

| 路地状部分の長さ | 路地状部分の幅員 |
|---|---|
| 15 m以下のもの | 2 m以上 |
| 15 mを超え25 m以下のもの | 3 m以上 |
| 25 m以上のもの | 4 m以上 |

※2　通路部分65 m²については私道並みの評価（減価率70%）とすることが妥当と判断し、当該部分の対象不動産（A地）に占める割合で減価率を査定。
　　　(65 m² × (1 − 0.3)) ÷ 350 m² = 13%

上記比準価格のほか、次の要素を試算しました。
・個別性が類似する取引事例を直接比準した価格：5,200,000円
・収益還元法による収益価格（高圧線架設に関する契約による年間使用量及び家庭菜園を賃貸することを想定した場合の収益より求める。）：3,800,000円
　それぞれの試算価格を調整することにより、A地の鑑定評価額を7,500,000円と決定しました。

《評価額の比較》
　●鑑定評価額　　　　　　　：　7,500,000円
　●財産評価通達に基づく価格：約18,000,000円

〈B 地の鑑定評価〉

　B 地については取引事例比較法による比準価格、収益還元法による収益価格を試算し、調整の上、鑑定評価額を決定します。

　取引事例比較法による比準価格では標準的画地価格を求め、下記の減価要因を考慮して比準価格を 5,500,000 円と試算しました。

| 個別的要因等の内訳 | 増減価率 |
|---|---|
| ・無道路地で劣る | −30％ |
| ・高圧線近接で劣る | −15％ |
| ・用途の多様性で劣る | −30％ |
| ・系統・連続性で相当劣る（最寄り道路まで約 100 m） | −30％ |
| ・単独土地としての立入りが困難 | −30％ |
| ・環境面で劣る | −10％ |
| 減価率（相乗積） | −82％ |

　収益還元法による収益価格は現状が駐車場として利用されていることから、駐車場収益に基づく純収益から 5,300,000 円と試算しました。それぞれの試算価格を調整することにより、B 地の鑑定評価額を 5,500,000 円と決定しました。

《評価額の比較》
　●鑑定評価額　　　　　　　：　　5,500,000 円
　●財産評価通達に基づく価格：約 13,000,000 円

● A 地と B 地の境目、フェンス及び擁壁で分断されている

実例 19　減価要因が複合的に存しており、価値が著しく低くなる土地

# 実例 20 建築基準法上の道路に接道しない規模の大きな生産緑地

**対象不動産の状況**

| | |
|---|---|
| 所在地 | △△市□□□ |
| 交通接近条件 | 「■■」駅の南西方 1,200 m |
| 面積 | 約 1,800 m² |
| 路線価 | 135,000 円／m² |
| 行政条件 | 第 1 種低層住居専用地域　40／80 |
| 現況 | 生産緑地 |
| 周辺環境 | 戸建住宅が建ち並ぶ中、畑も多く残る住宅地域 |

〈鑑定評価適用のポイント〉
① 対象不動産は生産緑地に指定されており、周辺も生産緑地に指定されている
② 周辺の生産緑地を解除しなければ対象不動産は開発を行うことができない
③ 相続開始後に相続人が売りに出していたが、どの不動産業者も購入しなかった

　対象不動産は生産緑地に指定されている土地です。

　相続税評価額は奥行価格補正、不整形地補正、地積規模の大きな宅地等の減額要素はあります。相続人は当該土地を売却しようとしていましたが、相続税評価額よりもかなり低い金額でも買い手がつかない状況でした。

　周辺も生産緑地であり、対象不動産の生産緑地を解除したとしても、前面道路を拡幅して広幅員の道路まで拡幅した幅員で接続させる必要があります。したがって、周辺の生産緑地も解除できなければ開発行為を行うことができません。買い手がつかない一番の理由はこの「周辺の生産緑地も解除しなければ開発行為ができない」ということだと思われます。

　そのような対象不動産ですが、買い手がつかないとしても評価額として出さなくてはなりません。評価としては「道路協力地を取得して開発ができることを前提」とした価格と出し、その上で「建築確認不可」としての要因を考慮して価格を試算しました。

　具体的には取引事例比較法による比準価格と開発法による価格を調整し、開発前提の価格を158,000,000 円と査定しました。

　次に、当該価格に統計的に求めた無道路地・建築確認不可物件の格差率（共著『相続税申告で鑑定評価を採用すべきケース 25』（清文社）の巻末小論文より 0.39）を乗じ、鑑定評価額を62,000,000 円と決定しました。結果として財産評価通達に基づく価格の半分以下の評価額となりました。

158,000,000 円　×　0.39　≒　62,000,000 円

　検証手段として、類似の取引事例が１事例見つかったことから、鑑定評価額の検証を行いました。当該取引事例は、無道路地の取引であり、相続発生後、６年間売却がされなかった事例です。過去には生産緑地の指定がされており、相続発生後から約２年後に生産緑地指定が解除されています。隣接地は別の所有者であり、かつ無道路地であったことから対象不動産同様に単独では売却の目途が立たない土地だったと推測されます。偶然にも隣接地で相続が発生し、売却の話があったために事例地も一体として売却することができたと考えられます。そのような意味で、この取引事例の標準的画地価格（開発素地ではなく一般住宅用地の標準的画地価格）に対する個別格差率（約27％）は上限値としての意味合いを持つと判断しました。

　上記鑑定評価額の最終的な単価（約34,000円／m$^2$）は地域の一般住宅用地としての標準的画地価格の約21％でした。売却の目処が立ち実際に売れた取引事例価格と、開発に際し生産緑地解除時点まで時間を要し、当該時点が到来しても依然として不確実性が残る対象不動産との比較という観点からは上記各試算価格の単価は妥当な範囲内であると判断されます。

《評価額の比較》
●鑑定評価額　　　　　　　　：　62,000,000 円
●財産評価通達に基づく価格：約 150,000,000 円

● 開発想定の道路拡幅イメージ（西方の広い幅員道路まで道路拡幅を行う）

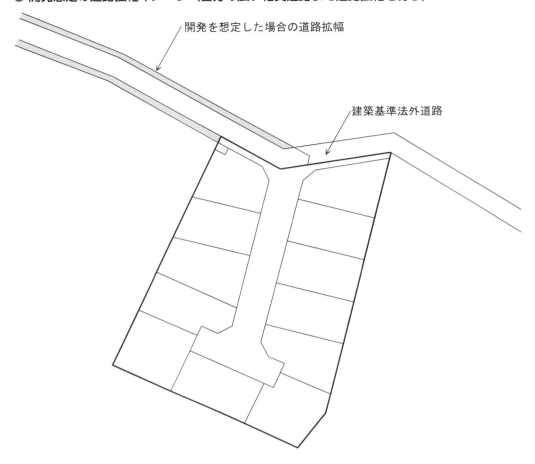

● 前面道路は舗装されているが建築基準法の道路に該当しない

# 実例 21 建築基準法上の道路に該当しない道路に路線価が付された建築確認不可物件

### 対象不動産の状況

| | |
|---|---|
| 所在地 | ○○○市△△△ |
| 交通接近条件 | 「△△△」駅の南方 600 m |
| 面積 | 約 370 m² |
| 路線価 | 130,000 円／m² |
| 行政条件 | 第 1 種住居地域　60／200 |
| 現況 | 戸建住宅の敷地 |
| 周辺環境 | 戸建住宅や賃貸共同住宅、駐車場等が混在する住宅地域 |

〈鑑定評価適用のポイント〉
① 前面道路は建築基準法上の道路に該当しないが路線価が付されている
② 財産評価上の減額要素は不整形補正（間口狭小含む）等に限られる
③ 対象不動産は建物の建築は困難である
④ 建築確認不可以外にも減価要因が多数

　対象不動産は戸建住宅の敷地です。前面道路は私道（他人地）であり、路線価が付されています。財産評価上の減額要素は不整形補正（間口狭小含む）等に限られるため、評価額はかなり高い金額となります。しかし、当該私道は建築基準法上の道路には該当しておらず建築基準法の道路までは約 10 m の距離がありました。現状は幅約 1.7～2.5 m の他人所有地を通行し、対象不動産に出入りをする状態となっています。建築基準法上の道路には接道していないことから建物の建築は困難です。現状、古い家屋が建築されていましたが、市役所で聴取したところ、建築指導課において建築確認申請が行われた資料は存在せず、どのような経緯で建築が行われたかは不明との回答を得ました。

　このような土地は現状のままでは建物の建築（再建築、増改築等含む）は許可されません。このように建物の建築ができない土地は、①接道要件を満たしている隣接地の所有者が土地の買い増しのために取得、②隣接地の一部を取得して接道要件を満たし、市場性を回復して取引を行う等の需要に限られるため、通常は第三者への取引の対象とはなりません。よって、対象不動産の市場性は極めて低いものと判断されます。

　上記を踏まえ、本件では次の価格を試算しました。
・取引事例比較法よる比準価格
・隣接地（他人所有）の一部を併合（道路までの路地状部分を買収）して建物の建築を可能に

することを前提に試算した価格
・市場における対象不動産と類似する建築確認不可物件の取引価格の標準的画地価格との個性率に基づき試算した価格

そして、これらを調整の上、鑑定評価額を決定します。

〈取引事例比較法による比準価格〉

標準的画地価格（建築基準法の道路に面する中間画地）の価格を求め、下記の個別的要因を考慮して 13,500,000 円と試算しました。

| 個別的要因等の内訳 | 増減価率 |
|---|---|
| ・間口狭小で劣る※1 | －25％ |
| ・奥行長大で劣る | －20％ |
| ・地積過大で劣る（標準的画地の約3倍） | －20％ |
| ・建築基準法上の道路に面しないことにより、原則として建築不可 | －30％ |
| ・系統・連続性で相当劣る（建築基準法上の道路まで約10m） | －10％ |
| ・環境条件で劣る※2 | －10％ |
| 減価率（相乗積） | －73％ |

※1　対象不動産は他人所有地を介して進入することとなるが、現在、ブロック塀が存することにより、進入するための有効幅員は約1.73mであり、自動車の進入はできず、利便性の面で劣ることから－25％の減価と査定した。

※2　対象不動産は現在他人地を介して進入する行き止りの箇所に存する画地であり、他の箇所への通り抜け等が一切できない土地であることから、その環境条件から居住の快適性が劣ると判断され、－10％の減価と査定した。

〈隣接地（他人所有）の一部を併合（道路までの路地状部分を買収）して建物の建築を可能にすることを前提に試算した価格〉

評価に当たっては、他人所有の隣接地の一部を路地状部分として買収し、対象不動産上に建物の建築を可能とすることを前提に、隣接地併合後の土地価格から隣接地の一部の買収費用を控除し、さらに所要の調整を行って価格を試算します。

なお、現在通路状となっている隣接地についての買収は、隣接地所有者が南東方の建築基準法道路に接道するために必要な部分であり、当該部分を買収すると隣接地上に存する建物について再建築不可となってしまう（○○○市では建築確認において、敷地の重複は認められません）ことから妥当でありません。したがって、次頁の【買収用地面積査定図】の通り、隣接通路部分のさらに南側を買収することを想定し、買収面積を査定しました。

● 買収用地面積査定図

対象不動産

2.00m

買収用地面積
27㎡

建築基準法第42条1項3号道路

2.00m

4.00m

　標準的画地価格の価格を求め、買収後の個別的要因を考慮した価格から、買収用地取得費用を控除し、さらに買収の不確実性を考慮し、買収前提の価格を17,000,000円と試算しました。

〈市場における対象不動産と類似する建築確認不可物件の取引価格の標準的画地価格との個性率に基づき試算した価格〉

　この価格は、同一需給圏内で取引された対象不動産と類似する建築確認不可物件の取引事例を調査し、その事例の存する地域の標準的画地との個性率（取引価格の標準的画地価格に対す

る割合）から対象不動産の適正な個性率を判定し、試算します。

● 取引事例（建築確認不可物件）の標準的画地価格に対する割合

| NO | 面積 | 取引価格（a） | 標準的画地価格（b） | 割合 a／b |
|---|---|---|---|---|
| 1 | 133 m² | 45,200 円／m² | 150,000 円／m² | 30.1% |
| 2 | 307 m² | 25,100 円／m² | 138,000 円／m² | 18.2% |
| 3 | 155 m² | 19,400 円／m² | 175,000 円／m² | 11.1% |
| 4 | 76 m² | 39,700 円／m² | 119,000 円／m² | 33.4% |
| 5 | 204 m² | 18,600 円／m² | 106,000 円／m² | 17.5% |
| 6 | 79 m² | 12,600 円／m² | 156,000 円／m² | 8.1% |
| 7 | 78 m² | 29,600 円／m² | 99,000 円／m² | 29.9% |
| | | | 7事例の平均 | 21.2% |

　標準的画地価格に上記21.2％の個性率と面積を乗じ、取引市場における建築確認不可物件の個性率に基づいて求めた価格を13,000,000円と試算しました。
　3試算価格が求められましたが、本件では比準価格を標準に、他の価格を比較考量し、鑑定評価額を14,000,000円と決定しました。

《評価額の比較》
●鑑定評価額　　　　　　　：14,000,000円
●財産評価通達に基づく価格：約41,000,000円

● 幅員が狭い私道の先が対象不動産

# 実例 22 間口が著しく狭小である建築確認不可物件

> **対象不動産の状況**
>
> | | |
> |---|---|
> | 所在地 | ■■区○○ |
> | 交通接近条件 | 「□□」駅の南方 700 m |
> | 面積 | 約 80 m² |
> | 路線価 | 350,000 円／m² |
> | 行政条件 | 第1種低層住居専用地域　60／150 |
> | 現況 | 戸建住宅の敷地 |
> | 周辺環境 | 戸建住宅が建ち並ぶ中、賃貸共同住宅等も見られる住宅地域 |

〈鑑定評価適用のポイント〉
① 対象不動産の現状は住宅の敷地であるが、有効間口が 0.75 m の路地状敷地で再建築不可物件となる
② 財産評価上は不整形地、通路開設費用控除で減額はあるものの、時価よりも高い

　対象不動産は首都圏の住宅地域に存する住宅の敷地です。古い住宅が建築されていますが、有効間口が 0.75 m のため、再建築はできません。役所の建築指導課で聴取を行いましたが、現状の建物の建築確認申請の履歴がなく、どのような経緯で建物が建築されたのかは不明でした。画地形状としては路地状敷地のため、不整形の程度が大きいこと、全体面積に対して通路開設面積の割合が大きいことから、財産評価上も一定の減額を行うことができました。ただし、時価と比べるとやはり高い面は否めません。
　上記を踏まえ、本件では次の価格を試算しました。
・取引事例比較法よる比準価格
・隣接地（他人所有）の一部を併合（道路までの路地状部分を買収）して建物の建築を可能にすることを前提に試算した価格
・建築確認不可物件の事例から統計分析により求めた価格
　そして、これらを調整の上、鑑定評価額を決定します。

〈取引事例比較法による比準価格〉
　標準的画地価格（建築基準法の道路に面する中間画地）の価格を求め、下記の個別的要因を考慮して 10,400,000 円と試算しました。

| 個別的要因等の内訳 | 増減価率 |
|---|---|
| ・方位（路地状敷地のため考慮外） | 0% |
| ・前面道路幅員 (3.6 m) でやや劣る | −1% |
| ・間口狭小（有効間口約 0.75 m）で著しく劣る | −30% |
| ・奥行長大で劣る | −20% |
| ・車両及び自転車進入不可 | −15% |
| ・建築基準法第 43 条の接道義務を満たさないことにより、原則として建築不可 | −30% |
| ・不整形で劣る | −15% |
| 減価率（相乗積） | −72% |

〈隣接地（他人所有）の一部を併合（道路までの路地状部分を買収）して建物の建築を可能にすることを前提に試算した価格〉

　評価に当たっては、他人所有の隣接地の一部を路地状部分として買収し、対象不動産上に建物の建築を可能とすること（間口 2 m を確保）を前提に、隣接地併合後の土地価格から隣接地の一部の買収費用を控除し、さらに所要の調整を行って価格を試算します。

● **買収想定図**

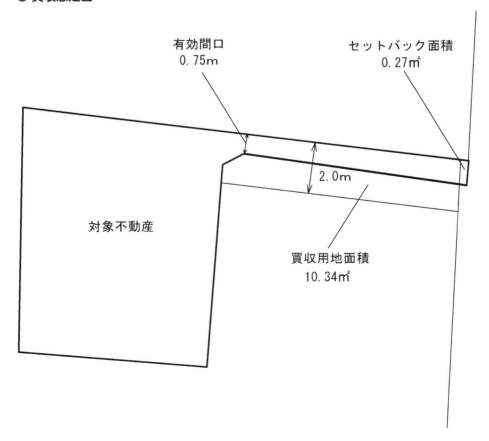

標準的画地価格の価格を求め、買収後の個別的要因を考慮した価格から、買収用地取得費用を控除し、さらに買収の不確実性を考慮し、買収前提の価格を 13,000,000 円と試算しました。

〈建築確認不可物件の事例から統計分析により求めた価格〉

評価に当たり、同一需給圏内で取引された対象不動産と類似する建築確認不可物件の取引事例を調査し、計 45 件収集しました。その事例について時点修正及び地域要因の比較を行って査定した単価について統計的に分析を行い、対象不動産の面積を乗じ、価格を試算します。

同一需給圏の範囲から建築確認不可物件の取引事例を幅広く収集し、時点修正及び地域要因比較を行い、査定単価を集計した結果、下記の数値が得られました。

・平均値（各データの合計をデータの数で割った数値）：140,404 円／$m^2$
・中央値（各データについて、大きさの順に並べたときの中央の値）：135,295 円／$m^2$
・分散（各データと平均値との差を合計した数値）：1,278,399,844
・標準偏差（分散の平方根）：35,755

● 度数分布表

| 価格帯 | | | 取引件数 | 価格帯 | | | 取引件数 |
|---|---|---|---|---|---|---|---|
| 50,000 | ～ | 60,000 | 1 | 140,000 | ～ | 150,000 | 5 |
| 60,000 | ～ | 70,000 | 0 | 150,000 | ～ | 160,000 | 2 |
| 70,000 | ～ | 80,000 | 1 | 160,000 | ～ | 170,000 | 2 |
| 80,000 | ～ | 90,000 | 2 | 170,000 | ～ | 180,000 | 3 |
| 90,000 | ～ | 100,000 | 1 | 180,000 | ～ | 190,000 | 3 |
| 100,000 | ～ | 110,000 | 3 | 190,000 | ～ | 200,000 | 3 |
| 110,000 | ～ | 120,000 | 4 | 200,000 | ～ | 210,000 | 1 |
| 120,000 | ～ | 130,000 | 6 | 210,000 | ～ | 220,000 | 1 |
| 130,000 | ～ | 140,000 | 7 | | 計 | | 45 |

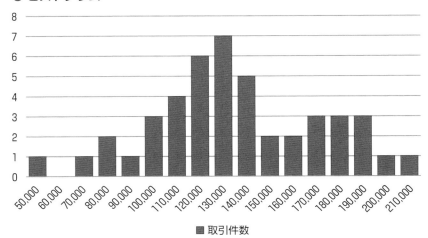

　また、査定価格について度数分布表及びヒストグラムに表すと下記の通りとなります。

　上記結果から、取引件数ベースでは13万〜14万円台（標準的画地価格に対して約26〜28％の価格水準）が最も多く、平均値及び中央値は比較的近い値を示しています。本件評価では平均値の単価を採用し、対象不動産の面積を乗じて価格を試算するものとし、価格を10,800,000円と試算しました。

　3 試算価格が求められましたが、本件では比準価格を標準に、他の価格を比較考量し、鑑定評価額を10,500,000円と決定しました。

《評価額の比較》
　●鑑定評価額　　　　　　　：　10,500,000円
　●財産評価通達に基づく価格：約16,000,000円

● 有効間口は約 0.75 m

# 実例 23 道路協力地を2パターン想定した無道路地

### 対象不動産の状況

| | |
|---|---|
| 所在地 | □□市○○○ |
| 交通接近条件 | 「■■■」駅の南西方 1,300 m |
| 面積 | 約 270 m² |
| 路線価 | 190,000 円／m² |
| 行政条件 | 第1種低層住居専用地域　40／80 |
| 現況 | 戸建住宅裏の未利用地 |
| 周辺環境 | 戸建住宅が建ち並ぶ中、賃貸共同住宅等も見られる住宅地域 |

〈鑑定評価適用のポイント〉
① 道路に接道していない無道路地
② 財産評価上は不整形等の減額要素がある
③ 協力用地の取得を想定しても実現は困難である

　対象不動産は住宅地域内に存する未利用地です。周辺は住宅に囲まれており、親族の土地は道路に面するものの、被相続人の土地としては道路に接道しない無道路地でした。財産評価上は不整形等の減額要素はありますが、時価水準までは評価額が落ちないと考えられる土地です。また、協力用地取得の想定はできるものの、実現は困難と判断されます。

　実例21（建築基準法上の道路に該当しない道路に路線価が付された建築確認不可物件）と類似する実例ですが、本実例の土地も現状のままでは建物の建築（再建築、増改築等含む）は許可されません。このように建物の建築ができない土地は、①接道要件を満たしている隣接地の所有者が土地の買い増しのために取得、②隣接地の一部を取得して接道要件を満たし、市場性を回復して取引を行う等の需要に限られるため、通常は第三者への取引の対象とはなりません。よって、対象不動産の市場性は極めて低いものと判断されます。

　上記を踏まえ、本件では次の価格を試算しました。
・取引事例比較法による比準価格
・隣接地の一部を併合して建物の建築を可能にすることを前提に試算した価格
・現状の個別性が類似する取引事例を直接比準した価格
　そして、これらを調整の上、鑑定評価額を決定します。

〈取引事例比較法による比準価格〉

標準的画地価格(建築基準法の道路に面する中間画地)の価格を求め、下記の個別的要因を考慮して 12,200,000 円と試算しました。

| 個別的要因等の内訳 | 増減価率 |
| --- | --- |
| ・建築基準法上の道路に面しないことにより、原則として建築不可※1 | －30％ |
| ・単独土地としての立入りが困難※2 | －30％ |
| ・環境で劣る※3 | －20％ |
| ・地積過大で劣る(標準的画地の約2.5倍) | －15％ |
| ・不整形で劣る | －30％ |
| ・車両及び自転車進入不可 | －15％ |
| 減価率(相乗積) | －80％ |

※1 対象不動産は無道路地であり、原則として建物の建築はできず、土地上に建物を建てるという効用を果たさない。したがって、その減価について－30％と査定した。

※2 対象不動産は現状、他人地を通じてのみ立ち入りが可能である。入口部分から建築基準法上の道路までは約22mの距離があり、現状出入りができない北西方市道へも約5mの距離があり、利便性が著しく劣る。したがって、単独土地として立入りが困難であることについて－30％の減価と査定した。

※3 標準的画地は5.0m道路に面する土地を想定しているが、対象不動産は道路の裏手に位置し、環境面で劣ることとなる。したがって、環境面について－20％の減価と査定した。

〈隣接地の一部を併合して建物の建築を可能にすることを前提に試算した価格〉

評価に当たっては、他人所有の隣接地の一部を路地状部分として買収し、対象不動産上に建物の建築を可能とすることを前提に、隣接地併合後の土地価格から隣接地の一部の買収費用を控除し、さらに所要の調整を行って価格を試算します。隣接地の一部の併合に関しては、周囲の敷地の建物の利用状況等を鑑み、北西方市道から接続する方法、北東方市道から接続する方法の2パターンを想定し、試算を行うものとします。

### パターン1　最も近い距離で、他人地からの協力地を想定

　こちらは最も距離が近く、協力用地面積が少なくて済みますが、やはり他人の敷地の一部を取得するということは困難を伴います。併合後の個別的要因に加え、協力地取得が不確定である市場性減価を考慮し、パターン1の価格を11,700,000円と査定しました。

● パターン1のイメージ図

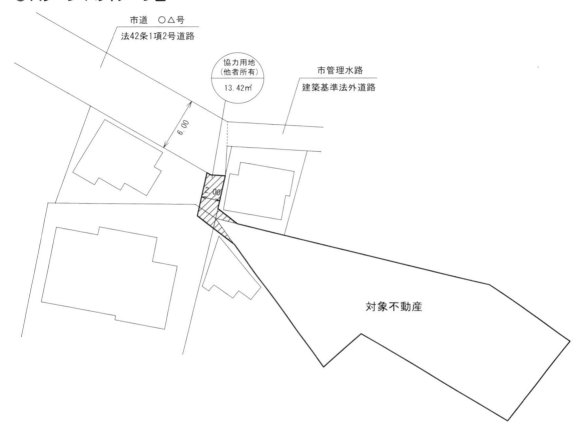

**パターン2** 距離はあるが、主に自用地及び親族の土地の協力用地を想定

　こちらは現実の利用状況（隣接地を介して対象不動産に出入りする）を踏まえ、協力用地の取得を想定しました。接道までの距離は遠く、主に自用地及び親族の土地を協力用地とするとしても、他社所有の協力地も含むことから、全体の協力用地面積は大きくなります。こちらもパターン1と同様、併合後の個別的要因に加え、協力地取得が不確定である市場性減価を考慮し、パターン2の価格を3,500,000円と査定しました。協力用地の面積が大きいこと等から価格としてはパターン1よりも低くなりました。

● パターン2のイメージ図

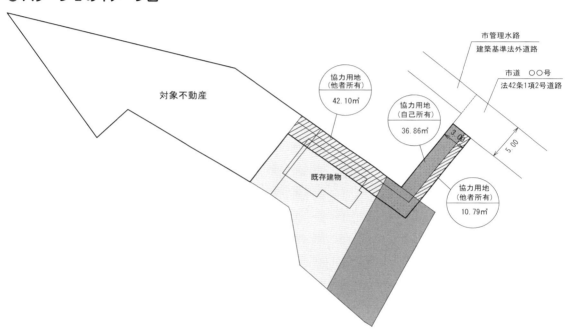

　上記より、パターン1、2の価格がそれぞれ求められました。開差が生じたため、調整を行います。パターン2の価格については、現状出入りしているルートから協力用地を想定し、試算を行いましたが、パターン1に比べて買収面積が大きく、相当程度低めに価格が試算されました。また、こちらの方法は建物取壊しも含まれることから、実現性はパターン1と比較してもさらに劣ることとなり、説得力は相当劣ると判断されます。本件ではパターン1の価格が説得力が高いと判断し、パターン1の価格を中心に、パターン2の価格は比較考量し、隣接地の一部を併合して建物の建築を可能にすることを前提に試算した価格を11,500,000円と試算しました。

〈現状の個別性が類似する取引事例を直接比準した価格〉

　類似する複数の取引事例について補修正及び各価格の調整を行い、7,500,000円と試算しました。

3試算価格が求められましたが、本件では比準価格を標準に、他の価格を比較考量し、鑑定評価額を 12,000,000 円と決定しました。

《評価額の比較》
- ●鑑定評価額　　　　　　　：　12,000,000 円
- ●財産評価通達に基づく価格：約 22,000,000 円

● 対象不動産の内部、周辺の住宅に囲まれた無道路の未利用地

# 実例 24 建築基準法上の道路に接道しない線路際の土地

## 対象不動産の状況

| | |
|---|---|
| 所在地 | ■■区××  |
| 交通接近条件 | 「■■」駅の南西方 600 m |
| 面積 | 約 160 m$^2$ |
| 路線価 | 420,000 円／m$^2$ |
| 行政条件 | 第 1 種低層住居専用地域　40／80 |
| 現況 | 未利用地 |
| 周辺環境 | 戸建住宅が建ち並ぶ中、賃貸共同住宅等も見られる住宅地域 |

〈鑑定評価適用のポイント〉
① 建築基準法の道路に接道せず、さらに一番近い道路まで相当の距離がある
② 建物の建築は著しく困難
③ 最有効使用は資材置場用地

　対象不動産は線路際に位置する未利用地です。建築基準法上の道路に接面しておらず、一番近い公道まで約 35 m の距離がありました。対象不動産は 2 m 程度の水路（暗渠）に面するのみで、立入りはその水路から可能です。また、水路と隣接して位置指定道路が存しますが、水路とは高低差があり、それぞれの入口部分のみで行き来が可能となっています。

　無道路地の場合、建築基準法の道路まで通路開設して接道義務を満たすような評価方法も考えられますが、公道までの距離が約 35 m で、○○○建築条例から路地状敷地の間口は路地状部分が 20 m 以上の場合は 3 m 以上確保する必要があり、現状からは協力地は水路の幅員以上に確保する必要があり、そのような想定は著しく困難であること、位置指定道路から延長させる想定も終端に戸建住宅があることからやはり困難である、という状況でした。

　上記の状況から、対象不動産に建物の建築を想定することは現実的ではありません。それではどのような使用方法が最有効使用になるのでしょうか。線路際であることから、看板用地とも考えられましたが、走行中の電車からは対象地上の看板を見ることは難しく、看板用地としても利用できません。したがって、資材置場としての利用に限られることとなり、さらに水路の入口が階段状で車両通行も不可であること、面積も大きくないことから、最有効使用は個人向けの資材置場用地、と判定しました。

　評価については、付近の標準的画地価格から、無道路地、線路際の土地であることの騒音・振動、用途の多様性、系統・連続性、水路との高低差等の減価要因を計上し、総合的な減価率

は-95％、すなわち5％の価値率と判断をしました。類似の無道路の事例からの直接的な比準も行い、鑑定評価額は3,500,000円となりました。

その後、2,000,000円で対象不動産が売却されたということがわかりました。標準的画地価格の95％引きの評価額でしたが、それでもなお売れた金額は安かった、ということになります。

《評価額の比較》
- ●鑑定評価額　　　　　　　　：　3,500,000円
- ●財産評価通達に基づく価格：約20,000,000円

● 対象不動産のイメージ

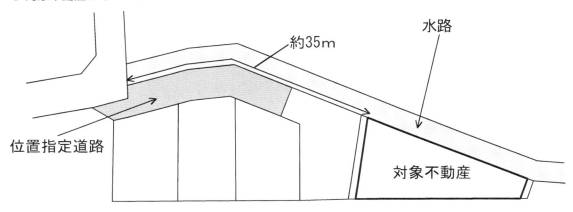

● 対象不動産と前面の水路（暗渠）

# 実例 25 建築基準法の道路まで相当の距離がある無道路の農地

## 対象不動産の状況

| | |
|---|---|
| 所在地 | ○○○市△△△ |
| 交通接近条件 | 「△△△」駅の南東方 2,100 m |
| 面積 | 約 1,000 m$^2$ |
| 路線価 | 28,000 円／m$^2$（近隣） |
| 行政条件 | 準工業地域　60／200 |
| 現況 | 農地 |
| 周辺環境 | 戸建住宅を中心に、賃貸共同住宅や駐車場も散見される中、畑等も多く残る住宅地域 |

〈鑑定評価適用のポイント〉

① 対象不動産は建築基準法の道路まで相当の距離（約 30 m）がある無道路地
② 財産評価上の減額要素は無道路地や地積規模の大きな宅地等があり、減額要素は多い
③ 対象不動産は建物の建築は困難である
④ 無道路地以外にも減価要因が多数

　対象不動産は郊外の無道路地の畑（市街地農地）です。地積規模の大きな宅地、無道路地、不整形地等から、財産評価上も相当の評価減が見込まれました。しかし、対象不動産は建築基準法の道路までは相当の距離があり、現況有姿が最有効使用と判断され、ほぼ買い手がつかない土地でした。

　鑑定評価としては規模の大きい土地であり、接道が満たされていれば戸建分譲用地になることから、標準的画地を分譲素地として査定し、対象不動産の個別的要因を考慮して取引事例比較法による比準価格を試算します。さらに、個別性が類似する取引事例を直接比準した価格をそれぞれ求め、調整の上、鑑定評価額を決定します。

〈取引事例比較法による比準価格〉

　標準的画地価格（建築基準法の道路に面する中間画地）の価格を求め、個別的要因を考慮して 1,000,000 円と試算しました。

　個別的要因としては、無道路地である他、環境面で劣る、奥行逓減、道路に至るまで未舗装で利便性が著しく劣る、単独の土地として立入りが困難、用途の多様性で劣る等の様々な減価要因があり、最終的な価値率は 5％ となりました。

〈個別性が類似する取引事例を直接比準した価格〉

　収集した多数の取引事例の中から、対象不動産と街路条件（無道路地）等が類似する取引事例を採用し、対象不動産と取引事例との間で、土地取引価格に事情補正・時点修正・地域要因・個別的要因・地積について直接的に比準を行い、得られた価格を調整し、直接比準価格を試算します。

　2事例から得られた価格を調整し、直接比準価格を600,000円と試算しました。

　上記比準価格では価値率は5％と査定しましたが、直接比準された価格と比較すると、5％は低い価値率ではないことが検証できました。

　本件では比準価格を標準に、直接比準価格は検証的な価格として比較考量し、鑑定評価額を1,000,000円と決定しました。

```
《評価額の比較》
　●鑑定評価額　　　　　　　：　1,000,000 円
　●財産評価通達に基づく価格：約 9,000,000 円
```

● 対象不動産と道路との位置関係

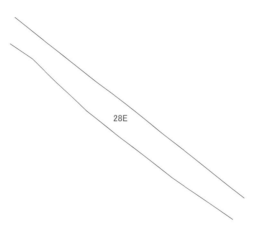

● 対象不動産の現状

実例25　建築基準法の道路まで相当の距離がある無道路の農地

# 第2部

鑑定評価を用いた
相続税評価額をめぐる
裁決事例の考察

# CASE 1  面大地の駐車場に対して鑑定評価で申告を行った事例

## I 事案の概要

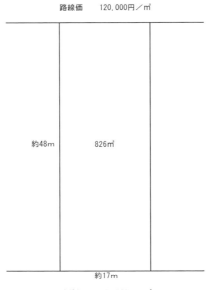

〈評価対象地〉

平成25年に請求人が取得した土地（面大地）。駐車場として利用、間口約17m、奥行約48mの二方路地。

〈納税者の主張〉

相続人は、当初申告で①評価通達では**減価要因を適切に評価できないこと**、②**面大地は需要者が不動産開発事業者などに限定されるため開発法を用いた鑑定評価が妥当**として鑑定評価を適用して、通達評価額より低い鑑定評価額で申告を行った。

● 鑑定評価による評価額：78,700,000円

〈課税庁の主張〉

鑑定評価額は、その算定に用いられた取引事例比較法における取引事例の選択、開発法における分譲収入価額及び造成費相当額の査定や、公示価格との規準に当たっての規模の格差の設定等に**合理性がないため、鑑定評価は採用できず**、評価通達の定める評価方法によって定めるべきである。

● 通達評価による評価額：97,529,124円

# II 裁決の内容

■裁決情報：平成29年6月2日裁決（大裁（諸）平28第56号：TAINS F0-3-527）
（＊＊＊＊は裁決書では伏字箇所）

【基礎事実】
（中略）
(イ) 本件土地は、貸駐車場として利用される雑種地である。
(ロ) 本件土地の地積は、826m²である。
(ハ) 本件土地の形状は、東西に約17m、南北に約48mの長方形状である。
(ニ) 本件土地の地勢は、平坦であり、接面する各道路との高低差はなく、また、本件土地はアスファルト舗装がされている。
(ホ) 本件土地は、二方が道路と接面しており、南側で接面する道路に付された平成25年分の路線価は130,000円／m²であり、北側で接面する道路に付された平成25年分の路線価は120,000円／m²である。
ハ 本件土地の存する行政区画である＊＊＊＊（以下＊＊＊＊地区」という。）には、公示地が存する。
ニ 請求人らは、本件相続に係る相続税の申告に当たり、＊＊＊＊に本件土地の不動産鑑定評価を依頼し、＊＊＊＊は、本件土地の鑑定評価額を78,700,000円（以下「本件鑑定評価額」という。）と決定し、平成26年1月31日付で、同評価額を記載した鑑定評価書を作成し、請求人らに交付した。

本件鑑定評価の要旨は、以下のとおりである。
(イ) 本件土地は、付近の標準的な画地よりも面積が大きな土地（以下「面大地」という。）であり、その最有効使用は、同土地を6区画（1区画当たりの面積は137.67m²）に区画割りして宅地分譲することである。
(ロ) 評価方法は、取引事例比較法及び開発法を採用し、原価法及び収益還元法は採用しない。
(ハ) 上記（イ）及び（ロ）を前提に、別紙3の表1の取引事例を基に表2のとおり、取引事例比較法による比準価格を80,100,000円（97,000円／m²）と試算する。
(ニ) 上記（イ）及び（ロ）を前提に、同一需給圏内における類似物件の分譲事例や地元不動産業者へのヒアリング等を基礎とし、分譲想定画地の間口が狭く奥行きが長いことや造成費用等が生じることを考慮した上で、本件土地の開発法による価格を77,200,000円（93,500円／m²）と試算する。
(ホ) 本件土地の公示価格との規準として、本件公示地の平成25年の公示価格（152,000円／m²。以下「本件公示価格」という。）に、時点修正を施し、さらに、「地域要因の比較」による減価補正として、本件土地は面大地であることから、需要者は不動産開発業者等が中心となるのに対し、本件公示地の需要者は最終需要者たる個人であり、本件土地は、本件公示地と比べて需要者の数が少なく、取引価格が低下するものと判断し、規模の格差50ポイントの減価補正を施すなどして、本件土地の規準価格を89,200,000円（108,000円／m²）と算定する（計算式は別紙3の表3のとおり）。
(ヘ) 取引事例比較法による比準価格及び上記（ニ）の開発法による価格を関連付け、本件土地の鑑

定評価額を 78,700,000 円（上記（ハ）の取引事例比較法による比準価格及び上記（ニ）の開発法による価格の平均値）と決定した。
（ホ）請求人らは、本件鑑定評価額をもって本件土地の評価額とし、小規模宅地等についての相続税の課税価格の計算の特例の規定を適用し、本件土地の価額を 69,172,155 円と計上して、本件相続に係る相続税の申告をした。
　　これに対し、原処分庁は、本件土地は、評価通達の定める評価方法によって評価すべきであり、これによると、評価額は 97,529,124 円であるとし、さらに、租税特別措置法第 69 条の 4 の規定を適用し、本件土地の価額を 85,721,724 円と認定して、本件相続に係る相続税の各更正処分及び過少申告加算税の各賦課決定処分をした。

（中略）

## 2　争点
　原処分における、評価通達の定める評価方法による本件土地の評価額が、時価を超えており、原処分には本件土地を過大に評価した違法があるか否か。

## 3　争点についての主張

| 原処分庁 | 請求人ら |
| --- | --- |
| 　本件土地に面する路線価は、公示価格の8割程度となるよう適正に評定されたものであり、これを基礎に評価通達の定める評価方法により評価した原処分における本件土地の評価額に誤りはない。本件鑑定評価額は、その算定に用いられた取引事例比較法における取引事例の選択、開発法における分譲収入価額及び造成費相当額の査定や、公示価格との規準に当たっての規模の格差の設定等に合理性があるとは認められないため、時価を表したものとはいえない。<br>　したがって、本件鑑定評価額をもって、評価通達の定める評価方法による評価額が時価を超えているとはいえない。 | 　本件土地は、面大地であり、本件鑑定評価のとおり、本件土地が面大地であることによる減価要因を適切に評価すべきであり、本件鑑定評価額が、本件土地の適正な時価というべきである。<br>　そして、本件鑑定評価にみられるとおり、面大地であることによる具体的な減価要因としては、本件土地は、区画割りをして戸建住宅の敷地として分譲することが最有効使用であると判定され、これによれば、本件土地の需要者は不動産開発業者となるから、需要者が限定されることで同土地の市場性が減退すること、本件鑑定評価における開発法にみられるとおり、本件土地の需要者である不動産開発業者は、本件土地を間口約 5.7 m、奥行き約 24 m の南北に長い形の画地 6 区画で単純に区画割りして分譲し、この区画割後の形状からして分譲価格を低く設定することが想定されること、さらに、本件土地を区画割りする場合に生ずる造成費用等を考慮することなどが挙げられるが、これら減価要因を考慮していない評価通達の定める評価方法による評価額は本件土地の時価を超えている。 |

4　争点に対する判断
（中略）
(2)　認定事実
イ　本件土地は、地積826㎡の雑種地であり、その南側と北側が道路と接面している。最寄り駅からの距離をみるに、本件土地は、＊＊＊＊から南西方に約1.5km、＊＊＊＊から南東方に約1km、＊＊＊＊から西方に約0.25km（いずれも直線距離）に位置している。本件土地は、宅地分譲に当たり道路の敷設等の特別な造成工事を必要とせず、単純に区画割りをして分譲することが可能な土地である。

ロ　＊＊＊＊地区は、本件土地の南側に接面する道路を境に主に北側の地域が第一種住居地域、＊＊＊＊（通称：＊＊＊＊）に沿接する東側の地域が近隣商業地域、それ以外の地域が準工業地域に指定されている。

ハ　＊＊＊＊地区のうち本件土地の存する第一種住居地域に指定された地域（以下、本件地域』という。）は、敷地面積50㎡から200㎡程度の戸建住宅のほか、敷地面積300㎡程度の事務所又は事務所兼住宅、敷地面積300㎡から1,000㎡程度の共同住宅、敷地面積700㎡から1,200㎡程度のグループホーム、印刷工場等が混在する住宅地域である。

ニ　本件公示地の状況等は、別表1記載のとおりであり、本件公示価格は、152,000円／㎡である。なお、本件公示地は、本件土地の北東方約7mに位置しており、本件土地の北側で接面する道路にその南側で接面している。

(3)　検討
イ　別紙4のとおり、本件土地を評価通達の定める評価方法によって評価すると、その評価額は97,529,124円となる。

ロ　上記(1)のとおり、本件土地に適用される評価通達の定める評価方法が一般的な合理性を失わず、上記評価方法によっては適正な時価を適切に算定することのできない特別な事情の存しない限り、上記評価方法による評価額が当該相続財産の時価であると事実上推認することができる。

ハ　この点、請求人らは、本件土地について、需要者が不動産開発業者等に限定されて市場性が減退すること、宅地分譲に当たり造成費用等を要し、区画割後の形状が南北に長い不整形になることなどの本件土地が面大地であることによる減価要因を適切に評価すべきであり、これらの減価要因を適切に考慮した本件鑑定評価額が本件土地の時価というべきであって、他方、これらの減価要因を一切考慮していない評価通達の定める評価方法による評価額は本件土地の時価を超えている旨主張する。

ニ　確かに、本件土地は、地積が826㎡であり、本件公示地（地積137㎡）と比較しても、その面積が大きいことは否定し難い。しかしながら、本件地域には、本件土地と地積が同程度の共同住宅等の敷地が存することからすると、そもそも本件土地が、付近の画地よりも格別面積が大きいものとは認められない。

ホ　また、評価対象地が面大地であることからは、売買における取引総額が高額となることが考えられ、そのことにより、想定し得る購入者の範囲が狭まるということはあり得るとしても、土地の取引価格は、当該土地の存する地域の状況、当該取引の時点における経済環境等の影響を受けるものであり、最終的には取引当事者の合意によって定まるものであることからすれば、上記のように想定し得る購入者の範囲が狭まることによって、当然に当該土地の取引価格が低下するという関係にあるとはいえない。

さらに、請求人らがその主張の前提とする不動産鑑定評価における開発法は、不動産開発業者等の投資採算性に着目した中間段階の取引を想定した価格を算定するものであるため、造成費用等の有無・額や区画割後の土地の取引価格の低下の有無・程度は、不動産鑑定士ごとに判断が区々になるもので、それらを考慮するか否かも含めて一義的に定まるものではない。しかも、本件土地について具体的にみても、①本件土地は南北で道路に面していること、②本件地域には、本件土地と地積が同程度の共同住宅等の敷地が存すること、③本件地域では事務所、工場等が混在しており、そのような本件土地の近隣環境に照らし、戸建住宅としての居住の快適性が特に優れているとは認められないこと、④本件土地は、宅地分譲に当たり道路の敷設等の特別な造成工事を必要とせず、単純に区画割りをして分譲することが可能な土地であることを併せ考慮すると、本件土地の造成工事の必要性やその額、区画割りの必要性や形状は、いずれも一義的に明らかとはいえない。

　以上の諸事情に照らせば、評価通達の定めにおいて、面大地であることが定型的な減価要因として位置付けられていないことをもって、同通達の定める評価方法についての一般的な合理性が失われているということはできないし、本件土地が面大地であることを含め、請求人らが主張する各点をもって、評価通達の定める評価方法によっては適正な時価を適切に算定することのできない特別な事情があると認めることはできず、請求人らの主張も採用することができない。本件において、他に、本件土地に適用される評価通達の定める評価方法が一般的な合理性を欠くことや、上記評価方法によっては適正な時価を適切に算定することのできない特別な事情があることを認めるに足りる証拠はない。

　なお、本件鑑定評価は、本件土地の公示価格を規準とした価格を算定するに当たり、本件土地が面大地であり、本件土地と本件公示地の需要者が異なることを理由に本件公示価格に規模の格差50ポイントもの減価補正を施しているところ、上記（2）のイ及びニのような本件土地と本件公示地の所在地、街路の状況、最寄り駅からの距離、給排水の状況等に照らすと、本件土地と本件公示地とは、価格事情は同等か、あるいは本件土地が高等であるものと認められる上、本件鑑定評価において、本件土地の区画割り後の画地は1区画当たり137.67$m^2$と想定されているが、これを前提にみても、区画割り後の画地は本件公示地と異ならない地積であり、いずれも最終需要者である個人が選好する規模であるし、また、本件土地は、その地勢が平坦で、南北が道路と接面していることに照らし、道路の敷設等の特別な造成工事を必要とせず、単純に区画割りして分譲することが可能な土地であると認められるから、本件土地を単純に区画割りした場合の需要者は不動産開発業者に限られるものではない。そうすると、本件鑑定評価において本件土地が面大地であることを理由に上記のような大幅な減価補正を施していることにつき客観的な合理性を見出すことはできない。したがって、本件鑑定評価において求められた規準価格は、合理的な判断過程を経たものであるとは認めることができず、これと比較した本件鑑定評価における各試算価格ひいては本件鑑定評価額は、公示価格との均衡が保たれたものであるとは認められない。

ヘ　以上によれば、本件土地の時価は、上記イの評価通達の定める評価方法によって評価した評価額であると認めるのが相当であり、同評価額が時価を超え、本件土地が過大に評価されているとの違法はない。

5　原処分の適法性について

　上記4の（3）のとおり、本件土地の時価は97,529,124円であり、本件各更正処分の認定額と同額と認められる。（中略）

　そして、争点以外の課税要件及び税額計算の基礎となる金額等について、請求人らは争わず、当審

判所の調査の結果によっても、違法ないし不当な点は認められないから、原処分は適法である。

6　結論
　よって、請求人らの審査請求はいずれも理由がないから、これらを棄却することとし、主文のとおり裁決する。

別表1

| 本件公示地の概要等 ||
| --- | --- |
| 標準地番号 | ＊＊＊＊ |
| 所在及び地番 | ＊＊＊＊ |
| 調査基準日 | 平成25年1月1日 |
| 価格 | 152,000円／m² |
| 地積 | 137 m² |
| 形状（間口・奥行） | （間口1.0：奥行き1.2） |
| 利用区分・構造 | 建物などの敷地・木造2階建 |
| 周辺の土地の利用状況 | 住宅、共同住宅、事務所等が混在する住宅地域 |
| 前面道路の状況 | 南西4.0 m |
| 給排水等状況 | ガス・水道・下水 |
| 交通施設・距離 | ＊＊＊＊ |
| 用途区分等 | 第一種住居地域・準防火地域 |
| 建ぺい率・容積率 | 60%・200% |
| 都市計画区分 | 市街化区域 |

（別紙1、2—1、2—2は省略）

別紙3　本件鑑定評価における取引事例の概要等
（表1　取引事例の概要）

|  | 取引事例1 | 取引事例2 | 取引事例3 | 取引事例4 |
| --- | --- | --- | --- | --- |
| 所　　在 | ＊＊＊＊ | ＊＊＊＊ | ＊＊＊＊ | ＊＊＊＊ |
| 類　　型 | 建付地 | 建付地 | 更地 | 建付地 |
| 時　　点 | 平成24年3月 | 平成24年9月 | 平成22年9月 | 平成24年1月 |
| 面　　積 | 510 m² | 1,110 m² | 1,090 m² | 1,430 m² |
| 最寄駅への接近性 | ＊＊＊＊<br>3,000 m | ＊＊＊＊<br>2,300 m | ＊＊＊＊<br>4,200 m | ＊＊＊＊<br>2,820 m |
| 用途地域<br>指定建ぺい率<br>指定容積率<br>基準容積率 | 近隣商業<br>80%<br>300%<br>240% | 第一種住居<br>60%<br>200%<br>200% | 第二種中高層住居専用<br>60%<br>200%<br>200% | 準工業<br>60%<br>200%<br>200% |

| 地域の特性 | マンション、アパート等が建ち並ぶ住宅地域 | マンション等も見られる住宅地域 | 高台の社宅跡地 | 中小規模の工場や一般住宅、アパート等が混在する地域 |
|---|---|---|---|---|
| 価　格 | 51,625,000 円<br>(101,000 円／m²) | 107,000,000 円<br>(96,400 円／m²) | 90,000,000 円<br>(82,600 円／m²) | 100,000,000 円<br>(69,900 円／m²) |

(表2　比準価格)

| | ①価格 | ②事情補正 | ③時点修正 | ④建付減価補正 | ⑤標準化補正 | ⑥地域要因の比較 | ①〜⑥の相乗標準画地の価格 | ウエイト |
|---|---|---|---|---|---|---|---|---|
| 取引事例1 | 101,000 円／m² | $\frac{100}{100}$ | $\frac{98}{100}$ | $\frac{100}{100}$ | $\frac{100}{96}$ | $\frac{100}{105}$※3 | 98,200 円／m² | 25% |
| 取引事例2 | 96,400 円／m² | $\frac{100}{120}$※1 | $\frac{99}{100}$ | $\frac{100}{100}$ | $\frac{100}{100}$ | $\frac{100}{86}$※4 | 92,500 円／m² | 25% |
| 取引事例3 | 82,600 円／m² | $\frac{100}{110}$※2 | $\frac{95}{100}$ | — | $\frac{100}{102}$ | $\frac{100}{70}$※5 | 99,900 円／m² | 25% |
| 取引事例4 | 69,900 円／m² | $\frac{100}{100}$ | $\frac{98}{100}$ | $\frac{100}{100}$ | $\frac{100}{102}$ | $\frac{100}{78}$※6 | 86,100 円／m² | 25% |

標準画地の比準価格　（個別要因の比較）　　　　　　　　　　　　　　　　（比準価格）

94,200 円／m²　×　$\frac{103 ※7}{100}$　＝　97,000 円／m²　×　826 m²　≒　80,100,000 円

※1　買い進み　20 ポイント
※2　買い進み　10 ポイント
※3　道路幅員（マイナス 3 ポイント）、駅距離（6 ポイント）、容積率（2 ポイント）の相乗
※4　道路幅員（マイナス 2 ポイント）、駅距離（8 ポイント）、駅性格（マイナス 5 ポイント）、周辺状況（マイナス 15 ポイント）の相乗
※5　道路幅員（マイナス 2 ポイント）、駅距離（2 ポイント）、周辺状況（マイナス 30 ポイント）の相乗
※6　道路幅員（マイナス 2 ポイント）、駅距離（6 ポイント）、周辺状況（マイナス 25 ポイント）の相乗
※7　二方路　3 ポイント

(表3　公示価格との規準)

| 公示価格 | 時点修正 | 標準化補正 | 地域要因の比較 | 標準画地の規準価格 |
|---|---|---|---|---|
| 152,000 円／m² | × $\frac{99}{100}$ | × $\frac{100}{100}$ | × $\frac{100}{143}$※ | ＝ 105,000 円／m² |

| 標準画地の規準価格 | 地域要因の比較 | | 地積 | |
|---|---|---|---|---|
| 105,000 円／m² | × $\frac{103}{100}$ | ≒ 108,000 円／m² | × 826 m² ≒ | 89,200,000 円<br>(108,000 円／m²) |

※　道路幅員（マイナス 3 ポイント）、容積率（マイナス 2 ポイント）、規模（50 ポイント）の相乗

なお、規模の格差は、本件公示地と本件土地の需要者が、それぞれ不動産開発業者と個人とで異なることによるものである。

別紙4　評価通達の定める評価方法による評価額
1　奥行価格補正後の1m²当たりの価額（注1、注2、注3）
　　130,000 円　×　0.91（奥行価格補正率）　＝　118,300 円
2　二方路線影響加算後の1m²当たりの価額
　　120,000 円　×　0.91（奥行価格補正率）　×　0.02（二方路線影響加算率）＝　2,184 円
　　120,000 円　×　2,184 円　＝　120,484 円
3　間口狭小補正及び奥行長大補正後の1m²当たりの価額
　　120,484 円　×　（1.00（間口狭小補正率）　×　0.98（奥行長大加算率））　＝　118,074 円
4　本件土地の評価額
　　118,074 円　×　826 m²　＝　97,529,124 円

(注1)
　本件土地が住宅地域内に存する駐車場の用に供されている雑種地であり、その地勢は平坦で、周囲が宅地に囲まれていることから、評価通達82《雑種地の評価》に定める「状況が類似する付近の土地」を宅地とし、同通達に定める「付近の土地の評価した1平方メートル当たりの価額」について、評価通達14《路線価》に定める路線価（本件土地が南側で接面する道路に設定されたもの）を基礎としている。

(注2)
　本件土地の奥行距離は、評価通達の奥行価格補正率表に定める44mから48mの範囲にある。

(注3)
　本件土地が存する地域は、評価通達14-2《地区》〈5〉に掲げる普通住宅地区に当たる。

# III　鑑定士視点からの考察

## 1　本件鑑定評価書の妥当性の検証

　本事例は、「鑑定評価が合理的ではない」として否認された事例です。ここで、筆者の観点から当該事例における鑑定評価の妥当性を検証します。

### 1　規準価格

　審判所の指摘にも「公示価格との均衡が保たれたものであるとは認められない。」とされていますが、公示価格を規準とした価格を査定する際に、地域格差の中で規模の格差を50もつけているのはかなり疑問です。本裁決書によれば公示地は対象不動産の北東約7mという至近距離に位置しており、近隣地域内といって差し支えないほどのポイントであることから、地域格差は100／100でもおかしくはないはずです。おそらくは大規模地の地価公示地がなかったために当該公示地を採用し、規準価格を求めたのだと思われますが、大規模地の公示地はポイントが同一需給圏内に存在しないのであれば、「周辺に対象不動産と類似する大規模戸建分譲用地（開発素地）の地価公示地がないため、公示価格との規準については開発法適用の際の

戸建住宅用地販売価格の査定の際に公示価格との規準とした価格を求め、均衡を得ているかを判定するものとする。」という文言を入れておくことが適切だったと考えます。

　また、規模の格差については本来、地域格差ではなく、個別格差です。当該鑑定評価書では、「なお、規模の格差は、本件公示地と本件土地の需要者が、それぞれ不動産開発業者と個人とで異なることによるものである。」という文言が入っていましたが、やはり地域格差とすることは妥当ではないと考えます。地価公示地についてはその趣旨（標準的な土地を公示地として選定する）ことから、地積過大が公示地の個別的要因とされることはまずありません。また、地価公示地の鑑定評価書には個別的要因の内訳が表示されていることから、その個別的要因を変えるわけにはいかず、やむを得ず地域要因格差として計上したのかもしれませんが、逆に規準価格を下げるために無理に計上したようにも見えてしまいます。これを審判所から指摘されないようにするためには、やはり開発法適用の中で規準価格を査定し、均衡を持たせるべきだったと筆者は考えます。

　さらに、規準価格の査定結果が89,200,000円（108,000円／$m^2$）とされていますが、こちらも各試算価格（比準価格：80,100,000円、開発法による価格：77,200,000円）を大きく上回っています。通常、規準価格は試算価格、特に取引事例比較法による比準価格よりは低めに査定されることが多く、比準価格を大きく上回り、上記のとおり規模の格差を地域要因格差で見ていること等を踏まえると、やはり均衡が取れているとは言い難いと考えます。

### 2 取引事例の選択

　取引事例の選択について、本件鑑定評価では大規模地の取引事例を収集しています。ただ、こちらの事例は建付地の事例も多く、「単に規模が大きい取引事例」を収集、選択してしまったようにも見えます。また、戸建分譲を前提とした開発法を適用するならば、試算価格間での整合性を図るために、これらの事例は「戸建分譲用地として不動産業者が購入した事例」を選択すべきです。入手した資料からは4事例すべて不動産業者が購入した分譲素地の事例かは判断できませんが、標準化補正についても分譲用地の事例であれば、区画割後の個別的要因や有効宅地化率を標準化補正で考慮すべきですが、標準化補正の数値を見る限り、きちんと考慮されているようには見えません。

　また、事情補正の事例が2つ含まれていますが、いずれも買い進みとして＋20、＋10とされており、分母が大きくなるようにして意図的に比準価格を下げようとした、と思われる可能性もあることから、適切な事例選択ではないと判断されます。

### 3 取引事例比較法による比準価格

　当該鑑定評価の比準価格は標準的画地価格が94,200円／$m^2$と試算されており、路線価130,000円／$m^2$に対して約72％の単価となっています。筆者の感覚からすると、この標準的画地価格は低いように見えます。大規模画地の標準的画地は不動産業者の仕入価格であり、不動産業者は販売価格から業者利益や各諸経費、造成費用を考慮した上で取得価格を決定することになります。仮に販売価格を130,000円／$m^2$÷0.8＝162,500円／$m^2$、造成費を15,000円／$m^2$程度とし、各諸経費や業者利益を考えても上記標準的画地価格は低いと考えます。感覚として

は路線価と同等の標準的画地価格となると考えます。

　また、本件鑑定評価では標準的画地をどのように設定したかは裁決書の情報からは判明していませんが、大規模画地の取引事例比較法で標準的画地を設定する場合、有効率を明記すべきです。それにより取引事例の標準化補正、並びに対象不動産の個別的要因を的確に判断することができ、開発法適用の際の区画割との整合性が図れるからです。個別的要因を二方路の＋3しか見ていない、となると有効率（仮に標準的画地の有効率が80％と設定していたら100％÷80％－1＝25％を個別的要因として加味します）や造成費（有効率80％、新設道路を敷設しているならば道路を敷設しない対象地の造成費は安くなることから、こちらもプラス要因となります）、さらには造成後の宅地の個別的要因（本件のように路地状敷地で区画割が行うことができる場合、路地状敷地の個別的要因は低めとなることから、全体としての宅地の個別的要因としては減価要因となります）等を個別的要因として見ていない、ということになり合理的とはいえません。さらに、このような要因は標準的画地価格を求める際の標準化補正にも適切に反映すべきです。取引事例の標準化補正については内訳が裁決書に記載されていないため、詳細は不明ですが、補正率の数値を見る限りでは上記のような補修性は施されていないものと考えられます。

### 4 開発法

　本件鑑定評価では開発法を適用し、「同一需給圏内における類似物件の分譲事例や地元不動産業者へのヒアリング等を基礎とし、分譲想定画地の間口が狭く奥行が長いことや造成費用等が生じることを考慮した上で、本件土地の開発法による価格を77,200,000円（93,500円／m²）と試算と裁決書には記されています。筆者が気になったのは「類似物件の分譲事例や地元不動産業者へのヒアリング等を基礎とし」という点です。開発法では造成費が発生するのは当然で、筆者はこの造成費が肝になると常々考えています。したがって、筆者が鑑定評価で開発法を適用するときは業者ヒアリング等で造成費用を計算するのではなく、必ず施工実績のある建築士事務所に造成費用の査定を依頼しています。外部の専門家に依頼することで鑑定士の独自の判断で造成費を見積もったわけではない、ということの証明にもなるからです。そして、建築士さんも専門家である以上、恣意的な造成費を出しません。したがって、そのように造成費を算出していなければ合理的ではないと考えられます。

## 2 審判所の判断に対する検討

### 1 戸建分譲素地の減額

　裁決書では「評価対象地が面大地であることからは、売買における取引総額が高額となることが考えられ、そのことにより、想定し得る購入者の範囲が狭まるということはあり得るとしても、土地の取引価格は、当該土地の存する地域の状況、当該取引の時点における経済環境等の影響を受けるものであり、最終的には取引当事者の合意によって定まるものであることからすれば、上記のように想定し得る購入者の範囲が狭まることによって、当然に当該土地の取引価格が低下するという関係にあるとはいえない」との記載があります。確かにそのような面は

否定できませんが、鑑定評価はそもそも最有効使用を前提とした価格を求めるものであり、「戸建分譲用地」が最有効使用、すなわち典型的な市場参加者は不動産業者と判断されたからこそ開発法による価格を求めているのです。この審判所の書き方は一見正しいことを言っているようにも見えますが、正しくは「購入者、すなわち主たる市場参加者が開発素地仕入目的の不動産業者と判断されたからこそ、その価格は仕入れ値となり価格が下がる。」ということになります。

また、戸建分譲素地の減額については地積規模の大きな宅地の制度趣旨で下記のように述べられていることから国税庁でも認めていると判断します。

(1) 「地積規模の大きな宅地の評価」の概要
 イ 「地積規模の大きな宅地の評価」の趣旨
  「地積規模の大きな宅地の評価」では、新たに「規模格差補正率」を設け、「地積規模の大きな宅地」を戸建住宅用地として分割分譲する場合に発生する減価のうち、主に地積に依拠する次の①から③の減価を反映させることとした。
 ① 戸建住宅用地としての分割分譲に伴う潰れ地の負担による減価（注）
  地積規模の大きな宅地を戸建住宅用地として分割分譲する場合には、一定の場合を除き、道路、公園等の公共公益的施設用地の負担を要することとなる。この負担により、戸建住宅用地として有効に利用できる部分の面積が減少することになるため、このようないわゆる「潰れ地」部分の負担が減価要因となる。
  （注）この潰れ地の負担による減価は、主に地積に依拠する一方、奥行距離にも依拠することから、当該減価の一部は普通商業・併用住宅地区及び普通住宅地区の奥行価格補正率に反映させた。具体的には、改正前の数値では潰れ地の負担による減価を反映しきれていない奥行距離に係る奥行価格補正率の数値について、当該減価を適正に反映させるために見直すこととした。
 ② 戸建住宅用地としての分割分譲に伴う工事・整備費用等の負担による減価
  地積規模の大きな宅地を戸建住宅用地として分割分譲する場合には、住宅として利用するために必要な上下水道等の供給処理施設の工事費用の負担を要するとともに、開設した道路等の公共公益的施設の整備費用等の負担が必要となる。
  また、開発分譲地の販売・広告費等の負担を要する。
  開発分譲業者は、これらの費用負担を考慮して宅地の仕入れ値（購入価格）を決定することになるため、これらの工事・整備費用等の負担が減価要因となる。
 ③ 開発分譲業者の事業収益・事業リスク等の負担による減価
  地積規模の大きな宅地を戸建住宅用地として分割分譲する場合には、開発分譲業者は、開発利益を確保する必要がある。
  また、開発する面積が大きくなるにつれ販売区画数が多くなることから、開発分譲業者は、完売までに長期間を要したり、売れ残りが生じるというリスクを負う。
  さらに、開発分譲業者は、通常、開発費用を借入金で賄うことから、開発の準備・工事期間を通じた借入金の金利の負担を要する。開発分譲業者は、これらを踏まえて宅地の仕入れ値（購入価格）を決定するため、これらが減価要因となる。

上記のように戸建分譲用地についての減額を認めているならば、最有効使用が戸建分譲用地として判定されたならば、その減額は当然に認められるべきと筆者は考えます。

　また、「本件土地は、その地勢が平坦で（略）、南北が道路と接面していること（略）に照らし、道路の敷設等の特別な造成工事を必要とせず、単純に区画割りして分譲することが可能な土地である（略）と認められるから、本件土地を単純に区画割りした場合の需要者は不動産開発業者に限られるものではない。そうすると、本件鑑定評価において本件土地が面大地であることを理由に上記のような大幅な減価補正を施していることにつき客観的な合理性を見出すことはできない。」と審判所は主張しますが、この文章も不明瞭です。特に「単純に区画割りして分譲することが可能な土地である（略）と認められるから、本件土地を単純に区画割りした場合の需要者は不動産開発業者に限られるものではない。」の部分ですが、戸建分譲用地としてではなく、二分割等も想定し得る、という意味でしょうか。そして、二分割だとしたら北側は賃貸マンション業者、南側は事業所を営む法人、という購入者もありえる、したがって面大地であることによる大幅な減価補正は合理性がない、という意味でしょうか。

　もしそのようなニュアンスで述べているとしたら審判所は鑑定評価の基礎が理解できていないのではないかと言わざるを得ません。鑑定評価における正常価格とは「対象不動産の最有効使用を前提とした価格を求めるもの」です。そして、最有効使用とは「現実の社会経済情勢の下で客観的にみて、良識と通常の使用能力を持つ人による合理的かつ合法的な最高最善の使用方法に基づくもの」です。したがって、そのような特殊な例を前提とした価格を求めるものではありません。そして、不動産業者に限られない、という文言を書くならば、逆に「それでは主たる市場参加者としてどのような想定をしているのですか」と問いたくなってしまいます。

　鑑定評価は主たる市場参加者を前提とした価格を求めるものだからです。このような文言を記載すること自体が筆者からすると大変奇異に感じられ、鑑定評価を理解していないにも関わらず批判をしているように見えてしまいます。上述のように本件鑑定評価には確かに不合理な点も見受けられますが、審判所の文言も鑑定評価への理解が足りないままに書かれており、それこそ不合理な批判であると筆者は感じます。

## ❷ 広大地評価の可能性の検討

　平成25年が相続時点ですので、こちらは旧広大地制度の適用が考えられます。二方路地で奥行48mの場合、それぞれの道路から見て奥行が24mずつになりますので、最低敷地面積にもよりますが、新設道路は不要と考えられます。当該鑑定評価の開発法でも新設道路は想定されていません。

　広大地の可能性を検討するならば、周辺に周辺の同様の奥行の二方路や、中間画地であっても奥行24m程度でも新設道路が敷設された開発事例があれば、それを根拠に広大地評価を主張することが考えられます。ただ、個人的には路地状敷地で区画割ができ、新設道路の敷設により宅地数が減る可能性があることも考えると、広大地評価は厳しいのではないかと考えます。

（参考）広大地評価

　広大地とは、その地域における標準的な宅地の地積に比して著しく地積が広大な宅地で、都

市計画法第4条第12項に規定する開発行為（注1）を行うとした場合に公共公益的施設用地（注2）の負担が必要と認められる宅地をいいます。ただし、大規模工場用地（注3）に該当する宅地および中高層の集合住宅等の敷地用地に適している宅地（注4）は除かれます。

(注1)　「都市計画法第4条第12項に規定する開発行為」とは、主として建築物の建築または特定工作物の建設の用に供する目的で行う土地の区画形質の変更をいいます。

(注2)　「公共公益的施設用地」とは、道路、公園等の公共施設の用に供される土地および教育施設、医療施設等の公益的施設の用に供される土地をいいます。

(注3)　「大規模工場用地」とは、一団の工場用地の地積が5万平方メートル以上のものをいいます（ただし、路線価地域においては、大工場地区として定められた地域に所在するものに限ります。）。

(注4)　「中高層の集合住宅等の敷地用地に適している宅地」とは、その宅地について、経済的に最も合理的であると認められる開発行為が中高層の集合住宅等を建築することを目的とするものであると認められるものをいいます。

## IV　筆者が鑑定評価を行う場合

### 1　本事例において鑑定評価を採用すべきか否か

　本事例において鑑定評価を採用すべきかは判断が難しいところです。本件裁決は広大地制度がある時期のため、広大地制度が廃止された現在と分けて考える必要があります。通達評価では減額の要素を反映しきれない、という点はやはり最有効使用（戸建分譲用地）を前提とした場合の区画割後の形状と造成費になります。以下、筆者の鑑定評価方針を示します。

### 2　具体的な鑑定評価

　まず、最有効使用の判定を行うことになりますが、上述のとおり戸建分譲用地と判定します。その場合、取引事例比較法による比準価格と開発法による価格を試算します。取引事例比較法における取引事例の収集・選択については分譲素地の事例を収集・選択します。その場合、事例の収集範囲である同一需給圏の範囲については、市場参加者が不動産業者であることから、戸建住宅の取引事例より広範囲に収集します。開発法については、奥行48ｍであることから新設道路は敷設せず、路地状敷地による区画割が最有効使用と判定しました。

　区画割のイメージとしては次の図のようになります。

　こちらについて、新設道路の敷設はないことから有効宅地化率は100％ですが、路地状敷地が4区画できることから、全体的な宅地の個別的要因としては低めになります。①⑥の整形地を100とした場合、②〜⑤の路地状敷地の個別的要因は80程度となり、全体の個性率としては0.87となります。また、造成費についてですが、15,000円／$m^2$程度はかかると考えられます。販売価格単価としては150,000円／$m^2$と設定しました。

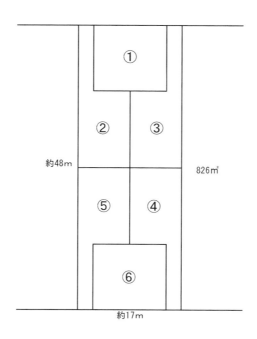

## 1 販売総額の査定

　個別的要因の比較については、各画地の個別的要因を考慮し、面積比を基礎とした相乗積の評点により下記の通り査定し、販売総額を以下の通り査定した。

| No. | 個別的要因の内訳 | 格差率 ①<br>相乗積 | 面　積 ②<br>（m²） | 販売額 ③<br>更地価格×①② |
|---|---|---|---|---|
| 1～6 | 方位、路地状敷地の形状 | 0.870 | 826.00 | 115,000,000 |
| | 合　計 | | 826.00 | 115,000,000<br>139,200 円／m² |

〇造成計画の概要

　（イ）造成面積　　　　826.00 m²

　（ロ）有効宅地面積　　826.00 m²（有効宅地化率 100.0％）

　（ハ）設備　　　　　　特になし

　（ニ）画地　　　　　　1区画平均　約 137.67 m²

　（ホ）分譲戸数　　　　6戸

## 2 造成スケジュール

| 月数 | 準備期間 | 造成期間 | 配分 | 販売期間<br>販売収入 | 配分 | 販売費及び一般管理費 | 配分 |
|---|---|---|---|---|---|---|---|
| 0 | （価格時点） | | | | | | |
| 1 | 設計期間 | | | | | | |
| 2 | 設計期間 | | | | | | |
| 3 | | | | | | | |
| 4 | | 造成開始 | 50% | | | | |
| 5 | | 造成完了 | 50% | | | 造成中間点 | 70% |
| 6 | | | | 販売開始 | 50% | | |
| 7 | | | | | | | |
| 8 | | | | 販売終了 | 50% | | 30% |

## 3 事業収支計画

| | 項　目 | 金　額（円） | 査定の根拠 |
|---|---|---|---|
| 収入 | 販売総額 | 115,000,000 | 販売総額の査定参照 |
| 収入 | 販売単価（円／m²） | 139,200 | |
| 支出 | 協力用地買収 | 0 | |
| 支出 | 造成工事費（総額） | 12,400,000 | |
| 支出 | 造成単価（円／m²） | 15,000 | |
| 支出 | 販売費及び一般管理費 | 5,800,000 | 販売総額の5％と査定 |

## 4 投下資本収益率の査定

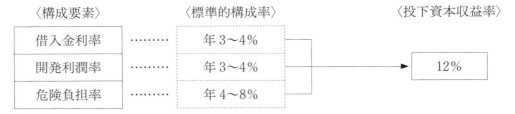

## 5 開発法を適用して求めた素地価格（割戻方式による土地価格）

| | 項目 | 金額 | 配分 | 期間 | 複利現価率 | 複利現価 |
|---|---|---|---|---|---|---|
| 予想収入 | 販売収入 | 57,500,000 | 50% | 6 | 0.944911183 | 54,332,000 |
| 予想収入 | | 57,500,000 | 50% | 8 | 0.92723109 | 53,316,000 |
| | 合計 | 115,000,000 | 100% | ― | （A） | 107,648,000 |

| | 項目 | | | | | |
|---|---|---|---|---|---|---|
| 予想支出 | 用地取得費 | 0 | 100% | 1 | 0.990600398 | 0 |
| | 造成工事費 | 6,200,000 | 50% | 4 | 0.962928393 | 5,970,000 |
| | | 6,200,000 | 50% | 5 | 0.953877249 | 5,914,000 |
| | 小計 | 12,400,000 | 100% | —— | —— | 11,884,000 |
| | 販売費及び一般管理費 | 4,060,000 | 70% | 6 | 0.944911183 | 3,836,000 |
| | | 1,740,000 | 30% | 8 | 0.92723109 | 1,613,000 |
| | 小計 | 5,800,000 | 100% | —— | —— | 5,449,000 |
| | 合計 | 18,200,000 | | | (B) | 17,333,000 |

| | 項目 | | | | | |
|---|---|---|---|---|---|---|
| 土地関係支出 | 仲介手数料 | L×0.03 | | | | 0.03 L |
| | 不動産取得税 | L×0.7×0.5×0.03 | | | | 0.0105 L |
| | 登録免許税 | L×0.7×0.015 | | | | 0.0105 L |
| | 固定資産税 | L×0.7×0.5×0.014× | | 8 | /12 | 0.0033 L |
| | 都市計画税 | L×0.7×0.5×0.003× | | 8 | /12 | 0.0007 L |
| | 合　　計 | | | | (C) | 0.055 L |

土地価格　　L　＝　（A）　－　（B）　－　（C）
　　　　　　L　＝　90,315,000 円　－　0.055 L
　　　1.0550 L　＝　90,315,000 円
　　　　　　L　＝　90,315,000 円　÷　1.055 L　＝　86,000,000 円

　このように、概算ではありますが価格を査定したところ、86,000,000 円の評価額となりました。当該鑑定評価では開発法による価格が 77,200,000 円とされていましたので、それよりは高めの金額が試算されました。

　この 86,000,000 円と、評価通達の定める評価方法による評価額 97,529,124 円では、約 1,150万円の評価額の差があります。この評価額の差が通達 6 項「特別の事情」の「著しい乖離」に該当するか、という論点もありますが、形式的な規準が設けられておらず、納税者にとって税負担が大きく変わるならばこの乖離は著しい乖離といっても差し支えないと筆者は考えます。また、面大地の評価は造成費如何によって大きく変わることから、暫定的に 15,000 円／m² とした造成費が建築士さんに試算していただき、仮に 20,000 円／m² となった場合、単純に考えて差額の 5,000 円／m²×826 m²＝4,130,000 円程度の評価額の差が発生する（厳密には複利現価率で割り戻すことから、やや評価額の差はズレが生じます）と考えられます。その場合、鑑定評価額は 82,000,000 円となり、通達評価とは約 1,550 万円異なります。

　このように、広大地制度がある前提で、広大地の適用ができない土地であったならば、区画割後の個別的要因と開発の造成費控除が反映できない通達評価額より鑑定評価額が低くなる可能性があります。本件裁決における鑑定評価は様々な箇所で不合理な点が見られましたが、そ

の点を是正し、評価を行ったならば認められる可能性もあったかと思われます。

(参考) 地積規模の大きな宅地が適用できる場合の評価額

　本件の相続は平成25年であったことから、地積規模の大きな宅地制度が創設される前のものでした。本件が仮に現在の地積規模の大きな宅地が適用できると仮定して、評価額を検証してみたいと思います。地積規模の大きな宅地が適用できるのは三大都市圏で500㎡以上、三大都市圏以外では1,000㎡以上の土地であることから、本件の826㎡で地積規模の大きな宅地が適用できるのは必然的に三大都市圏内の土地、ということになります。なお、試算に当たり、路線価は同一とし、各補正率は令和6年現在の補正率を適用します。

1　奥行価格補正後の1㎡当たりの価額
　　130,000円　×　0.90（奥行価格補正率）　＝　117,000円
2　二方路線影響加算後の1㎡当たりの価額
　　120,000円　×　0.90（奥行価格補正率）　×　0.02（二方路線影響加算率）　＝　2,160円
　　117,000円　＋　2,160円　＝　119,160円
3　間口狭小補正及び奥行長大補正後の1㎡当たりの価額
　　119,160円　×　1.00（間口狭小補正率）　×　0.98（奥行長大加算率）　＝　116,776円
4　規模格差補正率適用後の1㎡当たりの価額
　　116,776円　×　0.78（規模格差補正率※）　＝　91,085円
　　　※規模格差補正率の査定根拠
　　　　（826㎡　×　0.95　＋　25）　÷　826㎡　×　0.8　≒　0.78（小数点第2位未満切捨）
5　本件土地の評価額
　　91,085円　×　826㎡　＝　75,236,210円

　上記のような評価額となりました。
　この場合、上記で筆者が試算した開発法による価格86,000,000円より評価額が低くなるため、地積規模の大きな宅地が適用できる場合には鑑定評価を適用する、ということはなくなります。

《参考：評価額の比較》
●納税者の主張：鑑定評価による評価額　　78,700,000円
●課税庁の主張：通達評価による評価額　　97,529,124円
　　⇒国税不服審判所が採用
●筆者による評価：鑑定評価額　　　　　　86,000,000円

# CASE 2 大規模地について広大地評価より低い評価となる鑑定評価を行った事例

## I 事案の概要

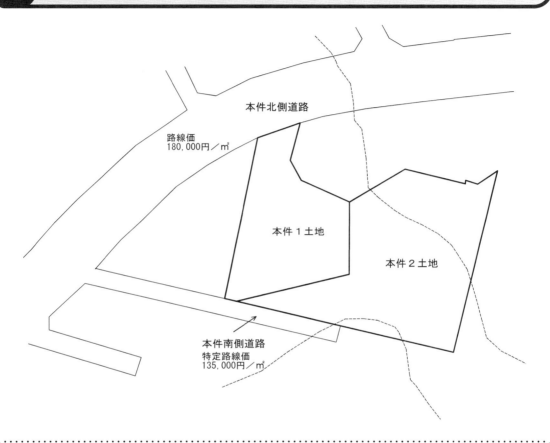

〈評価対象地〉

平成25年に請求人が取得した土地(2か所。以下「1土地」、「2土地」という)。

1土地:車両置き場及び資材置場並びに作業用仮設建物の敷地(ほぼ平坦)

2土地:貸し付けられた住民用駐車場(ほぼ平坦)、残余は自用の山林(南側に高い)

〈納税者の主張〉

本件鑑定評価書は合理性を有しており、**各鑑定評価額は各土地の客観的な交換価値を表すものと認められるから、各土地の評価額は鑑定評価額によるべき**である。

●鑑定評価による評価額

1土地:69,900,000円

2土地:97,500,000円

〈課税庁の主張〉

　鑑定評価書は、不合理な点が認められ、鑑定評価額が本件各土地の客観的な交換価値を表すものとは認められないから、評価通達の定めにより評価した通達評価額によるべきである。
●課税庁による評価額
　1土地：103,865,000円（広大地評価及び貸し付けられている雑種地の評価適用）
　2土地：136,822,842円（特定路線価135,000円を基礎に広大地評価）

## II 裁決の内容

■裁決情報：平成29年8月22日裁決（東裁（諸）平29第23号：TAINS F0-3-585）
（＊＊＊＊は裁決書では伏字箇所）

【基礎事実】
イ　各土地の位置、利用状況等について
　各土地は、いずれも＊＊＊＊北西方約2,200m（道路距離）に位置し、本件相続開始日における当該各土地の利用状況等は、次の（イ）ないし（ヘ）及び別紙3のとおりである。
（イ）　別紙2の番号1の土地（＊＊＊＊）の全部及び＊＊＊＊の土地（＊＊＊＊）の一部は、平成23年9月14日付の土地一時使用賃貸借契約に基づき、貸主を本件被相続人、借主を＊＊＊＊、契約期間を平成23年10月1日から平成26年9月30日までの3年間とし、車両置場及び資材置場並びに作業場用仮設建物の敷地として貸し付けられており、ほぼ平坦な土地であった（以下、当該契約に基づき貸し付けられていた土地（合計地積1,084.36㎡）を「本件1土地」という。）。
（ロ）　別紙2の各土地全体（合計地積3,118.26㎡）から本件1土地を除外した土地（合計地積2,033.90㎡）を「本件2土地」という）の北側部分は、本件2土地に隣接する＊＊＊＊の住民用駐車場として貸し付けられたほぼ平坦な土地であり、残余の部分については、南側に向かって高くなった自用の山林であった。
（ハ）　本件1土地は、北側で建築基準法第42条第1項第1号に規定する＊＊＊＊が管理する幅員約16mの＊＊＊＊と称する道路（以下「本件北側道路」という。）道路に接面している。
（ニ）　本件各土地は、南側で建築基準法第42条第2項に規定する＊＊＊＊が管理する幅員約3.6mの＊＊＊＊と称する道路（以下「本件南側道路」という。）に接面している。
（ホ）　本件各土地の用途地域は第二種中高層住居専用地域であり、建ぺい率は60％、容積率は200％である。また、本件各土地周辺一帯は、中層の共同住宅が建ち並び、一部に戸建て住宅が見られる住宅地域である。
（ヘ）　本件各土地はいずれも評価通達に定める路線価方式により評価する地域に所在するが、＊＊＊＊が定めた平成25年分財産評価基準書において、本件南側道路には路線価が設定されていなかった。
ロ　本件各土地の価額について
（イ）　請求人らは、本件相続税の期限内申告及び修正申告において、不動産鑑定士が作成した平成26年5月21日付の不動産鑑定評価書（以下「本件鑑定評価書」という。）に記載された本件1土地の鑑定評価額：69,900,000円及び本件2土地の鑑定評価額：97,500,000円（以下、本件1土地及

び本件２土地の鑑定評価額を併せて「本件各鑑定評価額」という。）に基づき、本件１土地の価額を 69,900,000 円、本件２土地の価額を 97,500,000 円と評価した。

なお、本件各鑑定評価書の要旨は別紙４のとおりであり、別紙４における略称は本文中の例による。

(ロ) 原処分庁は、本件各更正処分に当たり、本件１土地の価額について、評価通達に定める方法により、平成 25 年分の路線価（180,000 円／m²）を基礎とし、評価通達 24-4《広大地の評価》及び 86《貸し付けられている雑種地の評価》の定めを適用して 103,865,141 円と評価した。また、本件２土地の価額について、本件南側道路に特定路線価の設定を求め、これにより設定された特定路線価（135,000 円／m²）を基礎とし、広大地評価を適用して 136,822,842 円と評価した。

なお、本件各通達評価額の計算明細は別表２のとおりである。

2 争点

本件各通達評価額には、時価を上回る違法があるか否か。

3 争点についての主張

| 原処分庁 | 請求人ら |
|---|---|
| 本件鑑定評価書は、次のとおり不合理な点が認められ、本件各鑑定評価額が本件各土地の客観的な交換価値を表すものとは認められないから、本件各土地の評価額は、評価通達の定めにより評価した本件各通達評価額によるべきである。<br>したがって、本件各通達評価額には、時価を上回る違法はない。<br>(1) 本件鑑定評価書の比準価格の算定における個別的要因の補正について、本件鑑定士は、評価通達の広大地補正率を一部しんしゃくして「地積大」による補正を行ったとしているが、評価通達の広大地補正率と、これに包含される宅地を開発する際の造成費や不整形地等の個別事情に係る事情補正を別途行うことは、これらを重ねて補正しているといえる。<br>(2) 本件鑑定評価書の比準価格の算定における標準化補正について、本件各土地と採用した取引事例地及び基準地との地積に係る補正には整合性がない。<br>(3) 本件鑑定評価書の本件各土地の各開発想定図の区画Ｃ及び区画Ｄ並びに区画Ｇ及び区画Ｌに前面道路を設けることの合理性はなく、この部分に前面道路を設けなければ、本件１土地の開発道路の幅員を６ｍとすることの合理性もないことから、上記の各開発想定 | 本件鑑定評価書は、次のとおり合理性を有しており、本件各鑑定評価額は、本件各土地の客観的な交換価値を表すものと認められるから、本件各土地の評価額は、本件各鑑定評価額によるべきである。<br>したがって、本件各鑑定評価額を上回る本件各通達評価額には、時価を上回る違法がある。<br>(1) 本件鑑定評価書の「地積大」による補正率は、本件各土地の開発想定図による潰れ地の本件各土地に占める割合と地積大による市場競争力の低下による価格減少を考慮した割合との合計である。なお、本件鑑定士は、最終算定値が、評価通達に定める広大地補正率と同じになっていることから、一部しんしゃくしたと申述したのであり、本件鑑定評価書の評価上の内容を評価通達の広大地補正率の解釈に照らし合わせて比較することに合理性はない。<br>(2) 本件各土地は、間口が狭小で宅地開発を行う場合には潰れ地が広く発生する形状であり、取引事例地とは、所在する地域、標準的な画地規模及び潰れ地の発生状況において異なるから、本件各土地と採用した取引事例地の標準化補正が異なるのは当然である。<br>(3) 本件鑑定評価書の本件各土地の各開発想定図の区画Ｃ及び区画Ｄ並びに区画Ｇ及び区 |

| | |
|---|---|
| 図は、最有効利用を想定したものとはいえず、合理性を欠いている。<br>(4) 本件鑑定評価書の取引事例比較法及び開発法における造成工事費相当額は、事業者等の専門家の査定によることなく、本件鑑定士が専門図書を参考に算定したものであって、これは本件鑑定士の経験則による算定にほかならないから、合理性がない。 | 画Lの前面道路は、＊＊＊＊の定めに基づく転回広場を兼ねて他の区画が不整形とならぬよう計画したものであり、道路幅員についても同指針の定めに基づき6mが必要であるから、上記の各開発想定図には、客観的な経済合理性がある。<br>(4) 本件鑑定評価書の取引事例比較法及び開発法における造成工事費相当額は、本件鑑定士が専門図書を参考に算定したものであるから、合理性がある。 |

4 当審判所の判断
(1) 争点について
・認定事実
　請求人ら提出資料、原処分関係資料並びに当審判所の調査及び審理の結果によれば、次の事実が認められる。
(イ) ＊＊＊＊の規定（上記1の(2)の口）及び＊＊＊＊の定めによると、本件各土地の所在する＊＊＊＊において住宅建設のための開発行為を行うに当たり道路を開設する場合、原則として、区画道路（開発行為に伴って区域の中に新設する道路をいう。以下同じ。）の幅員は6m以上とされているところ、開発区域内の道路が小区間で通行上支障がない場合、区画道路の延長が35m以下のときは、その幅員は4.5m以上、区画道路の延長が35mを超え50m以下のときは、その幅員は5m以上とすることができる。

　なお、上記の場合であっても「避難上及び車両の通行上支障がない場合」に該当しなければ区画道路を袋路状にできないところ、袋路状の区画道路であっても、区画道路の延長が35m以内であり、区画道路の終端付近に転回広場を設けた場合は、当該「支障がない場合」に該当することとなり、区画道路の幅員を4.5m以上とすることができる。

(ロ) 請求人らは本件2土地の造成工事費相当額（別紙6の2）のうち、「土工」及び「擁壁」の合計金額を29,400,000円と算定したことの参考資料として、見積書を当審判所に提出している。なお、当該見積書に記載された擁壁工事費の金額は104,328,000円である。

ハ 検討
(イ) はじめに
　請求人らは、本件各鑑定評価額は本件各土地の客観的な交換価値を表すものと認められるから、本件各通達評価額は、時価を上回る違法なものである旨主張するところ、当該主張の当否は、本件鑑定評価書が、評価通達の定めに従った評価、すなわち本件各通達評価額が時価を適切に反映したものであるとの事実上の推認を覆すだけの合理性を有するか否かという観点から検討されるべきである。

　そこで、本件鑑定評価書についてみると、鑑定評価の手法として取引事例比較法及び開発法を適用するものであり、具体的には、取引事例比較法による比準価格（本件1土地72,000,000円、本件2土地100,500,000円）及び開発法による価格（本件1土地67,800,000円、本件2土地94,400,000円）を同等の比重で配分し、本件各鑑定評価額（本件1土地69,900,000円、本件2土地97,500,000円）を決定していることから各鑑定評価手法により求められた価格の合理性について検討する。

（ロ）　取引事例比較法により求められた比準価格の合理性について

　A　不動産鑑定評価基準によれば、取引事例比較法とは、近隣地域又は同一需給圏内の類似地域から収集・選択した取引事例に係る取引価格に必要に応じて事情補正及び時点修正を行い、かつ、地域要因の比較及び個別的要因の比較を行って求められた価格を比較考量して対象不動産の価額を求める手法である。

　　なお、同手法には、地域要因の比較及び個別的要因の比較を行う上で、それぞれの地域における個別的要因が標準的な土地（以下、「標準画地」という。）を設定して比較を行ういわゆる標準画地方式と、対象不動産と取引事例とを直接比較するいわゆる直接比準方式とがあるところ、本件鑑定士は、標準画地方式を採用している。

　B　取引事例比較法の適用に当たっては、本件各土地と状況の類似する土地の取引事例を選択する必要があるところ、本件鑑定士は、同一需給圏内の類似地域から、別紙4の7の分割前の画地の標準価格査定表の「(1)比準価格」欄に記載の3つの取引事例を選択している。

　　本件各土地は、＊＊＊＊の北西方約2,200mに位置し、建ぺい率60％・容積率200％で住宅地域に所在し、地積が1,084.36㎡（本件1土地）及び2,033.90㎡（本件2土地）であるところ、本件各取引事例に係る別紙4の7の分割前の画地の標準価格査定表の(1)比準価格の「取引事例の概要」欄からすると、本件鑑定士が選択した本件各取引事例については、いずれも本件各土地との状況の類似性が認められる。

　C　本件鑑定士は、選択した本件各取引事例について、別紙4の7の分割前の画地の標準価格査定表のとおり、本件鑑定士が想定する標準画地と比較して、本件取引事例1は85分の100、本件取引事例2は87分の100及び本件取引事例3は85分の100の標準化補正を行っているところ、本件鑑定評価書上、標準化補正の内訳は明らかになっていない。そこで、当審判所が本件鑑定士にその内訳を確認したところ、本件取引事例1は二方路線プラス3、地積大マイナス18の補正を、本件取引事例2は地積大マイナス13の補正を、本件取引事例3は地積大マイナス13、セットバックマイナス2の補正を行っている旨回答があった。

　　他方、本件鑑定士は、本件各土地が所在する地域（近隣地域）の標準画地の価格（170,342円／㎡）を基に、本件各土地の個別的要因を反映した後の価格を算定するに当たり、本件鑑定評価書上、本件1土地については100分の39（内訳として地積大マイナス45、造成費負担マイナス6、不整形マイナス25）、本件2土地については100分の29（内訳として、地積大マイナス50、造成費負担マイナス13、不整形マイナス30、道路幅員・系統マイナス5）の個別的要因の補正を行っている。そして、本件各取引事例及び本件各土地に共通する補正項目として、「地積大」の補正率があるところ、それぞれについて地積と地積大補正率の関係を整理すると、次の表のとおりである。

| | 地積と地積大補正率 |
|---|---|
| 本件各取引事例 | 1,293.61㎡で△13、1,334.00㎡で△13、1,992.54㎡で△18 |
| 本件各土地 | 1,084.36㎡で△45、2,033.90㎡で△50 |

　（注）上記の表の△はマイナスの補正率（％）を示す。以下、同じ。

　D　ところで、本件鑑定士が採用した標準画地方式は、①本件各取引事例の価格を本件鑑定士が想定する標準画地の価格に置き換え、②地域要因の比較を行った後の標準画地の価格に対して、③本件各土地の個別的要因を反映した補正率を乗じて本件各土地の価格に戻すという段階的な手順

を経るものである。

　本件各取引事例は、上記Bのとおり、本件各土地との類似性があることを前提に選定されていることからすると、本件各取引事例の価格を標準画地の価格に置き換える際（上記①）の地積大補正率と標準画地の価格から本件各土地の価格に戻す際（上記③）の地積大補正率の間には一定の類似性が認められるべきであるところ、本件においては、上記Cの表のとおり、類似性は認められない。

　そして、不動産鑑定士が鑑定評価を行うに当たって、地価公示法第2条第1項の公示区域において土地の正常価格を求める場合は、公示価格（実務上、規準すべき公示価格がない場合には、都道府県地価調査価格による基準地の標準価格）を規準しなければならないところ（不動産鑑定評価基準総論第8章第9節）、本件鑑定士が選択した基準地に規準した本件各土地の属する地域（近隣地域）の標準画地の価格（169,386円／m²）は、本件各取引事例に標準化補正（地積大補正率を含む。）及び地域格差の補正等を行った後の標準画地価格（163,771円／m²、157,069円／m²及び190,128円／m²の平均値170,322円／m²）とおおむね整合していることからすると、本件各取引事例に適用した地積大補正率は妥当なものであると認められる。これらのことからすると、本件鑑定士が本件各土地に適用した地積大補正率（△45及び△50）は、本件各取引事例に適用した地積大補正率（△13及び△18）との比較において、過大な補正であるといわざるを得ず、その算定に合理性は認められない。

E　この点、請求人らは、比準価格を算定する際の地積大補正率は、本件各土地の開発想定図による潰れ地の本件各土地に占める割合と地積大による市場競争力の低下による価格減少を考慮した割合との合計である旨主張するとともに、本件各土地と本件各取引事例は、所在する地域、標準画地の規模及び潰れ地の発生状況において異なるから、本件各土地と本件各取引事例の標準化補正が異なるのは当然である旨主張し、加えて、本件鑑定士は、当審判所に対し、本件各土地の標準画地（地積100m²程度）が本件各取引事例の標準画地（地積250m²程度）に比べて小さく、それだけ地積大による減価が大きくなる旨回答している。しかしながら、①本件鑑定評価書において、本件鑑定士が標準画地としてどのような地積等を有する土地を想定したかの記載がないところ、本件鑑定士は、原処分庁に対して標準画地は1,000m²である旨回答する一方、当審判所に対して、標準画地が1,000m²である旨の回答は誤りであり、本件各取引事例の標準画地は250m²で、本件各土地の標準画地は100m²であると回答しており、その回答に一貫性がないこと、②当審判所の調査によれば、本件取引事例2´及び同3は、100m²ないし120m²程度に分割して分譲済みであり、また、本件各取引事例周辺の平成25年地価公示地、＊＊＊＊及び＊＊＊＊）の地積が109m²、103m²及び112m²であることに照らすと、本件鑑定士の本件各取引事例の標準画地が250m²であるとの想定には疑義があること（かえって、本件各土地の標準画地として想定した100m²に類似している。）及び③本件鑑定士は、市場競争力の低下をどのように算定したかについて明らかにしておらず、単に経験則によるとの回答にとどまっていることなどからすると、請求人らの主張を採用することはできない。F　以上のことから、本件各土地の個別的要因の補正に当たり適用した地積大補正率には合理性が認められないことから、他の補正率の適否等を判断するまでもなく、取引事例比較法により求めた本件各土地の比準価格については合理性が認められない。

(ハ)　開発法により求めた価額の合理性について

　A　不動産鑑定評価基準によれば、開発法とは、対象不動産（更地）の面積が近隣地域の標準的な

土地の面積に比べて大きい場合等において、対象不動産にマンション分譲、建売分譲及び更地分譲等の開発を行うことを想定し、販売総額を価格時点に割り戻した額から、建物建築費、造成費及び発注者が直接負担すべき通常の附帯費用を価格時点にそれぞれ割り戻した額を控除して対象不動産の価格を求める手法である。開発法によって求める価格は、デベロッパー等の投資採算性に着目した手法であり、各種の想定（例えば、開発想定図、開発期間、販売価格、造成工事費、販売費、投下資本利益率等）が適正に行われたときは、取引事例比較法等によって求められた価格の有力な検証手段となり得るとされている。

なお、本件鑑定士は、本件各土地はその個別的要因（間口が狭い）等から分割利用することが合理的と認められるとして、価格時点（本件相続開始日）において、本件各土地を更地分譲開発することを想定し、総売上高（販売総額）から造成費等を控除して開発法による価格を算定している。

B　総売上高等を算定する際の開発想定について
（A）　本件鑑定士は、本件1土地の開発法による総売上高を算定するに当たり、本件1土地開発想定図のとおり、本件北側道路から幅員6mで延長56.23mの区画道路（同図では開発道路と表記されている。）を開設し、分譲区画を6区画、分譲総面積を712.88 m$^2$とする方法を想定している。

しかしながら、①袋路状の区画道路であっても、区画道路の延長が35m以内で終端付近に転回広場を設けた場合には、区画道路の幅員を4.5mとすることができること（上記ロの（イ））、②当審判所の調査によれば、本件各土地周辺における近年の開発状況をみると、戸建住宅の敷地の分譲開発において、従前の土地を分割する際して、路地状部分を有しない区画と路地状部分を有する旗竿状の区画とを組み合わせた開発事例が多数存在することを考慮すると、本件1土地については、開発想定図のとおりの開発を想定すれば、区画道路の延長を35m、その幅員を4.5mとすることができ、その結果、本件鑑定士が想定した上記分譲総面積712.88 m$^2$よりも広い分譲総面積901 m$^2$を想定することができる。

上記のとおり、開発想定図のとおり開発を想定すれば、総売上高が増加し、また、区画道路部分の面積が減少することに伴い区画道路の設置に係る造成工事費の減少も見込まれる。

したがって、本件鑑定士が想定した本件1土地開発想定図よりも、当審判所が想定した別紙5の1の開発想定図の方が経済的合理性に優れていると認められる。

（B）　また、本件2土地については、本件鑑定士の本件2土地開発想定図において、区画道路の幅員は6mとなるとしても、区画G及び区画iに前面道路を設けることの合理性はなく、別紙5の2の開発想定図のとおり開発を想定すれば、本件鑑定士が想定した分譲総面積1,280.85 m$^2$よりも広い分譲総面積1,344.47 m$^2$を想定することができ、本件1土地と同様、総売上高の増加と造成工事費の減少が見込まれる。

したがって、本件鑑定士の本件2土地の開発想定図よりも、当審判所の開発想定図の方が経済的合理性に優れていると認められる。

（C）　この点、請求人らは、本件各土地の各開発想定図の区画C及び区画D並びに区画G及び区画Iの前面道路は、＊＊＊の定めに基づく転回広場を兼ねて他の区画が不整形とならぬよう計画したものであり、道路幅員についても同指針の定めに基づき6mが必要であるから、各開発想定図には客観的な経済合理性がある旨主張するが、本件各土地については、本件鑑定士の開発想定よりも、当審判所の開発想定の方がより経済的合理性に優れることは上記（A）及

び（B）のとおりであるから、請求人らの主張を採用することはできない。
　（D）　以上のとおり、本件鑑定士の開発想定よりも、より経済的合理性に優れる開発想定ができる以上、本件鑑定士の本件各土地に係る開発想定が適正に行われたとは認められない。

C　総売上高から控除する造成費等の算定について
　（A）　本件鑑定士は、開発法による価格を算定する際の造成工事費相当額（別紙4の10の（2）のCの①及び別紙4の12の（2）のCの①）の算定に当たり、本件各土地について、それぞれ造成工事単価に各開発面積を乗じて算出した金額を造成工事費相当額としているところ、本件鑑定評価書上、当該単価の算定根拠は明らかになっていない。この点、請求人らは、造成工事費相当額は本件鑑定士が専門図書を参考に算定したものであり合理性がある旨主張し、加えて、本件鑑定士は、当審判所に対し、造成工事費相当額の内訳は別紙6の1及び6の2のとおりである旨回答するとともに、併せて、その算定根拠とした専門書籍の該当箇所の写しを提出した。
　　しかしながら、上記専門書籍の写しは、一般的な造成工事費の内訳の概要を解説したものにすぎず、本件鑑定士が造成工事費相当額の内訳であるとする別紙6の1及び6の2の単価及び数量が、具体的にどのように算定されたかを示すものではなく、また、当該単価等が一般的な工事単価等と比較して妥当なものかも明らかでない。
　（B）　また、本件2土地の造成工事費相当額については、本件2土地が山林部分を有することに起因して（上記1の（3）のハの（ロ））、「土工」及び「擁壁」の造成工事費相当額（別紙6、の2の「土工」及び「擁壁」の合計金額29,400,000円）の比重が大きくなっている。一般に、擁壁の工事費はその高さに比例すると考えられるところ、本件鑑定士は、当審判所に対し、擁壁の構造として鉄筋コンクリート造L字型で、その幅は40mを想定したと回答しているものの、その高さは不明であると回答しており、想定した擁壁の高さが明らかでない以上、その算定が合理的なものかを確認できない。なお、請求人らは、上記ロの（ロ）のとおり、本件2土地に係る擁壁工事の見積書を当審判所に提出しているところ、当該見積書は擁壁の高さを最大で11mと想定しており、上記のとおり、本件鑑定士が想定した擁壁の高さが明らかでない以上、当該見積書が上記造成工事費相当額を立証する合理的な証拠とはなり得ない。
　（C）　さらに、本件2土地の造成工事費相当額については、別紙6の2の「供給」項目（合計金額7,600,000円）が二重に計上された誤りが認められる。

D　総売上高から控除する土地代金等の算定について
　　不動産取得税の算定（別紙4の10の（2）のBの④欄及び同12の（2）のBの④欄）において、地方税法第73条の13《不動産取得税の課税標準》第1項及び地方税法附則第11条の5《宅地評価土地の取得に対して課する不動産取得税の課税標準の特例》の規定により、宅地としての土地を評価する場合の不動産取得税の課税標準は不動産の価格の2分の1とされており、本件鑑定士は本件各土地を宅地として分譲する想定をする以上当該規定を適用すべきところ、当該規定を適用せずに不動産取得税を算定しており、計算誤りが認められる。

E　以上のとおり、本件鑑定士による開発想定が適正に行われたとは認められないこと、造成工事費相当額の算定根拠が明らかでないとともに、その一部に二重計上された項目があること及び土地代金等の不動産取得税の算定に誤りがあることのほか、上記Bの（A）及び（B）のとおり、区画道路の設置に係る造成工事費の減少も見込まれることなどを総合勘案すると、本件各土地の開発法により求めた価格については合理性が認められない。

(ニ) 小括

　本件鑑定評価書は、鑑定評価の手法として取引事例比較法及び開発法を適用しているところ、上記（ロ）のFのとおり、取引事例比較法により求められた比準価格に合理性が認められず、また、上記（ハ）のEのとおり、開発法により求められた価格にも合理性が認められないことから、それぞれの価格を調整した結果である本件各鑑定評価額は、本件各土地の客観的な交換価値（時価）を表すものとは認められない。

　したがって、本件鑑定評価書が、本件各通達評価額が時価を適切に反映したものであるとの事実上の推認を覆すだけの合理性を有していない以上、本件各通達評価額には、時価を上回る違法は認められない。

(2) 本件各更正処分の適法性について

　以上のとおり、本件各通達評価額には時価を上回る違法は認められないから、本件各土地について本件相続税の課税価格に算入すべき価額は、評価通達の定めにより評価した価額となる。そして、本件各土地の評価額は、当審判所においても、原処分庁が認定した本件各通達評価額（別表2の⑥の各欄）と同額となることから、これに基づき算出した請求人らの本件相続税の課税価格及び納付すべき税額は、別表1の「更正処分等」欄記載のとおりとなり、これは本件各更正処分における請求人らの本件相続税の課税価格及び納付すべき税額と同額であると認められる。

　なお、本件各更正処分のその他の部分については、請求人らは争わず、当審判所に提出された証拠資料等によっても、これを不相当とする理由は認められない。したがって、本件各更正処分は適法である。

(3) 本件各賦課決定処分の適法性について

　上記(2)のとおり、本件各更正処分は適法であり、本件各更正処分により納付すべき税額の計算の基礎となった事実が更正処分前の税額の計算の基礎とされていなかったことについて、正当な理由があるとは認められない。そして、当審判所においても、本件相続税の過少申告加算税の額は、本件各賦課決定処分における過少申告加算税の額と同額であると認められる。

　したがって、本件各賦課決定処分は適法である。

(4) 結論

　よって、本審査請求はいずれも理由がないから、棄却することとし、主文のとおり裁決する。

別表1（省略）
別表2
　別紙1（省略）
　別紙2
　　1　所在　＊＊＊＊
　　　　地番　＊＊＊＊
　　　　地目　宅地
　　　　地積　208.38 m$^2$
　　2　所在　＊＊＊＊
　　　　地番　＊＊＊＊
　　　　地目　山林
　　　　地積　1,239 m$^2$

3　所在　＊＊＊＊
　　　地番　＊＊＊＊
　　　地目　宅地
　　　地積　9.88 m²
 4　所在　＊＊＊＊
　　　地番　＊＊＊＊
　　　地目　山林
　　　地積　1,239 m²
別紙3　本件各土地の位置図

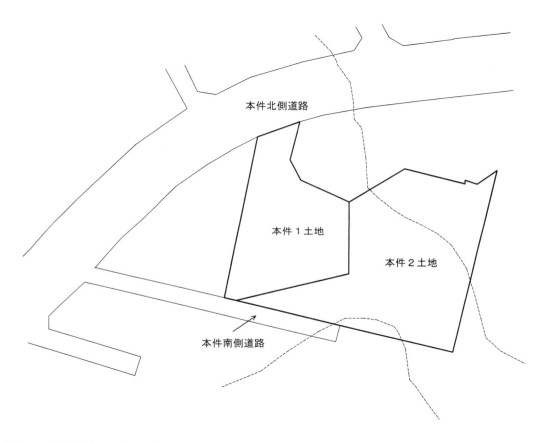

別紙4　本件鑑定評価書の要旨
1　本件各鑑定評価額
　　本件1土地 69,900,000円（64,462円／m²）
　　本件2土地 97,500,000円（47,937円／m²）
2　対象不動産の表示及び登記上の所有者
　（1）対象不動産
　　　　対象不動産全体　別紙2の各土地
　　　　本件1土地　　　1,084.36 m²
　　　　本件2土地　　　2,033.90 m²

(2) 登記上の所有名義人（本件相続開始日現在）

　　　本件被相続人

3　鑑定評価の価格時点

　本件相続開始日

4　鑑定評価の評価条件

　(1)　権利の内容

　　　所有権

　(2)　種別及び類型

　　　本件1土地：更地としての鑑定評価（独立鑑定評価）

　　　本件2土地：更地

5　鑑定評価の価格の種類

　正常価格

6　鑑定評価額決定の理由の要旨

(1)　近隣地域の概況

　イ　近隣地域の範囲

　　本件北側道路沿い南東側で、本件各土地を中心として、北東側約170ｍ以内・南西側約220ｍの範囲

　ロ　街路条件

　　幅員約16ｍの舗装市道が標準的で、系統・連続性は良好

　ハ　交通接近条件

　　＊＊＊の北西方約2,200ｍ（道路距離）に位置し、利便性はやや不芳

　ニ　環境条件

　　中層の共同住宅が建ち並び、一部に戸建住宅が見られる住宅地域

　ホ　行政条件

　　第二種中高層住居専用地域

　　建ぺい率60％・容積率200％

　　準防火地域

　　第二種高度地区　高さ制限15ｍ

　　日影規制（一）　3時間／2時間　4ｍ

　　宅地造成工事規制区域

　ヘ　標準的使用

　　中層の共同住宅の敷地

(2)　個別分析

　イ　本件各土地の状況

| | 項目 | 本件1土地 | 本件2土地 |
|---|---|---|---|
| 画地条件 | 地勢・地形 | 間口がやや狭く、ほぼ平坦で不整形の二方路地 | 間口がやや狭く、南側部分に傾斜地を含む不整形の中間画地 |
| | 地積 | 1,084.36 m² | 2,033.90 m² |
| | 接面道路 | 本件北側道路 | 本件南側道路 |
| | | 本件南側道路 | |

| 土壌汚染の有無 | 有害物指定特定施設の敷地に供された形跡がないことから、影響はないものと判断した。 |
|---|---|
| 最有効使用の判定 | 近隣地域の標準的使用は中層の共同住宅の敷地であるが、分析検討した地域要因（最寄駅からやや距離がある）及び個別的要因（間口がやや狭い）並びに最近の不動産市況（最寄駅からバス圏では戸建住宅が好まれる）等を考慮して、対象不動産の最有効使用を分割しての低層で中規模の一般住宅の敷地と判定した。 |

ロ 同一需給圏における本件各土地の優劣及び競争力の程度

同一需給圏内には、代替競争関係にある土地は一定数存在し、主たる需要者は立地条件・画地規模等による選別を行い意思決定するものと思料される。本件各土地は、鉄道駅の利便性がやや不芳ではあるが、十分な地積を有するため、相当の競争力を有するものと判断される。

(3) 鑑定評価方式の適用

取引事例比較法及び開発法を適用して本件各土地の鑑定評価額を決定することとした。なお、本件各土地は既成市街地に存在し土地の再調達原価を求めることができないため、原価法は適用しなかった。また、最有効使用は分割しての低層で中規模の一般住宅の敷地であるため、本件各土地上に収益目的の建物を建設することを前提とする収益還元法（土地残余法）も適用しなかった。

本件の鑑定評価は、本件各土地の各評価額を求めるものである。したがって、分割前の画地の標準価格及び分割後の画地の標準価格をそれぞれ求め、その後本件各土地について鑑定評価の方式を適用する。

イ 標準価格の査定

(イ) 分割前の画地の標準価格

本件各土地の所在する近隣地域又は同一需給圏内の類似地域における本件各土地と類似の不動産に係る多数の取引事例を収集し、そのうちから適切な事例を選択してこれらに係る取引価格に必要に応じて事情補正及び時点修正を施して規範性あるものとした後、本件各土地の存する地域との間において、地域要因を比較検討して求めた諸価格を比較考量し、分割前の画地の標準価格を170,342円／$m^2$と求めた（後記7参照）。

(ロ) 分割後の画地の標準価格

本件各土地の所在する近隣地域又は同一需給圏内の類似地域における分割後の画地と類似の不動産に係る多数の取引事例を収集し、そのうちから適切な事例を選択して、これらに係る取引価格に必要に応じて事情補正及び時点修正を施して規範性あるものとした後、分割後の画地との間において、地域要因及び個別的要因を比較検討して求めた諸価格を比較考量し、分割後の画地の標準価格を173,581円／$m^2$と求めた（後記8参照）。

ロ 本件1土地

(イ) 取引事例比較法の適用

上記イの（イ）で求めた分割前の画地の標準価格に、本件1土地の個別的要因を乗じて単価を求め、更に地積を乗じて比準価格を試算した。

標準価格単価　　　　　個別的要因（※）　　比準価格単価

170,342 円／m² × $\frac{39}{100}$ ≒ 66,433 円／m²

※　地積大　　　△45
　　造成費負担　△6
　　不整形　　　△25

比準価格単価　　　　　地積　　　　　　比準価格
66,433 円／m² × 1,084.36 m² ≒ 72,000,000 円／m²

（ロ）　開発法の適用

　本件1土地を分割して分譲することを想定し、総売上高から造成費等を控除して、開発法による価格を試算した。

　A　分割後の画地の標準価格

　　173,581 円／m²（上記イの（ロ））

　B　分譲価格総額

　　上記Aの標準価格に、後記9の本件1土地開発想定図における各画地の個別的要因格差を乗じて当該各画地の分譲単価を求め、これに当該各画地の面積を乗じて分譲価格総額を求めた。

| 分譲区画 | 個別的要因 | | | | | | 分譲単価 | 面積 | 分譲価格 |
| --- | --- | --- | --- | --- | --- | --- | --- | --- | --- |
| | 方位 | 角地 | 規模 | 不整形 | 日照 | 合計 | | | |
| A | 2 | 2 | △5 | △10 | — | 89 | 154,487／m² | 142.70 m² | 22,000,000 円 |
| B | 5 | 2 | — | △3 | — | 104 | 180,524／m² | 114.10 m² | 20,600,000 円 |
| C | 5 | — | — | △7 | — | 98 | 170,109／m² | 113.30 m² | 19,300,000 円 |
| D | — | — | — | △3 | — | 97 | 168,374／m² | 108.66 m² | 18,300,000 円 |
| E | — | — | — | △3 | — | 97 | 168,374／m² | 115.15 m² | 19,400,000 円 |
| F | — | — | — | △3 | — | 97 | 167,374／m² | 118.97 m² | 20,000,000 円 |
| 合計 | | | | | | | | 712.88 m² | 119,600,000 円 |

※Fは本件南側道路に接面するが、接面幅が約2.3mと狭く、かつ当該道路より約1.2m低いため、二方路による効用はないものと判定した。

　C　開発法による価格

　　総売上高から造成費等を控除して、開発法による価格を 67,800,000 円（62,525 円／m²）と試算した。（後期10参照）

（ハ）　試算価格の調整及び鑑定評価額の決定

比準価格：72,000,000 円

開発法による価格：67,800,000 円

　上記の各試算価格を等しく尊重し、比準価格の比準を50％、開発法による価格の比準を50％として、本件1土地の鑑定評価額を 69,900,000 円と決定した。

ハ 本件2土地
（イ）取引事例比較法の適用

上記イの（イ）で求めた分割前の画地の標準価格に、本件2土地の個別的要因を乗じて単価を求め、更に地積を乗じて比準価格を試算した。

標準価格単価　　　個別的要因（※）　　比準価格単価
170,342円／m² × 29/100 ≒ 49,399円／m²

※　地積大　　　△50
　　造成費負担　△13
　　不整形　　　△30
　　道路幅員・系統　△5

比準価格単価　　　地積　　　　　　比準価格
49,399円／m² × 2,033.90m² ≒ 100,500,000円／m²

（ロ）開発法の適用

本件2土地を分割して分譲することを想定し、総売上高から造成費等を控除して、開発法による価格を試算した。

A　分割後の画地の標準価格
　173,581円／m²（上記イの（ロ））

B　分譲価格総額

上記Aの標準価格に、後記11の本件2土地開発想定図における各画地の個別的要因格差を乗じて当該各画地の分譲単価を求め、これに当該各画地の面積を乗じて分譲価格総額を求めた。

| 分譲区画 | 個別的要因 | | | | | | 分譲単価 | 面積 | 分譲価格 |
| --- | --- | --- | --- | --- | --- | --- | --- | --- | --- |
| | 方位 | 角地 | 規模 | 不整形 | 日照 | 合計 | | | |
| G | 2 | — | △5 | △7 | — | 90 | 156,223／m² | 143.89 m² | 22,500,000円 |
| H | 2 | — | — | — | — | 102 | 177,053／m² | 109.76 m² | 19,400,000円 |
| I | 2 | — | — | — | — | 102 | 177,053／m² | 109.76 m² | 19,400,000円 |
| J | 2 | — | — | — | △5 | 97 | 168,374／m² | 109.76 m² | 18,500,000円 |
| K | 2 | — | — | — | △10 | 92 | 159,695／m² | 109.76 m² | 17,500,000円 |
| L | 3 | — | △3 | △7 | — | 93 | 161,430／m² | 135.38 m² | 21,900,000円 |
| M | 3 | — | △3 | △7 | — | 93 | 161,430／m² | 135.22 m² | 21,800,000円 |
| N | — | — | △5 | △17 | — | 78 | 135,393／m² | 156.89 m² | 21,200,000円 |
| O | 5 | 2 | △3 | — | △5 | 99 | 171,845／m² | 133.01 m² | 22,900,000円 |
| P | 5 | — | △3 | △5 | △3 | 94 | 163,166／m² | 137.42m² | 22,400,000円 |
| 合計 | | | | | | | | 1,280.85m² | 207,500,000円 |

C　開発法による価格

総売上高から造成費等を控除して、開発法による価格を94,400,000円（46,413円／m²）と試算

した（後期12参照）。
(ハ) 試算価格の調整及び鑑定評価額の決定
　比準価格：100,500,000円
　開発法による価格：94,400,000円
　上記の各試算価格を等しく尊重し、比準価格の比準を50％、開発法による価格の比準を50％として、本件2土地の鑑定評価額を97,500,000円と決定した。
　100,500,000円 × 50％ ＋ 94,400,000円 × 50％ ≒ 97,500,000円

7　分割前の画地の標準価格査定表
(1) 比準価格

| | 取引事例の概要 | 画地条件 | 取引時点 | 取引価格 |
|---|---|---|---|---|
| 1 | 所在：＊＊＊＊<br>接近：＊＊＊＊ 2,100m<br>街路：北東6.3m 市道<br>環境：一般住宅・マンション等が見られる住宅地域<br>行政：一中（60・200） | 1,992.54㎡<br>(1.0:2.2) | 2012/2/2 | 92,344円／㎡ |
| 2 | 所在：＊＊＊＊<br>接近：＊＊＊＊ 1,900m<br>街路：東4m 市道<br>環境：小規模一般住宅が多い丘陵地の住宅地域<br>行政：一中（60・160） | 1,334.00㎡<br>(1.0:1.3) | 2011/1/18 | 131,184円／㎡ |
| 3 | 所在：＊＊＊＊<br>接近：＊＊＊＊ 2,200m<br>街路：西2m 市道<br>環境：従前の畑が戸建住宅の街区として開発されつつある地域<br>行政：一中（60・160） | 1,293.61㎡<br>(1.0:1.7) | 2012/2/20 | 148,808円／㎡ |

| | 事情補正 | 時点修正 | 標準化補正 | 地域格差 街路条件 | 接近条件 | 環境条件 | 行政条件 | その他 | 相乗積 | 事例に比準した価格 |
|---|---|---|---|---|---|---|---|---|---|---|
| 1 | 100/100 | 101/100 | 100/85 | 100/95 | 100/100 | 100/70 | 100/100 | 100/100 | 100/67 | 163,771円／㎡ |
| 2 | 100/100 | 100/100 | 100/87 | 100/93 | 100/100 | 100/103 | 100/100 | 100/100 | 100/96 | 157,069円／㎡ |
| 3 | 100/100 | 101/100 | 100/85 | 100/90 | 100/100 | 100/103 | 100/100 | 100/100 | 100/93 | 190,128円／㎡ |

　各事例に比準して求められた価格を比較考量し、おおむね平均値を採用して標準画地の比準価格を次のとおり査定した。
　比準価格 170,342円／㎡

(2) 公示価格等を規準とした価格

| 基準地番号　＊＊＊＊ | 画地条件 | 価格時点 | 基準地価格 |
|---|---|---|---|
| 所在：＊＊＊＊<br>接近：＊＊＊＊ 2,200 m<br>街路：西 4.5 m 市道<br>環境：低層の一般住宅が建ち並ぶ、区画整然とした住宅地域<br>行政：一中（60・200） | 213 m²<br>(1.0:1.0) | 2013/7/1 | 164,000 円／m² |

| 事情補正 | 時点修正 | 標準化補正 | 地域格差 ||||||| 公示価格等を規準とした価格 |
| | | | 街路条件 | 接近条件 | 環境条件 | 行政条件 | その他 | 相乗積 | |
|---|---|---|---|---|---|---|---|---|---|
| $\dfrac{100}{100}$ | $\dfrac{100}{100}$ | $\dfrac{100}{103}$ | $\dfrac{100}{101}$ | $\dfrac{100}{98}$ | $\dfrac{100}{95}$ | $\dfrac{100}{100}$ | $\dfrac{100}{100}$ | $\dfrac{100}{94}$ | 169,386 円／m² |

　上記により、標準画地の規準価格を次のとおり査定した。
　規準価格 169,386 円／m²

(3) 標準画地価格
　比準価格は、公示価格等を規準とした価格との均衡もおおむね得られているので、比準価格をもって標準画地価格と査定した。
　標準画地価格 170,342 円／m²

8　分割後の画地の標準価格査定表
(1) 比準価格

| | 取引事例の概要 | 画地条件 | 取引時点 | 取引価格 |
|---|---|---|---|---|
| 4 | 所在：＊＊＊＊<br>接近：＊＊＊＊ 2,300 m<br>街路：北 5 m 市道<br>環境：＊＊＊＊沿いに近い街路のしっかりした戸建住宅地<br>行政：一中（60・200） | 122.28 m²<br>(1.0:2.0) | 2013/10/4 | 200,270 円／m² |
| 5 | 所在：＊＊＊＊<br>接近：＊＊＊＊ 3,200 m<br>街路：北 5 m 市道<br>環境：一般住宅を中心とした住宅地域<br>行政：一中（60・200） | 100.04 m²<br>(1.0:1.7) | 2012/12/20 | 181,228 円／m² |
| 6 | 所在：＊＊＊＊<br>接近：＊＊＊＊ 2,700 m<br>街路：西 5 m 市道<br>環境：街路街区のしっかりした戸建住宅地<br>行政：一中（60・200） | 102.08 m²<br>(1.0:3.0) | 2013/3/9 | 138,813 円／m² |

| | 事情補正 | 時点修正 | 標準化補正 | 地域格差 | | | | | | 事例に比準した価格 |
| --- | --- | --- | --- | --- | --- | --- | --- | --- | --- | --- |
| | | | | 街路条件 | 接近条件 | 環境条件 | 行政条件 | その他 | 相乗積 | |
| 4 | 100/100 | 100/100 | 100/100 | 100/100 | 100/100 | 100/107 | 100/100 | 100/100 | 100/107 | 187,168 円／m² |
| 5 | 100/100 | 101/100 | 100/100 | 100/101 | 100/98 | 100/100 | 100/100 | 100/100 | 100/99 | 184,889 円／m² |
| 6 | 100/100 | 100/100 | 100/95 | 100/101 | 100/97 | 100/100 | 100/100 | 100/100 | 100/98 | 149,101 円／m² |

　各事例に比準して求められた価格を比較考量し、おおむね平均値を採用して標準画地の比準価格を次のとおり査定した。

　比準価格 173,581 円／m²

(2) 公示価格等を規準とした価格

| 基準地番号　＊＊＊＊ | 画地条件 | 価格時点 | 基準地価格 |
| --- | --- | --- | --- |
| 所在：＊＊＊＊<br>接近：＊＊＊＊ 2,200 m<br>街路：西 4.5 m 市道<br>環境：低層の一般住宅が建ち並ぶ、区画整然とした住宅地域<br>行政：一中（60・200） | 213 m²<br>(1.0:1.0) | 2013/7/1 | 164,000 円／m² |

| 事情補正 | 時点修正 | 標準化補正 | 地域格差 | | | | | | 公示価格等を規準とした価格 |
| --- | --- | --- | --- | --- | --- | --- | --- | --- | --- |
| | | | 街路条件 | 接近条件 | 環境条件 | 行政条件 | その他 | 相乗積 | |
| 100/100 | 100/100 | 100/103 | 100/101 | 100/98 | 100/95 | 100/100 | 100/100 | 100/94 | 169,386 円／m² |

　上記により、標準画地の規準価格を次のとおり査定した。

　規準価格 169,386 円／m²

(3) 標準画地価格

　比準価格は、公示価格等を規準とした価格との均衡もおおむね得られているので、比準価格をもって標準画地価格と査定した。

　標準画地価格 173,581 円／m²

9 本件1土地開発想定図

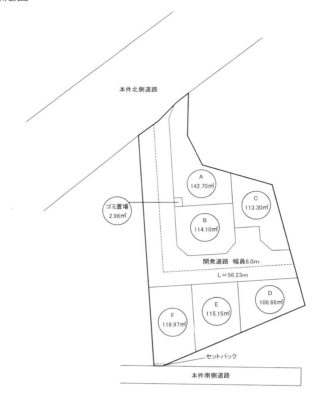

10 本件1土地の開発法による試算（戸建用宅地分譲想定）
(1) 想定した宅地造成の概要

| | | | |
|---|---|---|---|
| 開発面積 | 1,084.36 m² | 分譲単価 | 167,770 円 |
| 分譲総面積 | 712.88 m² | 造成工事単価 | 19,643 円 |
| 有効宅地化率 | 65.74％ | | |
| 造成画地数 | 6 区画 | 素地代金利（年利） | 2.00％ |
| 平均販売面積 | 118.81 m² | 造成工事金利（年利） | 2.00％ |
| | | 販売費（総売上高に占める割合） | 5.00％ |
| 素地代金支払（価格時点） | 0 月 | 開発負担金 | 0 円 |
| 造成工事着工 | 6 月 | 負担金金利（年利） | 2.00％ |
| 造成工事費支払（平均時点） | 9 月 | 利潤（総売上高に占める割合） | 12.00％ |
| 造成工事完了 | 12 月 | 固定資産課税台帳評価額 | 145,332,975 円 |
| 販売開始 | 6 月 | 固定資産税課税標準額 | 145,332,975 円 |
| 販売代金回収（平均時点） | 9 月 | | |
| 販売完了 | 12 月 | | |

(2) 諸数値の想定

| A | 総売上高 | | 119,600,000 円 | 上記6の(3)のロの(ロ)のBの表の「分譲価格」の合計欄 |
|---|---|---|---|---|
| B 土地代金等 | ①素地価格 | | 1L 円 | |
| | ②仲介手数料 | | 0.03L 円 | |
| | ③登録免許税 | | 2,179,900 円 | 145,332,975 円×0.015×100／100 |
| | ④不動産取得税 | | 4,359,900 円 | 145,332,975 円×0.03×1／1 |
| | ⑤固定資産税 | | 1,403,373 円 | 平成25年度実額相当額 |
| | ⑥都市計画税 | | 304,116 円 | 平成25年度実額相当額 |
| | ⑦地価税 | | 0 円 | 0 円×0.0015×0 |
| | ⑧素地代金等金利 | | 0.0155L 円 | (①+②)×2.00％×9／12 |
| | 計 | | 1.046L+8,247,289 円 | |
| C 造成費等 | ①造成工事費 | | 21,300,000 円 | 19,643 円×1,084.36 ㎡ |
| | ②造成工事費金利 | | 319,500 円 | 21,300,000 円×2.00％×9／12 |
| | ③広告販売費 | | 4,485,000 円 | 119,600,000 円×5.00％×9／12 |
| | ④開発負担金 | | 0 円 | |
| | ⑤開発負担金金利 | | 0 円 | 0 円×3.00％×0／12 |
| | ⑥その他 | | 0 円 | |
| | 計 | | 26,104,500 円 | |
| D | 利潤 | | 14,352,000 円 | 119,600,000 円×12.00％ |
| A＝B+C+D であるため、 | | | | |
| L（素地価格）＝70,896,211 円÷1.046 | | | | |
| L（素地価格）≒67,800,000 円（62,525 円／㎡） | | | | |

11 本件2土地開発想定図

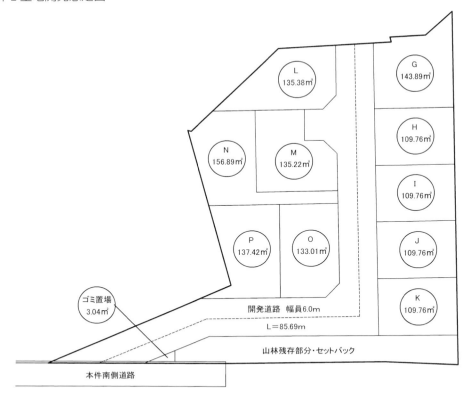

12 本件2土地の開発法による試算（戸建用宅地分譲想定）
(1) 想定した宅地造成の概要

| 開発面積 | 2,033.90 m² | 分譲単価 | 162,002 円 |
|---|---|---|---|
| 分譲総面積 | 1,280.85 m² | 造成工事単価 | 33,482 円 |
| 有効宅地化率 | 62.98％ | | |
| 造成画地数 | 10 区画 | 素地代金金利（年利） | 2.00％ |
| 平均販売面積 | 128.09 m² | 造成工事金利（年利） | 2.00％ |
| | | 販売費（総売上高に占める割合） | 5.00％ |
| 素地代金支払（価格時点） | 0 月 | 開発負担金 | 0 円 |
| 造成工事着工 | 6 月 | 負担金金利（年利） | 2.00％ |
| 造成工事費支払（平均時点） | 11 月 | 利潤（総売上高に占める割合） | 12.00％ |
| 造成工事完了 | 15 月 | 固定資産課税台帳評価額 | 82,553,859 円 |
| 販売開始 | 6 月 | 固定資産税課税標準額 | 82,553,859 円 |
| 販売代金回収（平均時点） | 11 月 | | |
| 販売完了 | 15 月 | | |

(2) 諸数値の想定

| A | 総売上高 | | 207,500,000 円 | 上記6の(3)のハの(ロ)のBの表の「分譲価格」の合計欄 |
|---|---|---|---|---|
| B 土地代金等 | ①素地価格 | | 1L 円 | |
| | ②仲介手数料 | | 0.03L 円 | |
| | ③登録免許税 | | 1,238,300 円 | 82,553,859 円×0.015×100／100 |
| | ④不動産取得税 | | 2,476,600 円 | 82,553,859 円×0.03×1／1 |
| | ⑤固定資産税 | | 801,019 | 平成25年度実額相当額 |
| | ⑥都市計画税 | | 172,748 | 平成25年度実額相当額 |
| | ⑦地価税 | | 0 円 | 0 円×0.0015×0 |
| | ⑧素地代金等金利 | | 0.0189L 円 | (①+②)×2.00％×11／12 |
| | 計 | | 1.049L+4,688,667 円 | |
| C 造成費等 | ①造成工事費 | | 68,100,000 円 | 33,482 円×2,033.90 m² |
| | ②造成工事費金利 | | 1,248,500 円 | 68,100,000 円×2.00％×11／12 |
| | ③広告販売費 | | 9,510,417 円 | 207,500,000 円×5.00％×9／12 |
| | ④開発負担金 | | 0 円 | |
| | ⑤開発負担金金利 | | 0 円 | 0 円×3.00％×0／12 |
| | ⑥その他 | | 0 円 | |
| | 計 | | 78,858,917 円 | |
| D | 利潤 | | 24,900,000 円 | 207,500,000 円×12.00％ |
| A＝B＋C＋D であるため、 | | | | |
| L（素地価格）＝99,052,416 円÷1.049 | | | | |
| L（素地価格）≒94,400,000 円（46,413 円／m²） | | | | |

別紙5　当審判所が想定する本件各土地の開発想定図
1　本件1土地

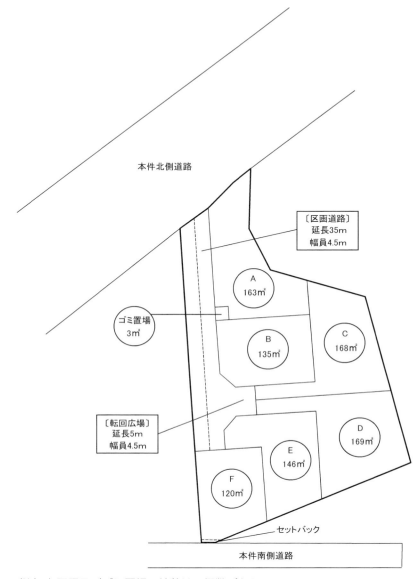

（注）各区画及びゴミ置場の地積は、概数である。

2 本件2土地

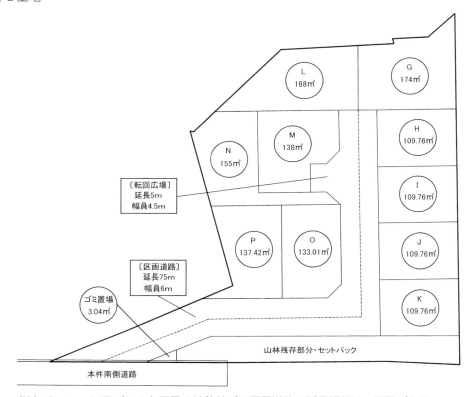

（注）G、L、M及びNの各区画の地積並びに区画道路の延長距離は、概数である。

別紙6 本件各土地の造成費相当額の内訳の概要
1 本件1土地

| 項目 | | 単価 | 数量 | 金額（円） |
|---|---|---|---|---|
| 土木（アスファルトはつり） | 重機 | — | — | 25,000 |
| | 撤去 | 1,000 円／m² | 1,084 m² | 1,084,360 |
| | 処分 | 5,000 円／m² | 700 m² | 3,500,000 |
| | 諸経費 | — | — | 30,000 |
| | 合計 | | | 4,600,000 |
| 道路 | 不陸整正 | 200 円／m² | 370.63 m² | 74,000 |
| | 路盤工 | 2,000 円／m² | 370.63 m² | 741,000 |
| | 基層工 | 2,000 円／m² | 370.63 m² | 741,000 |
| | 表層工 | 1,500 円／m² | 370.63 m² | 556,000 |
| | 合計 | | | 2,100,000 |
| 雨水排水 | 雨水マンホール | 200,000 円／箇所 | 1箇所 | 200,000 |
| | 雨水管 | 10,000 円／m | 50 m | 500,000 |
| | U字側溝 | 600 円／m | 115 m | 69,000 |

| | 項目 | 単価 | 数量 | 金額（円） |
|---|---|---|---|---|
| | 本管接続工 | － | － | 300,000 |
| | 合計 | | | 1,100,000 |
| 汚水排水 | 汚水マンホール | 200,000円／箇所 | 1箇所 | 200,000 |
| | 汚水管 | 10,000円／m | 50 m | 500,000 |
| | 取付管 | 15,000円／m | 115 m | 1,725,000 |
| | 宅内汚水桝 | 30,000円／箇所 | 6箇所 | 180,000 |
| | 本管接続工 | － | － | 300,000 |
| | 合計 | | | 2,900,000 |
| 供給 | 上水道管 | 20,000円／m | 50 m | 1,000,000 |
| | ガス | 100,000円／m | 6 m | 600,000 |
| | 電気 | 500,000円／m | 6 m | 3,000,000 |
| | 合計 | | | 4,600,000 |
| 直接工事費合計 | | | | 15,300,000 |
| 共通仮設費 | | | 3% | 500,000 |
| 純工事費合計 | | | | 15,800,000 |
| 現場管理費 | | | 13.5% | 2,100,000 |
| 工事原価合計 | | | | 17,900,000 |
| 一般管理費 | | | 13.0% | 2,300,000 |
| 工事費合計 | | | | 20,200,000 |
| 登記費用 | | | | 1,100,000 |
| 造成費相当額合計 | | | | 21,300,000 |

2 本件2土地

| | 項目 | 単価 | 数量 | 金額（円） |
|---|---|---|---|---|
| 土木 | 伐開 | 250円／m² | 900 m² | 225,000 |
| | 掘削 | 500円／m² | 2,400 m² | 1,200,000 |
| | 整地 | 500円／m² | 900 m² | 450,000 |
| | 残土 | 3,000／m² | 2,400 m² | 7,200,000 |
| | 法面保護 | 1,000／m² | 300 m² | 300,000 |
| | 合計 | | | 9,400,000 |
| 擁壁 | 鉄筋擁壁 | 500,000／m² | 40 m | 20,000,000 |
| 供給 | 上水道管 | 20,000円／m | 80 m | 1,600,000 |
| | ガス | 100,000円／m | 10 m | 1,000,000 |
| | 電気 | 500,000円／m | 10 m | 5,000,000 |
| | 合計 | | | 7,600,000 |

| | | | | |
|---|---|---|---|---|
| 道路 | 不陸整正 | 200 円／m² | 544.46 m² | 109,000 |
| | 路盤工 | 2,000 円／m² | 554.46 m² | 1,089,000 |
| | 基層工 | 2,000 円／m² | 554.46 m² | 1,089,000 |
| | 表層工 | 1,500 円／m² | 554.46 m² | 817,000 |
| | 合計 | | | 3,100,000 |
| 雨水排水 | 雨水マンホール | 200,000 円／箇所 | 2 箇所 | 400,000 |
| | 雨水管 | 10,000 円／m | 80 m | 800,000 |
| | Ｕ字側溝 | 600 円／m | 175 m | 105,000 |
| | 本管接続工 | － | － | 300,000 |
| | 合計 | | | 1,600,000 |
| 汚水排水 | 汚水マンホール | 200,000 円／箇所 | 2 箇所 | 400,000 |
| | 汚水管 | 10,000 円／m | 80 m | 800,000 |
| | 取付管 | 15,000 円／m | 175 m | 2,625,000 |
| | 宅内汚水桝 | 30,000 円／箇所 | 10 箇所 | 300,000 |
| | 本管接続工 | － | － | 300,000 |
| | 合計 | | | 4,400,000 |
| 供給 | 上水道管 | 20,000 円／m | 50 m | 1,000,000 |
| | ガス | 100,000 円／m | 6 m | 600,000 |
| | 電気 | 500,000 円／m | 6 m | 3,000,000 |
| | 合計 | | | 4,600,000 |
| 直接工事費合計 | | | | 53,700,000 |
| 共通仮設費 | | | 3％ | 1,600,000 |
| 純工事費合計 | | | | 55,300,000 |
| 現場管理費 | | | 8.5％ | 4,700,000 |
| 工事原価合計 | | | | 60,000,000 |
| 一般管理費 | | | 11.5％ | 6,900,000 |
| 工事費合計 | | | | 66,900,000 |
| 登記費用 | | | | 1,200,000 |
| 造成費相当額合計 | | | | 68,100,000 |

## Ⅲ 鑑定士視点からの考察

### 1 本件鑑定評価書の妥当性の検証

　鑑定評価が合理的ではない、として否認された事例です。ここで、筆者の観点から当該事例における鑑定評価の妥当性を検証します。

#### ❶ 取引事例比較法における比準価格

　まず、個別格差率について審判所の指摘にもありますが、各取引事例の標準化補正の場合の地積過大の要因と標準的画地価格から比準価格を求める際の対象不動産の地積過大では全く整合性が取れていないことは相当マイナスと思われます。また、取引事例の標準化補正についても△13という数値を採用しており、13という数値がどこから出てきたのかも不明瞭です。地積過大の減価を見るのであれば標準的画地の面積を明確にし、たとえば標準的画地の2倍であれば－5，3倍であれば－10という形で基準を決めて減価をした方が伝わりやすいかもしれません（同じ倍率で減価していくというものではなく、鑑定主体によって減価の程度は異なります）。

　また、筆者は「大規模画地の比準」を行うのであれば地積過大の減価は考慮しません。「大規模地」としての標準的画地を設定し、「有効宅地化率」「造成の難易」「区画割後の宅地の個別的要因」で標準化補正を行うべきと考えます。強いて言えば1,000 m²の標準的画地があり、取引事例が3,000 m²や4,000 m²の分譲地だった場合、開発期間が長くなり、結果的に販売利益が相当先の時点になることで見込まれる利益が小さくなる（開発法における販売利益が先になることにより、複利現価率が小さくなり、価格時点に割り戻すと利益の数値が小さくなる）、いわば「時間的減価」が生じることを加味することも考えられます。

　ただし、基本的に大規模の取引事例については標準的画地と比べて著しく規模が異なる事例は筆者が鑑定を行う場合には採用しません。不動産業者が仕入れる分譲素地の取引事例についてはそもそも3,000 m²等の取引事例は少なく、500 m²から1,000 m²程度の取引事例の方が数は多いです。本件ではそこまで大きな規模の取引事例は採用されていませんが、やはり標準的画地規模を1,000 m²等で設定し、上記のような標準的補正を行うべきであったと考えます。

　さらに、審判所の指摘では当初は「標準的画地が1,000 m²」と当該鑑定士からの回答があったようですが、その後「取引事例の標準的画地は250 m²、本件各土地の標準的画地は100 m²」と修正があったようですが、これも審判所の指摘通り一貫性がありません。おそらく地積過大の減価について、取引事例の標準化補正と対象不動産の個別性で整合性を確保するためにそのような回答をしてしまったのだと推測しますが、筆者からすると不合理に思われます。

　なぜ、このようなことになってしまったかというと、取引事例比較法における標準的画地と開発法適用時における分譲宅地の標準的画地を分けて考えなかったからではないかと思われます。対象地が開発素地で、取引事例比較法による比準価格を求める場合には開発素地としての

標準的画地、開発法適用時のエンドユーザーに販売する際にはエンドユーザーが購入する場合の標準的画地の設定を行います。

CASE 1 でも述べたように、大規模地の公示地はポイントが同一需給圏内に存在しないのであれば、「周辺に対象不動産と類似するポイントが存在しないことから、公示地との規準は開発法適用時の分譲宅地の比準価格の際に考慮する」とするべきだったと筆者は考えます。いかに標準的画地の設定が重要か、ということがおわかりいただけると思います。

また、対象地の地積過大の減価ですが、広大地補正率を用いて地積過大の減価率とするのは鑑定評価において適用すべきではないことだと筆者は考えます。裁決文では「一部しんしゃくした」とされていたようですが、広大地制度が廃止された現在であれば地積規模の大きな宅地の減価を参考にするのでしょうか。特に広大地補正率はあまりにも減価の程度が大きく、「一部しんしゃくした」としてもほぼ広大地補正率に近い数値で減価をするのは取引の実態から見てもあまりに減価の程度が大きすぎ、恣意的に評価額を下げようとしていると判断されても仕方ないと思われます。取引事例の標準化補正との整合性が取れていないならば尚更です。厳しい書き方になりますが、税務上の制度の補正率と鑑定評価上の個別的要因の査定は明確に分けて考えるべきと筆者は考えます。

加えて、標準的価格に対して本件1土地の個別的要因の数値が39、本件2土地の個別的要因の数値が29とされていますが、通常、このような低い個別的要因の数値になることはまずあり得ません。このような低い数値になっているのはやはり上記に述べたように地積大の要因をそれぞれ−45、−50としているからですが、不整形の−25、−30も過剰に減価として計上しているように見えます。対象不動産が分譲素地の場合、形状による減価はほぼ考慮しません。全体としての形状が良くないとしても、区画割後の形状が悪くなければそれほど価格には影響しないからです。大規模地の個別的要因は有効宅地化率、造成費の多寡、区画割後の個別的要因等で決まります。造成費負担も−6、−13とするのであれば具体的に根拠を示す必要があります。

例えば、標準的画地の造成費を設定し、それに対して対象不動産の造成費はこれだけの費用がかかる、したがって減価要因としてこれだけの割合を計上する、という形で造成費に係る個別的要因を計上すべきです。可能な限り定量的な数値を示し、個別的要因に反映させることが肝要と筆者は考えます。裁決文を見る限り、本件土地1、2ともに高低差が著しい土地ではなく、比較的平坦な土地であると考えられますので、造成費はおそらくそこまで高くないと判断されます。そもそも標準的画地についての設定が明確にされていなかったことが問題です。「平坦で有効率100％、1,000 $m^2$ の土地」という形で標準的画地を設定すべきだったかと思われます。新設道路の負担がない標準的画地に比べると、本件土地1、2ともに有効宅地化率の面で減価が見込まれます。

また、取引事例について、本件鑑定評価では3事例を採用しています。いずれもが大規模地の事例ですが、戸建分譲用地として不動産業者が仕入れを行った事例かは判明しておりません。基本的に最有効使用が戸建分譲用地と判定された対象不動産については同一需給圏の範囲

や時点を遡っても分譲用地の事例を収集し、採用すべきと筆者は考えます。本件では事例1は取引価格がかなり安めであり、地域要因格差が100／67とやや大きい点は事例として採用すべきだったかは疑問です。仮に採用するとしても重み付けを低くする等の調整は必要だったように思われます。

## 2 開発法による価格

　審判所からの指摘はありませんでしたが、筆者は開発法適用における分譲単価に着目しました。本件土地1の路線価は180,000円／$m^2$でしたが、本件鑑定評価における開発法で土地1の分譲単価は167,770円／$m^2$とされています。これは区画割後の各宅地の個別的要因を考慮したとしても相当に安い単価であると言わざるを得ません。なぜなら、一般的に宅地開発で販売する分譲価格は路線価を0.8で割り戻した地価公示価格ベースよりもやや高めの単価をエンドユーザー向けの規模の取引事例から求めるのが通常です。それが路線価より低い単価、ということはまずありえません。本件鑑定評価の開発法の過程においても、取引事例を3事例選択し、分譲単価の査定を行っていますが、取引事例を比準した価格はそれぞれ187,168円／$m^2$、184,889円／$m^2$、149,101円／$m^2$と求められ、3価格の平均値を採用して分譲地の標準的画地価格を173,581円と査定しています。この点も筆者は少し疑問を感じます。一番高い単価187,168円と一番低い単価149,101円では約25.5％程度の価格の乖離が認められ、これほどの乖離があるのにも関わらず、平均値を採用することはやや拙いやり方にも思えます。開差が生じたならば、それぞれの取引事例の規範性を検証し、重み付けを行うべきではなかったかと思われます。

　また、地域格差について、事例4は100／107、事例5は100／99、事例6は100／98とされていますが、取引事例の単価を見る限り、取引事例の地域格差はより大きく、分母がより小さかった（価格としては上がる方向）のではないか、と思料します。本来、路線価180,000円／$m^2$であれば、0.8で割り戻した225,000円／$m^2$より少し低い200,000円／$m^2$程度が販売価格単価として妥当ではないかと思われます。路線価180,000円は土地1が面する幅員16m道路に付された路線価であり、行き止りの新設道路に接面した標準的画地を設定するならばそれよりやや低い水準で販売価格とするのが適切かと思われます。

　次に、開発想定図を検証していきます。本件1土地は裁決書記載の鑑定評価書の要旨添付の図面を見ると6mの行き止り道路を設定しています。筆者の経験則では6mの新設道路を敷設する場合、転回広場は設けなくても良い、という自治体が多いです。本件では宅地BとCの箇所に転回広場が設けられており、有効宅地部分が約66％となっています。こちらについて本当に必要なものかは判別できませんが、審判所が幅員5m転回広場付の新設道路を想定したならばこちらの方が有効宅地化率も高く（約83％）、通常土地1くらいの規模であれば4.5mか5m程度の新設道路で、途中に転回広場を設置する方が妥当で、6m道路は敷設しないと思われます。したがって、審判所が想定した区画割の方が適切と判断されます。

　本件土地2は裁決書記載の鑑定評価書の要旨添付の図面を見ると6mの行き止り道路を設定しており、鑑定評価書の幅員も6mであることから、その点は変わりません。ただし、土

地1と同様に敷地の奥まで道路を敷設するか、途中で止めているかの違いはあり、有効率が高くなることを考えると、やはり審判所が想定した図面の方が妥当と考えられます。

### ❸ 2土地の山林残存部分

2土地について、争点にはなっていませんでしたが、筆者が気になった点が山林残存部分です。開発法の想定図を見ると100 m²以上の面積はあると思われる部分が山林残存部分として記載されています。こちらについては未利用地だとしても何らかの価値を見ても良かったのではないかと思われます。

### ❹ 試算価格の調整

本件1土地、2土地ともに比準価格及び開発法による価格について「等しく尊重」として各試算価格の重み付けを50%として鑑定評価額を決定しています。1土地、2土地ともに比準価格と開発法による価格は6%ほどの乖離が生じています。それほど大きな乖離ではないですが、個人的には試算価格の調整過程(各試算価格の再吟味、各試算価格が有する説得力に係る判断)の記載があっても良かったように思えます。鑑定主体によって考え方は様々かと思いますが、筆者は対象不動産が分譲素地の場合、比準価格よりも開発法による価格を重視して鑑定評価額を決定することが多いです。理由としては分譲素地の取引事例については細かい造成費のことまでは取引事例の情報からは判明しておりません。取引事例は実際に取引された事例であることから、市場の実態を表しているとも考えられますが、あくまで鑑定主体が限られた情報から標準化補正等を行うことになることや、取引当事者の事情(相続による売り急ぎ等)も不明であることから、やや説得力は劣るものと考えられます。それに対して、開発法による価格は対象不動産そのものに対して開発を行った場合の分譲利益や造成費の計算も直接的に査定されており、説得力を有すると考えられるからです。

### ❺ 鑑定評価額

上記1～3の評価過程においてやはり合理的でないと言わざるを得ませんが、結論としての鑑定評価額の面から検証してみたいと思います。

本件鑑定評価での評価額は、次のようになっています。
・1土地:69,900,000円(64,462円/m²、路線価の約36%)
・2土地:97,500,000円(47,937円/m²、路線価の約36%)

審判所が提示した自用地としての通達評価額は、次のようになっています。
・1土地:106,528,350円(98,240円/m²、路線価の約55%)
・2土地:136,822,842円(67,271円/m²、路線価の約50%)

このように見ると、本件鑑定評価額単価の路線価に対する割合はともに約36%となっています。審判所が示した自用地としての通達評価額は広大地評価を適用し、1土地・2土地がそれぞれ路線価の約55%、約50%と評価されていることを考えると、かなり評価額が低いという印象です。

## 2 審判所の判断に対する検討

上記では本件鑑定評価書の妥当性を検証しましたが、一方で国税不服審判所の判断についても考えてみたいと思います。

筆者としては全般的に審判所が指摘する事項については本件については概ね正しいのではないかと考えます。すなわち、鑑定評価は行うべきではなく、広大地評価が適切だと考えます。強いて言えば、本件鑑定評価書について、取引事例比較法の標準的画地について、取引事例の標準的画地と対象地の標準的画地の大きさを別と考えることの不合理さを指摘しても良かったのではないか、と考えます。

# Ⅳ 筆者が鑑定評価を行う場合

## 1 本事例において鑑定評価を採用すべきか否か

本件に関して、筆者は鑑定評価を行うという選択肢はないと判断します。審判所の判断で広大地評価をしており、これが下限値になると考えられますが、下記で具体的な評価を想定し、通達評価額より高くなることを検証します。

## 2 具体的な鑑定評価

開発法を適用するとした場合の試算を想定で行ってみます。この場合は審判所が想定した区画割が適切と思われることから、その図面（別紙5の1、2参照）を基に試算します（開発法の詳細は省略します）。

〈1 土地〉

　販売価格単価：205,000 円／m²
　各宅地の個別的要因：0.92
　有効宅地面積：901.00 m²
　有効宅地化率：83.1％
　造成費単価：20,000 円／m²

　開発法による価格：121,000,000 円

〈2 土地〉

　販売価格単価：175,000 円／m²
　各宅地の個別的要因：0.93
　有効宅地面積：901.00 m²
　有効宅地化率：83.1％
　造成費単価：35,000 円／m²

　開発法による価格：123,000,000 円

試算を行った結果、上記の評価額となりました。土地1、2ともに広大地評価を上回る結果となりました。やはり本件については広大地評価を行うに留め、鑑定評価を行うべきではなかったと思われます。次に現行制度である地積規模の大きな宅地を適用した評価額を査定してみたいと思います。

## 3 現時点での通達評価額

　本件の相続は平成25年であったことから、地積規模の大きな宅地制度が創設される前の相続でした。本件が仮に現在の地積規模の大きな宅地が適用できる場合の評価額を検証してみたいと思います。なお、試算に当たり、路線価は同一とし、各補正率は令和6年現在の補正率を適用し、東京国税局管内の裁決であることから三大都市圏であると想定して規模格差補正率や造成費を査定します。また、図面は裁決書記載の図を基に筆者が作成します。

〈1 土地〉
（間口・奥行）
　間口距離
　　実際に接している間口：4.92 m＋5.03 m＋3.22 m＝13.17 m
　　想定整形地の間口：42.12 m
　　上記より 13.17 m

　奥行距離
　　計算上の奥行：1,084.36 m² ÷ 13.17 m ＝ 82.33 m
　　想定整形地の奥行：47.93 m
　　上記より：47.93 m

① 近似整形地と隣接整形地を合わせた全体の整形地の奥行価格補正後の価額
　180,000円／m² × 0.90 × （1,084.36 m² ＋ 195.16 m²） ＝ 207,282,240円
② 隣接整形地の奥行価格補正後の価額
　180,000円／m² × 1.00 × 195.16 m² ＝ 35,128,800円
③ ①から②を控除した近似整形地の価額
　207,282,240円 － 35,128,800円 ＝ 172,153,440円（158,760円／m²）

（評価）
1 奥行価格補正後の1m²当たりの価額
　158,760円（近似整形地適用）
2 二方路線影響加算後の1m²当たりの価額
　135,000円 × 0.88（奥行価格補正率） × 0.02（二方路線影響加算率） ＝ 2,376円
　158,760円 ＋ 2,376円 ＝ 161,136円
3 間口狭小補正及び不整形補正後の1m²当たりの価額

161,136 円 × （1.00（間口狭小補正率） × 0.90（不整形補正率） ＝ 145,022 円

4　規模格差補正率適用後の１㎡当たりの価額

145,022 円 × 0.77（規模格差補正率※） ＝ 111,666 円

※規模格差補正率の査定根拠

（1,084.36 ㎡ × 0.90 ＋ 75） ÷ 1,084.36 ㎡ × 0.8 ≒ 0.77（小数点第２位未満切捨）

5　本件土地の自用地としての評価額

111,666 円 × 1,084.36 ㎡ ＝ 121,086,143 円

6　セットバック考慮後の価格

121,086,143 円 × （121,086,143 円 × 0.88 ㎡ ÷ 1,084.36 ㎡ × 0.7）

＝ 121,017,357 円（111,602 円／㎡、路線価の約 62％）

　上記の評価額となりました。先に求めた推定の鑑定評価額とほぼ同じ価格のため、１土地について鑑定評価を適用することはないと思われます。

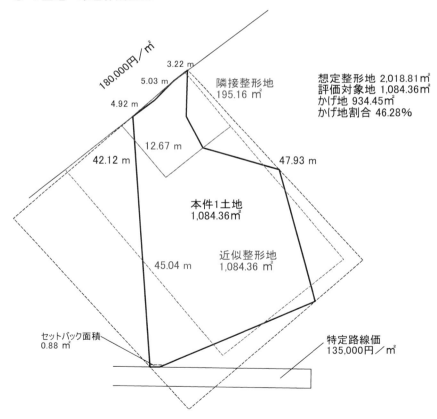

● １土地・筆者作成図面

〈2 土地〉
(間口・奥行)
　間口距離：27.60 m
　奥行距離
　　計算上の奥行：2,033.90 m² ÷ 27.60 m ＝ 73.69 m
　　想定整形地の奥行：56.71 m
　　上記より：56.71 m


① 近似整形地と隣接整形地を合わせた全体の整形地の奥行価格補正後の価額
　　135,000 円／m² × 0.87 × (2,033.90 m² ＋ 444.67 m²) ＝ 291,108,046 円
② 隣接整形地の奥行価格補正後の価額
　　135,000 円／m² × 1.00 × 444.67 m² ＝ 60,030,450 円
③ ①から②を控除した近似整形地の価額
　　291,108,046 円 － 60,030,450 円 ＝ 231,077,596 円（113,613 円／m²）


(評価)
1　奥行価格補正後の 1 m² 当たりの価額
　　113,613 円（近似整形地適用）
2　間口狭小補正及び不整形補正後の 1 m² 当たりの価額
　　113,613 円 ×（1.00（間口狭小補正率）× 0.92（不整形補正率） ＝ 104,523 円
3　規模格差補正率適用後の 1 m² 当たりの価額
　　104,523 円 × 0.74（規模格差補正率※） ＝ 77,347 円
　　※規模格差補正率の査定根拠
　　(2,033.90 m² × 0.90 ＋ 75) ÷ 2,033.90 m² × 0.8 ≒ 0.74（小数点第 2 位未満切捨）
4　本件土地の自用地としての評価額
　　77,347 円 × 2,033.90 m² ＝ 157,316,063 円
5　セットバック考慮後の価格
　　157,316,063 円 ×（121,086,143 円 × 10.86 m² ÷ 2,033.90 m² × 0.7）
　　＝ 156,728,072 円（77,057 円／m²、路線価の約 57％）
6　造成費考慮後の価格
　　77,347 円 － ※40,900 円 ＝ 36,447 円
　　36,447 円 × 2,033.90 m² ＝ 74,129,553 円

※造成について、奥行56.71mに対して10m下がっており（裁決書記載の位置図から推定）、角度が10.000487度と計算されたこと、及び等高線の位置及び2土地が奥に向かってより下り傾斜であることを推定し、10度超15度以下の令和6年度の東京国税局管内の造成費を採用し、40,900円としました。

以上より、通達評価額の方が鑑定評価額より低くなることから、2土地についても鑑定評価の適用はないと思われます。

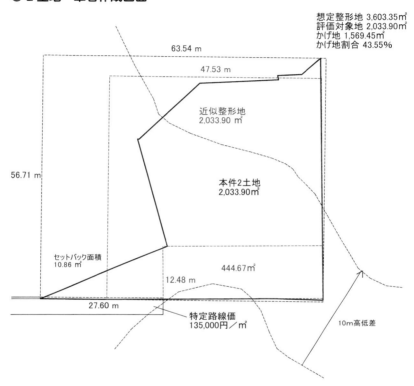

● 2土地・筆者作成図面

《参考：評価額の比較》

- ●納税者の主張：鑑定評価による評価額　　1土地：69,900,000円
　　　　　　　　　　　　　　　　　　　　2土地：97,500,000円
- ●課税庁の主張：通達評価による評価額　　1土地：103,865,000円
　　　　　　　　　　　　　　　　　　　　2土地：136,822,842円
　⇒国税不服審判所が採用
- ●筆者による評価：鑑定評価額　　　　　　1土地：121,000,000円
　　　　　　　　　　　　　　　　　　　　2土地：123,000,000円
- ●現時点での通達評価額　　　　　　　　　1土地：121,017,357円
　　　　　　　　　　　　　　　　　　　　2土地：74,129,553円

# CASE 3 土地の規模、地勢、擁壁等に対する特別な事情の適否が問われた事例

## I 事案の概要

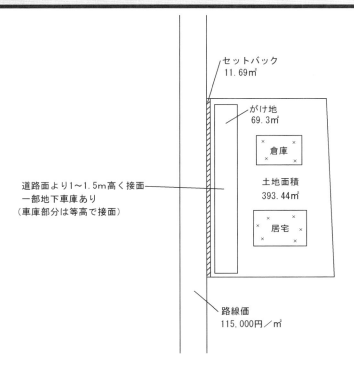

〈評価対象地〉

平成26年12月に請求人が取得した土地。道路面と高低差があり、敷地の一部は車庫に供されており、土地上には居宅と倉庫が存する。

〈納税者の主張〉

本件鑑定評価書は適切に評価されており、**請求人ら主張価額を超える原処分庁価額は、時価を超えるものであり、原処分庁には本件不動産を過大に評価した違法がある。**

● 鑑定評価による評価額

土地：31,400,000円

家屋：0円

倉庫：0円

〈課税庁の主張〉

**本件評価は時価を超えるものではなく、過大に評価したという違法はない。** 評価通達の定めに

より評価した通達評価額によるべきである。
- ●課税庁による評価額
  土地：37,481,653円（評価適用）
  家屋： 1,646,696円
  倉庫： 156,087円

# II 裁決の内容

■裁決情報：平成30年10月17日裁決（大裁：TAINS J113-4-10）

【基礎事実】
　本件被相続人は、本件相続の開始時に、d市所在の各土地、本件各土地上に存する建物（家屋、倉庫）を所有していた。本件各不動産の本件相続の開始の日における現況等は、以下のとおりである。
（イ）　本件各土地について
　A　本件各土地は、第一種低層住居専用地域に所在し、本件家屋の敷地として利用されている宅地であり、その登記簿面積（公簿面積）は合計393.44㎡である。なお、本件各土地の北西部分にはコンクリートの壁と屋根を有した車庫が設置されている。
　B　本件各土地の西側には、幅員3.52mの私道（建築基準法第42条第2項に規定する道路）が存し（なお、本件接面道路の一部が本件各土地に含まれているか否かについては、後記のとおり争いがある。）、接面部分には、擁壁が設置されている。
　C　本件各土地は、本件接面道路との接面部分の一部において、西向きに傾斜するがけ地等となっている。また、本件接面道路は南から北向きへの緩やかな下り傾斜であり、本件各土地は、車庫の敷地部分は本件接面道路と等高であるが、その他の部分は本件接面道路から約1mないし1.5m高い位置にある。
（ロ）　本件家屋について
　本件家屋は、本件各土地上に存する居宅であり、平成26年度の固定資産税評価額は、1,646,696円である。
（ハ）　本件倉庫について
　本件倉庫は、本件被相続人が所有していた土地上に存し、平成26年度の固定資産税評価額は、156,087円である。

（中略）

2　争点
　原処分庁主張価額が本件各不動産の時価を超え、原処分には本件各不動産の価額を過大に評価した違法があるか。

3 争点についての当事者の主張

| 原処分庁 | 請求人ら |
|---|---|
| 次のとおり、原処分庁主張価額は、本件各不動産の時価を超えるものではなく、原処分には本件各不動産の価額を過大に評価した違法はない。 | 原処分庁主張価額には、以下の問題点がある。これに対し、本件鑑定評価等は、これらの問題点を適切に評価し、本件各不動産の評価額を請求人ら主張価額と同額としている。<br>　したがって、請求人ら主張価額を超える原処分庁主張価額は、時価を超えるものであり、原処分には本件各不動産の価額を過大に評価した違法がある。 |
| (1)　本件各土地の私道負担<br>　ｄ市が、本件各土地の固定資産税の課税に際し、私道部分があるとして評価額を減額していないことからすると、本件各土地には、私道負担が生じていない。<br>　したがって、原処分庁主張価額が、本件各土地につき、私道負担が生じていないものとして算定されていることは、相当である。 | (1)　本件各土地の私道負担<br>　公図には、本件各土地と隣接する土地との間に道路の表示がないことからすると、本件各土地の一部が道路として利用されていることが明らかである。<br>　しかし、原処分庁主張価額は、本件各土地につき、私道負担が生じていないものとして算定されている。 |
| (2)　本件各不動産の評価方法について<br>　評価通達の定める評価方法による評価額は、当該評価方法によっては適正な時価を適切に算定することのできない特別な事情が認められない限り、時価を超えるものとは認められない。<br>　これを本件各不動産についてみるに、次のとおり、本件鑑定評価等やこれを基礎とする請求人らの主張における各指摘には合理性を欠く部分があるから、これらをもって、評価通達の定める評価方法によっては適正な時価を適切に算定することのできない特別な事情があるとは認められない。 | (2)　本件各不動産の評価方法について<br>　次のとおり、本件各不動産には、評価通達の定める評価方法によっては適正な時価を適切に算定することのできない特別な事情が認められる。 |
| イ　本件各土地について<br>（イ）　規模<br>　本件各土地を分譲した場合の具体的な区画分譲費用等の計算根拠が明らかではない。また、市場性が劣るという減価要因に加えて、分筆等に伴う経費負担という減価要因を考慮することには疑問がある。 | イ　本件各土地について<br>（イ）　規模<br>　本件各土地は、地積393.44㎡であり、標準的な画地の地積150㎡の２倍以上の規模があるから、標準的な画地に比して市場性が劣るという減価要因がある。<br>　しかし、評価通達には、当該減価要因を反映させる定めがない。<br>　なお、本件鑑定評価等では、減価率について、①市場性が劣ることや②分筆等に伴い経費負担 |

(ロ)　地勢等
　本件各土地に占める法地の割合を、感覚的におおむね4割としているが、実測に従って17.56％とすべきであり、本件鑑定評価等における上記法地の割合には合理性がない。
　また、本件各土地の地勢に係る減価において、傾斜方位に関係なくこれを算定しているほか、そのような減価に加えて擁壁の改修・補強工事費用による減価を考慮することには合理性がない。

ロ　本件家屋及び本件倉庫について
　本件家屋及び本件倉庫のいずれについても、不動産の取引実務上価値がないのは明らかであるとして、評価額を零円とするだけで、その具体的な計算根拠が示されていない。

が発生することなどを勘案して判定しているものであり、原処分庁が主張するように上記①に係る減価要因に加えて上記②に係る減価要因を考慮しているものではない。
　(ロ)　地勢等
A　本件各土地は、高低差が激しく、空地部分には、がけ地や段々状の部分や傾斜地があり、車庫の設置部分についても、道路面まで落ち込んで段々状となっているなど、多様な形態が入り組んだ複雑で特殊な地勢であり、「通常の用途に供することができないと認められる部分」の地積を求めることが困難であって、評価通達20－4により評価することが困難である。
　また、上記のような本件各土地の特殊な地勢からすると、平坦地部分（すなわち「通常の用途に供することができないと認められる部分」以外の部分）の市場性も低下するところ、評価通達20－4で用いられるがけ地補正率表に定める補正率では、このような市場性の低下を反映することができない。
　なお、本件鑑定評価等では、本件各土地が西向き傾斜であることを考慮して地勢要因による減価率を判定しており、原処分庁の主張するようにこれを傾斜方位に関係なく算定しているものではない。
B　本件擁壁は、本件家屋が約30年間空き家のまま放置された状態であったため、劣化が激しく危険であることから、本件各土地を再び住宅地として使用するには、本件擁壁の改修・補強工事が必要であるところ、評価通達にはこの点を反映させる定めがない。
ロ　本件家屋及び本件倉庫について
(イ)　本件家屋について
　本件家屋は、約30年間空き家のまま放置された状態であったため、ガスや給水等の設備、内装等の劣化が激しく、再び住宅として使用するには、修繕工事等が必要であるところ、評価通達にはこの点を反映させる定めがない。
(ロ)　本件倉庫について
　本件倉庫は、外壁等に簡素で安価な資材が使

| | 用されており、また、老朽化が著しいものであり、その敷地の最有効使用の観点からすると、取り壊すべきものであるところ、評価通達にはこの点を反映させる定めがない。 |
|---|---|

4　争点に対する審判所の判断
（中略）
(2)　認定事実
イ　本件各土地について
　(イ)　本件接面道路に付された平成26年分の路線価は、115,000円／m²である。
　(ロ)　当審判所が、本件各土地について本件接面道路を含まないものとして、それ以外の部分を計測したところ、間口が24.35mで、奥行きが北端につき15.78m、南端につき16.8mの台形であった。
　(ハ)　本件各土地は、西側部分に地積69.08m²の西向きのがけ地等（本件各土地全体に占める地積割合17.56％）を有している。本件各土地のうち当該がけ地等及び車庫の敷地部分以外は、東から西向き及び南から北向きへ緩やかな下り傾斜となっている。
　(ニ)　本件各土地の東側隣接地は公示地「d－〇」に選定されており、その地積は165m²である。
ロ　本件家屋について
　(イ)　本件家屋の壁面や窓枠等にはひび割れがあり、雨樋は破損し、天井の一部は抜けている。
　(ロ)　本件家屋の床や柱には大きな損傷等がない。
　(ハ)　本件家屋内には多数の荷物等が積み上げられている。
ハ　本件倉庫について
　(イ)　本件倉庫の天井にはベニヤ板が貼られ、床にはコンクリートが打たれている。
　(ロ)　本件倉庫には入口沿いに多数の段ボール箱が積み上げられているため、内部に立ち入ることができない。なお、当該段ボール箱には大きな損傷等がない。
(3)　検討
イ　本件各土地の私道負担について
　請求人らは、公図に、本件各土地と西側隣接地との間に道路の表示がないことから、本件各土地の一部が道路として利用されていることは明らかである旨主張する。
　しかしながら、上記(2)のイの(ロ)のとおり、本件各土地は、本件接面道路を含まないものとして計測すると、間口が24.35mで、奥行きが北端につき15.78m、南端につき16.8mの台形で、これらを基に算定した地積が396.6615m²（(15.78m＋16.8m)×24.35m÷2）であり、公簿面積393.44m²を上回っている。そうすると、本件各土地の一部が、本件接面道路の一部として道路利用されているとは容易には認められない。
　よって、原処分庁が、本件各土地につき、私道負担が生じていないものとして算定したことは相当である。
ロ　本件各不動産の評価方法について
　上記イのとおり、原処分庁が、本件各土地につき、私道負担が生じていないものとして算定したことは相当であるから、このことや上記(2)のイないしハの本件各不動産の状況を前提に、本件各不動産を評価通達、固定資産評価基準及び本件取扱いの定める評価方法によって評価すると、別紙4の

とおり、本件各土地の評価額は 37,481,653 円、本件家屋の評価額は 1,646,696 円、本件倉庫の評価額は 156,087 円となり、原処分庁主張価額と一致する。

　そして、上記（1）によれば、本件各不動産に適用される評価通達、固定資産評価基準及び本件取扱いの定める評価方法が一般的な合理性を失わず、かつ、上記評価方法によっては適正な時価を適切に算定することのできない特別な事情の存しない限り、原処分庁主張価額が本件各不動産の時価であると事実上推認することができる。

　この点、請求人らは、次のとおり、本件各不動産には、特別な事情が認められる旨主張するので、以下検討する。

（イ）　本件各土地について

　A　規模

　　請求人らは、本件各土地は、標準的な画地の地積 150 ㎡の２倍以上の規模があり、標準的な画地に比して市場性が劣ることが特別な事情に当たる旨主張する。

　　確かに、本件各土地の公簿面積は 393.44 ㎡である一方、本件各土地の東隣の公示地の地積は 165 ㎡であるから、本件各土地の地積は大きい。しかしながら、地積規模の大きな土地であることからは、売買における取引総額が高額となることが考えられ、そのことにより、想定し得る購入者の範囲が狭まるということはあり得るとしても、土地の取引価格は、その土地の存する地域の状況、当該取引の時点における経済環境等の影響を受けるものであり、最終的には取引当事者の合意によって定まるものであることからすれば、上記のように想定し得る購入者の範囲が狭まることによって、当然に当該土地の取引価格が低下するという関係にあるとはいえない。

　　また、本件鑑定評価等は、規模の大きな土地の減価率について、本件各土地を分筆・分割して売却を行う場合に発生する費用負担の率も勘案しているが、当該費用負担の有無や額は、それらを考慮するか否かも含めて一義的に定まるものではない。

　　以上の諸事情に照らせば、本件各土地の規模は、特別な事情には当たらないものと認められる。

　B　地勢等

　　請求人らは、①本件各土地は、高低差が激しく、段々状の部分や傾斜地があり、車庫の設置部分が道路面まで落ち込んで段々状となっているなど、多様な形態が入り組んだ複雑で特殊な地勢であるため、「通常の用途に供することができないと認められる部分」の地積を求めることが困難である上、平坦地部分の市場性も低下すること及び②劣化が激しい本件擁壁の改修・補強工事が必要であることが特別な事情に当たる旨主張する。

　（A）　地勢

　　　地勢に関しては、評価通達 20－4 が、がけ地等を有する宅地の評価について、その宅地の総地積に対するがけ地部分等通常の用途に供することができないと認められる部分の地積の割合及びそのがけ地等の方位に応じたがけ地補正率を乗じた価額によって評価する旨定めており、また、本件取扱いが、道路より高い位置にある宅地や地盤に甚だしい凹凸のある宅地など著しく利用価値が低下している宅地について、その利用価値が低下していると認められる部分の面積に対応する価額の 10％ の減額を認めている。

　　　これを上記Ｂの①の事情についてみると、高低差があることについては、がけ地部分等通常の用途に供することができないと認められる部分に対応したがけ地補正率を乗じることにより、車庫の設置部分のみ道路面まで落ち込んでいることについては、道路より高い位置にある

宅地などその利用価値が低下している宅地であるとして、本件取扱いが定める10％の減額により、それぞれ適切に評価をすることができるものであり、現に、原処分庁主張価額は、上記各点を評価している。また、本件各土地のうちがけ地及び車庫の設置部分を除く部分については、西向き及び北向きに緩やかに傾斜しているにすぎず、その利用に格別の支障を生じさせるものとはいえないから、減価要因とは認められない。

以上によれば、上記Bの①の事情は、評価通達及び本件取扱いにより評価される事情であるか、減価要因とは認められない事情であるから、特別な事情には当たらないものと認められる。

なお、本件鑑定評価等は、本件各土地について、過半が西向きに傾斜しているなどとして、地勢による25％の減価をしているが、M鑑定士は、本件鑑定評価等に当たり、本件各土地及び本件家屋を外観から目視するのみでそれらに立ち入っていないことからすると（請求人ら提出資料）、上記減価の判断は、客観的な合理性を直ちに肯定することができない。

(B) 擁壁

当審判所の調査によっても、客観的にみて、本件擁壁の改修・補強工事が必要であると認めるに足りる証拠はないから、上記Bの②の事情は、その前提となる事実を欠くものであり、特別な事情には当たらない。

なお、本件取扱いが、道路より高い位置にある宅地などその利用価値が低下しているものについて10％の減額を認める趣旨には、擁壁などの設置が必要になることも含まれているものと解されることからすると、仮に本件擁壁の改修・補強工事が必要であったとしても、そのことは、本件取扱いによる10％の減額に包含されるものであり、特別な事情には当たらないというべきである。

(ロ) 本件家屋及び本件倉庫について

請求人らは、本件家屋については、約30年間空き家のまま放置された状態であったため、再び住宅として使用するには、修繕工事等が必要であること、本件倉庫については、老朽化が著しく、その敷地の最有効使用の観点から取り壊すべきものであることが特別な事情に該当する旨主張する。

そこで検討すると、固定資産評価基準第2章第2節の一の1及び第3節の一の1は、木造家屋及び非木造家屋の評価額のいずれについても、原則として、再建築費に、経過年数に応じた損耗の状況による減点補正率（以下、当該補正率による減価を「経年減点補正」という。）を乗じるとし、当該減点補正率によることが、天災、火災その他の事由により当該家屋の状況からみて適当でないと認める場合にあっては、家屋の各部分の再建築費に損耗の程度に応ずる減点補正率を乗じた価額の合計とする旨定めている。

これを本件についてみると、上記(2)のロのとおり、本件家屋は、壁面や窓枠等にひび割れがあったり、雨樋が破損していたり、天井が抜けていたりするものの、床や柱には大きな損傷等がないため、内部の移動や風雨をしのぐことも可能であり、現に多数の荷物等が置かれ、軀体自体も保持されていることからすると、居宅としての機能を一応維持しているということができ、経年減点補正を越えて更なる減価を要するものとまでは認められない。

また、上記(2)のハのとおり、本件倉庫は、天井にベニヤ板が貼られ、床にコンクリートが打たれ、多数の段ボール箱が大きな損傷等もなく置かれていることからすると、倉庫としての機能を一応維持しているということができ、経年減点補正を越えて更なる減価を要するとは認められな

い。
　以上のとおり、請求人らの主張する本件家屋及び本件倉庫の現状は、いずれも固定資産評価基準に定められた経年減点補正により評価される事情であるから、特別な事情には当たらないものと認められる。
(ハ)　特別な事情についての小括
　上記(イ)及び(ロ)のとおり、特別な事情として請求人らの主張するような事情をもって、評価通達、固定資産評価基準及び本件取扱いの定める評価方法によっては適正な時価を適切に算定することのできない特別な事情があると認めることはできず、また、上記評価方法が適正な時価を算定する方法として一般的な合理性が失われているということもできない。そして、本件において、他に、上記評価方法が一般的な合理性を欠くことや、上記評価方法によっては適正な時価を適切に算定することのできない特別な事情があることを認めるに足る証拠はない。
ハ　争点についての結論
　以上によれば、本件各不動産の時価は、私道負担が生じていないものとして、評価通達及び本件取扱いの定める評価方法によって評価した原処分庁主張価額であると認めるのが相当であるから、当該評価方法によって評価した原処分庁主張価額が時価を超えるものとは認められず、原処分に本件各不動産の価額を過大に評価した違法があるものとも認められない。

5　原処分の適法性について
(1)　本件各更正処分
　上記4の(3)のハのとおり、原処分庁主張価額が本件各不動産の時価を超えるものとは認められず、原処分に本件各不動産の価額を過大に評価した違法はない。このことを前提に請求人らの本件相続に係る相続税の課税価格及び納付すべき税額を計算すると、別表2の「更正処分等」欄と同額となる。そして、本件各更正処分のその他の部分については、請求人らは争わず、当審判所に提出された証拠資料等によっても、これを不相当とする理由は認められない。
　よって、本件各更正処分はいずれも適法である。
(2)　本件各賦課決定処分
　上記(1)のとおり、本件各更正処分は適法であり、本件各更正処分により納付すべき税額の計算の基礎となった事実が各更正処分前の税額の計算の基礎とされていなかったことについて、国税通則法第65条第4項に規定する正当な理由があるとは認められない。以上を前提に本件各更正処分に係る過少申告加算税の額を算定すると、別表2（筆者注：本書では省略）の「更正処分等」欄と同額となるから、本件各賦課決定処分はいずれも適法である。

6　結論
　よって、本件審査請求はいずれも理由がないから、これらを棄却することとする。

別表1　本件各不動産
1　本件各土地
(1)

| 項　目 | 内　容 |
|---|---|
| 所　在 | ＊＊＊＊ |
| 地　番 | ＊＊＊＊ |
| 地　目 | 宅地 |
| 地　積 | 195.30 m² |

(2)

| 項　目 | 内　　　容 |
|---|---|
| 所　在 | ＊＊＊＊ |
| 地　番 | ＊＊＊＊ |
| 地　目 | 宅地 |
| 地　積 | 198.14 m² |

2　本件家屋

| 項　目 | 内　　　容 |
|---|---|
| 所　在 | ＊＊＊＊ |
| 家屋番号 | ＊＊＊＊ |
| 種　類 | 居宅 |
| 構　造 | 木・軽量鉄骨造瓦葺2階建 |
| 床面積 | 1階　113.65 m²<br>2階　105.84 m² |

3　本件倉庫

| 項　目 | 内　　　容 |
|---|---|
| 所　在 | ＊＊＊＊ |
| 家屋番号 | ＊＊＊＊ |
| 種　類 | 倉庫 |
| 構　造 | 軽量鉄骨造亜鉛メッキ鋼板葺平家建 |
| 床面積 | 44.52 m² |

別表2（省略）

別紙1（省略）

別紙2　関係法令等

1　相続税法第22条《評価の原則》は、同法第3章で特別の定めのあるものを除くほか、相続により取得した財産の価額は、当該財産の取得の時における時価による旨規定している。

2　財産評価基本通達（昭和39年4月25日付直資56ほか国税庁長官通達。ただし、平成29年9月20日付課評2-46ほかによる改正前のもの。以下「評価通達」という。）20-4《がけ地等を有する宅地の評価》は、がけ地等で通常の用途に供することができないと認められる部分を有する宅地の価額は、その宅地のうちに存するがけ地等ががけ地等でないとした場合の価額に、その宅地の総地積に対するがけ地部分等通常の用途に供することができないと認められる部分の地積の割合に応じて「がけ地補正率表」に定める補正率を乗じて計算した価額によって評価する旨定め、「がけ地補正率表」では、上記地積の割合及びがけ地等の方位に応じた補正率が定められている。

3　評価通達24《私道の用に供されている宅地の評価》は、私道の用に供されている宅地の価額は、同通達11《評価の方式》から21-2《倍率方式による評価》までの定めにより計算した価額の100分の30に相当する価額によって評価し、この場合において、その私道が不特定多数の者の通行の用に供されているときは、その私道の価額は評価しない旨定めている。

4　評価通達89《家屋の評価》は、家屋の価額は、その家屋の固定資産税評価額（地方税法第381条《固定資産課税台帳の登録事項》の規定により家屋課税台帳若しくは家屋補充課税台帳に登録された基準年度の価格又は比準価格をいう。以下同じ。）に1.0倍を乗じて計算した金額によって評価する旨定めている。

5　地方税法第341条《固定資産税に関する用語の意義》第5号は、固定資産税について、価格という用語の意義は、適正な時価をいう旨規定している。

6　地方税法第403条《固定資産の評価に関する事務に従事する市町村の職員の任務》第1項は、市

町村長は、一定の場合を除くほか、同法第 388 条《固定資産税に係る総務大臣の任務》第 1 項の固定資産評価基準によって、固定資産の価格を決定しなければならない旨規定している。

7　固定資産評価基準（昭和 38 年自治省告示第 158 号）第 2 章第 1 節の一は、家屋の評価は、木造家屋及び木造家屋以外の家屋（以下「非木造家屋」という。）の区分に従い、各個の家屋について評点数を付設し、当該評点数に評点 1 点当たりの価額を乗じて各個の家屋の価額を求める方法によるものとする旨定めている。

8　固定資産評価基準第 2 章第 2 節の一の 1 は、木造家屋の評点数は、当該木造家屋の再建築費評点数を基礎として、これに損耗の状況による減点補正率を乗じて付設するものとし、次の算式によって求めるものとし、この場合において、当該木造家屋について需給事情による減点を行う必要があると認めるときは、上記の方法により求めた評点数に需給事情による減点補正率を乗じて求めるものとする旨定めている。

（算式）　評点数＝再建築費評点数×経過年数に応ずる減点補正率（経過年数に応ずる減点補正率によることが、天災、火災その他の事由により当該木造家屋の状況からみて適当でないと認められる場合にあっては、評点数＝（部分別再建築費評点数×損耗の程度に応ずる減点補正率）の合計）

9　固定資産評価基準第 2 章第 3 節の一の 1 は、非木造家屋の評点数は、当該非木造家屋の再建築費評点数を基礎として、これに損耗の状況による減点補正率を乗じて付設するものとし、次の算式によって求めるものとし、この場合において、当該非木造家屋について需給事情による減点を行う必要があると認めるときは、上記の方法により求めた評点数に需給事情による減点補正率を乗じて求めるものとする旨定めている。

（算式）　評点数＝再建築費評点数×経過年数に応ずる減点補正率（経過年数に応ずる減点補正率によることが、天災、火災その他の事由により当該非木造家屋の状況からみて適当でないと認められる場合にあっては、評点数＝（部分別再建築費評点数×損耗の程度に応ずる減点補正率）の合計）

別紙 3
〈本件鑑定評価等の要旨〉
1　本件各土地及び本件家屋について
(1)　鑑定評価の方針
　本件家屋は、相当に築年数が経過しており、保守、維持管理の状況は悪く、未稼働の状態であるため、老朽化が進んでおり、ほとんど市場価値を見いだせず、本件家屋を取壊し後に更地化することが最有効使用であると判定されるが、評価目的が財産相続の参考である点にも留意し、本件各土地の更地価格をまず求め、次いで本件家屋の市場価値を判断して加算することで鑑定評価額を決定することとする。
イ　標準画地更地価格の査定
　本件接面道路沿いに、標準画地として、地積 150 ㎡ の長方形状の宅地を想定し、標準画地更地価格を 21,000,000 円（140,000 円／㎡）と決定した。
ロ　本件各土地の個別的要因（個性率）の判定
　想定した標準画地に対する本件各土地の個別的要因（個性率）を以下のとおり、

　　　　　　（イ）　（ロ）　（ハ）　（ニ）　（ホ）　（ヘ）
57／100（0.90×1.00×1.00×0.75×0.90×0.94 ≒ 0.57）と判定した。

（イ）　規模について、地積は393.44 m²で、地域における標準的画地規模に比べてやや過大である。当該減価率を、市場性減退の程度、単価と総額の関係、利用効率等を勘案し、10％と判定した。

（ロ）　形状について、ほぼ長方形であり増減価はない。

（ハ）　中間画地であり、標準的である。

（ニ）　地勢について、過半が傾斜地勢（西向き傾斜）で、宅盤整備の工事はなされているものの、施工は古く、改修・補強工事等を要すると判断される。当該工事費や改修後の傾斜地の利用効率等を勘案し、地価調査研究会編著「土地価格比準表」の崖地格差率表や評価通達のがけ地補正率表をも参考とし、減価率を25％と判定した。

（ホ）　本件接面道路とは約1 mないし1.5 mの宅盤差があり（ただし、北端部のみ等高接面）、利用効率に劣る。市場における取引実態や地価調査研究会編著「土地価格比準表」等を参考として、減価率を10％と判定した。なお、擁壁改修工事費用は上記（ニ）にて考慮済みである。

（ヘ）　本件接面道路について約15 m²（推定値）の私道負担が認められる。私道負担の面積及び境界未確定による不確実性や境界確定に要するコスト等を勘案し、減価率を6％と判定した。

ハ　本件各土地の更地価格の決定
　標準画地更地価格及び本件各土地の個別的要因に基づいて、本件各土地更地価格を、次のとおり、31,400,000円（79,800円／m²）と決定した。

（標準画地価格）　　（個別的要因）
140,000円／m² × 57／100 ＝ 79,800円／m²

　　　　　　　　　　（地積）　　　　　　（総額）
79,800円／m² × 393.44 m² ≒ 31,400,000円

ニ　本件家屋の査定
　本件家屋は、築後相当の年数が経過した住宅であり、未稼働の状態で管理も悪く老朽化が激しい。設備や設計等も旧式化していると推測され、市場実態に鑑みて有効需要は乏しく、経済価値は無いものと判断し、価格を零円と決定した。

(2)　本件各土地及び本件家屋の試算価格
　上記(1)のハ及びニにより、本件各土地及び本件家屋の試算価格を31,400,000円と決定した。

(3)　鑑定評価額の決定
　上記(2)の試算価格を、鑑定評価方式及び採用した資料の信頼性に基づいて再吟味した結果、当該試算価格は、信頼性が高く、妥当であると判断し、鑑定評価額を総額31,400,000円（内訳本件各土地：31,400,000円　本件家屋：零円）と決定した。

2　本件倉庫について
　本件倉庫は、築後約24年が経過した倉庫であり、未稼働の状態で管理も悪く老朽化が激しい。また、最有効使用の観点からも継続利用の需要は乏しく、経済価値は無いものと判断した。

別紙4
〈評価通達の定める評価方法等による評価額〉
1　本件各土地（評価額37,481,653円）

(1) 路線価

　115,000 円

(2) がけ地等補正後の 1 m² 当たりの価額（注 1）

　115,000 円×0.94＝108,100 円

(3) がけ地等補正後の宅地の評価額

　108,100 円×393.44 m²＝42,530,864 円

(4) セットバックを必要とする宅地の評価額（注 2）

　42,530,864 円－(42,530,864 円×11.69 m²÷393.44 m²×0.7)＝41,646,282 円

(5) 利用価値が著しく低下している宅地の評価額（注 3）

　41,646,282 円×(1－0.1)＝37,481,653 円（本件各土地の評価額）

2　本件家屋（評価額 1,646,696 円）（注 4）

　1,646,696 円（平成 26 年度固定資産税評価額）×1.0＝1,646,696 円

3　本件倉庫（評価額 156,087 円）（注 4）

　156,087 円（平成 26 年度固定資産税評価額）×1.0＝156,087 円

（注 1）　評価通達 20－4 に定めるがけ地補正率 0.94 を適用する。

（注 2）　本件接面道路は、建築基準法第 42 条第 2 項に規定する私道で、幅員 3.52 m、間口 24.35 m であることから、評価通達 24－6《セットバックを必要とする宅地の評価》が適用されるセットバックを必要とする部分の地積は、11.69 m² である。

（注 3）　本件取扱いを適用する。

（注 4）　評価通達 89 を適用する。

# Ⅲ　鑑定士視点からの考察

## 1　本件鑑定評価書の妥当性の検証

　こちらも鑑定評価が否認された事例です。筆者の観点から当該事例における本件鑑定評価書の妥当性を検証します。

### 1　最有効使用

　まず、本件土地の最有効使用について、本件鑑定評価書では「本件家屋を取壊し後に更地化することが最有効使用であると判定される」という書き方をしていますが、土地の最有効使用について記載されておりません。建物及びその敷地の最有効使用であれば、更地としての最有効使用、建物及びその敷地の最有効使用（現状継続、用途変更、建物の取壊しのいずれか）をきちんと記載すべきです。この場合、建物及びその敷地の最有効使用が建物の取壊しであるとしても、更地としての最有効使用をきちんと述べ、市場参加者（例えば、開発素地として仕入れる不動産業者、邸宅用地として購入する個人等）を明確にすべきです。それを明確にすることで評価方針（取引事例比較法のみなのか、開発法も適用すべきなのか）が決まるため、この書き方では不十分と思われます。

### 2　土地評価

　土地について、本件鑑定評価では取引事例比較法による比準価格のみで価格を決定していま

す（裁決文の鑑定評価等の要旨からは取引事例比較法の文言はありませんが、標準的画地から個性率を乗じて求めているので、取引事例比較法による比準価格を求めています）が、筆者としては開発法を適用すべきだったかと思います。最有効使用については戸建分譲用地とは書かれていませんが、こちらも前述の通り明確に記載すべきだったかと思われます。

また、比準価格の個性率の査定ですが、（ニ）の地勢の項目について「土地価格比準表の崖地格差率表や評価通達のがけ地補正率表をも参考とし、減価率を25％と判定した。」と記載されていますが、根拠が乏しいにもかかわらず−25％と大きな減価を行っていると考えられます。そして、審判所の文言によると、本件鑑定士は立ち入りを行わずに評価を行っていることから、この点からも根拠が乏しい評価を行っていると判断されても仕方ないと考えます。

次に、「戸建分譲が最有効使用の開発素地」ということであればやはり造成費が嵩むこと（標準的な造成費 15,000〜20,000 円／m² 程度に対する対象不動産上で実際に造成を行った場合の造成費単価との比較）の減価を具体的に査定すべきです。現地調査については立ち入りが困難であったかはわかりませんが、対象不動産上の建物が「居宅」「倉庫」とされており、調査時点現在で居宅が空家だったとしても過去に使われていたのであれば立ち入りは可能だったかと推測します。また道路面との高低差が1〜1.5ｍ程度、段々状の部分がある、ということであれば段々状の部分を上ることでやはり立ち入りは可能と考えられます。よって、立ち入りを行い、傾斜の度合いを写真撮影して造成費査定については外部の専門家にするとしても、評価主体である不動産鑑定士が文章と写真でその土地の減価について鑑定評価書内で明確にすべきです。

次に（ホ）の高低差について、本件鑑定評価書では市場における取引実態や地価調査研究会編著「土地価格比準表」の崖地格差等を参考として、減価率を査定しており、擁壁改修工事費用については（ニ）の地勢の項目に含めています。この項目についてもやや根拠に乏しいと考えられます。（ニ）地勢や（ホ）高低差についてはきちんと造成見積を外部の専門家に依頼し、最有効使用（戸建分譲用地）の実現のために具体的な造成費を査定する方が減価率の具体的な根拠にもなりますし、減価率の査定が容易になると思われます。

最後に、（ホ）私道負担について、当該鑑定評価書では−6％の減価としています。これは請求人の主張にもあったように、「公図には、本件各土地と隣接する土地との間に道路の表示がないことからすると、本件各土地の一部が道路として利用されていることが明らか」という点から減価しているものと考えられますが、原処分庁が主張するように固定資産税の課税に際し、私道部分があるとして評価額を減額していないことや、審判所が判断したように、計測して公簿面積を上回っているということであれば公図に道路の表示がないことを理由に私道負担を判断するのは適切ではないと考えられます。

そもそも、公図は精度が高いものと高くないものがあります。精度が高い公図で道路負担がされていない、ということであれば請求人側の主張も理解できますが、現実的には精度が高い図面で土地と道路が分かれていない、ということはまずないと考えられます。また、精度が高くない公図であれば、公図のみならず地番図や建物図面の配置図、建築計画概要書や台帳記載

事項証明書に記載されている敷地面積等を確認し、総合的に判断すべきです。

本件鑑定士は15 m$^2$ を推定値として求めていますが、審判所が判断したセットバック面積は11.69 m$^2$ であり、前面道路が3.52 m で建築基準法第42条2項道路であれば通常のセットバックで減価をするのが適切だったと考えます（対面側がセットバック済と仮定し、対象不動産側が後退の必要があるとすると、(4.0 m − 3.52 m) × 24.35 m ≒ 11.69 m$^2$ となります）。

また、本件鑑定士は−6％の減価としていますが、推定された私道面積 15 m$^2$ ÷ 393.44 m$^2$ ≒ 3.8％ であることから、−6％との差の−2.2％分の減価「私道負担の面積及び境界確定による不確実性や境界確定に要するコスト等を勘案」と鑑定評価書で述べられていますが、この辺りも根拠が曖昧であるため、やはり上記のセットバック分のみの減額とすべきだと筆者は考えます。

### 3 建物評価

本件鑑定評価について、建物はゼロ価値としておりますが、これは鑑定主体によるものなので仕方ない部分もあると思いますが、審判所の指摘通り、やはり固定資産税評価額で評価すべきで、建物は鑑定評価を行うべきではなく、土地のみの独立鑑定評価を行うべきだったと筆者は考えます。

## 2 審判所の判断に対する検討

### 1 戸建分譲素地の減額

審判所が述べる「地積規模の大きな土地であることからは、売買における取引総額が高額となることが考えられ、そのことにより、想定し得る購入者の範囲が狭まるということはあり得るとしても、土地の取引価格は、その土地の存する地域の状況、当該取引の時点における経済環境等の影響を受けるものであり、最終的には取引当事者の合意によって定まるものであることからすれば、上記のように想定し得る購入者の範囲が狭まることによって、当然に当該土地の取引価格が低下するという関係にあるとはいえない。」という理屈について筆者は疑問を抱きます。繰り返しになりますが、鑑定評価はそもそも最有効使用を前提とした価格を求めるものであり、「戸建分譲用地」が最有効使用、すなわち典型的な市場参加者は不動産業者と判断されたからこそ開発法による価格を求めているのです。この審判所の書き方は一見正しいことを言っているようにも見えますが、正しくは「購入者、すなわち主たる市場参加者が開発素地仕入目的の不動産業者と判断されたからこそ、その価格は仕入れ値となり価格が下がる。」ということになります。

### 2 擁壁の減額

審判所は「本件擁壁の改修・補強工事が必要であると認めるに足りる証拠はない」「道路より高い位置にある宅地などその利用価値が低下しているものについて10％の減額を認める趣旨には、擁壁などの設置が必要になることも含まれているものと解されることからすると、仮に本件擁壁の改修・補強工事が必要であったとしても、そのことは、本件取扱いによる10％の減額に包含されるものであり、特別な事情には当たらないというべきである。」という説明

がされていますが、筆者はこの点について大きく疑問を持ちます。まず「擁壁の改修・補強工事が必要であると認めるに足る証拠はない」という点については、証拠はない、という根拠を述べるべきだと考えます。筆者はこれまでの鑑定評価の中で、老朽化した擁壁・ブロック塀等について再工事を行うために造成費が嵩んでしまう、という例を多数見てきました。本件について、基礎事実として「本件各土地は、本件接面道路との接面部分の一部において、西向きに傾斜するがけ地等となっている。また、本件接面道路は南から北向きへの緩やかな下り傾斜であり、本件各土地は、車庫の敷地部分は本件接面道路と等高であるが、その他の部分は本件接面道路から約1mないし1.5m高い位置にある。」、審判所の認定事実として「西側部分に地積 69.08 $m^2$ の西向きのがけ地等（本件各土地全体に占める地積割合 17.56％）を有している。本件各土地のうち当該がけ地等及び車庫の敷地部分以外は、東から西向き及び南から北向きへ緩やかな下り傾斜となっている。」と記載されています。これらの事実からは道路との高低差及び敷地内の高低差、上記擁壁の改修・補強費用も考慮すると、実際に造成を行った場合は相当の造成費が生じるものと考えられます。

　審判所は上記の通り、利用価値低下の 10％ の減額に包含されるものとしていますが、正面路線価は 115,000 円／$m^2$ であるため、10％ であれば 11,500 円／$m^2$ 程度の減額と考えると、このような金額の造成費では到底足りないと考えられます。繰り返しになりますが、やはり審判所としては根拠を示さないで「擁壁の改修・補強工事が必要であると認めるに足る証拠はないという点については、証拠はない。」と切り捨てるのではなく、具体的な金額を示し、10％ の減額に包含されている、とすべきだと筆者は考えます。

# Ⅳ 筆者が鑑定評価を行う場合

## 1 本事例において鑑定評価を採用すべきか否か

　本事例においては鑑定評価を採用すべきと考えます。面積から開発法を適用すべきであったこと、道路面との高低差、敷地内でもがけ地が見られることから、開発法適用の際は納税者が主張した価格よりもさらに鑑定評価額は下がる可能性ががあります。

## 2 具体的な鑑定評価

　まず、最有効使用の判定を行うことになりますが、本件の場合は第1種低層住居専用地域内で、標準的画地面積が 150 $m^2$ とすると対象不動産の面積 393.44 $m^2$ は約 2.6 倍であり、2区画または3区画に分けて分譲を行うのが最有効使用と筆者は考えます。

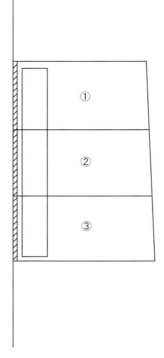

　図のように、セットバック後、3区画に分け、開発法を適用します。実際に鑑定評価を行う場合は取引事例比較法による比準価格も試算しますが、ここでは省略します。敷地内にがけ地部分を含むこと、道路との高低差、擁壁の改修工事の必要性等から造成費はかなり嵩むものと考えられ、60,000円／m²程度はかかると考えられます。販売価格単価としては150,000円／m²と設定しました。各宅地の個別的要因としては3区画とも西側の方位補正及び、敷地内に擁壁設置する必要があり、有効面積が小さくなること等を想定し、全体で0.92としました。

### 1 販売総額の査定

　個別的要因の比較については、各画地の個別的要因を考慮し、面積比を基礎とした相乗積の評点により下記の通り査定し、販売総額を以下の通り査定しました。

| No. | 個別的要因の内訳 | 格差率<br>①<br>相乗積 | 面　積<br>②<br>(m²) | 販売額<br>③<br>更地価格×①② |
|---|---|---|---|---|
| 1～3 | 方位、有効面積の低下 | 0.920 | 381.75 | 50,900,000 |
| | 合　計 | | 381.75 | 50,900,000<br>133,300 円／m² |

○造成計画の概要
　（イ）造成面積　　　　　393.44 m²

(ロ) 有効宅地面積　　381.75 m² （有効宅地化率 97.0％）
(ハ) 設備　　　　　　特になし
(ニ) 画地　　　　　　1区画平均　約 127.25 m²
(ホ) 分譲戸数　　　　3戸

## 2 造成スケジュール

| 月数 | 準備期間 | 造成期間 | 配分 | 販売期間<br>販売収入 | 配分 | 販売費及び一般<br>管理費 | 配分 |
|---|---|---|---|---|---|---|---|
| 0 | （価格時点） | | | | | | |
| 1 | 設計期間 | | | | | | |
| 2 | 設計期間 | | | | | | |
| 3 | 設計期間 | | | | | | |
| 4 | | 造成開始 | 50％ | | | | |
| 5 | | 造成完了 | 50％ | | | 造成中間点 | 70％ |
| 6 | | | | 販売開始 | 50％ | | |
| 7 | | | | 販売終了 | 50％ | | 30％ |

## 3 事業収支計画

| | 項　目 | 金　額（円） | 査定の根拠 |
|---|---|---|---|
| 収入 | 販売総額 | 50,900,000 | 販売総額の査定参照 |
| | 販売単価（円／m²） | 133,300 | |
| 支出 | 協力用地買収 | 0 | |
| | 造成工事費（総額） | 23,600,000 | |
| | 造成単価（円／m²） | 60,000 | |
| | 販売費及び一般管理費 | 2,500,000 | 販売総額の5％と査定 |

## 4 投下資本収益率の査定

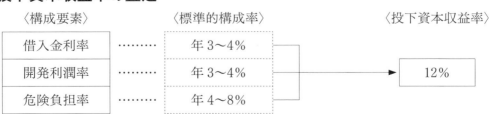

## ❺ 開発法を適用して求めた素地価格（割戻方式による土地価格）

| | 項目 | 金額 | 配分 | 期間 | 複利現価率 | 複利現価 |
|---|---|---|---|---|---|---|
| 予想収入 | 販売収入 | 25,450,000 | 50% | 6 | 0.944911183 | 24,048,000 |
| | | 25,450,000 | 50% | 7 | 0.936029393 | 23,822,000 |
| | 合計 | 50,900,000 | 100% | ── | （A） | 47,870,000 |
| 予想支出 | 用地取得費 | 0 | 100% | 1 | 0.990600398 | 0 |
| | 造成工事費 | 11,800,000 | 50% | 4 | 0.962928393 | 11,363,000 |
| | | 11,800,000 | 50% | 5 | 0.953877249 | 11,256,000 |
| | 小計 | 23,600,000 | 100% | ── | ── | 22,619,000 |
| | 販売費及び一般管理費 | 1,750,000 | 70% | 5 | 0.953877249 | 1,669,000 |
| | | 750,000 | 30% | 7 | 0.936029393 | 702,000 |
| | 小計 | 2,500,000 | 100% | ── | ── | 2,371,000 |
| | 合計 | 26,100,000 | | | （B） | 24,990,000 |
| | 項目 | | | | | |
| 土地関係支出 | 仲介手数料 | L×0.03 | | | | 0.03 L |
| | 不動産取得税 | L×0.7×0.5×0.03 | | | | 0.0105 L |
| | 登録免許税 | L×0.7×0.015 | | | | 0.0105 L |
| | 固定資産税 | L×0.7×0.5×0.014× | | 7 | /12 | 0.0029 L |
| | 都市計画税 | L×0.7×0.5×0.003× | | 7 | /12 | 0.0006 L |
| | 合　計 | | | | （C） | 0.0545 L |

```
土地価格　L　 ＝　（A）－（B）－（C）
          L　 ＝　22,880,000 円　－　0.0545 L
    1.0545 L　 ＝　22,880,000 円
          L　 ＝　22,880,000 円　÷　1.0545 L　 ＝　22,000,000 円
```

　価格を査定したところ、22,000,000 円の評価額となりました。造成費如何によって評価額が左右されるため、造成費がこの金額まで達しない場合には評価額が高くなる可能性もあります。一方、造成費が嵩み、評価額が下がる可能性もあります。鑑定評価を行うべきか否かは造成に関する専門家にヒアリングを行い、造成費がどれくらいかかるかを事前に把握すべきと考えます。

　以上より、通達評価では建物が存することで宅地扱いとなり、造成費が控除できず利用価値低下の10％減に留まります。さらに開発法を適用するような規模が大きい土地であっても、地積規模の大きな宅地の面積要件を満たさず規模格差補正率による減額ができません。したがって、通達評価には限界があり、鑑定評価を行う合理性はあると考えます。

《参考：評価額の比較》

- ●納税者の主張：鑑定評価による評価額　31,400,000円
- ●課税庁の主張：通達評価による評価額　37,481,653円
  ⇒国税不服審判所が採用
- ●筆者による評価：鑑定評価額　22,000,000円
  ⇒第Ⅰ部で挙げた類似実例：実例5　前面道路が階段状で敷地内高低差を有する土地

# CASE 4 品等の高い住宅地域内の土地建物に対して鑑定評価を行った事例

## I 事案の概要

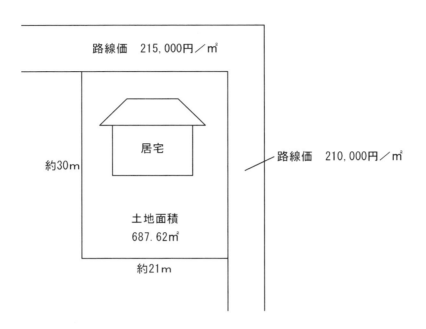

〈評価対象不動産〉

平成27年に請求人が取得した土地建物。土地は東西に約21m、南北に約30mの角地、687.62㎡。建物は居宅として利用。木・鉄骨造瓦・スレート葺3階建、延床面積355.82㎡。

本件土地の状況等

|  | 本件土地 |
|---|---|
| 所在及び地番 | ＊＊＊＊ |
| 住居表示 | ＊＊＊＊ |
| 地積 | 687.62㎡ |
| 形状 | （間口1.0：奥行1.5） |
| 利用区分・構造 | 建物などの敷地・木造3F |
| 利用現況 | 住宅 |
| 周辺の土地の利用状況 | 一般住宅にマンションもみられる住宅地域 |
| 前面道路の状況 | 北7.5m（＊＊＊＊） |
| その他の接面道路 | 側面道 |
| 給排水等状況 | ガス・水道・下水 |

| 交通施設・距離 | ＊＊＊＊・900 m |
|---|---|
| 用途区分、高度地区、防火等 | 第一種低層住居専用地域 |
| 建ぺい率・容積率 | 40％・100％ |
| 都市計画区分 | 市街化区域 |

〈納税者の主張〉

相続人は、当初申告で①面台地であることによる減価要因を適切に評価すべきである、②**面大地は需要者が不動産開発事業者などに限定されるため開発法を用いた鑑定評価が妥当として評価通達の定める**として鑑定評価を適用して、通達評価額より低い鑑定評価額で申告を行った。

● 鑑定評価による評価額：118,000,000 円

〈課税庁の主張〉

本件鑑定評価における取引事例比較法の取引事例の選択や、開発法の分譲収入価額及び造成費相当額の査定等には疑義があるから、**本件鑑定評価は、合理的に算定されたものとはいえない。**評価通達の定める評価方法によって定めるべきである。

● 通達評価による評価額

土地：147,769,538 円

建物：6,841,910 円

# II 裁決の内容

■ **裁決情報：平成 28 年 8 月 30 日裁決（大裁（諸）平 28 第 7 号：TAINS F0-3-498）**

（＊＊＊＊は裁決書では伏字箇所）

1　基礎事実

イ・ロ（省略）

ハ　本件相続開始日における本件土地の現況等は、次のとおりであった。

　（イ）　本件土地は、本件家屋の敷地として利用されている宅地である。

　（ロ）　本件土地の地積は、687.62 m² である。

　（ハ）　本件土地の形状は、東西に約 21 m、南北に約 30 m の長方形状である。

　（ニ）　本件土地の地勢は、ほぼ平坦であるが、南方から北方へ緩やかな勾配があるため、接面する道路よりも 0.5 m から 1.0 m 高くなっている。

　（ホ）　本件土地は、東側と北側の二方が道路と接面しており、東側で接面する道路に付された平成 24 年分の路線価は 210,000 円であり、北側で接面する道路に付された平成 24 年分の路線価は 215,000 円である。

　（ヘ）　本件土地の存する地域の行政上の規制等の状況は、別表 3 のとおりである。

　（ト）　本件土地は、都市計画法第 4 条第 12 項に規定する開発行為を行うとした場合に公共公益的

施設用地の負担を必要とせず、単純に区画割りをすることが可能な土地である。
ニ　請求人らは、本件相続に係る相続税の申告に当たり、＊＊＊＊に本件不動産の不動産鑑定評価を依頼した。
ホ　＊＊＊＊は、本件不動産の鑑定評価額を118,000,000円と決定し、平成25年5月29日付で、同評価額を記載した鑑定評価書を作成し、請求人らに交付した。
　　本件鑑定評価の要旨は別表4のとおりである。
（中略）
2　主張

| 原処分庁 | 請求人ら |
| --- | --- |
| 　本件土地に面する路線に設定された路線価は、公示価格の8割程度になるよう適正に評定されており、これを基礎とし、評価通達の定める評価方法によって評価した原処分の本件土地の評価額に不適切な点はない。<br>　本件鑑定評価における取引事例比較法の取引事例の選択や、開発法の分譲収入価額及び造成費相当額の査定等には疑義があるから、本件鑑定評価額は、合理的に算定されたものとはいえない。<br>　したがって、本件鑑定評価額をもって、評価通達の定める評価方法による評価額が時価を超えているとはいえない。 | 　本件土地は、付近の標準的な宅地と比較して面積が大きい土地（以下「面大地」という。）であるが、評価通達24-4を適用することはできない。<br>　しかし、本件鑑定評価のとおり、本件土地が面大地であることによる減価要因を適切に評価すべきであり、本件鑑定評価額が、本件土地の適正な時価というべきである。<br>　面大地であることによる具体的な減価要因としては、需要者が不動産開発業者等に限定されて市場性が減退すること、評価通達24-4の適用がないとしても、宅地分譲に当たり、造成費用等を要することなどが挙げられる。<br>　そして、評価通達の定める評価方法による評価額は、これらの減価要因を一切考慮していない点において著しく不合理であり、本件土地の時価を超えている。 |

3　判断
（中略）
(2)　認定事実
　原処分関係資料及び当審判所の調査の結果によれば、次の事実が認められる。
イ　本件土地の存する行政区域たる＊＊＊＊に存する公示地の状況等は、「本件公示地の状況等」記載のとおりであり、本件公示地の平成24年の公示価格は、251,000円／m²である。
ロ　＊＊＊＊地区は、地積150 m²から300 m²程度の一般住宅の敷地や、地積500 m²から1,000 m²程度の邸宅の敷地が存し、地積4,000 m²程度の中低層マンションの敷地等も存する住宅地域である。
ハ　本件土地は、＊＊＊＊の東方約500 m、＊＊＊＊の北方約1.3 kmに位置している。
　　本件公示地は、本件土地の北方約300 mに位置しており、本件土地が東側で接面する道路に接面している。
ニ　本件土地の最有効使用は、区画割りをして分譲することである。

ホ　本件鑑定評価における本件鑑定評価額の算定過程は、次のとおりである。
　（イ）　本件不動産の最有効使用は、本件家屋を取り壊した上、本件土地を区画割りして宅地分譲することであり、本件土地と本件家屋を一体のものと捉えて評価するのが相当である。
　（ロ）　評価方法は、取引事例比較法による比準価格及び開発法による価格に基づき本件不動産の再調達原価を求めるという原価法を採用し、取引事例比較法及び収益還元法は採用しない。
　（ハ）　上記（イ）及び（ロ）を前提に、別紙4の付表1の取引事例を基に同付表2のとおり、取引事例比較法による比準価格を125,834,000円（183,000円／m$^2$）と試算する。
　（ニ）　上記（イ）及び（ロ）を前提に、別紙4の付表3の同一需給圏内における類似物件の分譲事例や地元不動産業者へのヒアリング等に基づき、本件土地の開発法による価格を117,906,000円（171,000／m$^2$）と試算する。
　（ホ）　本件土地の公示価格との規準として、本件公示価格（251,000円／m$^2$）に、時点修正を施し、さらに、「地域要因の比較」による減価補正として、本件土地は面大地であることから：需要者は不動産開発業者等が中心となるのに対し、本件公示地の需要者は最終需要者たる個人であり、本件土地は、本件公示地と比べて需要者の数が少なく、取引価格が低下するものと判断し、規模の格差35ポイントの減価補正を施すなどして、本件土地の規準価格を186,000円／m$^2$（127,897,000円）と算定する（計算式は別紙4の付表4のとおり）。
　（ヘ）　上記（ハ）の取引事例比較法による比準価格及び上記（ニ）の開発法による価格を関連付け、上記（ホ）の規準価格との均衡にも留意の上、本件土地の再調達原価を121,870,000円（上記（ヘ）の取引事例比較法による比準価格及び上記（ニ）の開発法による価格の平均値）と算定する。
　（ト）　本件家屋の再調達原価を59,066,000円と算定する。
　（チ）　本件土地の再調達原価と本件家屋の再調達原価を勘案して、本件不動産の再調達原価を合計180,936,000円と算定し、そこから建物の経年劣化等による減価修正として63,289,000円を差し引いて、本件鑑定評価額（118,000,000円）を決定した。

別表4　　　　　　　　　本件公示地の状況等

|  | 本件公示地（＊＊＊＊） |
| --- | --- |
| 所在及び地番 | ＊＊＊＊ |
| 住居表示 | ＊＊＊＊ |
| 調査基準日 | 平成24年1月1日 |
| 価格 | 251,000円／m$^2$ |
| 地積 | 330.00 m$^2$ |
| 形状 | （間口1.2：奥行1.0） |
| 利用区分・構造 | 建物などの敷地・木造2F |
| 利用現況 | 住宅 |
| 周辺の土地の利用状況 | 一般住宅にマンションもみられる住宅地域 |
| 前面道路の状況 | 西4.5m（＊＊＊＊） |
| その他の接面道路 |  |
| 給排水等状況 | ガス・水道・下水 |

| 交通施設・距離 | ＊＊＊＊・950ｍ |
|---|---|
| 用途区分、高度地区、防火等 | 第一種低層住居専用地域 |
| 建ぺい率・容積率 | 40％・100％ |
| 都市計画区分 | 市街化区域 |

(3) 検討

イ 別表5のとおり、本件土地を評価通達の定める評価方法によって評価すると、その評価額は147,769,538円となり、本件家屋を評価通達の定める評価方法によって評価すると、その評価額は6,841,910円となる。

ロ 上記（1）のとおり、評価通達の定める評価方法は、一般的な合理性を有するものとして、これによる評価額は、評価通達の定める評価方法によっては適正な時価を適切に算定することのできない特別な事情の存しない限り、当該相続財産の時価であると事実上推認することができる。

ハ この点、請求人らは、本件土地について、需要者が不動産開発業者等に限定されて市場性が減退すること、宅地分譲に当たり造成費用等を要することなどの本件土地が面大地であることによる減価要因を適切に評価すべきであり、これらの減価要因を適切に考慮した本件鑑定評価額が本件土地の時価というべきであって、他方、これらの減価要因を一切考慮していない評価通達の定める評価方法による評価額は本件土地の時価を超えている旨主張する。そして、上記（2）のホの（ホ）のとおり、請求人らがその拠り所とする本件鑑定評価は、本件土地の公示価格との規準価格を算定するに当たり、本件土地が面大地であることにより市場性が低下するものと判断して、本件公示価格に規模の格差35ポイントの減価補正を施している。

しかし、上記（2）のロのとおり、本件土地が存する行政区域である＊＊＊＊には、本件土地（687.62㎡）と地積が同程度ないしそれ以上の邸宅の敷地や、中低層マンションの敷地も存することからして、本件土地が、付近の標準的な宅地と比較して格別に面積が大きい土地であるとまでは認めることができない。

また、本件土地が面大地であるとの請求人の主張を前提としても、評価対象地が面大地であることからは、売買における取引総額が高額となることが考えられ、そのことにより、想定し得る購入者の範囲が狭まるということはあり得るとしても、土地の取引価格は、当該土地の存する地域の状況、当該取引の時点における経済環境等の影響を受けるものであり、最終的には取引当事者の合意によって定まるものであることからすれば、上記のように想定し得る購入者の範囲が狭まることによって、当然に当該土地の取引価格が低下するという関係にあるとはいえない。

さらに、上記1の（3）のハの（ト）のとおり、そもそも本件土地は、宅地分譲に当たり道路の敷設等の特別な造成工事を必要とせず、単純に区画割りをして分譲することが可能な土地である上に、不動産鑑定評価における開発法が、不動産開発業者等の投資採算性に着目した中間段階の取引を想定した価格を算定するものであることに鑑みれば、評価対象地について具体的にどのような造成工事が必要となるのかといった事情は、不動産鑑定士の想定や評価対象地の状況等によって区々であり、その造成費用等は一義的に定まるものではない。

これらのことからすれば、評価通達の定めにおいて、面大地であることが定型的な減価要因として位置付けられていないことをもって、同通達の定める評価方法についての一般的な合理性が失われるということはできない。

なお、本件鑑定評価が、本件土地の公示価格との規準価格を算定するに当たり、本件土地が面大

地であることを理由に本件公示価格に規模の格差35ポイントもの減価補正を施していることについてみると、上記（2）のイ及びハのとおり、本件土地と本件公示地とは、その所在地、街路の状況、最寄り駅からの距離等の利便性等に照らし、価格事情はおおむね同等であるものと認められる上に、上記のとおり、本件土地及び本件公示地がともに存する行政区域である＊＊＊＊において、本件土地が付近の標準的な宅地と比較して格別に面積が大きい土地であるとまでは認められないことや、本件鑑定評価において、本件土地の区画割り後の画地は1区画当たり約230 $m^2$ と想定されているが、これは本件公示地（330 $m^2$）とさほど大きくは異ならない地積であり、いずれも最終需要者たる個人が選好する規模であることにも照らせば、本件鑑定評価が、本件土地が面大地であることを理由に上記のような大幅な減価補正を施していることにつき、客観的な合理性を見出すことはできない。そうすると、本件鑑定評価において求められた更地価格は、公示価格との均衡が保たれたものであるとはいえず、本件土地の時価を下回るものというべきである。

　以上によれば、請求人らの主張及び本件鑑定評価額をもって、本件土地につき、評価通達の定める評価方法によっては適正な時価を適切に算定することのできない特別な事情があるとは認めることができず、他にこのことを認めるに足りる証拠もない。

ニ　したがって、本件不動産の時価は、上記イの評価通達の定める評価方法によって評価した評価額であると認められる。

4　原処分について

　上記3のとおり、本件土地について、評価通達の定める評価方法による評価額が時価を超え、過大に評価されているとはいえない。そして、上記1の（3）のヘ及び上記3の（3）のイのとおり、本件不動産の評価通達の定める評価方法による評価額について、本件各更正処分の認定額と当審判所の認定額は同額と認められるから、本件各更正処分は適法である。

（中略）

5　その他

　原処分のその他の部分については、請求人らは争わず、当審判所に提出された証拠資料等によっても、これを不相当とする理由は認められない。よって、主文のとおり裁決する。

別表1（省略）

別表2　本件不動産

1　本件土地

| 項目 | 内容 |
| --- | --- |
| 所在 | ＊＊＊＊ |
| 地番 | ＊＊＊＊ |
| 地目 | 宅地 |
| 地積 | 687.62 $m^2$ |

2　本件家屋

| 項目 | 内容 |
| --- | --- |
| 所在 | ＊＊＊＊ |
| 家屋番号 | ＊＊＊＊ |
| 種類 | 居宅 |

| 構　造 | 木・鉄骨造瓦・スレート葺3階建 |
|---|---|
| 築年月日 | 昭和61年1月10日新築 |
| 床面積 | 1階　187.92 m² |
| | 2階　123.55 m² |
| | 3階　44.35 m² |
| | （延床面積　355.82 m²） |

別表3　本件土地の状況等

| | 本件土地 |
|---|---|
| 所在及び地番 | ＊＊＊＊＊＊ |
| 住居表示 | ＊＊＊＊＊＊ |
| 地積 | 687.62 m² |
| 形状 | （間口1.0：奥行1.5） |
| 利用区分・構造 | 建物などの敷地、木造3F |
| 利用現況 | 住宅 |
| 周辺の土地の利用状況 | 一般住宅にマンションも見られる住宅地域 |
| 前面道路の状況 | 北7.5ｍ（＊＊＊＊） |
| その他の接面道路 | 側面道 |
| 給排水等の状況 | ガス・水道・下水 |
| 交通施設・距離 | ＊＊＊＊＊＊・900ｍ |
| 用途区分、高度地区、防火等 | 第一種低層住宅専用区域 |
| 建ぺい率・容積率 | 40％・100％ |
| 都市計画区分 | 市街化区域 |

別表1、2、3－1、3－2（省略）

別紙4　本件鑑定評価の要旨
1　鑑定評価額 118,000,000円
　　（積算価格比による参考内訳本件土地 103,958,000円 本件家屋 14,042,000円）
2　鑑定評価の基本的事項の確定
(1)　価格時点　　＊＊＊＊
(2)　鑑定評価を行った年月日　平成25年5月19日
(3)　価格の種類　正常価格
(4)　対象不動産の種別及び類型
　イ　種別　住宅地
　ロ　類型　自用の建物及びその敷地
3　鑑定評価の依頼目的
　　相続税申告を鑑定評価額により行うため
4　鑑定評価の依頼目的及び条件と価格の種類との関連

本件では、上記依頼目的及び条件により、市場性を有する不動産について、現実の社会経済情勢の下で合理的と考えられる条件を満たす市場で形成されるであろう市場価値を表示する適正な価格を求めるものであり、求めるべき価格は、正常価格である。

5　鑑定評価額決定の理由の要旨
(1)　価格形成要因の分析
　イ　地域分析
　　（イ）　同一需給圏　＊＊＊＊、＊＊＊＊、＊＊＊＊沿線における住宅地域一体
　　（ロ）　近隣地域　＊＊＊＊の南部、＊＊＊＊の南東方約1km、＊＊＊＊の北東方約1.3km、本件土地が北側で接面する＊＊＊＊の沿道地域のうち、本件土地を東端として西方約150mの範囲
　　（ハ）　土地の利用状況　中規模一般住宅、中低層のマンション等が建ち並んでいる。
　ロ　地域要因
　　（イ）　街路条件　幅員約7.5mの＊＊＊＊が標準道路
　　（ロ）　交通・接近条件　＊＊＊＊まで徒歩約13分
　　（ハ）　環境条件　＊＊＊＊地区は、戸建住宅及び中低層マンションを主体とする閑静な住宅地域が形成されており、住宅地域としての品等も高く、人気の住宅地域となっている。
　　（ニ）　行政的条件
　　　A　用途地域：第1種低層住居専用地域
　　　B　建ぺい率：40％
　　　C　容積率：100％
　　（ホ）　標準画地は、本件土地が北側で接面する幅員約7.5mの＊＊＊＊沿い約200$m^2$の整形中間画地である。
　　（ヘ）　標準的使用は、戸建住宅の敷地である。

6　個別分析
(1)　本件土地
　本件土地は、付近の標準的な宅地と比較して面積が大きい土地であるため、主な需要者は、エンドユーザーへの宅地分譲を企図するデベロッパー、不動産業者等が中心になるものと考察する。また、本件不動産の一括利用を目的としたエンドユーザーが需要する可能性もあるが、相対的にその需要は弱いものと考察する。なお、周辺には中低層のマンションが見られるが、本件不動産はマンション用地としてはやや規模が小さく、マンションデベロッパーからの需要は低位にあるものと考察する。
　以上より、本件土地の最有効使用を、区画割後の戸建住宅等の敷地と判定した。
(2)　本件家屋
　本件家屋は、築後約27年が経過した居宅であるが、適切な維持管理がなされており、経年相応の劣化が認められる程度である。本件家屋は大規模な居宅であり、やや汎用性に欠ける面がある。また、築後27年が経過していることから、建物自体の市場流通性は、低位にあるものと考察する。
(3)　建物及びその敷地
　本件土地と本件家屋は概ね適応の状態にある。本件家屋は、居宅として利用されており、周辺環境との適合の状態に概ね難点は認められないが、土地、建物ともに規模が大きく、市場流通性の面において難点を有しているものと考察する。

(4) 本件不動産に係る需要者

　本件不動産に係る規模、行政的条件等を総合的に勘案すると、売買市場における典型的な需要者として想定されるのは、現況建物を取り壊して更地化し、エンドユーザーへの宅地分譲を企図するデベロッパー、不動産業者等が中心になるものと考察する。また、相対的にみて需要は少ないものの、自己利用を目的としてエンドユーザーが需要する可能性も考えられる。

(5) 建物及びその敷地の最有効使用の判定

　市場の需給動向、本件不動産の個別的要因、同一需給圏における競合市場の分析により、本件不動産の複合不動産としての最有効使用は、現況建物取壊しの上、区画割り後の戸建住宅地の敷地とすることと判定した。

7　評価の方針及び鑑定評価方式の適用

(1)　評価の方針

　本件土地及び本件家屋の一体減価において、本件家屋の取壊費用を十分に考慮する。原価法による積算価格を標準に鑑定評価額を決定する。取引事例比較法については、適切に要因比較し得る類似不動産の取引事例を得ることが困難であり、また、収益還元法については、地域要因、個別的要因の分析等により、本件土地及び本件家屋の賃貸を想定することが困難であると判断し、それぞれ適用を断念した。

(2)　鑑定評価方式の適用等

　本件における原価法は、取引事例比較法による比準価格及び開発法による価格に基づき本件土地の再調達原価を求め、これに本件家屋の再調達原価を加えて、本件不動産の再調達原価を求めた後、本件不動産の再調達原価から減価修正を控除して積算価格を求める。

イ　取引事例比較法

　（イ）　取引事例の概要（付表1参照）

　（ロ）　比準価格 125,834,000円（183,000円／m$^2$ 付表2参照）

ロ　開発法

　分譲収入は、同一需給圏内における類似物件の分譲事例（付表3参照）、地元不動産業者へのヒアリング等に基づき、想定分譲価格を227,000円／m$^2$と想定し、そこから造成費15,100円／m$^2$を控除するなどして、開発法による価格を117,906,000円（171,000円／m$^2$）と試算した。

ハ　公示価格との規準

　本件土地の規準価格 127,897,000円（付表4参照）

ニ　更地価格（本件土地の再調達原価）

　上記イの取引事例比較法による比準価格及び上記ロの開発法による価格を関連付け、上記ハの規準価格との均衡にも留意の上、本件土地の再調達原価を121,870,000円（177,000円／m$^2$）と算定する。…①

ホ　本件家屋の再調達原価

　166,000円／m$^2$×355.82 m$^2$≒59,066,000円…②

ヘ　本件不動産の再調達原価（①＋②）

　121,870,000円＋59,066,000円＝180,936,000円…③

ト　減価修正

　（イ）　本件家屋の耐用年数に基づく減価額

　　躯体及び設備の両方の減価額の合計 42,528,000円…④

（ロ） 一体減価

　180,936,000 円－42,528,000 円＝138,408,000 円（③－④）

　138,408,000 円×0.15（一体減価率）＝20,761,000 円…⑤

（ハ） 減価修正額の合計（④＋⑤）

　42,528,000 円＋20,761,000 円＝63,289,000 円…⑥

チ　積算価格（③－⑥）

　180,936,000 円－63,289,000 円≒118,000,000 円

（付表１　取引事例の概要）

|  | 取引事例１ | 取引事例２ | 取引事例３ | 取引事例４ |
|---|---|---|---|---|
| 所　在 | ＊＊＊＊ | ＊＊＊＊ | ＊＊＊＊ | ＊＊＊＊ |
| 面　積 | 420 m² | 1,000 m² | 410 m² | 1,220 m² |
| 最寄駅への接近性 | ＊＊＊＊<br>1,800 m | ＊＊＊＊<br>1,200 m | ＊＊＊＊<br>1,000 m | ＊＊＊＊<br>1,800 m |
| 用途地域<br>指定建ぺい率<br>指定容積率<br>基準容積率 | 第１種中高層住居専用<br>60％<br>200％<br>160％ | 第１種低層住居専用<br>40％<br>100％<br>100％ | 準住居<br>60％<br>200％<br>200％ | 第１種中高層住居専用<br>60％<br>200％<br>200％ |
| 地域の特性 | 一般住宅が建ち並ぶ住宅地域 | 中規模一般住宅が建ち並ぶ閑静な住宅地域 | 中規模一般住宅に医院、共同住宅、事務所等が混在する地域 | 幹線道路沿いに戸建住宅を中心に共同住宅、農地等も見られる地域 |
| 価　格 | 57,840,000 円<br>（138,000 円/m²） | 183,680,000 円<br>（184,000 円/m²） | 85,000,000 円<br>（207,000 円/m²） | 180,000,000 円<br>（148,000 円/m²） |

（付表２　比準価格）

|  | ①<br>価格 | ②<br>事情補正 | ③<br>時点修正 | ④<br>建付減価補正 | ⑤<br>標準化補正 | ⑥<br>地域要因の比較 | ①〜⑥の相乗標準画地の価格 | ウエイト |
|---|---|---|---|---|---|---|---|---|
| 取引事例１ | 138,000 円/m² | $\frac{100}{100}$ | $\frac{101}{100}$ | $\frac{100}{-}$ | $\frac{100}{100}$ | $\frac{100}{76}$※１ | 183,000 円/m² | 25％ |
| 取引事例２ | 184,000 円/m² | $\frac{100}{130}$ | $\frac{101}{100}$ | $\frac{100}{-}$ | $\frac{100}{103}$ | $\frac{100}{80}$※２ | 173,000 円/m² | 25％ |
| 取引事例３ | 207,000 円/m² | $\frac{100}{100}$ | $\frac{101}{100}$ | $\frac{100}{-}$ | $\frac{100}{100}$ | $\frac{100}{110}$ | 190,000 円/m² | 25％ |
| 取引事例４ | 148,000 円/m² | $\frac{100}{85}$ | $\frac{100}{100}$ | $\frac{100}{-}$ | $\frac{100}{104}$ | $\frac{100}{102}$ | 164,000 円/m² | 25％ |

標準画地の比準価格　（個別要因の比較）　　　　　　　　　　　　　　　　　　（比準価格）

　178,000 円/m² × $\frac{103}{100}$ ＝ 183,000 円/m² × 687.62 m² ≒ 125,834,000 円

※１　幅員▲2、駅距離▲8、周辺の状況▲20 及び容積率 6 の相乗
※２　幅員 2、駅距離▲2、周辺の状況▲20 の相乗

(付表3 分譲事例)

|  | 取引事例1 | 取引事例2 | 取引事例3 | 取引事例4 |
|---|---|---|---|---|
| 所在 | ＊＊＊＊ | ＊＊＊＊ | ＊＊＊＊ | ＊＊＊＊ |
| 面積 | 90 m² | 130 m² | 110 m² | 200 m² |
| 最寄駅への接近性 | ＊＊＊＊<br>550 m | ＊＊＊＊<br>1,400 m | ＊＊＊＊<br>1,000 m | ＊＊＊＊<br>1,700 m |
| 用途地域<br>指定建ぺい率<br>指定容積率<br>基準容積率 | 第1種住居<br>60％<br>200％<br>200％ | 第2種低層住居専用<br>60％<br>160％<br>160％ | 第1種住居<br>60％<br>200％<br>200％ | 第1種低層住居専用<br>40％<br>100％<br>100％ |
| 地域の特性 | 戸建住宅のほか、共同住宅も見られる住宅地域 | 一般住宅のほかマンション等が見られる住宅地域 | 戸建住宅、共同住宅、駐車場等が混在する地域 | 中規模一般住宅が建ち並ぶ住宅地域（対象敷地内に法地あり） |
| 価格 | 22,000,000円<br>(244,000円／m²) | 31,600,000円<br>(243,000円／m²) | 22,166,000円<br>(202,000円／m²) | 26,084,000円<br>(130,000円／m²) |

(付表4 公示価格との規準)

| 公示価格 | 時点修正 | 標準化補正 | 地域要因の比較 | 標準画地の規準価格 |
|---|---|---|---|---|
| 251,000円／m² | × $\frac{101}{100}$ | × $\frac{100}{100}$ | × $\frac{100}{140}$※ | = 181,000円／m² |

| 標準画地の規準価格 | 個別的要因の比較 | 地積 | | |
|---|---|---|---|---|
| 181,000円／m² | × $\frac{103}{100}$ | × 687.62m² | ≒ | 127,897,000円 |

※ 幅員▲2、最寄駅への距離1、周辺の利用状況5及び規模35の相乗

別紙5 評価通達の定める評価方法による評価額

1 本件土地（評価通達14-2《地区》に定める地区は普通住宅地区である。）

(1) 正面路線の判定

215,000円×0.98（奥行価格補正率）＝210,700円

210,000円×1.00（奥行価格補正率）＝210,000円

正面路線…215,000円（210,700円＞210,000円）

(2) 奥行価格補正後の1m²当たりの価額

215,000円（正面路線価）×0.98（奥行価格補正率）＝210,700円

(3) 側方路線影響加算額（準角地）

210,000円（側方路線価）×1.00（奥行価格補正率）×0.02（側方路線影響加算率）＝4,200円

(4) 本件土地の1m²当たりの価額

210,700円＋4,200円＝214,900円

(5) 本件土地の評価額

214,900円×687.62 m²＝147,769,538円

2 本件家屋

6,841,910円（平成24年度固定資産税評価額）×1.0＝6,841,910円

# Ⅲ 鑑定士視点からの考察

## 1 本件鑑定評価書の妥当性の検証

　鑑定評価について、評価通達の定める評価方法によっては適正な時価を適切に算定することのできない特別な事情があるとは認めることができない、として否認されてしまった事例です。ここで、筆者の観点から当該事例における鑑定評価の妥当性を検証します。

### 1 類型

　本件鑑定評価書では、対象不動産の類型を「自用の建物及びその敷地」としていますが、これは誤りと考えます。相続税申告の場合、建物は固定資産税評価額で査定されることから、土地についてのみ鑑定評価の対象とすべきです。筆者は急傾斜地等に存する被相続人の自宅敷地について鑑定評価を行ったことが何度もありますが、いずれも建物が存しない更地としての鑑定評価を行ってきました。したがって、本件も更地としての評価、すなわち独立鑑定評価を行うべきと考えます。また、建物は古いケースも多く、その建物を本件やCASE 3のように取壊し最有効として建物価格をゼロにしたり、一体減として過大な減価を行うとやはり不適切なのではないかと考えます。

### 2 規準価格

　公示価格を規準とした価格を査定する際に、地域格差の中で規模の格差を35とつけているのは不適切です。規模の格差については本来、地域格差ではなく個別格差です。また、対象不動産の面積が687.62 m²、地価公示地の面積が330.00 m²とされており、対象不動産の面積は公示地の約2倍ですが、地積過大の減価を仮に見るとしても約2倍の面積で35の格差をつけるのは大きすぎると考えます。加えて、そのような大きな格差をつけているのにもかかわらず、根拠が示されていないのは疑問です。大きな格差をつけるのであれば可能な限り定量的に減価を査定していることを示すべきです。審判所の指摘にも「本件鑑定評価が、本件土地が面大地であることを理由に上記のような大幅な減価補正を施していることにつき、客観的な合理性を見出すことはできない。そうすると、本件鑑定評価において求められた更地価格は、公示価格との均衡が保たれたものであるとはいえず、本件土地の時価を下回るものというべきである。」とされていますが、筆者もこの意見には同意します。

　この公示地は認定事実によると対象不動産の北方約300 mに位置しているとされています。また、平成24年1月1日時点の価格が251,000円／m²とされていることから、おそらく路線

価は251,000円／m²×0.8＝200,800円／m²より、200,000円／m²とされているかと推定されます。対象不動産の北側道路の平成24年の路線価が215,000円／m²とされているため、対象不動産と公示地の地域格差を単純に路線価比で考えれば、100／93となります。本件鑑定評価書の地域格差は100／140となっており、地域格差が路線価の比率と逆転現象が起きており、路線価比との差も大きいことから、恣意的に規準価格を下げようとしていると判断されても仕方ないと考えます。

さらに、求められた規準価格は取引事例比較法による比準価格や開発法による価格の各試算価格よりも高めに求められています。一般的に規準価格は各試算価格よりも低めに求められることが多く、均衡を得ているかを判断するため、逆に言えば各試算価格が低めに試算されているとも言えます。

### ❸ 取引事例の選択

本件鑑定評価の取引事例比較法適用時における取引事例ですが、取引事例2において面積が1,000m²の事例が採用されています。対象不動産自体も規模が大きい土地ですが、筆者の感覚では1,000m²の取引事例はさすがに大きすぎるのではないか、と考えます。これだけの規模であれば新設道路を敷設するような開発素地の大きさとも考えられ、このような事例を採用するのが適切であるかは疑問に思います。また、対象不動産の存する地域について、認定事実では「＊＊＊＊地区は、地積150m²から300m²程度の一般住宅の敷地や、地積500m²から1,000m²程度の邸宅の敷地が存し、地積4,000m²程度の中低層マンションの敷地等も存する住宅地域」とされています。また、本件鑑定評価書の中では地域要因の環境条件の中で「＊＊＊＊地区は、戸建住宅及び中低層マンションを主体とする閑静な住宅地域が形成されており、住宅地域としての品等も高く、人気の住宅地域となっている。」と記載されています。したがって、対象不動産は邸宅の敷地も多い品等の高い住宅地域と考えられます。それを前提に取引事例3、4を見ると、地域性がかなり異なると思われます。まず、取引事例3については準住居地域内の土地で、「中小規模一般住宅に医院、共同住宅、事務所等が混在する地域」とされています。筆者の経験上では準住居地域は比較的広幅員の道路沿いに指定されていることが多く、地域要因の比較では幅員を増減価として計上していないため、幅員が何mなのかは不明ですが、このような住商混在地域の事例は対象不動産が閑静な住宅地域内の土地である場合には採用すべきではないと考えられます。取引事例4についても同様で、「幹線道路沿いに戸建住宅を中心に共同住宅、農地等も見られる地域」とされており、幹線道路沿いであることから住商混在地域の可能性が高く、やはり採用すべきではないと考えられます。

### ❹ 取引事例比較法による比準価格

まず、試算された標準的画地が安すぎると考えられます。本件鑑定評価では標準的画地の比準価格178,000円／m²と試算していますが、対象不動産の路線価は215,000円／m²です。路線価の約83％を標準的画地価格として求める、ということは通常ありえません。考えられるならば、標準的画地を分譲素地、いわゆる不動産業者の仕入価格として求める場合です。本件鑑定評価書では、最有効使用の判定として「区画割り後の戸建住宅地の敷地とすることと判定

した。」と述べており、開発法も適用していることから、標準的画地を分譲素地として想定したのかもしれません。しかし、本件鑑定評価では標準的画地を「幅員7.5mに面する200m²の土地」として想定していることから、分譲素地ではなく一般住宅の敷地として標準的画地を設定しているのではないかと思われます。それを踏まえて上記の比準価格を見ると、やはり路線価の約83％水準の標準的画地価格はやはり低く試算されていると言わざるを得ません。

次に、対象不動産の個別的要因についてみると、103／100とされており、この数値の根拠記載はありませんが、おそらく角地で+3としたものと考えられます。標準的画地を200m²と設定したならば、標準的画地面積の約3.4倍である対象不動産の個別的要因について、地積過大の減価を行っても良かったのかな、と考えます。ただし、仮に地積過大の減価を－10とし、標準的画地価格を路線価÷0.8の約269,000円／m²とすると、比準価格単価は269,000円／m²×0.93（地積過大と角地）≒250,000円／m²となることから、比準価格は本件鑑定評価で求められた183,000円／m²を大きく上回ることになり、路線価よりも高い単価が試算されることになったと推測されます。

筆者としては、そもそも標準的画地の設定が不適切だったと考えます。最有効使用が「区画割り後の戸建住宅地の敷地」であれば取引事例比較法における比準価格の際の標準的画地と開発法における分譲宅地の標準的画地はそれぞれ分けた方が適切かと思います。本件鑑定評価のように標準的画地が200m²、となると後述の開発法における分譲宅地の面積であると考えられることから、開発素地の500～800m²程度に素地の標準的画地面積を設定すべきです。そして、大規模画地の標準化補正については造成の難易度や有効宅地化率、分譲宅地の個別的要因を反映すべきです。その場合、仮に素地の仕入価格として路線価と同水準の215,000円／m²が標準的画地価格だとすると、有効宅地化率（ゴミ置場設置等があるとしてもほぼ100％）、造成の難易度（敷地が道路面より0.5～1.0m高い）、3区画に分割した場合の分譲宅地の個別的要因（北側から宅地①角地と方位（東）、②方位（東）、③方位（東））について標準化補正を行うことになります。

## 5 開発法による価格

開発法による価格については、販売価格を取引事例より査定していますが、こちらの分譲価格も低めに査定されていると考えられます。本件鑑定評価では分譲価格を227,000円／m²と試算していますが、路線価の1.06倍であり、路線価を0.8で割り戻した地価公示ベースの約269,000円／を大きく下回っています。一般的に戸建分譲価格は地価公示ベースよりも高い単価で取引されることも多く、当該分譲価格は低めに査定されていると思われます。造成費15,100円／m²については新設道路の敷設がなく、東側道路との間にやや高低差があることを考えると妥当な金額なのではないか、と考えます。ただし、分譲価格単価が227,000円／m²、開発法による価格の単価が171,000円／m²と査定されており、その単価の差は56,000円／m²となっています。開発スケジュールや他の諸経費をどのように考えたかは記載がないため不明ですが、有効宅地化率は100％、戸数も多くないことを考えると販売期間は長くなりません。それを踏まえると、開発法による価格はかなり低く試算されている印象は受けます。

## ❻ 積算価格

　本件鑑定評価では類型を自用の建物及びその敷地として、積算価格を求めています。また、評価の方針で「本件土地及び本件建物の一体減価において、本件家屋の取壊し費用を十分に考慮する。」としています。

　そして、土地建物の一体減価額として 0.15 を乗じ、20,761,000 円の減価額を求めています。この 20,761,000 円が取壊し費用相当額と仮定すると、

　　20,761,000 円　÷　355.82 m² 　=　58,347 円／m²

となり、木造住宅の取壊し費用としては相当な高額になります。

　一般的な木造住宅の取壊し費用は 10,000～15,000 円／m² ですので、本来であれば 350～530 万円程度が相場であり、2,076 万円は明らかに高額と考えられます。したがって、「取壊し費用を十分に考慮する」としても過剰な減価を行っているように見えます。

　また、最有効使用について「取壊し最有効」と述べておきながら、建物の価値を鑑定評価額として残しているのは疑問です。鑑定評価では「取壊し最有効」とした場合は文字通り建物の取壊しが最有効使用であるため、通常は更地価格から建物取壊し費用を控除した価格が鑑定評価額となり、建物価格はゼロとします。

## 2 審判所の判断に対する検討

### ❶ 戸建分譲素地の減額

　裁決書では「評価対象地が面大地であることからは、売買における取引総額が高額となることが考えられ、そのことにより、想定し得る購入者の範囲が狭まるということはあり得るとしても、土地の取引価格は、当該土地の存する地域の状況、当該取引の時点における経済環境等の影響を受けるものであり、最終的には取引当事者の合意によって定まるものであることからすれば、上記のように想定し得る購入者の範囲が狭まることによって、当然に当該土地の取引価格が低下するという関係にあるとはいえない」と記載されています。CASE 1 でも述べましたが、鑑定評価はそもそも最有効使用を前提とした価格を求めるものであり、「戸建分譲用地」が最有効使用、すなわち典型的な市場参加者は不動産業者と判断されたからこそ開発法による価格を求めています。この審判所の書き方は一見正しいことを言っているようにも見えますが、正しくは「購入者、すなわち主たる市場参加者が開発素地仕入目的の不動産業者と判断されたからこそ、その価格は仕入れ値となり価格が下がる。」ということになります。また、戸建分譲素地の減額については地積規模の大きな宅地の制度趣旨で下記のように述べられていることから国税庁でも認めていると判断します。

---

(1) 「地積規模の大きな宅地の評価」の概要
　　イ　「地積規模の大きな宅地の評価」の趣旨
　　　　「地積規模の大きな宅地の評価」では、新たに「規模格差補正率」を設け、「地積規模の大きな宅地」を戸建住宅用地として分割分譲する場合に発生する減価のうち、主に地積に依拠

する次の①から③の減価を反映させることとした。
① 戸建住宅用地としての分割分譲に伴う潰れ地の負担による減価 （注）
　　地積規模の大きな宅地を戸建住宅用地として分割分譲する場合には、一定の場合を除き、道路、公園等の公共公益的施設用地の負担を要することとなる。この負担により、戸建住宅用地として有効に利用できる部分の面積が減少することになるため、このようないわゆる「潰れ地」部分の負担が減価要因となる。
（注）この潰れ地の負担による減価は、主に地積に依拠する一方、奥行距離にも依拠することから、当該減価の一部は普通商業・併用住宅地区及び普通住宅地区の奥行価格補正率に反映させた。具体的には、改正前の数値では潰れ地の負担による減価を反映しきれていない奥行距離に係る奥行価格補正率の数値について、当該減価を適正に反映させるために見直すこととした。
② 戸建住宅用地としての分割分譲に伴う工事・整備費用等の負担による減価
　　地積規模の大きな宅地を戸建住宅用地として分割分譲する場合には、住宅として利用するために必要な上下水道等の供給処理施設の工事費用の負担を要するとともに、開設した道路等の公共公益的施設の整備費用等の負担が必要となる。
　　また、開発分譲地の販売・広告費等の負担を要する。
　　開発分譲業者は、これらの費用負担を考慮して宅地の仕入れ値（購入価格）を決定することになるため、これらの工事・整備費用等の負担が減価要因となる。

　また、審判所は「本件土地は、宅地分譲に当たり道路の敷設等の特別な造成工事を必要とせず、単純に区画割りをして分譲することが可能な土地である上に、不動産鑑定評価における開発法が、不動産開発業者等の投資採算性に着目した中間段階の取引を想定した価格を算定するものであることに鑑みれば、評価対象地について具体的にどのような造成工事が必要となるのかといった事情は、不動産鑑定士の想定や評価対象地の状況等によって区々であり、その造成費用等は一義的に定まるものではない。」と述べていますが、これはかなり極端な意見に思えます。特に、「評価対象地について具体的にどのような造成工事が必要となるのかといった事情は、不動産鑑定士の想定や評価対象地の状況等によって区々であり、その造成費用等は一義的に定まるものではない。」という点です。本件対象不動産は687.62 $m^2$ の角地であり、ほぼ2区画か3区画に東西に分けることしか考えられません。審判所が「造成等が一義的に定まるのではない」とするのは一般論を述べているに過ぎず、本件のような新設道路や公園設置のない単純な開発素地についてはもう少し具体的な造成費の根拠を示してほしい所です。

　建築士等への専門家へのヒアリング程度であっても根拠を示し、例えば概ね平坦で新設道路の敷設がない造成費について、15,000円／$m^2$ が相場だとする。その場合、時価、すなわち地価公示ベースの標準的画地単価を215,000円／$m^2$ ÷0.8＝269,000円／$m^2$、差は269,000円／$m^2$ －215,000円／$m^2$ ＝54,000円／$m^2$ である。造成費単価15,000円／$m^2$ は路線価と公示価格ベースの差の54,000円／$m^2$ の中に含まれるから、路線価を基に計算した評価額が適正でないとまでは言えない等、このような説明があっても良いのではないか、と筆者は考えます。結局のところ、審判所の文言は「通達は推定無罪」ということを示しているに過ぎません。そのよ

うな説明では本件鑑定評価書に限らず、具体的に建築士等の専門家により査定された造成費を用いた鑑定評価書に対しても上記のように述べてしまえば否定されてしまうことになります。

これは筆者としては強く疑問に思います。

### 2 規準価格

規準価格について、審判所は規模の格差35ポイントについて、「本件土地が面大地であることを理由に上記のような大幅な減価補正を施していることにつき、客観的な合理性を見出すことはできない。そうすると、本件鑑定評価において求められた更地価格は、公示価格との均衡が保たれたものであるとはいえず、本件土地の時価を下回るものというべきである。」と述べていますが、こちらについては筆者も上述した通り同意します。

## Ⅳ 筆者が鑑定評価を行う場合

### 本事例において鑑定評価を採用すべきか否か

本事例において鑑定評価を採用すべきではないと筆者は考えます。本件のように面積が大きいとはいえ、名声の高い住宅地で一住宅の敷地とする場合は鑑定評価で価格が下がる要素が見つかりません。また、分割を前提として開発法を適用するとしても、0.5～1.0m程度の高低差では造成費もそれほど高額にならず、新設道路の敷設もないことから、やはり価格は下がらないと考えます。本件の相続は広大地制度が適用される時期でしたが、標準的画地規模や角地であること等を踏まえると新設道路を敷設することは考えられず、広大地には該当しません。現在であれば本件対象地が三大都市圏に存する不動産であれば500 $m^2$ 以上であることから、地積規模の大きな宅地が適用されます。下記、参考として本件土地が三大都市圏に存するものとして、通達評価額を査定してみます。なお、査定に当たり、路線価は平成24年分と同一とし、各補正率は令和6年現在の補正率を適用します。

（参考）地積規模の大きな宅地が適用できる場合の評価額
1　奥行価格補正後の1 $m^2$ 当たりの価額
　　215,000円 × 0.95（奥行価格補正率） ＝ 204,250円
2　側方路線影響加算後の1 $m^2$ 当たりの価額
　　210,000円 × 1.00（奥行価格補正率） × 0.02（側方路線影響加算率） ＝ 4,200円
　　204,250円 ＋ 4,200円 ＝ 208,450円
3　規模格差補正率適用後の1 $m^2$ 当たりの価額
　　208,450円 × 0.78（規模格差補正率※） ＝ 162,591円
　　※規模格差補正率の査定根拠
　　（687.62 $m^2$ × 0.95 ＋ 25）÷ 687.62 $m^2$ × 0.8 ≒ 0.78（小数点第2位未満切捨）

4 本件土地の評価額

162,591 円 × 687.62 ㎡ ＝ 111,800,823 円

上記の評価額となります。

《参考：評価額の比較》
- ●納税者の主張：鑑定評価による評価額　118,000,000 円
- ●課税庁の主張：通達評価による評価額　土地：147,769,538 円、建物：6,841,910 円
   ⇒国税不服審判所が採用
- ●現時点の通達評価額　111,800,823 円（地積規模の大きな宅地適用）

# CASE 5 傾斜のある市街地山林に対して広大地評価より低い評価となる鑑定評価を行った事例

## I 事案の概要

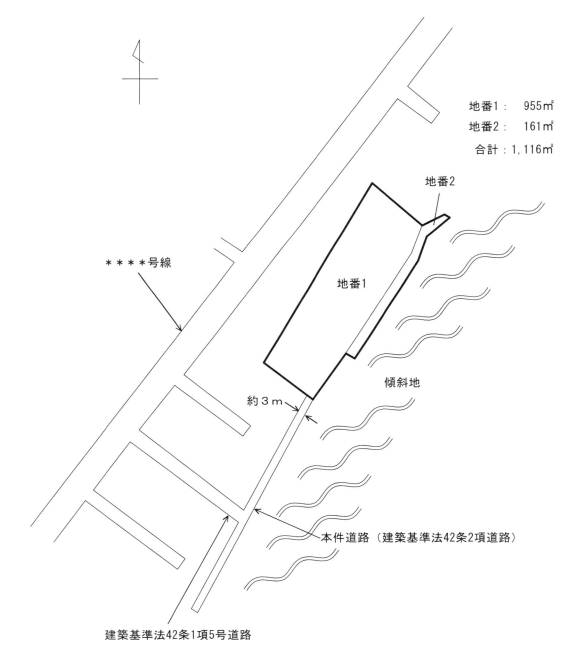

〈評価対象不動産〉

地積 1,116 m² （公簿地積）

地目が山林の土地で南東側には傾斜地が存する。

〈納税者の主張〉

相続人は、当初申告で、①本件土地の接道状況によって受けるべき減価や、②本件土地が急傾斜地にとして鑑定評価を適用して、通達評価額より低い鑑定評価額で申告を行った。

● 鑑定評価による評価額：59,000,000 円（当初鑑定評価額 57,000,000 円から訂正）

〈課税庁の主張〉

**本件鑑定評価は鑑定評価額の決定過程においては疑義があるから、本件鑑定評価は、合理的に算定されたものとはいえない。** 評価通達の定める評価方法によって定めるべきである。

● 通達評価による評価額

78,952,536 円（広大地評価）

## II 裁決の内容

■裁決情報：平成 28 年 8 月 30 日裁決（大裁（諸）平 28 第 7 号：TAINS F0-3-498）

（＊＊＊＊は裁決書では伏字箇所）

1　事実

(1)　事案の概要

　本件は審査請求人＊＊＊＊が、相続により取得した土地の価額について、不動産鑑定士による鑑定評価額に基づき評価して相続税の申告をしたところ、原処分庁が、当該土地の価額は財産評価基本通達によって評価するのが相当であるとして相続税の各更正処分等を行ったのに対し、請求人らが、当該各更正処分等の一部の取消しを求めた事案である。

(2)　基礎事実

　以下の事実は、請求人らと原処分庁との間に争いがなく、当審判所の調査及び審理の結果によっても、その事実が認められる。

イ　請求人らは、＊＊＊＊（以下「被相続人」という。）の子である。なお、被相続人の共同相続人には、請求人らのほか、被相続人の配偶者である＊＊＊＊がいる。

ロ　被相続人は、＊＊＊＊に死亡し、上記イの共同相続人がその権利義務を相続した。

ハ　審査請求人は、上記イの共同相続人の間で平成 24 年 7 月 24 日に成立した遺産分割協議に基づき、相続財産のうち別表 1 記載の 2 筆の土地（以下、併せて「本件土地」という。）を取得した。

ニ　本件相続の開始時における本件土地の現況等は次の（イ）から（ハ）まで、及び別図 1 記載のとおりである。

　（イ）　本件土地は、地積が 1,116 m²（公簿地積）、地目が山林の土地であり、その南東側には傾斜地が存在する。

(ロ) 本件土地は、南西側で幅員約3ｍの未舗装の＊＊＊＊（建築基準法第42条2項道路、以下「本件道路」という。）に接している。そして、本件道路は、同条第1項第5号の規定による道路（＊＊＊＊）に接続している。

(ハ) 本件土地は、都市計画法第7条《区域区分》に規定する市街化区域に所在し、また、評価通達11《評価の方式》に定める路線価方式により評価する地域に所在するが、関東信越国税局長が定めた平成23年分財産評価基準書において、本件道路には路線価が設定されていなかった。

(3) 審査請求に至る経緯

イ 請求人らは、本件相続に係る相続税（以下「本件相続税」という。）について、申告書に請求人＊＊＊＊の課税価格を＊＊＊＊及び納付すべき税額を＊＊＊＊、審査請求人＊＊＊＊（以下「請求人＊＊＊＊」という。）の課税価格を＊＊＊＊及び納付すべき税額を＊＊＊＊とそれぞれ記載して、法定申告期限までに申告した。

ロ 請求人らは、原処分庁所属の調査担当職員の調査を受け、本件相続税について、請求人＊＊＊＊の課税価格を―及び納付すべき税額を―請求人＊＊＊＊の課税価格を＊＊＊＊及び納付すべき税額を＊＊＊＊とする修正申告書を平成27年6月24日に提出した。

ハ 原処分庁は、これに対し、平成27年7月9日付で、請求人＊＊＊＊の課税価格を＊＊＊＊及び納付すべき税額を＊＊＊＊とする更正処分並びに過少申告加算税の額を＊＊＊＊とする賦課決定処分、請求人＊＊＊＊の課税価格を＊＊＊＊及び納付すべき税額を＊＊＊＊とする更正処分（以下請求人＊＊＊＊に対する更正処分と併せて「本件各更正処分」という。）並びに過少申告加算税の額を＊＊＊＊とする賦課決定処分（以下、請求人に対する賦課決定処分と併せて本件各賦課決定処分」という。）をした。

ニ 請求人らは、上記ハの各処分を不服として、平成27年9月7日に異議申立てをしたところ、異議審理庁は、同年11月17日付で、いずれも棄却の異議決定をした。

ホ 請求人らは、異議決定を経た上記ハの各処分に不服があるとして、平成27年12月17日に審査請求をした。
　なお、請求人らは、請求人＊＊＊＊を総代として選任し、同日、その旨を当審判所に届け出た。

(4) 相続財産の価額

イ 請求人らは、本件相続税の当初申告及び修正申告において、本件土地の価額を、＊＊＊＊作成の平成24年5月21日付鑑定評価書（以下「本件鑑定評価書」という。）の鑑定評価額に基づき57,000,000円と評価した。本件鑑定評価書の要旨は、別紙2のとおりである（以下、本件鑑定評価書による鑑定評価を「本件鑑定評価」という。）。

ロ 請求人らは、本件審査請求において、本件鑑定評価における鑑定評価額を59,000,000円に訂正する旨の＊＊＊＊作成の平成28年2月24日付回答書を提出した（以下、訂正後の鑑定評価額を「本件鑑定評価額」という。）。

ハ 原処分庁は、本件各更正処分に当たり、本件道路に平成23年分の路線価（評価通達14《路線価》に定める路線価をいう。以下同じ。）が設定されていなかったことから、＊＊＊＊に評価通達14－3《特定路線価》に定める特定路線価の設定を求め、これにより設定された特定路線価（130,000円／$m^2$）を基礎とし、さらに、評価通達49－2《広大な市街地山林の評価》に基づき、別表2記載のとおり、本件土地の価額を78,952,536円（以下「本件通達評価額」という。）と評価した。

ニ 本件通達評価額が評価通達の定めに従ったものであることにつき請求人は争わず、当審判所にお

いても相当であると認められる。
(5) 関係法令等の要旨
イ 相続税法第 22 条《評価の原則》は、同法第 3 章《財産の評価》で特別の定めのあるものを除くほか、相続等により取得した財産の価額は、当該財産の取得の時における時価による旨規定している。
ロ 評価通達 1 《評価の原則》(2) は、財産の価額は、時価によるものとし、時価とは、課税時期において、それぞれの財産の現況に応じ、不特定多数の当事者間で自由な取引が行われる場合に通常成立すると認められる価額をいい、その価額は、評価通達の定めによって評価した価額による旨定めている。
ハ 評価通達 14－3 は、路線価方式により評価する地域（以下「路線価地域」という。）内において、相続税の課税上、路線価の設定されていない道路のみに接している宅地を評価する必要がある場合には、当該道路を路線（不特定多数の者の通行の用に供されている道路をいう。以下同じ。）とみなして当該宅地を評価するための路線価（特定路線価）を納税義務者からの申出等に基づき設定することができる旨定めている。
ニ 評価通達 24－4 は、その地域における標準的な宅地の地積に比して著しく地積が広大な宅地で都市計画法第 4 条《定義》第 12 項に規定する開発行為（以下「開発行為」という。）を行うとした場合に公共公益的施設用地の負担が必要と認められるもの（評価通達 22－2 《大規模工場用地》に定める大規模工場用地に該当するもの及び中高層の集合住宅等の敷地用地に適しているものを除く。以下「広大地」という。）で路線価地域に所在するものの価額は、その広大地の面する路線の路線価に、評価通達 15 《奥行価格補正》から 20－5 《容積率の異なる 2 以上の地域にわたる宅地の評価》までの定めに代わるものとして次の算式により求めた広大地補正率を乗じて計算した価額にその広大地の地積を乗じて計算した金額によって評価する旨定めている。
（算式） 広大地補正率＝0.6－0.05×（広大地の地積／1,000 m$^2$）
ホ 評価通達 49－2 は、評価通達 49 《市街地山林の評価》本文の市街地山林が宅地であるとした場合において、評価通達 24－4 に定める広大地に該当するときは、その市街地山林の価額は、評価通達 49 の定めにかかわらず、評価通達 24－4 の定めに準じて評価し、ただし、当該価額が評価通達 49 の定めによって評価した価額を上回る場合には、評価通達 49 の定めによって評価することに留意する旨定めている。
ヘ 土砂災害警戒区域等における土砂災害防止対策の推進に関する法律（平成 26 年法律第 109 号による改正前のもの。）第 6 条《土砂災害警戒区域》第 1 項は、都道府県知事は、土砂災害の防止のための対策の推進に関する基本的な指針に基づき、急傾斜地の崩壊（傾斜度が 30 度以上である土地が崩壊する自然現象をいう。）等が発生した場合には住民等の生命又は身体に危害が生ずるおそれがあると認められる土地の区域で、当該区域における土砂災害を防止するために警戒避難体制を特に整備すべき土地の区域として政令で定める基準に該当するものを、土砂災害警戒区域（以下「警戒区域」という。）として指定することができる旨規定している。

2 争点
本件鑑定評価の合理性の有無

3 争点についての主張
(1) 請求人らの主張
イ 本件鑑定評価は、①本件土地の接道状況によって受けるべき減価や、②本件土地が急傾斜地に隣

接している点など、評価通達では適切に評価できない事情を適切に評価しており、公正妥当な鑑定理論に従ってなされたものといえるから、合理性を有するものである。
ロ　原処分庁は、下記（2）のとおり、本件鑑定評価が合理性を欠く旨主張するが、次のとおり、本件鑑定評価は合理性を欠くものではない。
（イ）　本件鑑定評価では、開発法による価格を中心に、取引事例比較法による比準価格を参考として本件土地の価額を評価している。

　　　これは、不動産鑑定士が各評価手法による価格の規範性を十分に検討した結果、取引事例比較法では取引事例に係る個々の契約の事情の把握が困難なこともある一方、開発法では本件土地に係る特殊性を十分に反映していると認められるとの理由に基づき判断したものであって、合理的な根拠に基づく不動産鑑定士の裁量の範囲内での判断である。

　　　したがって、本件鑑定評価は、不動産鑑定評価基準を逸脱したものではない。なお、本件鑑定評価額は、取引事例比較法による比準価格と開発法による価格に均衡のとれた価額となっている。

（ロ）　本件土地を開発するためには、＊＊＊＊と本件土地の間に存する地積が66㎡の土地（以下「本件隣接地」という。）を買い取る必要があるところ、本件鑑定評価における開発法の適用に当たり、本件隣接地の買取りを想定し、本件隣接地の価格については、傾斜山林が迫るものとして想定した標準的な画地の価格に、個別要因（道路＋7％、環境＋10％、道路方位－3％）に係る補正を行い評価している（別紙2の別添）。

　　　この個別要因のうち環境要因については、当該標準的な画地は傾斜山林に隣接し災害時における崩落の危険があるのに対し、本件隣接地には、そのような危険はないから、その格差率を10％と評価したものであって不合理ではない。

（ハ）　本件鑑定評価における開発法の検討において、本件土地が緩傾斜を呈しており、開発する場合には擁壁を設置する必要性があるため、その宅地造成工事費を17,000円／㎡と算定している（別紙2の付表2-2）。これは、不動産鑑定士が過去に宅地造成工事業者、水道設備業者等から聴取した単価、各研修会において取得した資料及び造成工事の積算実例等を参考に判定したものであり、合理性が認められる。

ハ　本件土地の接道状況によって受けるべき減価や、本件土地が急傾斜地に隣接している点など、評価通達では適切に評価できない事情である。

（2）　原処分庁の主張
　以下のとおり、本件鑑定評価は、公正妥当な鑑定理論に従ったものとはいえないから、合理性を欠くものである。

イ　不動産鑑定評価基準によれば、更地の価額の評価については、取引事例比較法による比準価格、収益還元法による収益価格又は原価法による積算価格を中心として、開発法による価格を比較考量して決定することとなる。

　　　ところが、本件鑑定評価は、取引事例比較法による比準価格及び開発法による価格を求めた上で、比準価格は取引事例に係る個々の契約の事情の把握が困難なこともあることを理由に参考にとどめ、開発法による価格を中心として本件土地の価額を評価しており、本件鑑定評価額の決定過程に疑義がある。

ロ　本件鑑定評価は、開発法の検討において、本件隣接地を買い取る必要があるとした上で、本件隣接地の価格の査定を取引事例比較法によっているところ、想定した標準的な画地と本件隣接地を比

較する過程において、個別的要因による格差率を114％（道路＋7％、環境＋10％、道路方位－3％）と判定している。しかしながら、環境要因については、本件土地と本件隣接地とでは差異はないと推認され、格差率は過大に評価されている上、格差率の根拠も示されていないため、その妥当性には疑義がある。

ハ　本件鑑定評価は、開発法の検討において、本件土地に係る宅地造成工事費を17,000円／$m^2$としている。

ここで、平成23年分財産評価基準書において、本件土地の条件に係る宅地造成費は9,300円／$m^2$とされるところ、この額は、土地の造成における平均的な条件を想定した上で、様々な公表資料に基づき、土地造成のために通常要する額として算定された額の80％相当額とされている。そして、当該宅地造成費を80％で割り戻した額は11,625円／$m^2$となるところ、本件鑑定評価において想定している宅地造成工事費は、この約1.5倍に相当する額となるにもかかわらず、その算定根拠は不明であって、合理性に疑義がある。

4　当審判所の判断
(1)　法令解釈

相続税法第22条は、相続財産の価額は、特別に定める場合を除き、当該財産の取得の時における時価によるべき旨を規定しており、ここにいう時価とは相続開始時における当該財産の客観的な交換価値をいうものと解するのが相当である。しかし、客観的な交換価値というものが必ずしも一義的に確定されるものではないことから、相続税等に係る課税実務においては、納税者間の公平、納税者の便宜、徴税費用の節減等の観点から、相続財産の評価に係る一般的基準が評価通達によって定められ、これに定められた画一的な評価方法に従って統一的に相続財産の評価が行われてきたところであり、このような評価通達に基づく相続財産の評価の方法は、相続税法第22条が規定する財産の時価すなわち客観的交換価値を評価・算定する方法として一定の合理性を有するものと一般に認められ、その結果、評価通達は、単に課税庁の内部における課税処分に係る行為準則であるというにとどまらず、一般の納税者にとっても、相続税等の納税申告における財産評価について準拠すべき指針として通用してきているところである。そして評価通達に基づく相続財産の評価の方法は相続税法第22条が規定する財産の時価すなわち客観的交換価値を評価・算定する方法として一定の合理性を有するものと一般に認められていることなどからすれば、相続税に係る課税処分の審査請求において、原処分庁が、当該課税処分における課税価格ないし税額の算定が評価通達の定めに従って相続財産の価額を評価して行われたものであることを評価通達の定めに即して主張・立証した場合には、その課税処分における相続財産の価額は「時価」すなわち客観的交換価値を適正に評価したものと事実上推認することができるというべきである。

したがって、このような場合には、請求人らにおいて、評価通達の定めに従って行ったという原処分庁の財産評価の基礎となる事実認定に誤りがある等、その評価方法に基づく相続財産の価額の算定過程自体に不合理な点があることを具体的に指摘して、上記推認を妨げ、あるいは、不動産鑑定士による合理性を有する不動産鑑定評価等の証拠資料に基づいて、評価通達の定めに従った評価が、当該事案の具体的な事情の下における当該相続財産の「時価」を適切に反映したものではなく、客観的交換価値を上回るものであることを主張立証するなどして上記推認を覆すことなどがない限り、当該課税処分は適法であると認めるのが相当である。

(2)　本件通達評価額について

本件通達評価額が評価通達の定めに従ってされたものであることは、上記1(4)ニのとおりであ

る。そうすると、本件通達評価額は、本件相続の開始時における本件土地の時価すなわち客観的交換価値を適正に評価したものと事実上推認することができるというべきである。

　なお、請求人らは、本件土地の接道状況によって受けるべき減価や本件土地が急傾斜地に隣接している点が、評価通達では適切に評価できない事情である旨主張する。

　しかしながら、原処分関係資料及び当審判所の調査の結果によれば・特定路線価の評定において本件道路の幅員は考慮されていると認められ、加えて、本件通達評価額は本件土地の間口が狭小であることを踏まえて評価した価額（別表３の価額）より低いことからすれば、本件通達評価額は、本件土地の接道状況を踏まえた価額と認められる。また、当審判所の調査の結果によれば、本件土地は警戒区域に指定されていない上、本件土地に開発行為を行うとしても擁壁の設置や後退の措置を要さないと認められ、当該傾斜地が存することをもって、何らかの法的制約を受けることも、費用負担を強いられることもないことからすると、当該傾斜地に隣接することが、評価通達では適切に評価できないというほどの事情とはいえない。したがって、請求人らの上記主張には理由がない。

(3)　争点（本件鑑定評価の合理性の有無）について

イ　本件鑑定評価の概要

　本件鑑定評価は、本件土地周辺に存する土地の取引事例を選択し、それらの取引価格を補正するなどして標準的画地の価格を求め、さらに、当該価格に対して、本件土地との個別要因の差異により補正して比準価格を試算し、また、本件土地の分譲を想定して、販売総額から造成費相当額等を控除して得た開発法による価格を求めた上、開発法による価格を中心に比準価格を参考として、鑑定評価額を決定するというものである。

ロ　鑑定評価手法の適用について

　本件鑑定評価では、対象不動産を市街化区域内の更地とした上で、開発法による価格を中心に比準価格を参考として鑑定評価額を決定している。ところで、不動産鑑定評価基準は、不動産鑑定士等が不動産の鑑定評価を行うに当たっての統一的基準であるから、不動産鑑定評価を行う際には、これに従うことを要するところ、同基準は、更地の鑑定評価額について、取引事例比較法に基づく比準価格及び収益還元法に基づく収益価格を関連付け、さらに、当該更地の面積が近隣地域の標準的な土地の面積に比べ大きい場合には開発法による価格を比較考量して決定するものと定めていることに鑑みると、鑑定評価の手法の適用が不動産鑑定評価基準に適正に従っているのかについて疑義がある。

ハ　開発法の評価過程について

　本件鑑定評価では、本件土地の開発方法として、本件隣接地を取得の上、本件隣接地及び本件土地上に、＊＊＊＊に接続する袋路状の道路を設置し、当該道路沿いの宅地を分譲する方法を想定している（別紙２の別図）。

　しかしながら、本件隣接地の取得を前提として、幅員約８ｍの＊＊＊＊から本件道路（幅員約３ｍ）に接続するような開発道路の設置を想定すれば、当該開発道路は、いわゆる通り抜け道路となり、請求人らが主張するような袋路状の道路の想定による転回広場の設置を要さないことから、想定される開発道路の距離が延長されることを踏まえても、本件鑑定評価より広い有効宅地を想定することができる（当審判所の調査の結果によれば、本件土地の存する＊＊＊＊において住宅建設のための開発行為を行うに当たり道路を開設する場合、開設する道路終端の一方を幅員6.5ｍ以上の道路に、他方を幅員2.2ｍ以上の道路にそれぞれ接続することにより、当該道路は通り抜け道路と認められる。）。そうすると、本件鑑定評価で想定している開発道路の設置の仕方は経済的合理性に欠けるものというべきである。そして、本件鑑定評価における宅地造成工事費（17,000円／$m^2$）は、別紙２の

別図のような開発（袋路状の道路）を前提として求めたものであるところ、上記のとおり、本件鑑定評価が想定している開発道路の設置の仕方が経済的合理性に欠けるものである以上、当該宅地造成工事費の査定について合理性に疑問があるといわざるを得ない。

　以上の点からすれば、本件鑑定評価における開発法による価格の査定にはその合理性に疑問がある。

二　取引事例比較法の評価過程について

　（イ）　取引事例の選択について

　　不動産鑑定評価基準は、取引事例比較法に関して、取引事例は、取引事情が正常なものと認められるもの又は正常なものに補正することができるものから選択する旨定めている。しかしながら、本件鑑定評価が採用した４つの取引事例（別紙２の付表１参照）のうち、取引事例Ｇについては「２画地より構成」とされているところ、請求人提出資料及び当審判所の調査の結果によれば、取引事例Ｇに係る土地の形状は、おおむね別図２の実線で囲んだ部分であること、さらに、別図２の実線で囲んだ部分と点線で囲んだ部分はもともと１筆の土地であったものを分筆の上、同一年月日に、それぞれ別の者に売却されたことが認められる。このような事情に照らせば、取引事例Ｇに係る取引は取引事情や形状等の個別性が強く、取引事例として採用することに疑問があるといわざるを得ない（取引事例としてやむを得ず採用するにしても補正は困難というべきであり、現に、本件鑑定評価において、この点についての補正がされているとは認められない。）。加えて、本件鑑定評価では、標準的な画地を1,000 m$^2$程度の住宅素地としているところ、取引事例Ｇに係る土地は２画地合わせても500 m$^2$に満たず、大きな画地のみでは400 m$^2$にも満たない（他方の区画は１区画の宅地にしかならない画地規模である。）ことからすれば、標準的な画地と取引事例地とで条件が大きく異なるものと認められ、この点からも、本件鑑定評価において取引事例Ｇを採用したことには疑問がある（なお、当審判所の調査の結果によれば、本件土地の存する＊＊＊における平成22年及び平成23年の土地取引として、別表４記載の各取引事例が認められるところ、当該各取引事例を採用することも可能であり、あえて取引事例Ｇのように個別性の強い事例を採用する必要性は乏しく、別表４記載の取引事例の取引価格の大半が取引事例Ｇの取引価格を上回ることからすると、取引事例Ｇを採用することは鑑定評価額を引き下げる要因にもなっている。）。

　　取引事例の選択に係る上記で指摘した点は、本件鑑定評価の合理性に疑問を抱かせるものである。

　（ロ）　取引価格の補正について

　　不動産鑑定評価基準は、取引事例が特殊な事情を含み、これが当該事例に係る取引価格に影響を及ぼしているときは適切に補正しなければならない旨定め、不動産鑑定評価基準運用上の留意事項において、事情補正を要する特殊な事情が例示されている。しかしながら、本件鑑定評価は、取引事例Ｈの取引価格が高値であるとしてマイナス20％の事情補正を行っているところ、かかる事情は、事情補正を要するような特殊な事情に該当するとはいえず、他に本件鑑定評価書上、上記の特殊な事情をうかがわせる記載もなく、これを認めるに足りる証拠資料もない。したがって、この点も本件鑑定評価の合理性に疑問を抱かせるものである。

　（ハ）　以上の点からすれば、本件鑑定評価における比準価格の試算には、その合理性に疑問がある。

ホ　小括

　以上のとおり、本件鑑定評価には、上記で指摘したような鑑定評価の合理性を疑わせるような点が

認められることからすれば、本件鑑定評価は合理性を有するものと認めることはできない。
(4) 本件土地の価額
　以上のとおり、本件鑑定評価は合理性を有するものと認められないから、このような本件鑑定評価をもって、本件通達評価額が本件土地の時価を適切に反映したものではないとか、客観的交換価値を上回るものであるなどとはいえない。
　したがって、評価通達の定めに従って評価した本件通達評価額は、本件土地の時価を適正に評価したものと認められる。
(5) 本件各更正処分の適法性について
　以上に基づき、本件相続税の課税価格及び納付すべき税額を計算すると、本件各更正処分における額と同額であると認められる（本件土地の価額を除き、納付すべき税額の計算の基礎となる金額及び計算方法について請求人らは争わず、当審判所においても相当であると認められる。）。
　したがって、本件各更正処分はいずれも適法である。
(6) 本件各賦課決定処分の適法性について
　上記(5)のとおり、本件各更正処分は適法であり、国税通則法第65条《過少申告加算税》第1項所定の要件を充足するところ、本件各更正処分により納付すべき税額の計算の基礎となった事実が、更正処分前の税額の計算の基礎とされていなかったことについて、同条第4項に規定する「正当な理由」があるとは認められない。
　そして、当審判所において、本件相続税に係る過少申告加算税の額を計算すると、本件各賦課決定処分における額と同額であると認められる。
　したがって、本件各賦課決定処分はいずれも適法である。
(7) 結論
　以上によれば、審査請求には理由がないから、いずれも棄却することとし、主文のとおり裁決する。

別表1　本件土地の明細

| 順号 | 所在地 | 地積（m²） | 地目 |
|---|---|---|---|
| 1 | ＊＊＊＊＊＊＊＊＊＊ | 955 | 山　林 |
| 2 | ＊＊＊＊＊＊＊＊＊＊ | 161 | 山　林 |

別表2　原処分庁主張額の計算明細（評価通達49－2の定めに基づき評価した価額）

| 区　分 | | 金額等 |
|---|---|---|
| 特定路線価 | ① | 130,000 円 |
| 広大地補正率 | ② | 0.5442 |
| 地積 | ③ | 1,116 m² |
| 財産評価額（①×②×③） | | 78,952,536 円 |

（注）広大地補正率（②欄）は、地積に応じた、評価通達24－4《広大地の評価》に定める算式により求めた補正率である。

別表3　本件土地を評価通達49の定めに基づき評価した価額

| 区　　分 | | |
|---|---|---|
| 特定路線価 | ① | 130,000円 |
| 奥行価格補正率 | ② | 0.83 |
| 不整形地補正率（想定整形地：間口距離28.50m×奥行距離73.00m） | ③ | 0.81 |
| 本件土地が宅地であるとした場合の1m²当たりの価額（①×②×③） | ④ | 87,399円 |
| 宅地造成費 | ⑤ | 9,300円／m² |
| 宅地造成費を控除した1m²当たりの価額（④－⑤） | ⑥ | 78,099円 |
| 地積 | ⑦ | 1,116m² |
| 財産評価額（⑥×⑦） | | 87,158,484円 |

（注）1　奥行価格補正率（②欄）は、奥行距離（73.00m）に応じた、評価通達15に定める普通住宅地区の補正率である。
　　　2　不整形地補正率（③欄）は、かげ地割合（46.35％）に応じた評価通達20《不整形地の評価》に定める普通住宅地区（地積区分750m²以上）の不整形地補正率（0.90）と間口距離（2.79m）に応じた評価通達20-3《間口が狭小な宅地等の評価》に定める間口狭小補正率（0.90）を乗じた補正率である。
　　　3　宅地造成費の金額（⑤欄）は、傾斜度が3度超5度以下の場合の造成費（8,500円／m²）と伐採・抜根費（800円／m²）の合計である。

別表4　取引事例

| 順号 | 所在地 | 地積（m²） | 取引時点 | 間口×奥行（m） | 形状 | 接面街路 | 取引価格（円／m²） |
|---|---|---|---|---|---|---|---|
| 1 | ＊＊＊＊ | 804 | 平成22年5月24日 | 67×2 | 長方形（潰れ地なし） | 北東4.5m舗装市道<br>南東4.5m舗装市道 | 181,590 |
| 2 | ＊＊＊＊ | 1,673 | 平成22年10月8日 | 52×32 | 不整形（潰れ地なし） | 北6m舗装市道<br>東6m舗装市道<br>南6m舗装市道 | 155,319 |
| 3 | ＊＊＊＊ | 723 | 平成23年6月9日 | 28×34 | やや不整形 | 北西4m舗装市道<br>南西4m舗装私道 | 154,592 |
| 4 | ＊＊＊＊ | 2,287.03 | 平成23年6月21日 | 21×59 | 不整形 | 北6m舗装私道<br>東4m舗装私道 | 135,547 |
| 5 | ＊＊＊＊ | 848 | 平成23年6月23日 | 31×27 | 長方形 | 南西6m舗装市道 | 242,262 |
| 6 | ＊＊＊＊ | 1,141 | 平成23年9月11日 | 14×73 | 長方形 | 北西4m舗装市道 | 64,838 |
| 7 | ＊＊＊＊ | 640 | 平成23年10月23日 | 22×29 | ほぼ長方形 | 西4.2m舗装市道 | 139,272 |
| 8 | ＊＊＊＊ | 623 | 平成23年10月28日 | 51×12 | 長方形（潰れ地なし） | 北西4m舗装市道<br>南西8m舗装市道 | 287,653 |

| 9 | ＊＊＊＊ | 488.32 | 平成23年11月11日 | 18×29 | 長方形 | 南西4m舗装市道 | 176,047 |

（注）1 「形状」欄の（潰れ地なし）とあるのは、開発するとした場合に潰れ地が生じないと本件鑑定評価書の作成者が判断したものを指す。
　　　2 建築基準法第43条《敷地等と道路との関係》に規定する基準を満たさない土地を除く。

別紙1 （省略）
別紙2 本件鑑定評価書の要旨
1 鑑定評価額
　57,000,000円（51,075円／m²）（筆者注）後に59,000,000円に修正
2 対象不動産の表示

| 所在地番 | 公簿地目<br>現況地目 | 公簿地積 | 所有者 |
|---|---|---|---|
| ＊＊＊＊ | 山林 | 955 m² | ＊＊＊＊ |
| ＊＊＊＊ | 山林<br>（原野ほか） | 161 m²<br>計 1,116 m² | ＊＊＊＊ |

3 価格時点
　＊＊＊＊
4 鑑定評価額決定の理由
(1) 地域分析（近隣地域の状況）
イ　近隣地域の範囲
　対象不動産が存する近隣地域の範囲は、＊＊＊＊行政区域のほぼ中央部、＊＊＊＊地内に所在する住宅地域のうち、対象不動産を中心として北東方約90m、南西方約70m、北西方約10m、南東方約30mの地域一帯である。
ロ　近隣地域の不動産取引の状況
　周辺類似地域のここ2年ほどの間の取引事例をみると、地積70m²から130m²程度の小規模宅地の取引が多く、取引水準は180,000円／m²〜200,000円／m²である。
ハ　公法上の規制
　都市計画法上市街化区域に属し、用途地域は第一種低層住居専用地域（建ぺい率60％、容積率100％、建築物の高さの最高限度10m）に指定されている。
ニ　危険、嫌悪施設等
　特筆すべき危険・嫌悪施設等は認められないが、対象不動産の南東側には＊＊＊＊が迫っており、高低差12mを超える急傾斜地となっているため、地震や大雨時における崩落の危険性を有する。
ホ　標準的画地
　分譲地にあっては東側（想定）幅員約4.2m舗装行き止まり開発道路に接面する間口約10m、奥行約10m、地積約100m²前後の中間画地、住宅素地にあっては幅員約3.4m未舗装行き止まり市道に接面する間口約25m、奥行約40m、地積1,000m²前後の中間画地
ヘ　標準的使用
　低層（戸建）住宅の敷地

(2) 個別分析
イ 対象不動産の状況
　（イ）街路条件
　　前面道路は南西側幅員約3.4ｍ未舗装行き止まり＊＊＊＊（建築基準法第42条第2項道路）である。
　（ロ）画地条件等
　　南西側前面道路にほぼ等高に接面する画地である。間口約3.4ｍ、奥行約65ｍから72ｍまでのやや不整形地で、地積は1,116㎡（公簿）である。現況は原野（一部山林）となっており、地勢は北西へ緩傾斜を呈する。なお、対象不動産は、道路条件により、対象不動産単独での開発は不可能なため、宅地開発を当たっては隣接地の買取を要す。
　（ハ）環境条件
　　上記のとおり、対象不動産の南東側には標高差12ｍを超える急傾斜地が迫るため、地震や大雨時における崩落の危険性を有する。
　（ニ）行政的条件
　　第一種低層住居専用地域（建ぺい率60％、容積率100％、建築物の高さの最高限度10ｍ）、建築基準法第22条の区域
　（ホ）埋蔵文化財の有無及びその状況
　　対象不動産のうち＊＊＊＊は埋蔵文化財包蔵地「＊＊＊＊」に指定されているため、対象不動産の開発に際しては試掘を要す。また、試掘の結果、埋蔵文化財が出土した場合には、開発者負担にて発掘調査をする必要がある。
ロ　最有効使用の判定
　上記地域要因及び個別的要因から、対象不動産の最有効使用を隣接地買収、開発後の一般住宅の敷地（戸建住宅素地）と判定した。

3　鑑定評価の適用項目
　対象不動産は市街化区域の更地（住宅敷地）であり、評価手法としては取引事例比較法、開発法を適用する。
イ　取引事例比較法の適用
　標準的画地の比準価格を付表1により92,900円／㎡と求めた。
　次に、対象不動産と標準的画地との個別的要因の比較を次表のとおり行って、比準価格を以下のとおり評定した。

| 標準的画地の価格 | 個別的要因 | 1㎡当たり価格 |
| --- | --- | --- |
| 92,900円／㎡ | 形状（やや不整形地）－3％<br>開口狭小（約3.4ｍ）－10％<br>単独での宅地開発不可－30％<br>北西側緩傾斜（日照・造成費）－5％<br>埋蔵文化財出土の可能性－1％<br><br>（相乗積）57.5／100 | 53,400円／㎡<br><br>（総額）<br>59,594,000円 |

ロ　開発法の適用
　付表2-1から2-6までにより開発法による価格を56,910,000円と査定した。

(4) 鑑定評価額の決定

　開発法による価格を中心に比準価格を参考として、57,000,000円をもって鑑定評価額と決定した。

別紙2の付表1　取引事例比較法の比準価格

| 項目＼区分 | | 取引事例 E | 取引事例 F | 取引事例 G | 取引事例 H |
|---|---|---|---|---|---|
| 所在地 | | ＊＊＊＊ | ＊＊＊＊ | ＊＊＊＊ | ＊＊＊＊ |
| 類型 | | 宅地・更地 | 宅地・更地 | 宅地・更地 | 宅地・更地 |
| 地積 | | 589.30 m² | 653 m² | 485 m² | 809.13 m² |
| 取引時点 | | 平成22年11月（登記原因日） | 平成22年4月（契約日） | 平成22年3月（契約日） | 平成22年3月（登記原因日） |
| 間口・奥行 | | 19 m×30 m | 21 m×31 m | 2画地より構成 | 22 m×26 m |
| 形状 | | 長方形 | ほぼ整形 | ほぼ整形 | ほぼ整形 |
| 接面街路 | | 北西側5.2m 舗装市道 | 東側6.0m 舗装市道 | 東側4.0m 舗装市道<br>北側4.0m 舗装市道 | 北東側11m 舗装市道<br>北西側5.7.0m 舗装市道 |
| 取引価格（a） | | 131,512円／m² | 131,700円／m² | 117,064円／m² | 166,846円／m² |
| 事情補正（b） | | 正常<br>100／100 | 正常<br>100／100 | 正常<br>100／100 | 高値<br>100／120 |
| 時点修正率（c） | | 97.6／100 | 96.2／100 | 96.0／100 | 96.0／100 |
| 建付減価補正（d） | | 100／― | 100／― | 100／― | 100／― |
| 個別的要因の標準化補正（e）（相乗積） | | 規模(市場性) ＋16<br>100／116 | 規模(市場性) ＋14<br>100／114 | 角地 ＋3<br>規模(市場性) ＋21<br>100／125 | 二方路画地 ＋2<br>規模(市場性) ＋8<br>100／110 |
| 地域要因の比較 | ①街路条件 | 幅員幅約5.2 m ＋3<br>舗装市道 ＋2<br>系統連続性(普通) ＋3<br>100／108 | 幅員幅約6.0 m ＋4<br>舗装市道 ＋2<br>系統連続性(普通) ＋3<br>100／109 | 幅員幅約4.0 m ＋1<br>舗装市道 ＋2<br>系統連続性(普通) ＋3<br>100／106 | 幅員幅約11 m ＋6<br>舗装市道 ＋2<br>系統連続性(普通) ＋3<br>100／111 |
| | ②交通接近条件 | ＊＊＊＊ ＋2<br>1,900 m －8.5<br>100／93.5 | ＊＊＊＊ ＋2<br>1,600 m －5.5<br>100／96.5 | ＊＊＊＊ －2<br>1,550 m －5<br>100／93 | ＊＊＊＊ 0<br>1,150 m －1<br>100／99 |
| | ③環境条件 | 一般住宅、アパートが混在する住宅地域<br>100／113 | 一般住宅が増えつつある区画整然とした住宅地域<br>100／115 | 一般住宅が建ち並ぶほか畑も残る住宅地域<br>100／105 | 一般住宅、アパート、農家住宅等が混在する住宅地域<br>100／115 |
| | ④行政的条件 | 1中専(60／200) 0<br>100／100 | 1中専(60／200) 0<br>100／115 | 1低専(60／100) 0<br>100／100 | 1中専(60／200) 0<br>100／100 |
| | ⑤その他の条件 | 100／100 | 100／100 | 100／100 | 100／100 |
| | 格差率（f）（①から⑤の相乗積） | 100／114 | 100／121 | 100／104 | 100／126 |
| 比準価格（a×b×c×d×e×f） | | 97,100円／m² | 91,800円／m² | 86,400円／m² | 96,300円／m² |
| （参考）平均価格 | | 92,900円／m² | | | |

別紙2の付表2-1　開発計画の概要

| ①総面積 | 1,182.00 m² (100.0%) (買収隣地66 m²含む) |
|---|---|
| ②公共用地 | 339.11 m² (28.7%) |
| 　道路（角切、転回広場含む） | 329.11 m² (27.8%) |
| 　ゴミ集積所 | 2 m² (0.2%) |
| 　集中プロパン置場 | 8 m² (0.7%) |
| ③有効面積（①－②） | 842.89 m² (71.3%) |
| ④分譲総画数 | 8区画 |
| ⑤一区画当たりの標準的面積 | 105.36 m² |

別紙2の付表2-2　収支計画

| 費目 | 金額 |
|---|---|
| 分譲収入 | 149,259円×842.89 m²＝125,809,000円 |
| | 付表2-5による比準価格（中庸値を採用し159,000円／m²と評定）を中心に収益価格（136,000円／m²）を参考とし、さらに付表2-6による基準価格（152,000円／m²）との均衡にも留意して、標準的画地の分譲価格を154,000円／m²と査定し、本地の分譲画地の状況を考慮し、付表2-4（分譲収入査定表）より平均分譲単価を149,259円／m²と判定。 |
| 宅地造成工事費 | 17,000円／m²×1,182.00 m²＝20,094,000円 |
| | 道路敷設及び擁壁築造工事を伴う類似の工事費を参考として、宅地造成工事費を17,000円／m²と査定。 |
| 販売費及び一般管理費 | 125,809,000円×10.0％＝12,580,900円 |
| | 分譲収入の10.0％を計上 |
| 投下資本利益率 | 年12.00％と査定 |
| 水道利用加入金・検査手数料 | 266,500円×8戸＝2,132,000円 |
| 隣地買収費用等（別紙2の別添参照）、開発申請料 | 22,619,000円×1.00件＝22,619,000円 |

（注）　本件鑑定評価書に記載されている収益価格の算定過程については省略する。

別紙2の付表2-3　試算

| 費目 | | 割合 | 金額 | 割引期間 | 複利現価率 | 複利現価 |
|---|---|---|---|---|---|---|
| 収入 | 売上総収入 | 10％ | 12,580,900円 | 9か月 | 0.9185 | 11,555,557円 |
| | | 70％ | 88,066,300円 | 14か月 | 0.8762 | 77,163,692円 |
| | | 20％ | 25,161,800円 | 17か月 | 0.8517 | 21,430,305円 |
| | 合計 | — | 125,809,000円 | — | — | 110,149,554円 |
| 支出 | 造成工事費 | 50％ | 10,047,000円 | 6か月 | 0.9449 | 9,493,410円 |
| | | 50％ | 10,047,000円 | 9か月 | 0.9185 | 9,228,170円 |

| | | | | | | | |
|---|---|---|---|---|---|---|---|
| 支出 | 販売費及び一般管理費 | 50% | 6,290,450 円 | 9か月 | 0.9185 | 5,777,778 円 |
| | | 50% | 6,290,450 円 | 17か月 | 0.8517 | 5,357,576 円 |
| | 水道利用加入金，検査手数料 | 100% | 2,132,000 円 | 6か月 | 0.9449 | 2,014,527 円 |
| | 隣地買収費用、開発申請料 | 100% | 22,619,000 円 | 6か月 | 0.9449 | 21,372,693 円 |
| | 合計 | — | 57,425,900 円 | — | | 53,244,154 円 |
| 開発法による価格 | | 収入－支出 | | | 56,905,400 円 | 56,910,000 円<br>(51,000 円／m²) |

別表2の付表2-4　開発法分譲収入査定表

| 標準的画地の<br>価格（円／m²） | 画地<br>番号 | 個別的要因の内訳 | 格差率 | 格差率<br>（相乗積） | 分譲価格<br>（円／m²） | 地積<br>（m²） | 総額 |
|---|---|---|---|---|---|---|---|
| 154,000<br>道路方位（東想定） | 1 | 道路方位（南西） | ＋5 | 93.9／100 | 145,000 | 102.38 | 14,845,000 円 |
| | | 不整形 | －5 | | | | |
| | | プロパン庫隣接 | －5 | | | | |
| | 2 | 角地（南東×北東） | ＋6 | 106.0／100 | 163,000 | 114.84 | 18,719,000 円 |
| | 3 | 道路方位（南東） | ＋5 | 105.0／100 | 162,000 | 102.95 | 16,678,000 円 |
| | 4 | 道路方位（南東） | －5 | 105.0／100 | 162,000 | 104.54 | 16,935,000 円 |
| | 5 | 不整形 | －10 | 82.9／100 | 128,000 | 109.80 | 14,054,000 円 |
| | | 間口狭小 | －3 | | | | |
| | | 行き止まり接面 | －5 | | | | |
| | 6 | 道路方位（北西） | －3 | 99.9／100 | 154,000 | 104.19 | 16,045,000 円 |
| | | 日照条件 | ＋3 | | | | |
| | 7 | 道路方位（北西） | －3 | 98.0／100 | 151,000 | 104.19 | 15,733,000 円 |
| | | 日照条件 | ＋1 | | | | |
| | 8 | 道路方位（南西） | ＋4 | 83.2／100 | 128,000 | 100.00 | 12,800,000 円 |
| | | 不整形 | －20 | | | | |
| 合計 | | | | | | 842.89 | 125,809,000 円 |
| 平均価格 | | | | | | | 149,259 円／m² |

別表2の付表2-5　開発法の分譲単価算定の基礎とした比準価格

| 項目 / 区分 | 取引事例 A | B | C | D |
|---|---|---|---|---|
| 所在地 | ＊＊＊＊ | ＊＊＊＊ | ＊＊＊＊ | ＊＊＊＊ |
| 類型 | 宅地・更地 | 宅地・建付地 | 宅地・建付地 | 宅地・建付地 |
| 地積 | 127.00 m² | 74.74 m² | 101.96 m² | 75.21 m² |
| 取引時点 | 平成22年5月（登記原因日） | 平成23年1月（契約日） | 平成23年7月（契約日） | 平成22年12月（契約日） |
| 間口・奥行 | 9.5 m×13.5 m | 7.0 m×10.0 m | 6.0 m×18.0 m | 8.1 m×10.6 m |
| 形状 | ほぼ長方形 | 長方形 | ほぼ長方形 | やや不整形 |
| 接面街路 | 北西側 4.0 m 舗装市道 | 北東側 4.0 m 舗装市道　南西側 4.0 m 舗装市道 | 北側 6.0 m 舗装市道 | 北東側 4.2 m 舗装行止私道 |
| 取引価格（a） | 181,748 円／m² | 160,557 円／m² | 137,309 円／m² | 179,497 円／m² |
| 事情補正（b） | 正常　100／100 | 正常　100／100 | 安値　100／80 | 正常　100／100 |
| 時点修正（c） | 96.4／100 | 98.0／100 | 99.2／100 | 97.8／100 |
| 建付減価修正（d） | 100／― | 100／100 | 100／100 | 100／100 |
| 個別的要因の標準化補正（e）（相乗積） | 道路方位（北西）−3　100／97 | 二方路画地　+5（北東×南西）　100／105 | 道路方位（北）−5　奥行長大 −5　100／90 | 道路方位（北東）−2　やや不整形 −3　100／95 |
| 地域要因の比較　①街路条件 | 幅員 4.0 m　0　舗装市道　0　系統連続性（普通）+3　100／103 | 幅員約 4.0 m　0　舗装市道　0　系統連続性（普通）+3　100／103 | 幅員約 6.0 m　0　舗装市道　0　系統連続性（普通）+3　100／106 | 幅員約 4.2 m　0　舗装市道　0　系統連続性（行止）0　100／100 |
| ②交通接近条件 | ＊＊＊＊　0　1,200 m　−1.5　100／98.5 | ＊＊＊＊　0　1,600 m　−5.5　100／94.5 | ＊＊＊＊　+2　1,800 m　−7.5　100／94.5 | ＊＊＊＊　0　1,100 m　−0.5　100／99.5 |
| ③環境条件 | 一般住宅、共同住宅、駐車場等が混在する住宅地域　100／110 | 戸建一般住宅が建ち並ぶ住宅地域　100／107 | 一般住宅が増えつつある新興住宅地域　100／115 | 一般住宅、共同住宅が建ち並ぶ住宅地域　100／113 |
| ④行政的条件 | 1低専(60/100)　0　100／100 | 1中専(60/200)　0　100／100 | 1中専(60/200)　0　100／100 | 1住居(60/200)　0　100／100 |
| ⑤その他の条件 | 100／100 | 100／100 | 100／100 | 100／100 |
| 格差率（f）（①から⑤の相乗積） | 100／112 | 100／104 | 100／115 | 100／112 |
| 比準価格（a×b×c×d×e×f） | 161,000 円／m² | 144,000 円／m² | 165,000 円／m² | 165,000 円／m² |
| （参考）平均価格 | 159,000 円／m² | | | |

別紙2の付表2-6　開発法の分譲単価算定の基礎とした公示地の規準価格

| 項目 \ 区分 | 公示地等の概要 | |
|---|---|---|
| 所在地 | ＊＊＊＊＊ | |
| 類型 | 宅地・更地 | |
| 地積 | ＊＊＊＊＊ | |
| 価格時点 | 平成24年1月1日 | |
| 形状 | 長方形 | |
| 接面街路 | 南東側4m舗装市道 | |
| 公示価格（a） | ＊＊＊＊＊ | |
| 時点修正率（b） | ＊＊＊＊＊ | |
| 個別的要因の標準化修正（c）（相乗積） | 道路方位（南東）　　　　+1.5<br>100／101.5 | |
| 地域要因の比較 | ①街路条件 | 幅員約4m　　　　　　　　0<br>舗装市道　　　　　　　　0<br>系統連続性（普通）　　　+3<br>100／103 |
| | ②交通接近条件 | ＊＊＊＊＊　　　　　　　+2<br>1,900m　　　　　　　　-8.5<br>100／93.5 |
| | ③環境条件 | 一般住宅が建ち並ぶ郊外の住宅地域<br>100／110 |
| | ④行政的条件 | 1住居（60／200）　　　　0<br>100／100 |
| | ⑤その他の条件 | 100／100 |
| | 価格差（d）（①から⑤の相乗積） | 100／106 |
| 規準価格（a×b×c×d） | 152,000円／m² | |

別紙2の別添　隣地取得に係るメモ

　対象不動産は、本件鑑定評価書本文に記載のとおり、南西側が幅員約3.4m未舗装行き止まり市道の行き止まり部分に接面しているものの、当該道路は建築基準法第42条第2項の道路であり、当該道路を前面道路として宅地開発をするためには、当該2項道路の幅員を4mに拡幅すること、既存の通り抜けから当該第2項道路に至る位置指定道路（＊＊＊＊、幅員4.2m、延長40.3m）沿いと、当該2項道路沿いの2箇所に転回広場を設置しなければならないため、当該2項道路の拡幅用地及び転回広場2つ分の用地を買収する必要が生じ、現実的には不可能に近いものと思料される。そこで、対象不動産の北西側に隣接する＊＊＊＊（宅地66m²）を買収することを想定し、開発法の適用を試みた。なお、当該隣地には建物が存在しているため、当該建物の補償料（撤去費用含む）も計上した。（土地）付表2-5による比準価格（159,000円／m²）を基準に以下のとおり算出した。

$$159,000\,円/m^2 \overset{※1}{\times} 114/100 \overset{※2}{\times} 1.30 \overset{※3}{\fallingdotseq} 236,000\,円/m^2 \overset{※4}{}$$

（総額）＝ 236,000 円／m² × 66 m² ＝ 15,576,000 円

※1 標準的画地の比準価格（付表 2-5 参照）
※2 個別的要因の格差率（道路＋7％、環境＋10％、道路方位－3％）
※3 買進率（開発者都合による買い進み率を30％と判定）
※4 買収隣地の単価

（建物）公共用地買収に係る建物補償に準じて、対象建物の補償費用（取壊し撤去費用込み）を以下のとおり算定した。

$$\overset{*1}{69.13\,m^2} \times \overset{*2}{100,000\,円/m^2} = \overset{*3}{6,913,000\,円}$$

＊1 隣地の建物の延床面積（公簿）
＊2 1 m² 当たりの補償料（取壊し撤去費用込み）
＊3 対象建物の補償等費用

（隣地取得に係る費用総額）

（土地）＋（建物）＝ 22,489,000 円

別紙2の別図　開発法の分割想定図

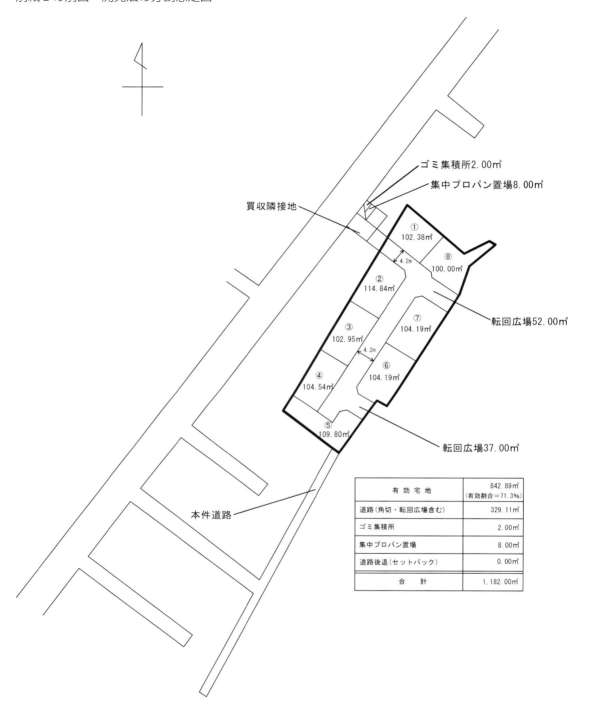

別図2　取引事例Gに係る土地の状況

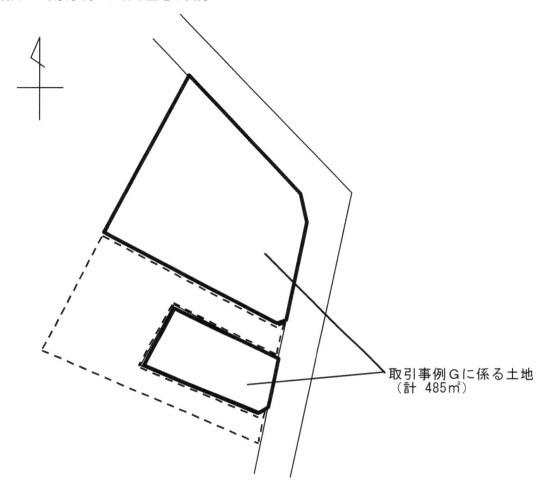

取引事例Gに係る土地
（計 485㎡）

## III 鑑定士視点からの考察

### 1 本件鑑定評価書の妥当性の検証

　鑑定評価が合理的ではない、として否認されてしまった事例です。ここで、筆者の観点から当該事例における鑑定評価の妥当性を検証します。

#### 1 取引事例比較法の評価過程
##### 1 取引事例の選択及び標準化補正は適切か

　取引事例の選択が適切だったかを検証します。まず、事例E～Hがありますが、いずれも規模は大きいものの、不動産業者が購入したものかが不明です。筆者の考えでは最有効使用を戸建分譲用地とするならば、取引事例は不動産業者が購入した開発素地の取引事例を選択すべきです。戸建分譲素地の事例は多くはありませんので、その場合は同一需給圏の範囲を広げたり、取引時点を遡ったり、可能な限り広範囲で事例を探すべきかと思います。そして、仮に全

ての事例が戸建分譲素地の事例が収集できなかった場合は類似の大規模地の事例を採用し、標準的画地価格の比準価格を求める際の重み付けで調整するのが良いかと思います。

### 2 標準化補正

本件鑑定評価で比準価格を求める際の標準化補正が行われていますが、規模（市場性）について各取引事例で格差付けが行われているため、検証したいと思います。

本件鑑定評価では分譲素地の標準的画地が 1,000 m² とされているため、おそらく 25 m² で 1P の格差付けを行っているように見えます。しかし筆者の感覚では、大規模地の標準化補正の場合、25 m² で 1 ポイントと細かく規模の格差を見ることについては少し疑問が残ります。

### 3 開発法との整合性が取れているか

本件鑑定評価では取引事例比較法における比準価格の個別的要因について、下記のように査定しています。

- 形状（やや不整形地）　　　　−3％
- 間口狭小（約 3.4 m）　　　　−10％
- 単独での宅地開発不可能　　　−30％
- 北西緩傾斜（日照・造成費）　−5％
- 埋蔵文化財出土の可能性　　　−1％

あくまで筆者の見解になりますが、「単独での宅地開発不可能　−30％」については、単純に考えると、標準的画地価格が 92,900 円／m² なので、92,900 円／m² × 0.3 × 1,116 m² ≒ 31,100,000 円が減価、ということになります。この「単独での宅地開発不可能」という要因は、用地買収を行わなければ開発ができないことの減価ですので、開発法における用地買収額と整合性を取るべきです。具体的には、本件鑑定評価の開発法適用の際は、用地買収費用及び建物撤去費用を合計して 22,489,000 円としています。したがって、査定された 22,489,000 円 ÷（92,900 円／m² × 1,116 m²）≒ 22％ を減価率とする方が適切と考えられます。

また、造成費の多寡について、取引事例比較法の個別的要因では「北西緩傾斜（日照・造成費）」として減価を −5％ として見ていますが、開発法で採用した造成費（17,000 円／m²）が取引事例比較法における標準的画地の造成費とを比較し、減価率に反映させるべきです。

さらに、有効宅地化率は減価に含まれていませんが、こちらも標準的画地の有効宅地化率と想定した区画割の有効宅地化率（本件鑑定評価では 71.3％）とを比較し、減価率に反映させるべきと考えます。審判所の指摘にはこのような点は述べられていませんが、各試算価格を求める際は各要因を試算価格査定の際に反映させ、整合性を取ることに留意する必要があります。

## 2 開発法の評価過程

### 1 区画割の合理性

審判所は当該鑑定評価の区画割について、「本件隣接地の取得を前提として、幅員約 8 m の ＊＊＊＊ から本件道路（幅員約 3 m）に接続するような開発道路の設置を想定すれば、当該開発道路は、いわゆる通り抜け道路となり、請求人らが主張するような袋路状の道路の想定によ

る転回広場の設置を要さないことから、想定される開発道路の距離が延長されることを踏まえても、本件鑑定評価より広い有効宅地を想定することができる（当審判所の調査の結果によれば、本件土地の存する＊＊＊＊＊において住宅建設のための開発行為を行うに当たり道路を開設する場合、開設する道路終端の一方を幅員6.5m以上の道路に、他方を幅員2.2m以上の道路にそれぞれ接続することにより、当該道路は通り抜け道路と認められる。）。そうすると、本件鑑定評価で想定している開発道路の設置の仕方は経済的合理性に欠けるものというべき」として、当該鑑定評価の区画割を否定しています。確かに、別紙2の別図では転回広場が2つ存在しており、それにより有効率が低くなっている可能性はあります。

ただし、本件の裁決書では図として示されていないため、それが最有効使用なのかの判断は難しい所です。できれば鑑定評価の合理性を否定し、上記のように別の区画割が考えられるならば、図として示すべきではないかと考えます。

そこで、後述の「筆者が鑑定評価を行う場合」にて検証することも踏まえ、筆者が考えられる範囲で開発想定図を作成してみました。確かに、通り抜け道路にする方が有効宅地化率は高くなります（筆者作成図面での有効宅地化率は約73.8％、本件鑑定評価で採用した図面の有効宅地化率は約71.3％）。ただし、この差をもって「経済合理性に欠ける」とまで言ってしまって良いのかはやや疑問です。

### 2 分譲宅地の標準的画地単価

特定路線価が130,000円／$m^2$であり、開発法適用の際の分譲宅地の標準的画地単価が154,000円／$m^2$です。特定路線価は行き止り3.4m道路に付されたもので、これを地価公示ベースの価格にすると、130,000円／$m^2$÷0.8＝162,500円／$m^2$となります。分譲宅地は開発の際に新設道路を敷設し、当該道路に面する宅地を標準的画地と設定します。そして、新設道路の幅員は4.2mであることから、3.4m道路の標準的画地価格（地価公示ベースと同等とすると162,500円／$m^2$）よりは高い価格水準であるべきです。したがって、本件鑑定評価での分譲宅地の標準的画地単価154,000円／$m^2$はかなり低い水準であり、適切な分譲価格とは言い難いと思われます。地方によっては地価公示ベースの価格よりも安い価格で分譲されている箇所も見られますが、当該地域は路線価の水準からそのような地域ではないと考えられることから、少なくとも165,000円／$m^2$以上の単価とすべきだったと筆者は考えます。

さらに、本件鑑定評価では「4　鑑定評価額決定の理由　ロ　近隣地域の不動産取引の状況」の中で「周辺類似地域のここ2年ほどの間の取引事例をみると、地積70$m^2$から130$m^2$程度の小規模宅地の取引が多く、取引水準は180,000円／$m^2$〜200,000円／$m^2$である。」と述べられています。この水準について、「周辺類似地域」という書き方をしているため、厳密には「近隣地域の不動産取引の状況」を指してはいないのかもしれませんが（そもそも近隣地域に限定するとおそらく事例はそこまで多くないと思います）、その水準と比較しても上記標準的画地単価154,000円／$m^2$はかなり低い水準と考えられます。したがって、審判所からの指摘はありませんが、標準的画地単価が低い点について指摘を受けたとしても仕方ないと筆者は考えます。

● **筆者作成の想定区画割図面**

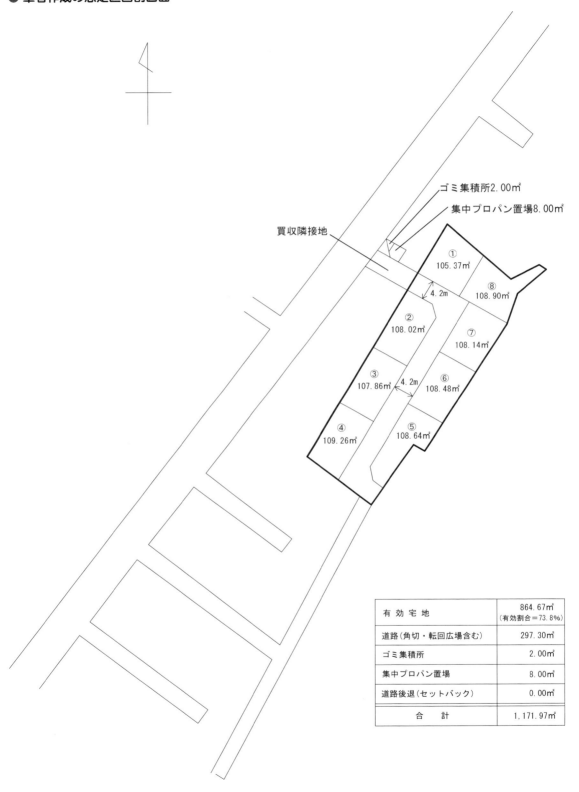

### 3 造成費の単価

また、審判所は宅地造成費について、「本件鑑定評価における宅地造成工事費（17,000円／m²）は、別紙2の別図のような開発（袋路状の道路）を前提として求めたものであるところ、上記のとおり、本件鑑定評価が想定している開発道路の設置の仕方が経済的合理性に欠けるものである以上、当該宅地造成工事費の査定について合理性に疑問があるといわざるを得ない。」としています。

本件で財産評価上の平成23年度の造成費は9,300円／m²（傾斜度が3度超5度以下の場合の造成費8,500円／m²と伐採・伐根費800円／m²の合計）とされていますが、これは南西側特定道路からの奥行が長いことで傾斜度が低いことから査定されたものだと推察されます。

審判所は本件鑑定評価で採用された宅地造成費17,000円／m²について、「開発道路の設置の仕方が経済的合理性に欠けるものである以上、当該宅地造成工事費の査定について合理性に疑問がある」としています。そして、財産評価上の造成費（整地費＋伐根費）が、9,300円／m²であり、本件鑑定評価で採用された宅地造成費17,000円／m²は相当高くなっている（約1.8倍）であるという意味も含めて合理的ではない、と述べていると考えられます。

しかし、筆者からすると本件鑑定評価で採用された宅地造成費17,000円／m²は「安い」という意味で合理的ではないと考えます。一般的に鑑定評価で用いる宅地造成費は、平坦な土地で新設道路を敷設する場合、20,000円／m²はかかります。本件については、鑑定評価書の個別分析によると「対象不動産の南東側には高低差12mを超える急傾斜地が迫るため、地震や大雨時における崩落の危険性を有する。」とされています。対象不動産自体は「南西側道路面にほぼ等高に接面、地勢は北西へ緩傾斜を呈する。」とされているため、内部にはそこまでの大きな傾斜はないかもしれませんが、開発にあたってはかなりの造成費がかかることが想定されます。筆者の感覚では平成23年当時でも50,000円／m²〜55,000円／m²、RC擁壁等の資材価格高騰で造成費が上昇している令和6年現在であれば70,000円／m²〜75,000円／m²、場合によってはそれ以上の造成費も考えられます。特定路線価は130,000円／m²の地域であるため、鑑定評価を行った場合は価格が出る（マイナスにはならない）と思われますが、路線価が低い地域であれば有効宅地化率との関連で宅地に転用できない純山林となってもおかしくはない山林のように推定されます。

後述の「筆者が鑑定評価を行う場合」で詳しく検証いたしますが、造成費の多寡は鑑定評価額に大きく影響を及ぼすこととなります。本件鑑定評価書では「道路敷設及び擁壁築造を伴う類似の工事費を参考として、宅地造成工事費を17,000円／m²と査定。」と書かれていますが、根拠に乏しいと思われます。やはり建築事務所等の施工実績のある専門家に依頼し、「実際にこの土地で宅地造成を行った場合、宅地造成費はいくらになるか」を開発想定図とともに作成してもらうべきかと考えます。それこそが時価を求めるにあたって必要となる現実的な造成費であり、それを鑑定評価の開発法で採用すべきと筆者は考えます。

### ❸ 試算価格の調整、鑑定評価額の決定

本件鑑定評価では比準価格59,594,000円、開発法による価格を56,910,000円として試算価

格を求めています。そして、開発法による価格を中心に比準価格を参考として、57,000,000円と鑑定評価額を決定しています。裁決書にあるのはあくまで「鑑定評価書の要旨」なので詳細は不明ですが、筆者としては各試算価格について整合性を知りたかったと思います。そして、整合性については上述したように取引事例比較法における比準価格と開発法による価格との間で、各要因について整合性が取れている必要があると思われます。

## 2 審判所の判断に対する検討

上記では本件鑑定評価書の妥当性を検証しましたが、一方で国税不服審判所の判断についても考えてみたいと思います。

### 1 鑑定評価の手法

審判所は「本件鑑定評価では、対象不動産を市街化区域内の更地とした上で、開発法による価格を中心に比準価格を参考として鑑定評価額を決定している。（中略）同基準は、更地の鑑定評価額について、取引事例比較法に基づく比準価格及び収益還元法に基づく収益価格を関連付け、さらに、当該更地の面積が近隣地域の標準的な土地の面積に比べ大きい場合には開発法による価格を比較考量して決定するものと定めていることに鑑みると、鑑定評価の手法の適用が不動産鑑定評価基準に適正に従っているのかについて疑義がある。」としています。これについて筆者は異を唱えたく思います。なぜなら鑑定評価基準は実務とは少し異なっている部分もあり、例えば「貸家及びその敷地」の価格については鑑定評価基準では「収益還元法による収益価格を標準に、原価法による積算価格及び取引事例比較法による比準価格を関連付けて価格を決定する」としていますが、実務では土地建物一体の比準価格はまず試算しません。これは不動産鑑定士であれば誰もが首肯することと思います。

そして、一般的に戸建開発法を適用するような大規模地については収益還元法（更地の場合は土地残余法）を適用しても収益性よりも利便性や居住の快適性が求められる住宅地域では低く試算され、適用しないとしてもそこまで影響が大きくはありません（試算価格の調整の際にほぼ加味しない）。また、収益還元法（土地残余法）については想定建物を賃貸共同住宅にするか、戸建住宅にするかの議論があります。最有効使用が「戸建分譲用地」とする場合、土地残余法では「最有効使用の建物」を想定することから、土地の最有効使用を戸建分譲用地とするのに、最有効使用が賃貸共同住宅とすることは整合性が取れないのではないか、という議論です。この点について筆者は「最有効使用」について、あくまで土地残余法の想定建物は「収益性の観点から見た最有効使用」で考えれば良いと思います。すなわち、更地としての最有効使用が戸建分譲用地だとしても、収益性を判断するために賃貸共同住宅を想定することは問題ないのではないかと考えます。現実的に戸建開発を行うような分譲住宅について、それをすべて賃貸するようなことは通常考えられないからです。

したがって、審判所の主張は形式面に囚われており、実務的には的が外れていると筆者は考えます。強いて言うならば、収益性の検証（開発法適用の際の戸建分譲地の標準的画地において土地残余法を適用した際の収益価格を求める）をすべきであったかについては議論の余地が

あると思います。

## 2 開発想定図の開示

審判所は本件鑑定評価の開発法について、「本件隣接地の取得を前提として、幅員約 8 m の＊＊＊＊から本件道路（幅員約 3 m）に接続するような開発道路の設置を想定すれば、当該開発道路は、いわゆる通り抜け道路となり、請求人らが主張するような袋路状の道路の想定による転回広場の設置を要さないことから、想定される開発道路の距離が延長されることを踏まえても、本件鑑定評価より広い有効宅地を想定することができる（当審判所の調査の結果によれば、本件土地の存する＊＊＊＊において住宅建設のための開発行為を行うに当たり道路を開設する場合、開設する道路終端の一方を幅員 6.5 m 以上の道路に、他方を幅員 2.2 m 以上の道路にそれぞれ接続することにより、当該道路は通り抜け道路と認められる。）。そうすると、本件鑑定評価で想定している開発道路の設置の仕方は経済的合理性に欠けるものというべきである。」としています。筆者も開発法については想定図面を描いてみましたが、確かに審判所が述べる通り、通り抜け道路にすることで転回広場の設置をなくすことは可能と思われます。ただし、筆者が描いた想定図面では有効宅地化率は約 73.8% であり、本件鑑定評価の有効宅地化率は 71.3% であり、約 2.5% の差しか生じていません。

開発図面については一義的に決まるものではない（筆者が描いた想定図面と審判所が想定する図面は同じものではない可能性ももちろんあります）ため、開発道路の設置の仕方のみをもって鑑定評価について合理的ではない、とまでするのはやや極端にも思えます。まして想定した図面との有効宅地化率の差が約 2.5% であるならば、この程度の差は開発法における分譲価格の標準的画地の如何（例えば平米単価数千円の違い）によっても開発法による価格が逆転する可能性もありますので、筆者としては「明らかに有効宅地化率が低いことに恣意性が感じられる」というものでなければ合理性ではない、という主張はやや厳しすぎると考えます。あえて指摘するならば、通り抜け道路でないことで標準的画地単価を意図的に下げていると審判所が判断するならば確かに合理的ではない、と主張するのは理解できます。上記で述べたように標準的画地単価は 154,000 円／m² と低めに設定されており、それが通り抜け道路ではなく行き止まり道路であることに起因するとするならば、確かに合理的ではないですし、恣意性も感じるように思えますので、その点の方を指摘するべきかと筆者は考えます。

また上記でも述べましたが、本件鑑定評価で採用された図面を合理的ではない、と主張するならば審判所の方でも開発想定図面は提示すべきかと思います。筆者が下記「Ⅳ　筆者が鑑定評価を行う場合」において筆者自ら想定図面を描き、それを前提とした開発法適用をしていることから、別に合理的な区画割が考えられるとするならば、その図面を提示することは最低限必要なことと考えます。

## 3 取引事例の選択

審判所は本件鑑定評価の取引事例比較法で採用した取引事例 G について、これはあくまで筆者の鑑定評価の考え方ですが、最有効使用が「戸建分譲用地」であるならば、素地の標準的画地を求める際の取引事例はやはり不動産業者が購入した分譲素地を採用すべきと考えます。

審判所は取引事例Gについて、「取引事情や形状等の個別性が強く、取引事例として採用することに疑問があるといわざると得ない」としています。取引事例Gは確かに2区画で400㎡に満たさず、分譲用地としては大規模地までは言えず、確かに規模の面で類似性が劣る点は否定できませんし、元の土地から別々の不動産業者に売却された可能性は否定できないことから、特殊な取引事例であり、採用すべきではなかったかもしれません。また、取引事例Hについては審判所も述べる通り、事情補正について－20％の根拠がないようであれば筆者も採用すべきではないと考えます。

　一方、審判所は他にも採用すべき事例を挙げていますが、筆者個人の感覚では順号6の単価64,838円／㎡は単価が安すぎるのではないか、順号5の単価242,262円／㎡、順号8の単価287,653円／㎡は単価が高すぎるようにも見えます。スタートの単価としてあまりに価格水準が異なるということは地域性も異なる可能性があり、採用すべき取引事例候補ではないと筆者は考えます。また、審判所が例示した事例が戸建て分譲素地であるかもここでは明記されていないため、適切な取引事例かは不明です。

## Ⅳ　筆者が鑑定評価を行う場合

### 1　本事例において鑑定評価を採用すべきか否か

　本件に関して、筆者は鑑定評価を行うべきと判断します。審判所の判断で広大地評価が適正とされていますが、本件では造成費が著しくかかることにより、本件鑑定評価の数値よりも評価額が下がると思われます。

### 2　具体的な鑑定評価

　最有効使用ですが、こちらはやはり協力用地を取得の上、戸建分譲用地にすることと判断します。そこで開発法を適用（上記筆者が想定した区画割を前提）するとした場合の試算を想定で行ってみます。分譲宅地の販売価格単価は特定路線価130,000円／㎡を基に開発道路はやや幅員が広がっていることから、165,000円／㎡と設定しました。

#### 1　販売総額の査定

　個別的要因の比較については、各画地の個別的要因を考慮し、面積比を基礎とした相乗積の評点により下記の通り査定し、販売総額を以下の通り査定しました。

| | 個別的要因の内訳 | 格差率<br>①<br>相乗積 | 面 積<br>②<br>(m²) | 販売額<br>③<br>更地価格×①② |
|---|---|---|---|---|
| No. | 1～8 | | | |
| | 各宅地について方位、角地、形状、間口狭小等を相乗した合計 | 1.003 | 864.67 | 143,100,000 |
| | 合 計 | | 864.67 | 143,100,000<br>165,500 円／m² |

○開発計画の概要

(イ) 開発面積　　　　1,171.97 m²　協力用地 55.97 m² 含む
(ロ) 有効宅地面積　　864.67 m²（有効宅地化率 73.8％）
(ハ) 設備　　　　　　開発道路、ゴミ集積場、集中プロパン置場
(ニ) 画地　　　　　　1 区画平均　約 108.08 m²
(ホ) 分譲戸数　　　　8 戸

## 2 開発スケジュール

| 月数 | 準備期間 | 造成期間 | 配分 | 販売期間<br>販売収入 | 配分 | 販売費及び一般管理費 | 配分 |
|---|---|---|---|---|---|---|---|
| 0 | (価格時点) | | | | | | |
| 1 | 用地買収期間 | | | | | | |
| 2 | 設計期間 | | | | | | |
| 3 | | | | | | | |
| 4 | | | | | | | |
| 5 | | 造成開始 | 50％ | | | | |
| 6 | | | | | | | |
| 7 | | | | | | 造成中間点 | 70％ |
| 8 | | | | | | | |
| 9 | | 造成完了 | 50％ | | | | |
| 10 | | | | 販売開始 | 50％ | | |
| 11 | | | | | | | |
| 12 | | | | | | | |
| 13 | | | | | | | |
| 14 | | | | 販売終了 | 50％ | | 30％ |

## ❸ 事業収支計画

| | 項　目 | 金　額（円） | 査定の根拠 |
|---|---|---:|---|
| 収入 | 販売総額 | 143,100,000 | 販売総額の査定参照 |
| | 販売単価（円／m²） | 165,500 | |
| 支出 | 協力用地買収 | 11,082,000 | |
| | 造成工事費（総額） | 87,900,000 | |
| | 造成単価（円／m²） | 75,000 | |
| | 販売費及び一般管理費 | 7,200,000 | 販売総額の5％と査定 |

## ❹ 投下資本収益率の査定

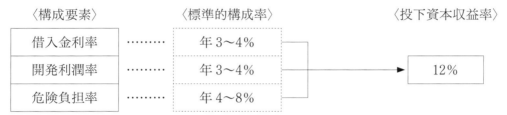

## ❺ 開発法を適用して求めた素地価格（割戻方式による土地価格）

| | 項目 | 金額 | 配分 | 期間 | 複利現価率 | 複利現価 |
|---|---|---:|---:|---:|---:|---:|
| 予想収入 | 販売収入 | 71,550,000 | 50％ | 10 | 0.909881806 | 65,102,000 |
| | | 71,550,000 | 50％ | 14 | 0.876151025 | 62,689,000 |
| | 合計 | 143,100,000 | 100％ | ── | （A） | 127,791,000 |
| 予想支出 | 用地取得費 | 11,082,000 | 100％ | 1 | 0.990600398 | 10,978,000 |
| | 造成工事費 | 43,950,000 | 50％ | 5 | 0.953877249 | 41,923,000 |
| | | 43,950,000 | 50％ | 9 | 0.918515486 | 40,369,000 |
| | 小計 | 87,900,000 | 100％ | ── | ── | 82,292,000 |
| | 販売費及び一般管理費 | 5,040,000 | 70％ | 7 | 0.936029393 | 4,718,000 |
| | | 2,160,000 | 30％ | 14 | 0.876151025 | 1,892,000 |
| | 小計 | 7,200,000 | 100％ | ── | ── | 6,610,000 |
| | 合計 | 106,182,000 | | | （B） | 99,880,000 |
| | 項目 | | | | | |

| 土地関係支出 | 仲介手数料 | L×0.03 | | | 0.03 L |
|---|---|---|---|---|---|
| | 不動産取得税 | L×0.7×0.5×0.03 | | | 0.0105 L |
| | 登録免許税 | L×0.7×0.015 | | | 0.0105 L |
| | 固定資産税 | L×0.7×0.5×0.014× | 14 | /12 | 0.0057 L |
| | 都市計画税 | L×0.7×0.5×0.003× | 14 | /12 | 0.0012 L |
| | 合　　　計 | | | (C) | 0.0579 L |

```
土地価格　L　＝　（A）－（B）－（C）
　　　　　L　＝　27,911,000 円　－　0.0579 L
　　1.0579 L　＝　27,911,000 円
　　　　　L　＝　27,911,000 円　÷　1.0579 L　＝　26,000,000 円
```

試算を行った結果、上記の評価額となりました。広大地評価額や本件鑑定評価の評価額よりも低い評価額となりました。

## 3 現時点での通達評価額

### ■ 地積規模の大きな宅地を適用する場合の評価額

現行制度である地積規模の大きな宅地で検証してみたいと思います。

本件の相続は平成23年であったことから、地積規模の大きな宅地制度が創設される前のものでした。本件が仮に現在の地積規模の大きな宅地が適用できる場合の評価額を検証してみたいと思います。なお、試算に当たり、路線価は同一とし、各補正率は令和6年現在の補正率を適用し、関信国税局管内の裁決でありますが、三大都市圏であると想定して規模格差補正率を求めます。

間口距離　3.40 m
奥行距離
　計算上の奥行：1,116.00 m² ÷ 3.40 m ＝ 328.23 m
　想定整形地の奥行：61.36 m
上記より、61.36 m

1　奥行価格補正後の1m²当たりの価額
　130,000 円 × 0.86 ＝ 111,800 円
2　間口狭小補正及び不整形地補正後の1m²当たりの価額
　0.90（間口狭小補正率）× 0.97（不整形地補正率）＝ 0.873
　0.90（間口狭小補正率）× 0.90（奥行長大補正率）＝ 0.81
　0.81 ＜ 0.87
　111,800 円 × 0.81 ＝ 90,558 円

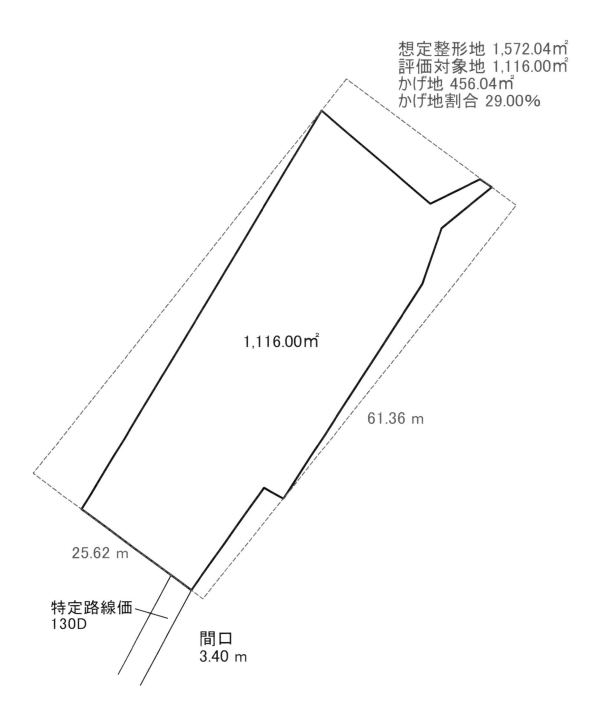

3 規模格差補正率適用後の1m²当たりの価額

90,558円 × 0.77（規模格差補正率※） = 69,729円

※規模格差補正率の査定根拠

(1,116.00m² × 0.90 ＋ 75) ÷ 1,116.00m² × 0.8 ≒ 0.77（小数点第2位未満切捨）

4 造成費考慮後の価格

69,729円 － 22,600円 = 47,129円

5　本件土地の評価額

　　47,129 円　×　1,116.00 m² ＝ 52,595,964 円

　上記の評価額となりました。広大地評価額（平成23年当時で78,952,536円）よりも低い評価額です。これは広大地が廃止され、地積規模の大きな宅地が導入されましたが、広大地補正率（本件では0.5442）よりも奥行価格補正率、不整形補正率、規模格差補正率に加え、造成費控除の総合的な減価が大きくなったためです。一方、本件裁決での鑑定評価額が59,000,000円（57,000,000円から修正）よりも低くなりました。しかし、上記の通り、筆者が鑑定評価を行う場合はより評価額が下がると考えます。

　鑑定評価が適している理由としては、現時点での税務上の造成費もかなり上がっていますが、造成費の実際の価格も相当上昇しています。それを踏まえ、筆者が想定した鑑定評価額が上記価格ですので、現在時点においても鑑定評価は有効と考えます。

## 4　鑑定評価が認められる可能性

　上記より、筆者の視点で本件鑑定評価、審判所の判断について述べてきました。そして、筆者が鑑定評価を行う場合の想定評価額等も述べました。最後に鑑定評価はどのようにしたら是認されるのか、ということをより深く考えていきたいと思います。

　審判所が本件鑑定評価について挙げた問題点（開発法の合理性、取引事例の選択の合理性等）をクリアした鑑定評価ならば認められる、ということになるのでしょうか。

　本件裁決事例に関しては税理士の笹岡宏保先生がご著書の『難解事例から探る財産評価のキーポイント第3集』（ぎょうせい）の中で本件と同一の事例を取り上げられており、その中で下記の見解を述べられていますので、ご本人のご許可をいただいた上で引用させていただきます。

❸　本件裁決事例に対する私見（国税不服審判所独自の本件土地に係る価額算定の必要性）

　本件裁決事例は、本件土地の価額につき、請求人（納税者）が本件鑑定評価（59,000,000円）によることを主張し、一方、原処分庁（課税庁）においては本件通達評価額（78,952,536円）によることを主張した事案である。

　そして、国税不服審判所の判断では、承前において確認したとおり、本件鑑定評価は合理性を有するものとは認められないことを理由に、本件土地の評価は、評価通達の定めに従って評価した本件通達評価額（78,952,536円）で、当該本件通達評価額が本件土地の時価を適正に評価したものと認められるとしている。

　ここで、一点、摘示しておきたい事項がある。それは、国税不服審判所の判断の過程において次のような行動様式が認められることである。

(1)　請求人（納税者）側の本件鑑定評価（59,000,000円）に不合理な点があることのみを複数の指摘事項をもって認定していること

(2)　上記(1)と連動するが、本件土地の価額につき、原処分庁（課税庁）が行った評価通達に基づく本件通達評価額（78,952,536円）の相当性に対する国税不服審判所としての言及は認め

られないこと
(3) 本件土地の価額につき、原処分庁（課税庁）が行った評価通達に基づく本件通達評価額（78,952,536円）が、本件土地の実勢市場における時価以下であること換言すれば、本件通達評価額は時価（客観的な交換価値）を上回っていないことを確認した経緯は認められないこと

本件裁決事例で国税不服審判所が上記のような行動様式を採用したのは、次に掲げるような思考過程を経た結果によるものと筆者は推察する。

|思考過程|

(A) 評価通達の定めによる価額は「時価」と推認（基本的発想）

法令解釈等の通説として、相続税に係る課税処分の審査請求において、<u>原処分庁が、当該課税処分における課税価格ないし税額の算定が評価通達の定めに従って相続財産の価額を評価して行われたものであることを評価通達の定めに即して主張・立証した場合には</u>、その課税処分における相続財産の価額は「時価」すなわち客観的交換価値を適正に評価したものと事実上推認することができるとされている。

(B) 納税義務者による反証（立証挙証責任）

上記（A）を前提にすると、請求人（納税者）において、次に掲げるような事項を具体的に指摘して評価通達の定めによる評価の不合理性を主張立証するなどして上記推認を覆すことがない限り、原処分庁（課税庁）による課税処分は適法であると認められる。

Ⓐ 評価通達の定めに従って行ったという原処分庁の財産評価の基礎となる事実認定に誤りがある等、その評価方法に基づく相続財産の価額の算定過程自体に不合理な点があること

Ⓑ 不動産鑑定士による合理性を有する不動産鑑定評価等の証拠資料に基づいて、評価通達の定めに従った評価が、当該事実の具体的な事情の下における当該財産の「時価」を適切に反映したものではなく、客観的交換価値を上回るものであること

(C) 本件裁決事例における当てはめ（国税不服審判所の判断）

Ⓐ 上記（A）に関して、原処分庁（課税庁）は本件土地の価額を評価通14－3（特定路線価）及び49－2（広大な市街地山林の評価）に基づき、図表21のとおりの財産評価額（78,952,536円）となることを評価通達の定めに即して主張立証したと判断される（換言すれば、当該財産価額は時価と推認される）。

Ⓑ 上記（B）に関して、請求人（納税者）は上記（A）に掲げる推認（評価通達の定めによる価額は「時価」と推認）を覆すための主張立証を行う必要が求められているところ、本件裁決事例でその手法として採用された不動産鑑定士による本件鑑定評価（59,000,000円）は、上記（B）Ⓑに掲げる求められるべき反証水準には達しておらず、当該主張立証には合理性が認められないものと判断される（換言すれば、上記（A）の推認を妨げるに至っていない）。

Ⓒ 上記Ⓐ及びⒷより、本件土地の価額は、本件通達価額（78,952,536円）によるべきであり、請求人（納税者）の主張には理由が認められない。

上記に掲げる国税不服審判所の行動様式（思考過程）は法令解釈等の通説として一見（一読）すると合理性があるように思えるかもしれないが、筆者は少々異なる考え方を有している。すなわち、国税不服審判所は行政機関ではあるものの租税に対して発生した納税者と原処分庁との間の疑義（争点）に対して、納税者に対する権利救済機関としての役割が求められているものと解

されていることから、上記（A）の＿＿＿部分に掲げる「原処分庁が、当該課税処分における課税価格ないし税額の算定が評価通達の定めに従って相続財産の価額を評価して行われたものであることを評価通達の定めに即して主張・立証した場合」の解釈につき、本件裁決事例を当てはめると、次に掲げるような事項を指摘することができ、本件土地の評価につき、当該部分に掲げる原処分庁による主張・立証が完全に果たし得たのか否かなお論点の残るところであると思慮される。

(1) 国税不服審判所が相当と判断したのは、図表21に掲げるとおり、原処分庁（課税庁）が本件土地の価額の算定につき、評価通達49-2（広大な市街地山林の評価）という評価通達の定めが適用されたことのみを対象としているのではないかと考えられる。

(2) 本件土地の価額の算定につき、評価通達の定めを適用することが相当であるとしても、その各評価の過程に不合理な点はないか等の検証はなされていない（例えば、本件土地の場合では、原処分庁が＊＊＊＊（特定路線価の設定業務を担当する税務署に係る税務署長）に依頼して設定された特定路線価（130,000円／m²）の合理性を検証したというような事実は確認されない）。

(3) 上記思考過程の（A）より、評価通達の定めによる価額は「時価」と推認されるものの、あくまでも推認に過ぎない。また一方、法令解釈等の通説として次に掲げるものがある。

法令解釈等の通説（国税不服審判所裁決事例（平22.5.19裁決、関裁（諸）平21-109、平成18年相続開始分））

図表-21 原処分庁主張額の計算明細（評価通達49-2（広大な市街地山林の評価）の定めに基づき評価した価額）

| 区分 | | 金額等 |
|---|---|---|
| 特定路線価 | ① | 130,000円 |
| 広大地補正率 | ② | 0.5442 |
| 地積 | ③ | 1,116 m² |
| 財産評価額（①×②×③） | | 78,952,536円 |

（注）広大地補正率（2欄）は、地積に応じた、評価通達24-4（広大地の評価）に定める算式により求めた補正率である。

　筆者計算 $0.6-0.05×1,116 m²/1,000 m²=0.5442$

① 相続税法22条（評価の原則）は、相続により取得した財産の価額は、特別の定めのあるものを除き、当該財産の取得の時における時価による旨規定しており、この時価とは、当該財産の取得の時において、それぞれの財産の現況に応じ、不特定多数の当事者間で自由な取引が行われる場合に通常成立すると認められる価額、すなわち客観的な交換価値をいうものと解される。

② 相続税の課税対象とされる財産は多種多様であることから、国税庁は、相続財産の評価の一般的な基準を評価通達によって定め、各種財産の評価方法に共通する原則や各種の財産の評価単位ごとの評価方法を具体的に定め、課税の公平、公正の観点から、その取扱いを統一するとともに、これを公開し、納税者の申告、納税の便に供している。

③ 上記②に掲げるとおり、評価通達に定める評価方法は、個別の評価によることなく、画一的な評価方法が採られていることから、同通達に基づき算定された評価額が、取得財産

> の取得時における客観的な時価と一致しない場合が生ずることも当然に予定されているというべきであり、同通達に基づき算定された評価額が客観的な時価を超えていることが証明されれば、当該評価方法によらないことはいうまでもない。

参考 上掲の裁決事例は、評価対象地（市街地農地）の評価につき、原処分庁（課税庁）が評価通達の定めにより評価（28,988,832円）することが相当であると主張したのに対し、国税不服審判所が選任しその適切性を認めた審判所鑑定評価額（13,200,000円）によることが相当であるとして、原処分の一部の取り消しを認めた事例である。

注 上掲の裁決事例は、CASE5において紹介されているので、併せて参照されたい。
（筆者注：上記で書かれたCASE5（平22.5.19裁決）については本書のCASE7で取り上げています。）

　そうすると、本件裁決事例における本件土地の本件通達評価額（78,952,536円）についても、当該価額が本件土地の客観的な時価を超えていないか否かを、納税者に対する権利救済機関たる国税不服審判所においてはこれを検証すべきであったと考えられる。

　なお、付言しておくが、上記の検証を行うことも、前掲の思考過程（A）に掲げる「評価通達の定めに従って相続財産の価額を評価して行われたものであること」の検討の範囲内に属するものと考えられる。なぜならば、上掲の法令解釈等の通説の3部分は、次に掲げる評価通達6（この通達の定めにより難い場合の評価）の定めの具体的な解釈の一つであると考えられるからである。

資料 評価通達6（この通達の定めにより難い場合の評価）

> この通達の定めによって評価することが著しく不適当と認められる財産の価額は、国税庁長官の指示を受けて評価する。

　筆者も笹岡先生の上記ご意見には大いに同意するところであり、審判所は広大地評価額（78,952,536円）が適正だったか否かを検証すべきと考えます。広大地評価は減額率がとても高く、その補正率にさまざまな補正率の減額要素が包含されているため、広大地が適用できればそれが財産評価上の下限額とも考えられてきたように思えます。だからこそ広大地制度の時代は「広大地に該当するか」が重要視され、筆者自身も過去に多くの依頼を受け、広大地判定意見書を書いてきました。一方、「広大地の減額だけでは対応できない土地」については鑑定評価を行ってきました。まさに本件のような「規模の大きい傾斜地の土地」等です。すなわち、「広大地評価額＝時価」ではない、ということは強く主張したいと思います。これは申告の場面だけではなく、相続人間での遺産分割等でもきちんと認識しておかなければ公平さに欠ける分割の原因となってしまいます。現行制度は広大地から地積規模の大きな宅地に改正されましたが、こちらについても同様です。

　改めて、審判所が行うべき検証とは、具体的にはどのようなことでしょうか。筆者は「審判所が適正と判断する想定図面を基にした造成費査定を専門家に依頼して適切な造成費を査定し、それを基に鑑定評価を行い、提示する」ということに尽きると考えます。そこまで行うこ

とで「納税者に対する権利救済機関」と言えると考えます。そして、本件鑑定評価について審判所が挙げた問題点をクリアし、審判所が依頼した鑑定評価（この鑑定評価についても審判所が挙げる不合理な点はないことはもちろん、筆者が指摘したような疑問点がないことが望ましい鑑定評価書）と比較しても問題ないと判断される適切な鑑定評価書で申告されたのであれば、裁決事例（平22.5.19裁決、笹岡先生のご著書CASE5及び本書CASE7の題材）の下記の文言（3　判断（1）法令解釈のロ）の通り、鑑定評価は認められるべきではないかと筆者は考えます。

「評価通達に定める評価方法は、個別の評価によることなく、画一的な評価方法が採られていることから、同通達に基づき算定された評価額が、取得財産の取得時における客観的な時価と一致しない場合が生ずることも当然に予定されているというべきであり、同通達に基づき算定された評価額が客観的な時価を超えていることが証明されれば、当該評価方法によらないことはいうまでもない。」

《参考：評価額の比較》
- ●納税者の主張：鑑定評価による評価額　59,000,000円（当初鑑定評価額57,000,000円から訂正）
- ●課税庁の主張：通達評価による評価額　78,952,536円（広大地評価）
  ⇒国税不服審判所が採用
- ●現時点の通達評価額　52,595,964円（地積規模の大きな宅地適用）
- ●筆者による評価：想定鑑定評価額　26,000,000円
  ⇒第1部で挙げた類似実例：実例7　路線価がやや低い地域に存する市街地山林

# CASE 6 無道路の大規模地に対する鑑定評価の合理性が問われた事例

## I 事案の概要

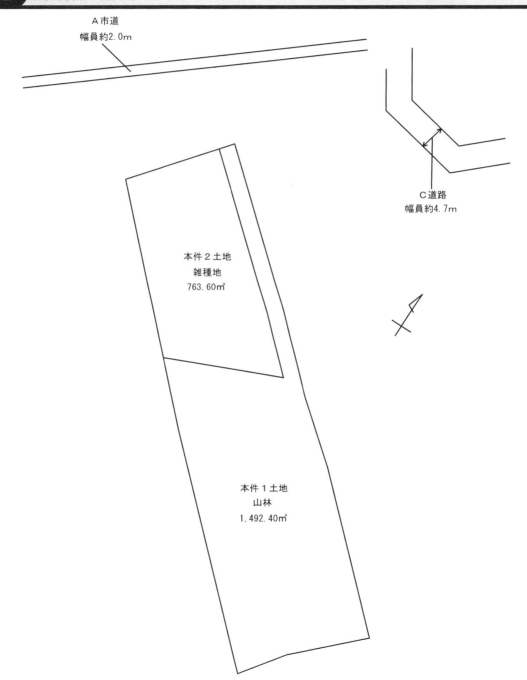

〈評価対象地〉

　平成26年4月に請求人が取得した無道路の土地。当初は2単位の土地として申告されていた。その後、一体評価の鑑定評価による価格から賃借権の額を控除した価格で更正の請求を行った。

〈納税者の主張〉

　本件鑑定評価書は土地の個別要因を適切に評価されており、**請求人ら主張価額を超える原処分庁価額は、時価を超えるものであり、無道路値は減価率50%とするのが一般的。**
- ●鑑定評価による評価額（一体評価額）
　土地：20,970,000円（更正の請求による評価額は当該鑑定評価額から賃借権価額を控除）

〈課税庁の主張〉

　本件評価は時価を超えるものではなく、過大に評価したという違法はない。評価通達の定めにより評価した通達評価額によるべきである。
- ●課税庁による評価額
　1　土地：16,208,956円
　2　土地：30,116,202円（広大地評価適用）
　合　計：46,325,159円

## II 裁決の内容

■平成28年10月20日裁決（関裁（諸）平28第15号：TAINS F-0-3-503）
（＊＊＊＊は裁決書では伏字箇所）

1　事実
(1)（省略）
(2)（省略)
(3)　基礎事実
　以下の事実は、請求人らと原処分庁との間に争いがなく、当審判所の調査及び審理の結果によっても、その事実が認められる。
イ　請求人らは、＊＊＊＊（以下「被相続人」という。）の子である。
　なお、請求人らのほかに、共同相続人として、被相続人の子が1人いる。
ロ　被相続人は、＊＊＊＊＊に死亡し、上記共同相続人3人が被相続人の権利義務を相続した（以下「本件相続」という。）。
ハ　上記イの共同相続人の間で、平成27年1月15日に遺産分割協議が成立し、審査請求人＊＊＊＊は、＊＊＊＊＊＊＊＊に所在する土地（以下「本件土地」という。）などを取得した。
ニ　本件相続の開始時における本件土地の現況等は次のとおりである。

(イ) 本件土地は、都市計画法第7条《区域区分》の規定による市街化区域に存している地積 2,256.00 ㎡の土地である。本件土地のうち、地積 1,492.40 ㎡の部分（以下「本件1土地」という。）は、現況地目が山林であり、北西から南東に向かい緩やかな下り傾斜を呈している。また、本件土地のうち本件1土地以外の部分（地積 763.60 ㎡。以下「本件2土地」という。）は、現況地目が雑種地であり、資材置場として賃貸されていた。

(ロ) 本件土地は、いずれも建築基準法第42条《道路の定義》の規定による道路に接していない。
なお、本件土地の北西方には＊＊＊＊（幅員約 2.0 m）があり、北東方には当該市道と＊＊＊＊とを結ぶ＊＊＊＊（幅員約 4.7 m）が存している。本件土地はその北西側で＊＊＊＊に接続する通路状の土地に接しているが、当該通路状の土地は第三者所有の土地であり、建築基準法上の道路ではない。

(4) 審査請求に至る経緯

イ 請求人らは、本件相続に係る相続税について、本件1土地の価額を 15,640,352 円、本件2土地の価額を 30,116,203 円とそれぞれ評価（合計 45,756,555 円）した上で、申告書（以下「本件申告書」という。）に別表1の「申告」欄のとおり記載して、法廷申告期限までに申告した。

ロ 請求人らは、本件相続に係る相続税について、平成27年5月25日、それぞれ別表1の「更正の請求」欄記載のとおりとすべき旨の各更正の請求（以下「本件各更正の請求」という。）をした。

ハ 原処分庁は、これに対し、平成27年9月8日付で、更正をすべき理由がない旨の各通知処分（以下「本件各通知処分」という。）をした。

ニ 請求人らは、本件各通知処分を不服として、平成27年11月2日に異議申立てをしたところ、異議審理庁は、平成28年1月28日付で、いずれも棄却の異議決定をした。

ホ 請求人らは、異議決定を経た後の本件各通知処分に不服があるとして、平成28年2月24日に審査請求をした。
なお、請求人らは、審査請求人＊＊＊＊を総代として選任し、その旨を同日に届け出た。

(5) 本件土地の価額について

イ 本件各更正の請求における価額

請求人らは、本件各更正の請求において、本件土地の価額を 20,792,554 円と評価した。これは、本件土地に係る不動産鑑定評価書（以下「本件鑑定評価書」という。）における鑑定評価額 20,970,000 円（以下「本件鑑定評価額」といい、本件鑑定評価書における鑑定評価を「本件鑑定評価」という。）から、本件2土地に係る賃借権の価額に相当する金額 177,446 円を控除した価額である。
なお、本件鑑定評価書の要旨は、別紙3のとおりである。

ロ 審査請求における請求人ら主張額

請求人らは、本件審査請求においては、別表2の「請求人ら主張額」欄記載のとおり、本件土地の価額を本件鑑定評価額（20,970,000 円）であると主張している。

ハ 審査請求における原処分庁主張額

原処分庁は、別表2の「原処分庁主張額」欄記載のとおり、評価通達に基づき本件1土地及び本件2土地をそれぞれ1画地として、本件1土地の価額を 16,208,956 円、本件2土地の価額を 30,116,203 円（合計 46,325,159 円。以下、これらの価額を併せて「本件通達評価額」という。）と評価した。

原処分庁が主張する本件通達評価額は、上記(4)イの申告における本件土地の評価額を上回るものであるが、本件通達評価額が、評価通達の定めに従っていることについて、請求人は争わず、当審判所においても相当であると認められる。

2 争点

本件鑑定評価の合理性の有無

3 争点についての主張

(1) 請求人らの主張

イ 本件鑑定評価は、本件土地の個別要因を網羅し、それらを適正な鑑定手法に当てはめているから合理的である。

ロ 原処分庁は、本件鑑定評価の取引事例比較法に係る無道路地の個別格差率が土地価格比準表（昭和50年1月20日付国土庁土地局地価調査課長通達。以下同じ。）に準拠しているとは認められない旨主張するが、無道路地の鑑定評価は一般論として減価率50％とするのが不動産鑑定士の共通認識であり、本件土地に照らした場合、無道路地を宅地開発する場合に必要な取付道路用地の買収費用その他開発の長期化に伴う諸々の必要経費を要することから、減価率を50％とすることは合理的である。

ハ 原処分庁は、開発法で用いる平均分譲単価が県の基準地（＊＊＊＊。以下「本件基準地」という。）の価格より20％以上も低位な価格となることの合理性に疑義がある旨主張するが、本件基準地の存する地域については、本件土地の存する地域に比して交通接近条件が良く容積率も高いなど、重要な比較要因である住宅地としての熟成の程度、住環境及び生活利便性等の違いを総合勘案した結果、20％程度の価格差が生じることに問題はなく適正に得られたものである。

(2) 原処分庁の主張

本件鑑定評価額の決定過程には、次のような疑義があるから、本件鑑定評価には合理性が認められない。

イ 取引事例比較法の適用において、土地価格比準表によれば、無道路地の鑑定評価に当たっては、現実の利用に最も適した道路等に至る距離等の状況を考慮し、取付道路の取得の可否及びその費用を勘案して適正に定めた率をもって補正する旨定めているところ、本件鑑定評価における無道路地の個別格差率は、その算定根拠が示されておらず、土地価格比準表に準拠しているとは認められない。

ロ 開発法で用いる平均分譲単価について、取引事例比較法を適用して求めた標準的画地の単価を基に算定しているところ、平均分譲単価77,638円／$m^2$は、本件土地の近隣に所在する本件基準地の単価（99,000円／$m^2$）に比して20％以上も低位な価格となっていることから、標準的画地の単価の合理性に疑義がある。

4 当審判所の判断

(1) 相続税法第22条について

相続税法第22条は、相続財産の価額は、特別に定める場合を除き、当該財産の取得の時における時価によるべき旨を規定しており、ここにいう時価とは相続開始時における当該財産の客観的な交換価値をいうものと解するのが相当である。しかし、客観的な交換価値というものが必ずしも一義的に確定されるものではないことから、相続税等に係る課税実務においては、納税者間の公平、納税者の便宜、徴税費用の節減等の観点から、相続財産の評価に係る一般的基準が評価通達によって定められ、これに定められた画一的な評価方法に従って統一的に相続財産の評価が行われてきたところであり、このような評価通達に基づく相続財産の評価の方法は、相続税法第22条が規定する財産の時価すなわち客観的交換価値を評価算定する方法として一定の合理性を有するものと一般に認められ、その結果、評価通達は、単に課税庁の内部における課税処分に係る行為準則であるというにとどまらず、一般の納税者にとっても、相続税等の納税申告における財産評価について準拠すべき指針として

通用してきているところである。
　そして、評価通達に基づく相続財産の評価の方法は、相続税法第22条が規定する財産の時価すなわち客観的交換価値を評価・算定する方法として一定の合理性を有するものと一般に認められていることなどからすれば、評価通達の定めに従った相続財産の価額をもって「時価」すなわち客観的交換価値であると事実上推認することができるというべきである。
　したがって、このような場合には、請求人らにおいて、評価通達の定めに従った相続財産の価額の算定過程自体に不合理な点があることを具体的に指摘して、上記推認を妨げ、あるいは、不動産鑑定士による合理性を有する不動産鑑定評価等の証拠資料に基づいて、評価通達の定めに従った評価が、当該事案の具体的な事情の下における当該相続財産の「時価」を適切に反映したものではなく、客観的交換価値を上回るものであることを主張立証するなどして上記推認を覆すことなどがない限り、評価通達の定めに従った相続財産の価額が時価であると認めるのが相当である。

(2) 本件通達評価額について

　本件通達評価額が評価通達の定めに従って算定されたものであることは、上記1(5)ハのとおりである。そうすると、本件通達評価額は、本件相続の開始時における本件土地の時価すなわち客観的交換価値を適正に評価したものと事実上推認することができるというべきである。

(3) 争点(本件鑑定評価の合理性の有無)について

イ　本件鑑定評価の概要等

　本件鑑定評価は、①本件土地周辺に存する土地の取引事例を選択し、それらの取引価格を補正するなどして標準的画地の価格を求め、さらに、当該標準的画地の価格に対して、本件土地との個別要因の差異により補正して比準価格を試算し(取引事例比較法)、また、②本件土地の分譲を想定して、販売総額から造成費相当額等を控除して得た開発法による価格を査定した上、③比準価格(23,460,000円)及び開発法による価格(18,470,000円)を同等の比重で配分し、④公示価格等を規準とした価格(27,520,000円)との均衡及び単価と総額との関連の適否等に留意して、本件鑑定評価額(20,970,000円)を決定するというものである。

ロ　取引事例比較法の評価過程について

（イ）取引事例比較法で採用した4つの取引事例(別紙3の付表1参照)のうち取引事例1は、その取引価格が31,716円／m$^2$であるところ、請求人提出資料及び当審判所の調査の結果によれば、①当該取引は、ある法人の取締役である者が、当該法人の債務に係る保証債務を履行する目的で、その妻に対し土地を売却したものであること、②当該取引が行われた平成26年における当該事例地の近傍に存する地価公示地(＊＊＊＊)の公示価格が＊＊＊＊であることが認められる。

　これらの事情に照らせば、取引事例1の取引価格は、上記の公示価格に比して著しく低廉であり、その原因は取引事情が特殊であることに起因するものということができるから、取引事例1に係る取引は、取引事情が正常なものとはいえず、取引事例の選択が適切であるとは認められない(取引事例としてやむを得ず採用する場合には取引価格の補正を要するところ、本件鑑定評価において補正がされているとは認められない。)。

（ロ）また、取引事例2は、その取引価格が43,399円／m$^2$であるところ、請求人提出資料及び当審判所の調査の結果によれば、①当該取引は、代表者を同じくする法人間の売買取引であり、売却後も当該売買の譲渡者である法人が引き続き工場の用に供していること、②取引事例2の事例地に隣接する地価公示地(＊＊＊＊)(以下「＊＊＊＊」という。)の、当該取引が行われた平

成26年における公示価格が＊＊＊＊であることが認められる。

これらの事情に照らせば、取引事例2の取引価格は、＊＊＊＊の公示価格に比して著しく低廉であり、その原因は取引事情が特殊であることに起因するものということができるから、取引事例2に係る取引についても、取引事情が正常なものとはいえず、取引事例の選択が適切であるとは認められない。

（ハ）以上のとおり、本件鑑定評価においては適切な取引事例の選択がされているとはいえないから、それらの事例に基づき試算された比準価格は合理的とはいえない。

ハ　開発法の評価過程について

本件鑑定評価では、開発法の適用に当たり、別図1の開発想定図が最も実態に即した開発計画案であるとしている。

当審判所の調査の結果によれば、＊＊＊＊の開発許可制度に適合するためには、①開発区域内の主要な道路が接続することとなる開発区域外の道路が、開発区域と接する箇所の終端部から都市の根幹となる道路に接続するまでの区間において、6.5ｍ以上（開発区域周辺が4.0ｍ程度の幅員で道路網が形成されるなど、6.5ｍ以上の幅員の道路への接続を求めることが現実的に相当でない場合で、開発区域が0.3ha未満の場合には4.0ｍ以上）の幅員で整備されていること、②開発区域内の道路が袋地状でないこと（開発区域内の道路の一方は、都市計画法施行令第25条第2号及び第4号に規定する道路に接続し、もう一方は「小型自動車」（車両幅1.7ｍ）が通常通行できる幅員を有する道路に接続していること）などの要件を満たす必要があると認められるところ、別図1の開発想定図の開発はこの要件を満たすものと認めることができる。

ところで、本件土地について開発行為を想定する場合、別図1の開発想定図の開発に加えて、別図2のような開発方法も想定できるところ、別図2のような開発は、①本件土地の北東に通路部分を設けることにより、＊＊＊＊（都市の根幹となる道路）までの区間において、道路（＊＊＊＊）4.0ｍ以上の幅員で整備されており、②開発区域内の道路は＊＊＊＊から＊＊＊＊まで通り抜けており、袋地状でなく、また、＊＊＊＊＊＊の当職員の答述によれば、別図2の開発想定図においても開発許可が可能であることが認められることからすると、別図2の開発想定図も開発許可制度に適合しているということができる。そして、別図1の開発想定図と別図2の開発想定図のそれぞれの買取等予定地の面積を比較すると、別図2の開発想定図の開発のほうが少なく、買収費用の額も少なくなるといえることからすると、別図2の開発想定図の開発のほうが、経済的合理性に優れるものというべきである。

そうすると、より経済的合理性に優れる開発想定ができる以上、別図1の開発想定図を前提に査定された開発法による価格は合理的とはいえない。

ニ　公示価格の規準について

本件鑑定評価は、取引事例比較法による比準価格と開発法による価格を同等の比重で配分し規準価格との均衡及び単価と総額との関連の適否等に留意して鑑定評価額を決定したとしている。

ところで、地価公示法第8条は、公示価格を規準としなければならない旨規定しているところ、本件の場合、規準とすべき本件基準地の標準価格が比準価格及び開発法による価格のいずれよりも高額であるにもかかわらず、本件鑑定評価額は、比準価格と開発法による価格の中庸で決定されていることからすると、公示価格等を規準としていることについて疑義があるといわざるを得ない。

ホ　小括

以上のとおり、本件鑑定評価には、上記で指摘したような鑑定評価の合理性を疑わせるような点が

認められることからすれば、本件鑑定評価は合理性を有すると認めることはできない。
(4) 本件土地の価額について
　以上のとおり、本件鑑定評価は合理性を有しないものであり、本件通達評価額が本件鑑定評価額を上回るとしても、そのことが本件土地の客観的交換価値を適正に評価したものとの推認を覆す事情とはならない。そして、その他に本件通達評価額が本件土地の時価を上回ることをうかがわせるような事情は認められない。
　したがって、本件通達評価額は、本件土地の時価を適正に評価したものであると認めることができる。
(5) 本件各通知処分の適法性について
　以上のとおり、本件通達評価額が本件土地の時価を適正に評価したものであると認められる。そして、請求人は、本件申告書に記載した本件相続に係る相続税の課税価格及び納付すべき税額の計算について、本件土地の価額以外は争わず、当審判所においても相当であると認められる。そうすると、請求人らの本件相続に係る相続税額は、本件申告書に記載された額を上回ることになるから、本件申告書の提出により納付すべき税額が過大であるとき（国税通則法第23条《更正の請求》第1項第1号）には該当しない。
　したがって、本件各通知処分はいずれも適法である。
(6) 結論
　以上によれば、審査請求には理由がないから、いずれも棄却することとし、主文のとおり裁決する。

別表1　（省略）
別表2　当事者双方が主張する本件土地の評価額

| 区分 | 当初申告額 | 請求人ら主張額 | 原処分庁主張額 |
|---|---|---|---|
| 本件1土地 | 15,640,352円 | 20,970,000円 | 16,208,956円 |
| 本件2土地 | 30,116,203円 | | 30,116,203円 |
| 合計 | 45,756,555円 | 20,970,000円 | 46,325,159円 |

別表2の付表1　本件1土地の原処分庁主張額の計算明細

| 区分 | | 金額等 |
|---|---|---|
| 正面路線価 | ① | 72,000円 |
| 本件土地と前面土地を合わせた土地の奥行価格補正率 | ② | 0.80 |
| ①×② | ③ | 57,600円 |
| 本件1土地と前面土地を合わせた土地の地積 | ④ | 2,596.00 m² |
| 本件1土地と前面土地を合わせた土地の価額（③×④） | ⑤ | 149,529,600円 |
| 正面路線価 | ⑥ | 72,000円 |
| 前面土地の奥行価格補正率 | ⑦ | 0.88 |
| ⑥×⑦ | ⑧ | 63,360円 |
| 前面土地の地積 | ⑨ | 1,103.60 m² |
| 前面土地の価額（⑧×⑨） | ⑩ | 69,924,096円 |
| 本件1土地の地積 | ⑪ | 1,492.40 m² |

| 本件1土地の奥行価格補正後の1m²当たりの価額（(⑤－⑩)÷⑪） | ⑫ | 53,340 円 |
|---|---|---|
| 不整形地補正率 | ⑬ | 0.74 |
| ⑫×⑬ | ⑭ | 39,471 円 |
| 無道路地のしんしゃく割合 | ⑮ | 0.0550024 |
| ⑭×（1－⑮） | ⑯ | 37,300 円 |
| 1m²当たりの宅地造成費 | ⑰ | 26,439 円 |
| 財産評価額（(⑯－⑰)×⑪） | ⑱ | 16,208,956 円 |

(注) 1 路線価は、平成26年分の路線価である（以下同じ。）。
　　 2 各補正率は、普通住宅地区の補正率である（以下同じ。）。
　　 3 「前面土地」は、本件1土地と正面路線として採用した＊＊＊＊＊の間に存する土地（本件2土地及び本件土地と北西側で隣接する土地）をいう。
　　 4 「本件土地と前面土地を合わせた土地の奥行価格補正率」（②欄）は、本件1土地と前面土地を合わせた土地の長辺の奥行距離115.00mと短辺の奥行距離112.00mとの平均値である113.50mに対応する補正率である。
　　 5 「前面土地の奥行価格補正率」（⑦欄）は、前面土地の奥行距離55.18mに対応する補正率である。

別表2の付表1-1　付表1の「不整形地補正率（⑬欄）」の計算明細

| 区分 | | 金額等 |
|---|---|---|
| 想定整形地の地積 | ① | 3,632.00 m² |
| 本件1土地の地積 | ② | 1,492.40 m² |
| かげ地積（①－②） | ③ | 2,139.60 m² |
| かげ地割合（③÷①） | ④ | 58.90 % |
| 不整形地補正率表の補正率 | ⑤ | 0.83 |
| 間口狭小補正率 | ⑥ | 0.90 |
| 奥行長大補正率 | ⑦ | 0.90 |
| 不整形地補正率（⑤×⑥又は⑥×⑦のいずれか低い率） | | 0.74 |

(注) 1 「想定整形地の地積」（①欄）は、想定整形地の間口距離32.00mに奥行距離113.50mを乗じて計算している。
　　 2 「間口狭小補正率」（⑥欄）は、接道義務を満たす間口距離3mに対応する補正率である。
　　 3 「奥行長大補正率」（⑦欄）は、間口距離3m、奥行距離113.50mに対応する補正率である。

別表2の付表1-2　付表1の「無道路地のしんしゃく割合（⑮欄）」の計算明細

| 区分 | | 金額等 |
|---|---|---|
| 正面路線価 | ① | 72,000 円 |
| 想定通路部分の地積 | ② | 45.00 m$^2$ |
| 想定通路部分の価額（①×②） | ③ | 3,240,000 円 |
| 本件土地の不整形地補正後の1m$^2$当たりの価額（付表1の10欄） | ④ | 39,471 円 |
| 本件土地の地積 | ⑤ | 1,492.40 m$^2$ |
| ④×⑤ | ⑥ | 58,906,520 円 |
| 無道路地のしんしゃく割合（③×⑥） | | 0.0550024 |

（注）「想定通路部分の地積」（②欄）は、正面路線価から本件土地までの最短距離15mに接道義務を果たす間口距離3mを乗じて計算した。

別表2の付表1-3　付表1の「1m$^2$当たりの宅地造成費（⑰欄）」の計算明細

| 区分 | | 金額等 |
|---|---|---|
| 本件1土地の地積 | ① | 1,492.40 m$^2$ |
| 1m$^2$当たりの整地費 | ② | 500 円 |
| 整地費（①×②） | ③ | 746,200 円 |
| 1m$^2$当たりの伐採・抜根費 | ④ | 800 円 |
| 伐採・抜根費（①×④） | ⑤ | 1,193,920 円 |
| 土盛りを要する平均の高さ | ⑥ | 2.7 m |
| 1m$^2$当たりの土盛費 | ⑦ | 4,100 円 |
| 土盛費（①×⑥×⑦） | ⑧ | 16,520,868 円 |
| 土止めを要する擁壁面積（東側） | ⑨ | 170.80 m$^2$ |
| 土止めを要する擁壁面積（西側） | ⑩ | 170.80 m$^2$ |
| 土止めを要する擁壁面積（南側） | ⑪ | 140.00 m$^2$ |
| 土止めを要する擁壁面積の合計（⑨+⑩+⑪） | ⑫ | 481.60 m$^2$ |
| 1m$^2$当たりの土止費 | ⑬ | 43,600 円 |
| 土止費（⑫×⑬） | ⑭ | 20,997,760 円 |
| 宅地造成費（③+⑤+⑧+⑭） | ⑮ | 39,458,748 円 |
| 1m$^2$当たりの宅地造成費（⑮÷①） | | 26,439 円 |

（注）宅地造成費の金額は、平成26年分（＊＊＊＊）の金額である。

別表2の付表2　本件2土地の原処分庁主張額の計算明細

| 区分 | | 金額等 |
|---|---|---|
| 正面路線価 | ① | 72,000 円 |
| 広大地補正率（0.6－0.05×763.60 m$^2$／1,000 m$^2$） | ② | 0.56182 |

| 本件土地の地積 | ③ | 763.60 m² |
|---|---|---|
| 自用地評価額（①×②×③） | ④ | 30,888,414 円 |
| 賃借権の割合 | ⑤ | 0.025 |
| 財産評価額（④×（①－⑤）） | | 30,116,203 円 |

（注）「賃借権の割合」（⑤欄）は、地上権に準ずる権利として評価することが相当と認められる賃借権の残存期間に応じた場合に適用する割合の2分の1に相当する割合である。

別紙1（省略）
別紙2（省略）

別紙3　本件鑑定評価書の要旨
1　鑑定評価額 20,970,000 円
2　対象土地の表示

| 所在 | 地目 | 地積（m²） |
|---|---|---|
| ＊＊＊＊＊＊＊＊＊ | 雑種地 | 2,256.00 |

3　価格時点　＊＊＊＊＊＊
4　評価対象不動産の確認
(1)　物的確認（権利の態様の確認）
　対象土地内において建物等の建築物は存在しないが、土地の北側一部が資材置場として賃貸されている。ただし、当該貸地は建物所有を目的としない一時使用の賃貸借と認められ、したがって、借地借家法に基づく土地賃借権ではない。それ以外の用益権は存在しない。
(2)　対象土地に係る市場の特性（同一需給圏内における市場参加者の属性及び行動）
　売買市場における市場参加者について土地需要者は、主に地元の不動産業者、事業者又は個人の実需者等と見受けられる。また、対象土地のような広大地にあっては、戸建分譲住宅素地としてその仕入れを目的とする開発業者等の市場参入も十分に考えられる。
(3)　近隣地域の土地の利用状況
　周辺において、旧来からの民家や雑木林、農地が見られる中に、街路整然と建ち並ぶ新興の戸建住宅が混在する地域となっている。
(4)　個別的要因の分析
イ　街路条件
　現況において接道はない。北東方にある幅員 4.7 m 市道まで約 30 m（平均値）、北西方にある幅員 2.0〜2.7 m 市道まで約 17 m（同）となっている。
ロ　環境条件
　対象土地内の南側はおおむね平坦と見られるが、北側は北西方に向かって緩やかな上り勾配を呈している。日照・通風の程度は良好である。
ハ　行政的条件
　（イ）　用途地域：第一種低層住居専用地域
　（ロ）　指定建ぺい率 50 %、指定容積率 80 %

ニ　画地条件

　東西幅 21 m～25 m 程度、南北幅 96 m 程度、規模 2,256 m²（登記面積）で、おおむね長方形の無道路地で、敷地内北側において上り傾斜を呈している。境界に関して特段の問題はなく、対象土地の南東側で現況水路に面するが、特段の規制はない。

ホ　地盤・地質

　現況目視・付近の建物利用状況からみて地盤等に特段の問題はないと思料するが、敷地の北側は勾配があるため宅地造成を行う場合は相応の工事費が必要となる。

ヘ　土地の最有効使用の判定

　近隣地域の標準的使用に鑑み、また将来の動向予測等を踏まえ、さらに対象土地が 2,200 m² を超える広大地であるため市場に参入する土地取得者が限定的であること等を総合勘案し、典型的需要者については戸建用地の分譲を手掛ける開発事業者であると判断した。したがって、現在の対象土地の最有効使用は、戸建分譲住宅の素地と判定される。

ト　増減価要因（個別格差）の主な内訳

　近隣地域の標準的な画地と比較した場合の対象土地に係る増減価要因は、まず無道路地ということで市場価値は大幅に減価されるのが一般的であるが、それ以外に「敷地規模」についても個別格差が生じている。さらに、対象土地の現況が無道路地であるため宅地開発を行う場合は隣接する件外土地の取得を要するなど多大な費用がかかる。

チ　現況利用等

　調査時点現在、その大方が未利用の林地、雑種地等となっているが、北側の一部において貸地（資材置場）が存する。ただし、当該貸地は建物所有を目的としない一時使用の賃貸借と認められるので、借地借家法に基づく土地賃借権（借地権）ではない。

5　評価

　対象土地の再調達原価の把握が困難であること、また対象土地に賃貸用の建築物を建設して賃貸に供することも現実的でないことから、取引事例比較法による比準価格及び開発法による価格をそれぞれ求め、所要の調整を施して鑑定評価額を決定する。

(1)　取引事例比較法による比準価格

　同一需給圏内の類似地域に存し、取引事情が正常と認められる土地の取引事例のうちから、別紙3の付表1のとおり規模の大きい土地の取引事例を選択し、これらに時点修正を施し、かつ標準化補正及び地域要因の比較を行い、さらに対象不動産の個別格差を乗じて得られた4価格を比較検討した結果、相対的に規範性が高いと認められる事例1から3までの価格を重視して同等のウェイト付けを行い、事例4に関してはその試算意義を踏まえて若干のウェイト配分を施すことが相当と判断し、事例1：2：3：4＝0.3：0.3：0.3：0.1 の比率で加重平均し、以下のとおり比準価格を試算した。

　　比準価格 10,400 円／m² ×　地積 2,256.00 m² ≒　比準価格 23,460,000 円

(2)　開発法による価格

　対象土地は、現況において公道に接していない無道路地であるため、宅地開発を可能とするには、最も近い公道までの間に介在する件外土地を必要最低限の範囲において取得し、併合することが不可欠である。地域調査を踏まえ、取得すべき件外土地の範囲を特定し、対象土地とその件外土地との一体敷地利用を前提に本件では開発法を適用するものとした。

　なお、開発法の試算過程は別紙3の付表2の「3　土地価格の試算」記載のとおりであり、開発法による価格を 18,470,000 円と査定した。

(3) 地価公示価格等を規準とした価格

同一需給圏内の類似地域に所在する公示地・基準地のうちから対象土地と類似する利用価値を有すると認められる基準地（＊＊＊＊）を別紙3の付表3のとおり選択し、取引事例比較法と同様の手順に従い、以下のとおり規準価格を査定した。

規準価格 12,200 円／m² × 地積 2,256.00 m² ≒ 規準価格 27,520,000 円

## 6 試算価格の調整及び鑑定評価額の決定

### (1) 試算価格の調整

以上により、各価格について、下表のとおり求められた。

| 比 準 価 格 | 23,460,000 円 |
|---|---|
| 開発法による価格 | 18,470,000 円 |
| 規 準 価 格 | 27,520,000 円 |

### (2) 鑑定評価額の決定

以上、各手法の有する特徴及び採用した資料に応じたしんしゃくを加えた結果、取引市場の実勢を反映させた比準価格、事業採算性を反映させた開発法による価格についてそれぞれ同等のウェイト配分を行い、規準価格との均衡及び単価と総額との関連の適否等に留意して、鑑定評価額を決定した。

別紙3の付表1　取引事例比較法による比準価格

| 項目 \ 区分 | | 取引事例 1 | 取引事例 2 | 取引事例 3 | 取引事例 4 |
|---|---|---|---|---|---|
| 所在地 | | ＊＊＊＊ | ＊＊＊＊ | ＊＊＊＊ | ＊＊＊＊ |
| 取引時点 | | 平成26年1月24日 | 平成26年7月11日 | 平成25年2月7日 | 平成25年11月22日 |
| 地積 | | 536.00 m² | 1,152.10 m² | 846.39 m² | 2,626.00 m² |
| A 取引価格 | | 17,000,000 円／m² (31,716 円／m²) | 50,000,000 円／m² (43,399 円／m²) | 44,180,000 円／m² (52,198 円／m²) | 39,730,500 円／m² (15,130 円／m²) |
| ① 事情補正 | | ±0％ | ±0％ | ±0％ | ±0％ |
| ② 時点修正 | | ＋0.2％ | －0.2％ | ＋1.1％ | ＋0.4％ |
| ③ 標準化修正 | | 規模大（500 m² 程度を斟酌） －35％ | 規模大（1,000 m² 程度斟酌） －45％ | 規模大（800 m² 程度斟酌） －40％ | 広大地（2,000 m² 超） －60％ |
| 地域要因の比較 | a 街路条件 | 6.3 m 市道 ＋3％ | 10.0 m 市道 ＋5％ | 4.0 m 市道 ±0％ | 4.0 m 市道 ±0％ |
| | b 接近条件 | ＊＊＊＊＊＊ 1,300 m ＋5％ | ＊＊＊＊＊＊ 1,850 m ＋2％ | ＊＊＊＊＊＊ 950 m ＋7％ | ＊＊＊＊＊＊ 2,100 m ＋1％ |
| | c 環境条件 | 住環境及び住宅地としての熟成度の格差 ±0％ | 住環境及び住宅地としての熟成度の格差 用途の多様性も考慮 ＋15％ | 住環境及び住宅地としての熟成度の格差 ＋30％ | 調整区域なので住環境のみの比較 －5％ |

| 地域要因の比較 | d 行政条件 | 第一種低層住居専用地域<br>建ぺい率　　50％<br>指定容積率　　80％<br>（基準容積率　80％）<br>±0％ | 準工業地域<br>建ぺい率　　60％<br>指定容積率　200％<br>（基準容積率 200％）<br>＋3％ | 第一種低層住居専用地域<br>建ぺい率　　50％<br>指定容積率　100％<br>（基準容積率 100％）<br>＋0.5％ | 市街化調整区域<br>建ぺい率　　60％<br>指定容積率　200％<br>（基準容積率 160％）<br>－30％ |
|---|---|---|---|---|---|
| | 合計 a～d | 8.2％ | 26.9％ | 39.8％ | －32.8％ |
| ⑤　個別格差 | | | 無道路地　　　　　　－50％<br>面大（広大地）　　　－60％<br>北側一部が緩傾斜地　－8％<br>合計　　　　　　　－81.6％ | | |
| B　総合格差<br>①×②÷③÷④×⑤ | | 0.2621 | 0.2631 | 0.2218 | 0.6873 |
| 試算価格（A×B） | | 8,300 円／m² | 11,400 円／m² | 11,600 円／m² | 10,400 円／m² |

別紙3の付表2　開発法による価格
1　開発概要

| 項目 | 金額・数量 | 備考 |
|---|---|---|
| 開発面積 | 2,763.00 m² | （対象土地面積＋件外の買取想定土地面積） |
| 有効宅地面積 | 1,520.00 m² | （有効宅地化率 55.01％） |
| 平均区画面積 | 138.18 m² | （総区画数 11 区画） |
| 平均分譲価額 | 10,728,000 円 | （平均分譲単価×平均区画面積） |
| 平均分譲単価 | 77638 円／m² | （坪 257 千円） |
| 分譲総額 | 118,010,000 円 | 2　各画地の分譲価格及び分譲総額より |
| 宅地造成費 | 41,445,000 円 | （15 千円／m²×開発総面積） |
| 開発負担金等 | 2,416,000 円 | （開発申請費、近隣対策費） |
| 販売費及び一般管理費 | 9,441,000 円 | （分譲総額の 8.0％） |
| 投下資本収益率 | 12.00％ | （年率） |

## 2 各画地の分譲価格及び分譲総額

| 区画<br>(No.) | 面積 (m²) | 面積 (坪) | 標準的面地区<br>画Dの単価 | 個別格差 | 分譲単価<br>(円／m²) | 分譲価格<br>(円) |
|---|---|---|---|---|---|---|
| A | 130 | 39.33 |  | 1.0197 | 79,027 | 10,274,000 |
| B | 120 | 36.30 |  | 1.0000 | 77,500 | 9,300,000 |
| C | 124 | 37.51 |  | 1.0000 | 77,500 | 9,610,000 |
| D | 130 | 39.33 | 77,500円／m² | 1.0000 | 77,500 | 10,075,000 |
| E | 144 | 43.56 |  | 1.0000 | 77,500 | 11,160,000 |
| F | 142 | 42.96 |  | 0.9700 | 75,175 | 10,675,000 |
| G | 148 | 44.77 |  | 1.0000 | 77,500 | 11,470,000 |
| H | 142 | 42.96 |  | 0.9900 | 76,725 | 10,895,000 |
| I | 144 | 43.56 |  | 0.9900 | 76,725 | 11,048,000 |
| J | 148 | 44.77 |  | 1.0295 | 79,786 | 11,808,000 |
| K | 148 | 44.77 |  | 1.0196 | 79,019 | 11,695,000 |
| 合計 | 1,520 | 459.80 |  |  | 77,638 | 118,010,000 |

## 3 土地価格の試算

| 項目 | | 割合(%) | 金額(円) | 価格時点後(か月) | 複利現価率 | 複利現価(円) |
|---|---|---|---|---|---|---|
| (A)収入 | 売上収入 | 6 | 7,080,600 | 4 | 0.962928 | 6,818,108 |
| | | 54 | 63,725,400 | 8 | 0.927231 | 59,088,166 |
| | | 40 | 47,204,000 | 12 | 0.892857 | 42,146,422 |
| | 小計 |  | 118,010,000 |  |  | 108,052,696 |
| (B)支出 | 造成費 | 30 | 12,433,500 | 4 | 0.962928 | 11,972,565 |
| | | 30 | 12,433,500 | 6 | 0.944911 | 11,748,551 |
| | | 40 | 16,578,000 | 8 | 0.927231 | 15,371,636 |
| | 開発負担金等 | 100 | 2,416,000 | 4 | 0.962928 | 2,326,434 |
| | 販管費等 | 40 | 3,776,400 | 5 | 0.953877 | 3,602,221 |
| | | 40 | 3,776,400 | 8 | 0.927231 | 3,501,595 |
| | | 20 | 1,888,200 | 11 | 0.901329 | 1,701,889 |
| | 隣地買収費(注) | 100 | 39,362,500 | 0 | 1.000000 | 39,362,500 |
| | 小計 |  | 92,664,500 |  |  | 89,587,391 |
| 開発法による価格（A－B） | | | | | | 18,470,000 |

（注） 取得すべき必要最低限の土地を図上求積で507m²と査定、単価については、買主から売主に対して買取依頼をするため、宅地分譲時の単価と同額をもって相当とし、77,638円／m²×507m²≒39,362,500円と算出したものである。

別紙3の付表3 地価公示価格等を規準とした価格

| 項目 \ 区分 | | 県基準地 |
|---|---|---|
| 所在地 | | ＊＊＊＊＊＊＊＊ |
| 取引時点 | | 平成26年7月1日 |
| 地積 | | ＊＊＊＊＊＊＊＊ |
| A　取引価格 | | ＊＊＊＊＊＊＊＊ |
| ①　事情補正 | | － |
| ②　時点修正 | | －3か月　　－0.2% |
| ③　標準化補正 | | 標準的　　　±0% |
| ④ 地域格差 | a　街路条件 | 4.0m道路　　±0% |
| | b　接近条件 | ＊＊＊＊＊＊＊＊＊＊＊＊　1,800m　　+3% |
| | c　環境条件 | 住環境及び住宅地の熟成度の格差　　+40% |
| | d　行政条件 | 準工業地域<br>建ぺい率　　　60%<br>指定容積率　　200%　　+3%<br>基準容積率　　（200%） |
| | 合計 a～d | 48.5% |
| ⑤　個別格差 | | 無道路地　　　　　　－50%<br>面大（広大地）　　　－60%<br>北側一部が緩傾斜地　－8% |
| | | 合計　　－81.6% |
| B　総合格差率<br>①×②÷③÷④×⑤ | | 0.1237 |
| 規準価格（A×B） | | 12,200円／m² |

別図1　開発想定図（請求人ら主張）

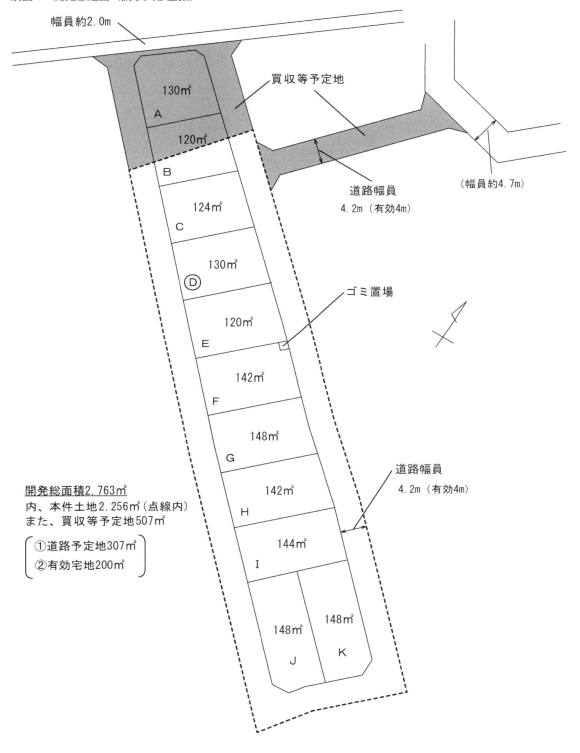

CASE 6　無道路の大規模地に対する鑑定評価の合理性が問われた事例

別図2　開発想定図（審判所認定）

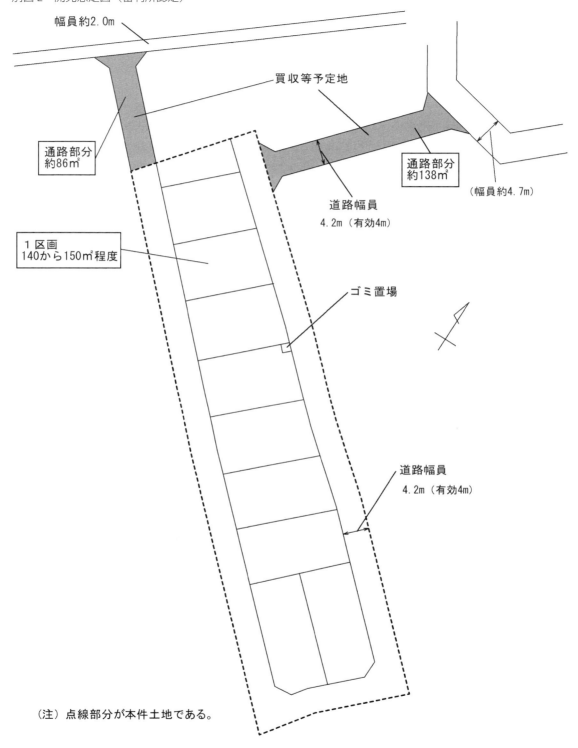

## Ⅲ 鑑定士視点からの考察

### 1 本件鑑定評価書の妥当性の検証

本件も鑑定評価が否認された事例です。筆者の観点から当該事例における鑑定評価の妥当性を検証します。

#### ❶ 評価単位

最初に述べなくてはならないことは、評価単位についてです。審判所からの指摘にはありませんでしたが、本件鑑定評価は1土地と2土地を一体として評価しています。裁決書によると本件鑑定評価は更正の請求における鑑定評価であり、当初申告では2つに分けて評価をしています。したがって、鑑定評価の前提が誤っており、この時点で鑑定評価が不合理であると認定されてもおかしくないと考えられます。

本件事例は笹岡宏保先生のご著書『難解事例から探る財産評価のキーポイント第4集』(ぎょうせい)に掲載されているCASE3と同一事例ですが、笹岡先生もこの点について述べられています。

---

① 本件土地の評価単位(評価単位は1単位とする余地はないのか)
　本件土地は市街化区域内に存する現況地目が山林及び雑種地から成る土地である。評価単位の原則的取扱いは地目別評価(この場合は2単位評価)であるとしても、本件土地には、いわゆる「隣接する2以上の地目の土地を一団の土地として評価する場合」の特例的取扱いが適用されて1単位評価とする余地はないのか。
　現に、図表-12(国税不服審判所が認定した開発想定図)においても、本件土地を一体として開発することを最有効使用とした場合の開発想定図を開発法の価格の算定において採用していることも考慮に入れて判断されるべきである。
(注)　本件土地は、本件1土地が自用地、本件2土地は賃借権が設定されている土地であり、権利関係が異なることから上記の検討に当たっては否定的に解釈されるのであろう。

---

本件は雑種地と山林であり、上記の笹岡先生の解説のように特例的取扱いが適用されて1単位とする余地もあると思われますが、権利関係が異なることから否定的に解釈されるのかもしれません。そうであるならば、やはり本件鑑定評価で1単位として鑑定評価を行ったことに対して、なぜ審判所が評価単位を理由に鑑定評価を否認しなかったのか、という点は疑問が残ります。後述の「Ⅳ　筆者が鑑定評価を行う場合」で詳しく検証しますが、筆者としては2単位の鑑定評価を想定してそれぞれの評価額を合計した場合よりも一体評価をした場合の評価額が高くなるため、この点についてはあえて審判所の方で触れなかったのかと推定します。

#### ❷ 開発法の評価過程

開発法の評価過程における戸建分譲地の販売単価について、本件鑑定評価では平均分譲単価

を 77,638 円／m² としていますが、付近路線価が 75,000 円／m² であることからすると、地価公示価格ベースに割り戻した場合、93,750 円／m² となるため、94,000～95,000 円／m² くらいが妥当と考えられます。そのような意味では原処分庁の指摘も正しく、そもそもの分譲単価が安すぎるということになります。販売単価を求めるにあたり、戸建用地の比準価格を査定していないと考えられることから、こちらも不適切と考えられます（審判所からの指摘はないものの、裁決書の資料からは販売単価査定のための取引事例比較法を適用したかは不明となっています）。

　一方、造成費の単価 15,000 円／m² も相当安めだと考えられます。審判所からの指摘はありませんが、きちんと建築士等の専門家に造成見積費用の査定を依頼すべきであると筆者は考えます。

　さらに、開発想定図については買収等予定地に分譲宅地を含めています（別図 1、宅地 A と宅地 B の一部）が、買収等予定地は開発を可能とするための最低限度必要な面積であるべきと筆者は考えます。本件鑑定評価では買収等予定地面積を 507 m² としており、この面積には有効宅地 200 m² を含めています。こちらは本来開発に際しては不要な部分と考えられます。したがって、こちらの開発想定図は適切ではないと考えます。

### ❸ 取引事例比較法における比準価格

　取引事例の選択が適切ではない、というのは審判所の指摘通りと筆者も考えます。そもそもこちらも素地の標準的画地単価が低すぎると思われます。路線価が 72,000 円であれば、標準的画地の面積や有効宅地化率をどのように見るか、ということもありますが、路線価前後の単価が標準的画地になるのではないかと考えられます。また、比準価格単価 10,400 円／m² となっていますが、個別的要因が －81.6% なので、逆算して 19.4% が個性率とすると、10,400 円／m²÷0.194＝53,608 円／m² が標準的画地単価のイメージでしょうか。仮にその水準だとしても路線価から考えると安いと考えられますので、素地の標準的画地の面積や有効率を明らかにした上で取引事例比較法を適用すべきと考えます。

　また、個別的要因の判定について、大きな個性率をきちんとした根拠もなく計上するのは不合理ではないかと筆者は考えます（これは審判所の述べる無道路地についての見解も同意見です）。無道路地だから一概に 50% の減額率、というのは不動産鑑定士の共通認識ではないと考えます。

　また、標準化補正及び対象地の個別的要因について、広大地補正率を乗じていますが、これは CASE3 でも述べましたが、鑑定評価においては採用すべきではない補正率だと筆者は考えます。あくまで広大地補正率は簡便化のための税務上の補正率であり、時価を出す鑑定評価で採用して良い数値ではないと考えられます。

### ❹ 地価公示地価格等を規準とした価格

　規準価格について、本件鑑定評価では一般住宅地のポイントを規準とすべきではない、と筆者は考えます。宅地見込地の標準地がある場合、そちらを用いるべきです。もし宅地見込地の標準地がないようであれば、一般住宅地の標準地について、開発法適用過程の分譲価格の査定

の時に規準を行い、無理に大規模地について規準価格を出すべきではないと筆者は考えます。さらに比準価格よりも高い価格となっていることも一般的にはないケースだと考えられます。広大地補正率を適用していることが不適切であるのは上記比準価格と同様です。

### 5 試算価格の調整、鑑定評価額の決定

本件鑑定評価は比準価格と開発法による価格を同等のウエイトで鑑定評価額を決定していますが、各試算価格間での乖離が相当あると考えられます（開発法による価格は比準価格の約79％）。この開差について触れた上で、同等のウエイト配分を行うべきとも考えられます。また、規準価格が比準価格、開発法による価格よりも高く査定されており、公示価格を規準とした価格との均衡がとれている、と主張するのは難しいのではないかと考えられます。

そして、試算価格の調整で各試算価格の整合性について触れられていません。あくまで裁決書に記載されていたのは鑑定評価書の要旨であるため、省略された可能性もありますが、試算価格の整合性についてはきちんと触れるべきと筆者は考えます。

## 2 審判所の判断に対する検討

### 1 取引事例比較法

審判所は取引事例について適切な取引事例の選択がされていない、ということで適切ではないとされていますが、筆者もこの点は上述の通り同意します。

### 2 開発法

審判所は本件鑑定評価で採用した開発想定図と審判所側で想定した開発想定図を比較し、審判所側の開発想定図の方が買収等予定地の面積が少なく、経済的合理性に優れるとしています。筆者は開発想定図については作成者によって多少異なるのは一般的であると考えています。したがって、有効宅地化率や買収予定地面積について多少の相違があっても許容されるべきであり、多少の相違をもって開発法が合理的ではないとするのは厳しすぎるのではないかと考えます。ただし、本件鑑定評価で採用された開発想定図については、審判所側が想定した開発想定図と相当異なっています。上記でも述べたように買収等予定地面積は「開発を可能とするための最低限度必要な面積」と筆者は考えますので、やはり適切ではない開発想定図と思われます。この点も筆者は審判所の指摘に同意します。

### 3 規準価格

審判所は「本件基準地の標準価格が比準価格及び開発法による価格のいずれよりも高額であるにもかかわらず、本件鑑定評価額は、比準価格と開発法による価格の中庸で決定されていることからすると、公示価格等を規準としていることについて疑義があるといわざるを得ない」としています。筆者もこの点については上記で述べましたが、このような開差があると公示価格等を規準としている、ということは難しいと考えます。そして、やはり大規模地については宅地見込地の公示地が同一需給圏内に存在しないのならば、その旨を鑑定評価書に記載し、規準価格については開発法適用過程での分譲価格査定で均衡が取れているかを検証すべきと考えます。

## Ⅳ 筆者が鑑定評価を行う場合

### 1 本事例において鑑定評価を採用すべきか否か

本件鑑定評価においては一体評価として鑑定評価が行われており、上述の通り本来は2単位で評価を行うべきと考えられますので、本項では1土地と2土地に分けて鑑定評価を行うべきかを検証していきます。

### 2 開発法適用の検証

まず、1土地と2土地に分けてそれぞれ開発法を行うことを想定してみます。本件裁決事例に記載された奥行距離等を基に1土地と2土地の単位を分けました（Ⅰ　事案の概要にて掲載した図面の評価単位と同一となります）。

● 1 土地

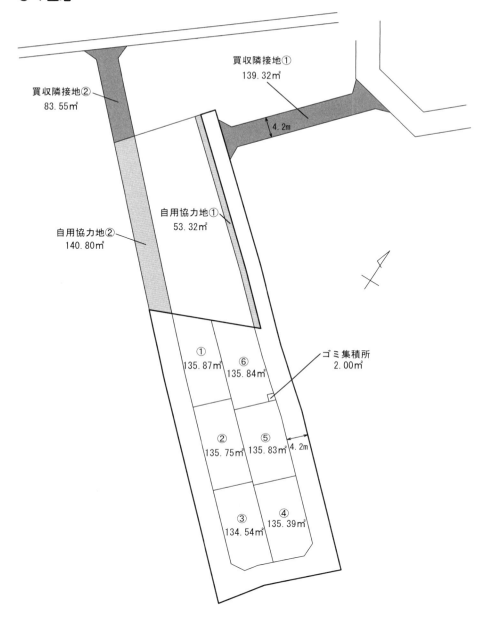

● 2土地

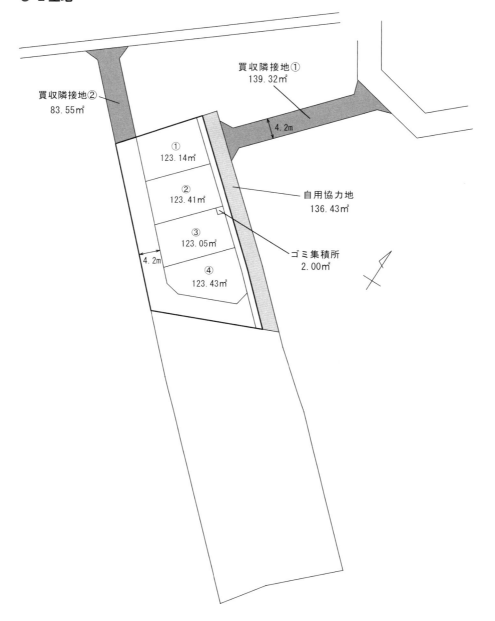

　1土地・2土地ともに、上記図面を基に、開発法による価格を試算したところ、買収隣接地の面積が大きく、買収費用がかさむこと、有効宅地化率が低いこと等からマイナスの評価額となりました（計算の過程は省略します）。したがって、1土地・2土地ともに開発を前提とした価格を出すことは不合理と考えます。

## 3 現時点での通達評価額

### 地積規模の大きな宅地が適用できる場合の評価額

現行制度である地積規模の大きな宅地で検証してみたいと思います。なお、筆者がCADを用いて土地形状から面積分けを試みましたが、裁決書の中の数値からなるべく近い数字になるようにしたものの、奥行距離や通路面積等は若干の相違があります。概ねの価格として捉えていただければと思います。

● 1 土地

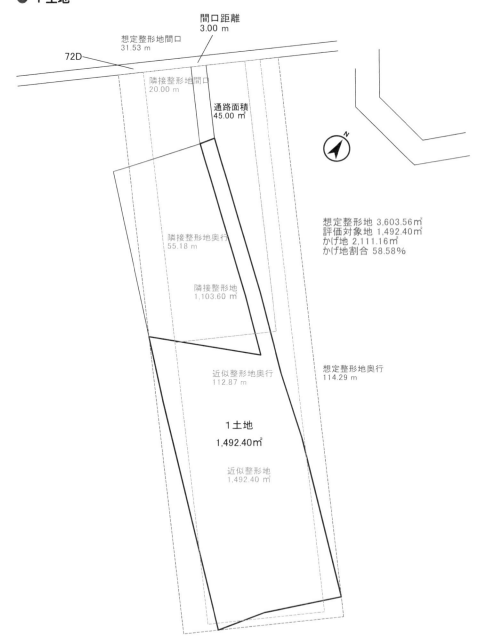

間口距離　3.00 m

奥行距離

　　計算上の奥行：1,492.40 m² ÷ 3.00 m ＝ 497.46 m

　　想定整形地の奥行：114.29 m

上記より、114.29 m

1　奥行価格補正後（近似整形地適用）の1m²当たりの価額
① 近似整形地と隣接整形地を合わせた全体の整形地の奥行価格補正後の価額
　　72,000円／m² × 0.80 × （1,492.40 m² ＋ 1,103.60 m²） ＝ 149,529,600円
② 隣接整形地の奥行価格補正後の価額
　　72,000円／m² × 0.88 × 1,103.60 m² ＝ 69,924,096円
③ ①から②を控除した近似整形地の価額
　　149,529,600円 － 69,924,096円 ＝ 79,605,504円（53,340円／m²）

2　間口狭小補正及び不整形補正後の1m²当たりの価額
　　0.83（不整形補正率） × 0.90（間口狭小補正率） ≒ 0.74(小数点第2位未満切捨)
　　53,340円 × 0.74 ＝ 39,471円

3　規模格差補正率適用後の1m²当たりの価額
　　39,471円 × 0.76（規模格差補正率※） ＝ 29,997円
　　※規模格差補正率の査定根拠（三大都市圏と想定）
　　(1,492.40 m² × 0.90 ＋ 75) ÷ 1,492.40 m² × 0.8 ≒ 0.76(小数点第2位未満切捨)

4　無道路地
　　29,997円 × （1 － 0.072373895…） ≒ 27,826円
　　※無道路地の査定根拠

　　　(正面路線価)　　(通路部分の地積)　　(上記3の単価)　　(対象地地積)
　　　(72,000円 × 45.00 m²) ÷ (29,997円 × 1,492.40 m²) ≒ 0.072373895…

5　造成費考慮後の価格（下記計算明細より。令和6年の埼玉県の数値採用）
　　27,826円 － 48,793円 ＝ －20,967円
　⇒マイナス評価により、宅地転用不可となることから純山林評価とする。

6　本件土地の評価額（純山林単価は推定）
　　200円 × 1,492.40 m² ＝ 298,480円

　土地1について、現在時点の評価を行う場合、マイナス評価になりました。上記の想定で開発法を適用してもマイナス評価となることから、この場合にはいずれのアプローチからでも純山林評価になると考えられます。

（宅地造成費の計算表）

上記の宅地造成費の計算については、裁決書の中の付表1-3を参考に、令和6年の埼玉県の宅地造成費を基に再作成しました。なお、裁決書記載の丸数字の掛け算順序は「かける数とかけられる数」が誤っていると判断したため、筆者が順序を修正しました。

宅地造成費の計算明細（令和6年として）

|  |  |  |
|---|---|---|
| 本件1土地の地積 | ① | 1,492.40 m² |
| 1m²当たりの整地費 | ② | 800 円 |
| 整地費（②×①） | ③ | 1,193,920 円 |
| 1m²当たりの伐採・伐根費 | ④ | 1,000 円 |
| 伐採・伐根費（④×①） | ⑤ | 1,492,400 円 |
| 土盛りを要する平均の高さ | ⑥ | 2.7 |
| 1m²当たりの土盛費 | ⑦ | 7,700 円 |
| 土盛費（⑦×（①×⑥）） | ⑧ | 31,026,996 円 |
| 土止めを要する擁壁面積（東側） | ⑨ | 170.80 m² |
| 土止めを要する擁壁面積（西側） | ⑩ | 170.80 m² |
| 土止めを要する擁壁面積（南側） | ⑪ | 140.00 m² |
| 土止めを要する擁壁面積の合計（⑨+⑩+⑪） | ⑫ | 481.60 m² |
| 1m²当たりの土止費 | ⑬ | 81,200 円 |
| 土止費（⑬×⑫） | ⑭ | 39,105,920 円 |
| 宅地造成費（③+⑤+⑧+⑭） | ⑮ | 72,819,236 円 |
| 1m²当たりの宅地造成費（⑮÷①） | | 48,793 円 |

● 2土地

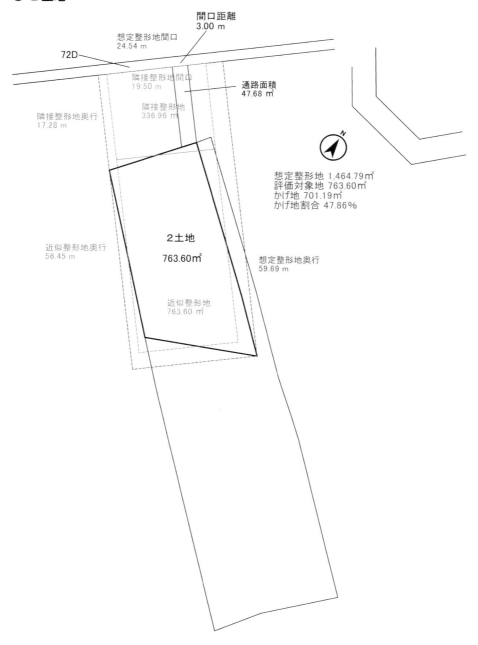

間口距離　3.00 m

奥行距離

　　計算上の奥行：763.60 m² ÷ 3.00 m ＝ 254.53 m

　　想定整形地の奥行：59.69 m

上記より、59.69 m

1 奥行価格補正後（近似整形地適用）の1m²当たりの価額
① 近似整形地と隣接整形地を合わせた全体の整形地の奥行価格補正後の価額
　　72,000円／m² × 0.87 × （763.60 m² ＋ 336.96 m²） ＝ 68,939,078円
② 隣接整形地の奥行価格補正後の価額
　　72,000円／m² × 1.00 × 336.96 m² ＝ 24,261,120円
③ ①から②を控除した近似整形地の価額
　　68,939,078円 － 24,261,120円 ＝ 44,677,958円（58,509円／m²）

2 間口狭小補正及び不整形補正後の1m²当たりの価額
　　0.90（不整形補正率） × 0.90（間口狭小補正率） ＝ 0.81
　　58,509円 × 0.81 ＝ 47,392円

3 規模格差補正率適用後の1m²当たりの価額
　　47,392円 × 0.78（規模格差補正率※） ＝ 36,965円
　　※規模格差補正率の査定根拠（三大都市圏と想定）
　　（763.60 m² × 0.95 ＋ 25） ÷ 763.60 m² × 0.8 ≒ 0.78（小数点第2位未満切捨）

4 無道路地補正後の価額
　　36,965円 × （1 － 0.121621992…） ≒ 32,469円
　　※無道路地の査定根拠
　　　（正面路線価）　（通路部分の地積）　（上記3の単価）　（対象地地積）
　　（72,000円 × 47.68 m²） ÷ （36,965円 × 763.60 m²） ≒ 0.121621992…

5 本件土地の自用地としての評価額
　　32,469円 × 763.60 m² ＝ 24,793,328円

6 賃借権割合を控除した評価額
　　24,793,328円 × （1 － 0.025） ＝ 24,173,494円

　以上より、次のような結果となりました。
1土地：298,480円（単価200円／m²）
2土地：24,173,494円（単価31,657円／m²）
合　計：24,471,974円（全体での単価　10,847円／m²）

## 4 鑑定評価を行うべきか

　改めて鑑定評価を行うべきかを最終的に検証してみます。
　1土地については無道路の山林としての評価も考えられますが、純山林価格よりも安い価格になることはほぼないと考えられることから、1土地については鑑定評価を行う、という選択肢はなくなります。
　2土地については、開発法ではマイナスとなるため、最有効使用は戸建分譲地にはなりません。したがって、無道路の雑種地（資材置場）または1つの建物の敷地（開発ではなく3m

の通路を開設したうえでの建物の敷地）が考えられます。対象不動産は市街化区域内の土地なので、あくまで建物を建築することを前提とした価格を求めます。

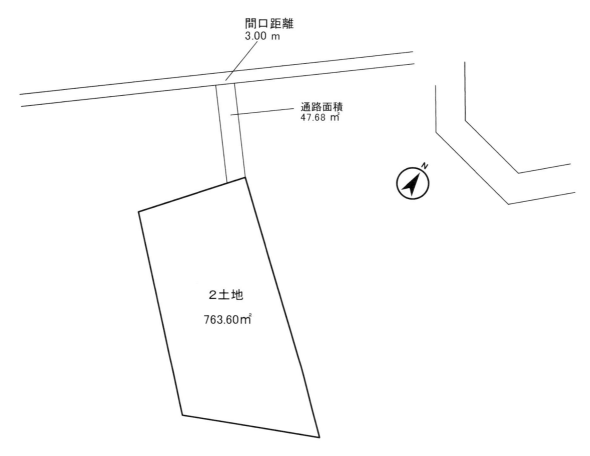

### ❶ 協力用地取得を前提とした価格

地積過大、間口狭小、不整形等の減価要因から標準的画地（95,000円程度）の40％程度と想定し、協力用地買収費用（標準的画地価格単価の1.2倍程度で協力用地を買収することを想定し、550万円程度と査定）を控除します。そうすると協力用地取得を前提とした価格は約23,500,000円と査定されます。

### ❷ 比準価格

一方、あくまでも無道路の大規模地としての比準価格を求めると、上記の減価要因に加え、無道路であることも考慮すると標準的画地の20％程度の水準が妥当とも考えられます。そうすると比準価格は14,500,000円程度と査定されます。

### ❸ 鑑定評価額

協力用地取得を前提の価格は比準価格よりも高めに査定されましたが、買収の実現可能性を考えるとあまり重視することはできません。そうすると、比準価格を標準として、協力用地取得を前提とした価格を比較考量し、鑑定評価額は15,000,000円（19,600円／m$^2$）になるかと考えます。

1土地が純山林評価とすると、対象不動産全体としては上記鑑定評価額と合算し、15,300,000円程度になると考えられます。そうすると、2土地については鑑定評価を行う余地はあると思われます。

《参考：評価額の比較》
- ●納税者の主張：鑑定評価による評価額　20,970,000円
- ●課税庁の主張：通達評価による評価額　46,325,159円
　⇒国税不服審判所が採用
- ●筆者による評価：純山林評価額＋鑑定評価額　約15,300,000円
- ●現時点での通達評価額：24,471,974円

# CASE 7 建築基準法上の道路に接面しない農地に対して審判所側鑑定評価が採用された事例

## I 事案の概要

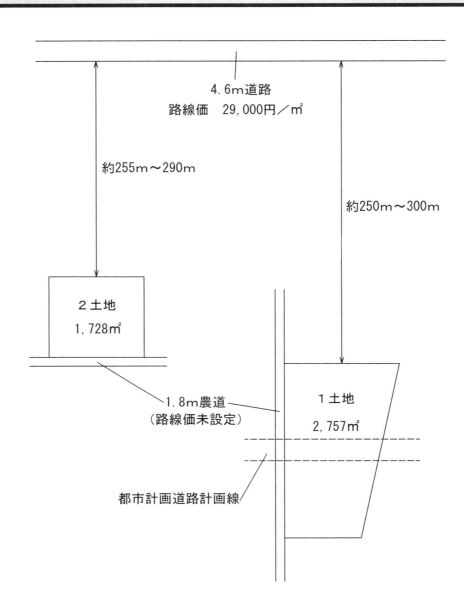

〈評価対象地〉

平成18年9月に請求人が取得した無道路の農地。納税者側が鑑定評価による更正の請求を行った。

〈納税者の主張〉

　対象不動産は路線価が付された道路から本件土地に至るまでの奥行は327mであり、奥行価格補正率の限度である100mを相当超えており、路線価方式になじまない土地である。

●請求人鑑定評価による評価額
　1 土地：6,000,000 円
　2 土地：3,500,000 円
　合　計：9,500,000 円

〈課税庁の主張〉

　奥行距離が100m以上の土地について一律の奥行価格補正率を定めているからといって、直ちに路線価評価方式になじまない土地であるということはできず、評価通達に基づき評価することに合理性がある。

●課税庁による評価額（通達評価額）
　1 土地：17,546,016 円
　2 土地：11,442,816 円
　合　計：28,988,832 円

## II 裁決の内容

■平成22年5月19日裁決（関裁（諸）平21第109号：TAINS F0-3-261）

（＊＊＊＊は裁決書では伏字箇所）

1　事実
(1)　～　(3)　（省略）
(4)　基礎事実
イ　請求人は、本件相続に係る相続財産のうち、別表2の順号1及び順号2記載の各土地（以下、それぞれ「本件1土地」及び「本件2土地」といい、これらを併せて「本件各土地」という。）の価額は、＊＊＊＊＊＊及び＊＊＊＊の両名による不動産鑑定評価（以下「請求人鑑定評価」という。）に基づき＊＊＊＊＊＊が作成した平成20年5月27日付の本件各土地に係る不動産鑑定評価書の鑑定評価額（以下「請求人鑑定評価額」という。）によるべきであるとして、平成20年7月7日に、更正の請求をした。
　　なお、請求人鑑定評価の概要は、別表3記載のとおりである。
ロ　本件各土地の状況は、次のとおりである。
　（イ）　本件各土地は、＊＊＊＊＊＊の北東方約4.0kmから4.2kmに位置し、市街化区域内にあって第一種住居地域に指定され、容積率が200％、建ぺい率が60％である現況農地（畑）であり、文化財保護法に規定する周知の埋蔵文化財包蔵地に該当する「＊＊＊＊」の区域内に所在している。

(ロ) 本件各土地は、評価通達11《評価の方式》に定める路線価地域で、評価通達14－2《地区》に定める普通住宅地区に存し、評価通達36－4に定める市街地農地に該当する。

(ハ) 本件各土地は、いずれも評価通達20－2《無道路地の評価》に定める無道路地で、本件1土地は、路線価の付された幅員4.6ｍの＊＊＊＊＊の南方約250ｍから300ｍに、また、本件2土地は、＊＊＊の南方約255ｍから290ｍにそれぞれ位置しており、＊＊＊に付された平成18年分の路線価は29,000円である。

　なお、＊＊＊＊＊から本件各土地までの間には、ほとんど宅地はなく、周囲は農地に囲まれている。

(ニ) 本件1土地は、西側幅員1.8ｍの未舗装道路（農道）に面する間口約100ｍ、奥行約12ｍから41ｍの不整形な中間画地であり、地勢はほぼ平坦であるが、畑として利用されているため、西側農道よりやや低い位置にある。

　なお、本件1土地を分断するように都市計画道路（＊＊＊＊＊＊、計画幅員16ｍ。以下「本件都市計画道路」という。）が計画されている。

(ホ) 本件2土地は、南側幅員1.8ｍの未舗装道路（農道）に面する間口約36ｍ、奥行約49ｍの長方形の中間画地であり、地勢はほぼ平坦であるが、畑として利用されているため、南側農道よりやや低い位置にある。

ハ　原処分庁は、上記イの更正の請求に対し、平成20年10月8日付で、本件各土地の価額は評価通達により評価した価額（以下「原処分庁評価額」という。）によることが相当であるが、申告額の一部が過大であるとして、別表1の「更正処分」欄記載のとおり、請求人の相続税額の一部を減額する更正処分をした。

　なお、原処分庁評価額の算定方法は、要旨別表4記載のとおりである。

(5)　争点

本件各土地の本件相続開始日における価額はいくらか。

2　主張

(1)　請求人

次の理由から、本件各土地の価額は、請求人鑑定評価額である。

イ　相続税法第22条に規定する本件各土地の時価は、請求人鑑定評価額であるところ、原処分庁評価額は、請求人鑑定評価額すなわち時価を上回ることから、評価通達の一律適用という公平の原則よりも、個別的評価の合理性を尊重すべきであり、本件各土地は、評価通達6に定める「この通達の定めによって評価することが著しく不適当と認められる財産」に当たる。

ロ　＊＊＊＊＊＊が定めた平成18年分財産評価基準書（以下「財産評価基準書」という。）における「29F」と付された路線道路から本件各土地に至るまでの奥行距離は327ｍであり、評価通達15で定める奥行価格補正率の限度である100ｍを相当超えており、本件各土地は路線価による評価方法になじまない土地である。

ハ　請求人の親族である＊＊＊＊が、平成20年3月24日に＊＊＊から購入した本件2土地に隣接する＊＊＊＊＊の各土地の売買価格（2,420円／㎡）は、ほぼ客観的交換価値を反映しているところ、請求人鑑定評価額を若干上回るが、原処分庁評価額を相当額下回っていることから、原処分庁評価額は時価を上回っている。

ニ　請求人鑑定評価は、次のとおり、相続税法第22条に規定する本件各土地の時価すなわち客観的交換価値を示したものであり、原処分庁の指摘は当たらない。

（イ）　原処分庁は、本件都市計画道路の開通見込みがあるにもかかわらず、農地として地域分析等を行っていることをもって、請求人鑑定評価額が客観的交換価値を示したものでない旨主張するが、請求人鑑定評価書の「三　対象不動産の状況（個別分析）」欄及び「四　鑑定評価方式の適用」欄において、本件都市計画道路の開通見込みについて検討しており、請求人鑑定評価が合理性を欠く理由とはならない。

　（ロ）　原処分庁は、本件各土地が存する地域を周知の埋蔵文化財包蔵地ではないと誤った事実を前提にしている旨主張するが、原処分庁評価額の算定過程においても発掘調査費用を控除していない以上、請求人鑑定評価額の算定において発掘調査費用を控除していない点で誤りはなく、上記前提の誤りをもって請求人鑑定評価が合理性を欠く理由とはならない。

　（ハ）　原処分庁は、取引事例比較法において、同一需給圏外の市街化調整区域内の農地が含まれている旨主張するが、本件各土地は、熟成度の低い宅地見込地であり、最有効使用は現況のまま農地として使用することであるから、市街化区域と市街化調整区域の差はあまりなく、また、本件各土地が市街化調整区域との境界付近に存在していることから、市街化調整区域の宅地見込地の売買実例を採用し比準させても、請求人鑑定評価額が合理性を欠く理由とはならない。

　　　なお、市街化調整区域の売買実例を採用するに際し、単純にこれを採用せず、将来宅地となる可能性を考慮し、本件1土地については200％、本件2土地については150％の加算を行っていることからも、市街化調整区域の売買実例を採用したことに問題はない。

(2)　原処分庁

　次の理由から、本件各土地の価額は、原処分庁評価額である。

イ　評価通達は、奥行価格補正だけでなく、評価すべき土地の状況に応じて各種補正を行った上で評価する旨定めており、奥行距離が100ｍ以上の土地について一律の奥行価格補正率を定めているからといって、直ちに本件各土地が路線価による評価方法になじまない土地であるということはできず、評価通達に基づき評価することに合理性がある。

ロ　本件2土地に隣接する＊＊＊＊＊＊の各土地の売買に至るまでの経緯、その他同売買に影響を及ぼす事情等が証拠によって明らかにされておらず、同売買価格をもって客観的交換価値を反映しているとはいえない。

ハ　請求人鑑定評価額は、次のとおり、相続税法第22条に規定する本件各土地の時価を示しているとは認められない。

　（イ）　本件都市計画道路の開通見込みがあるにもかかわらず、①標準的使用を農地としており、地域分析が適正になされておらず、②最有効使用の判定を当面は農地として継続使用し、道路が開通後は宅地として使用することと判定されておらず、③宅地への転換の検証をしており、その検証自体が失当である。

　（ロ）　本件各土地が存する地域を周知の埋蔵文化財包蔵地ではないとする誤った事実を前提になされている。

　（ハ）　取引事例比較法において、同一需給圏外の市街化調整区域内の農地が含まれている。

3　判断

(1)　法令解釈

イ　相続税法第22条は、相続により取得した財産の価額は、特別の定めのあるものを除き、当該財産の取得の時における時価による旨規定しており、この時価とは、当該財産の取得の時において、それぞれの財産の現況に応じ、不特定多数の当事者間で自由な取引が行われる場合に通常成立する

と認められる価額、すなわち客観的な交換価値をいうものと解される。

　ところで、相続税の課税対象となる財産は多種多様であることから、国税庁は、相続財産の評価の一般的な基準を評価通達によって定め、各種財産の評価方法に共通する原則や各種の財産の評価単位ごとの評価方法を具体的に定め、課税の公平、公正の観点から、その取扱いを統一するとともに、これを公開し、納税者の申告、納税の便に供している。

ロ　しかしながら、評価通達に定める評価方法は、個別の評価によることなく、画一的な評価方法が採られていることから、同通達に基づき算定された評価額が、取得財産の取得時における客観的な時価と一致しない場合が生ずることも当然に予定されているものというべきであり、同通達に基づき算定された評価額が客観的な時価を超えていることが証明されれば、当該評価方法によらないことはいうまでもない。

(2)　認定事実

原処分関係資料及び当審判所の調査の結果によれば、次の各事実が認められる。

イ　本件都市計画道路は、＊＊＊＊＊に計画決定し、＊＊＊＊＊＊に事業認可された。

ロ　＊＊＊＊においては、埋蔵文化財包蔵地に係る開発費用の予算が確保されていることから、直ちに当該発掘調査費用を土地の所有者が負担することにはならない。

(3)　判断

イ　原処分庁評価額について

　(イ)　本件各土地に面する道路は、幅員1.8ｍの農道であり、建築基準法に定める道路に該当せず、現況のままでは建物を建築することができない土地であると認められるところ、上記１(4)ロ(ハ)のとおり、本件１土地については、路線価の付された幅員4.6ｍの＊＊＊＊＊の南方約250ｍから300ｍ、本件２土地については、南方約255ｍから290ｍにそれぞれ位置している。

　　そして、本件各土地に建物を建築しようとするならば、＊＊＊＊＊＊から本件各土地までの道路を整備しなければならないが、このような想定はおおよそ現実的ではなく、また、＊＊＊＊から本件各土地までの間は、未だ宅地開発がされておらず、電気・水道等のライフラインの整備もされていないことからすれば、本件各土地は、都市計画法上は市街化区域内に編入されており、将来的には宅地化されることが想定される土地ではあるものの、本件相続開始日における現況では宅地開発を行うことは事実上困難な土地であると認められる。

　(ロ)　原処分庁評価額は、本件各土地が市街地農地に該当することから、評価通達40の定めにより本件各土地の宅地としての価額を求め、宅地にするための造成費を控除して本件各土地の価額を算定しているが、本件各土地の現況が上記(イ)のような特殊な土地であることからすれば、この点を加味していない原処分庁評価額については、直ちにこれを本件各土地の本件相続開始日における価額として採用することはできない。

ロ　請求人鑑定評価額について

　請求人は、別表３記載のとおり、本件１土地の評価額を6,000,000円、本件２土地の評価額を3,500,000円とそれぞれ算出している。

　そこで、以下、請求人鑑定評価の合理性を検討する。

　(イ)　地域分析及び個別分析について

　　Ａ　請求人鑑定評価は、本件各土地が市街化区域に存するものの、現況、周囲の利用状況、街路条件、供給処理施設の状態、宅地化への開発コスト及び将来の動向等を総合的に判断し、今後

も農地として継続利用することが最有効使用であると判断しているところ、本件各土地は、上記イ（イ）のとおり、宅地開発を行うことは事実上困難な土地であると認められることからすれば、この判断は相当と認められる。
　B　なお、原処分庁は、本件各土地が存する地域を周知の埋蔵文化財包蔵地ではないと誤った事実を前提にしているので請求人鑑定評価が合理性を欠く旨主張するが、本件各土地は、上記Aのとおり、最有効使用が農地であると認められることからすれば、本件各土地の減価要因になるとまでは認められないから、原処分庁の主張は採用できない。
（ロ）　取引事例比較法について
　A　取引事例について
　　（A）　不動産の評価方法として、取引事例の価格から評価対象地の価格を比準する取引事例比較法を用いることは、その実証性に照らし合理的であると認められているものの、この取引事例比較法による対象不動産の価格の算出を合理的ならしめるには、不動産鑑定評価基準の総論第7章第1節Ⅲのとおり、まず多数の取引事例を収集して適切な事例の選択を行い、さらに、適切な取引事例の価格に、必要に応じて事情補正及び時点修正を行い、かつ、地域要因の比較及び個別的要因の比較を行って求められた価格を比較考量することが必要であり、この場合の取引事例は、原則として、近隣地域又は同一需給圏内の類似地域に存する不動産に係るものから選択し、必要やむを得ない場合には、近隣地域の周辺の地域に存する不動産に係るものから選択するものとされている。
　　（B）　これを本件についてみると、請求人鑑定評価は、近隣地域又は同一需給圏内の類似地域に存する不動産の取引事例に限らず、近隣地域の周辺の地域に存する不動産として、用途的観点から市街化調整区域内の農地を取引事例として採用しているが、本件各土地が存する地域は、極めて稀な地域的な事情により取引事例が極度に少なく、近隣地域又は同一需給圏内の類似地域において適切な取引事例を選択するのが極めて困難な地域であると認められることからすれば、この点をもって直ちに請求人鑑定評価の合理性を否定すべきものとは認められない。
　　　　しかしながら、本件各土地は、建物を建築できない土地ではあるものの、市街化区域内に存することから、その価額には宅地としての期待値の影響があることは否定できず、宅地化が抑制されている市街化調整区域内の農地と比較すれば、かなりの格差があることが想定されるところ、請求人鑑定評価における市街化調整区域内の農地の取引事例水準は、別表3記載のとおり、おおむね1㎡当たり1,000円前後となっており、また、地域要因等の格差も極端に大きく、適切に各種の要因比較を行い得ているか、その合理性に疑義があることからすると、その規範性は劣るものと認められる。
　B　鑑定評価方式の適用
　　（A）　請求人鑑定評価においては、市街化区域内の宅地見込地から接近した価格と市街化調整区域内の農地から接近した価格との調整において、何十年後には地域一体が整備される可能性等を理由に、前者をやや重視し、6対4の調整比率を乗じて請求人鑑定評価額を算定している。
　　（B）　しかしながら、市街化調整区域内の農地の取引事例については、上記Aのとおり、要因比較の観点からその規範性が劣ると認められるところ、これを基に6対4の調整比率を乗じて算定された請求人鑑定評価額については、直ちにこれを本件各土地の本件相続開始日にお

ける価額として採用することはできない。
ハ　以上のことから、当審判所において、＊＊＊＊＊＊＊に対し、本件各土地に係る鑑定評価を依頼したところ、平成22年3月25日付の＊＊＊＊の不動産鑑定評価書（以下、この不動産鑑定評価書に係る鑑定評価を「審判所鑑定評価」という。）が提出された。審判所鑑定評価の概要は、別表5記載のとおりであり、本件1土地の評価額を8,020,000円、本件2土地の評価額を5,180,000円とそれぞれ算出している。
　　そこで、以下、審判所鑑定評価の合理性を検討する。
（イ）　地域分析及び個別分析について
　A　審判所鑑定評価は、本件都市計画道路の開通見込みがある事実を地域分析及び個別分析において考慮していないところ、本件都市計画道路は、上記（2）イのとおり、＊＊＊＊＊＊＊に計画決定がされ、＊＊＊＊＊＊＊に事業認可がされたが、本件相続開始日においては、一般にその事業認可の時期を知り得る状況にはなかったと認められることからすれば、この判断は相当と認められる。
　B　また、審判所鑑定評価は、本件各土地は周知の埋蔵文化財包蔵地に所在するものの、そのことが価格形成に影響を与えないと判断しているところ、本件各土地は、今後も農地として継続利用することが最有効使用であると認められ、また、埋蔵文化財の発掘調査費用については、上記（2）ロのとおり、土地の所有者が直ちにこれを負担することにはならないことからも、この点に関する判断は相当と認められる。
　C　上記のほか、当審判所の調査の結果によっても、審判所鑑定評価について著しく相当性を欠くことをうかがわせる事情が存するとは認められず、特に合理性を否定すべきものとは認められない。
（ロ）　取引事例比較法について
　　審判所鑑定評価における取引事例C及びDは、市街化調整区域に存することから建物を建築することはできないが、地目は雑種地であることから、その価額は宅地としての期待値の影響を受けている土地であり、事実上建物を建築することができないものの市街化の影響を受けた農地である本件各土地と価格水準に類似性があると認められ、また、標準的画地の価格を算定する際の格差補正も小さいことからすれば、比較する取引事例として、適切な規範性を持つものと認められる。
（ハ）　結論
　　審判所鑑定評価は、市街化調整区域における取引事例においても、請求人鑑定評価と比較し、より適切な事例を採用していると認められ、その余の鑑定内容においても合理性を欠く点は認められない。
　　したがって、当審判所は、本件各土地の本件相続開始日における価額を審判所鑑定評価に基づく評価額と認定する。
ニ　原処分について
　以上の結果、本件相続開始日における本件1土地の価額は8,020,000円、本件2土地の価額は5,180,000円となり、これに基づき本件相続に係る相続税の課税価格及び納付すべき税額を計算すると、別紙1「取消額等計算書」の「課税標準等及び税額等の計算」欄記載のとおりとなり、これらの金額は原処分の金額を下回るから、原処分は、その一部を取り消すべきである。
（4）　原処分のその他の部分については、請求人は争わず、当審判所に提出された証拠資料等によっ

ても、これを不相当とする理由は認められない。

よって、主文のとおり裁決する。

別表1（省略）

別表2

1 本件土地

| 順号 | 所在地 | 登記地目 | 現況地目 | 地 積 | 取得者 |
|---|---|---|---|---|---|
| 1 | ＊＊＊＊ | 畑 | 田 | 2,757m² | ＊＊＊＊ |
| 2 | ＊＊＊＊ | 畑 | 田 | 1,728m² | ＊＊＊＊ |
| 合　　計 | | | | 4,485m² | |

別表3　請求人鑑定評価の概要

1　地域分析及び個別分析等

| 項目 | 本件1土地 | 本件2土地 |
|---|---|---|
| 対象不動産の所在地 | ＊＊＊＊＊＊＊＊ | ＊＊＊＊＊＊＊＊ |
| 地目及び地積 | 畑 2,757 m² | 畑 1,728 m² |
| 価格時点 | ＊＊＊＊＊＊＊＊ | ＊＊＊＊＊＊＊＊ |
| 同一需給圏 | ＊＊＊＊の市街化区域内の農地地域<br>（農業生産活動のうち耕作の用に供されることが、自然的、社会的、経済的及び行政的観点からみて合理的と判断される地域） ||
| 近隣地域 | 本件各土地を含んでおおむね南北300m、東西400mの範囲の幅員約2mの未舗装の農道沿いに畑等が一面に広がる農地地域で、地域の系統及び連続性は劣り、農地としての利用が標準的と観察される。公法上の規制（第一種住居地域、建ぺい率60％、指定容積率200％） ||
| 埋蔵文化財包蔵地 | ＊＊＊＊にて聴取し、本件各土地が存する地域は周知の埋蔵地ではないことを確認したため、価格形成には影響はない。 ||
| 宅地への転換 | 建築基準法上の道路（＊＊＊）に接続する幅5m（幅員4.5m、両側溝0.5m）の開発道路の設置、宅地造成費用インフラ（水道・下水配管等）工事費用、他人所有の土地の買収が必要であり、これら開発費用が宅地造成後の価格を相当額上回るため、現状では開発して宅地化することは不可能であり、今後も農地として利用されることが合理的である。 ||
| 最有効使用 | 市街化区域に存するものの、現況（畑）周囲の利用状況、街路条件、供給処理施設の状態、宅地化への開発コスト及び将来の動向等を総合的に判断し、今後も農地（畑）として継続利用することが、最有効使用である。 ||
| 標準的地 | 幅員約1.8mの未舗装農道に面する画地規模500m²程度の長方形状の平坦な中間画地（建物の建築困難）を想定した。 ||
| 鑑定評価方式の適用 | 本件各土地の種別を成熟度の低い宅地見込地と判定し、市街化区域内の宅地見込地の取引事例等を比準して求めた価格、市街化調整区域内の農地の取引事例等を比準して求めた価格に宅地となる期待性を加味した価格をそれぞれ求め、調整の上で、鑑定評価額を決定する。 ||

## 2 市街化区域内の宅地見込地の取引事例等に比準して求めた価格

| | 取引事例A | 取引事例B | 取引事例C | 取引事例D | 基準地 |
|---|---|---|---|---|---|
| 所在地 | ＊＊＊＊＊ | ＊＊＊＊＊ | ＊＊＊＊＊ | ＊＊＊＊＊ | ＊＊＊＊＊ |
| 備考 | 東側幅員2.7ｍ舗装道路に面する不整形地の中間画地<br>一住60/200（160） | 幅員4ｍの舗装道路の約10ｍ西方に位置するほぼ正方形の無道路画地<br>一住60/200 | 幅員4ｍの舗装道路の50ｍ南方に位置するほぼ長方形の無道路画地<br>一低40/60 | 北西側幅員4.2ｍ舗装道路、南東側幅員45ｍ舗装道路に面する台形状の二方路面地<br>一低40/60 | ＊＊＊＊＊＊＊＊＊＊ |
| 地積 | 828㎡ | 100㎡ | 264㎡ | 433㎡ | ＊＊＊＊ |
| 取引時点 | 平成18年4月 | 平成18年10月 | 平成18年6月 | 平成18年10月 | |
| 1㎡当たりの標準的価格等 | 6,400円 | 7,000円 | 3,030円 | 3,000円 | 13,800円 |
| 事情補正 | 100/100 | 100/100 | 100/100 | 100/50（注1） | |
| 時点修正 | 97.4/100 | 100/100.4 | 98.6/100 | 100/100.2 | 99.2/100 |
| 標準化補正 | 100/95 | 100/120 | 100/50（注2） | 100/100 | 100/100 |
| 地域格差（注3） | 100/242 | 100/221 | 100/232 | 100/212 | 100/249 |
| 試算価格 | 2,710円 | 2,630円 | 2,580円 | 2,820円 | 5,500円 |
| 比準価格 | 1㎡当たり2,700円（各試算価格の中庸値） | | | | |
| 規準価格 | | | | | 5,500円 |
| 1㎡当たりの標準的画地価格 | 2,700円 | 総合的に判断し、実証性の高い比準価格を重視し、規準価格は参考に留め、標準的画地価格を2,700円と査定した。 | | | |
| 本件1土地に係る宅地見込地としての価格 | 6,700,000円 | 2,700円／㎡×（1－0.1（注4））×2,757㎡≒6,700,000 | | | |
| 本件2土地に係る宅地見込地としての価格 | 4,200,000円 | 2,700円／㎡×（1－0.1（注5））×1,728㎡≒4,200,000 | | | |

（注1）相当な売り急ぎが認められ、適正な価格に補正した。
（注2）形状△20％及び無道路△30％で、合計△50％である。
（注3）地域格差の内訳は下表のとおりである。

| | | 取引事例A | 取引事例B | 取引事例C | 取引事例D | 基準地 |
|---|---|---|---|---|---|---|
| 街路条件 | | ＋26 | ＋29 | ＋29 | ＋29 | |
| | 幅員 | ＋1 | ＋4 | ＋4 | ＋4 | |
| | 系統連続性 | ＋20 | ＋20 | ＋20 | ＋20 | |
| | 舗装 | ＋5 | ＋5 | ＋5 | ＋5 | |
| 交通・接近条件 | | ＋6 | ＋2 | △4 | △4 | ＋1 |

| | | | | | | |
|---|---|---|---|---|---|---|
| | 最寄駅の接近性 | ＋6 | ＋2 | △4 | △4 | ＋1 |
| 環境条件 | | ＋60 | ＋40 | ＋60 | ＋40 | ＋100 |
| | 社会的環境 | ＋30 | ＋20 | ＋30 | ＋10 | ＋100 |
| | 周囲の利用状況 | ＋30 | ＋20 | ＋30 | ＋10 | |
| | 高圧線鉄塔隣接 | △20 | | | | |
| | 上水道 | ＋20 | | | ＋20 | |
| 行政的条件 | | ＋50 | ＋50 | ＋47 | ＋47 | ＋48 |
| | 容積率 | | | △3 | △3 | △2 |
| | 建物の建築可 | ＋50 | ＋50 | ＋50 | ＋50 | ＋50 |
| 合計 | | ＋142 | ＋121 | ＋132 | ＋112 | ＋149 |

(注4) 本件1土地の個別的要因の減価は、形状△10％、地積過大（標準的画地の約5.5倍）△20％、市街化進行の程度（都市計画道路により将来、街路整備される）＋20％の合計△10％である。

(注5) 地積過大（標準的画地の約3.5倍）△10％である。

3　市街化調整区域内の農地の取引事例に比準した価格に宅地となる期待性を加味した価格

| | 取引事例E | 取引事例F | 取引事例G | 取引事例H |
|---|---|---|---|---|
| 所在地 | ＊＊＊＊＊ | ＊＊＊＊＊ | ＊＊＊＊＊ | ＊＊＊＊＊ |
| 地積 | 1,814 m² | 7,159 m² | 3,784 m² | 1,259 m² |
| 取引時点 | 平成18年4月 | 平成18年6月 | 平成18年8月 | 平成19年1月 |
| 1 m²当たりの取引価格等 | 606 円 | 1,120 円 | 465 円 | 397 円 |
| 事情補正 | 100/100 | 100/100 | 100/100 | 100/100 |
| 時点修正 | 97.4/100 | 98.6/100 | 100/100 | 100/101.6 |
| 標準化補正 | 100/100 | 100/105 | 100/70（注1） | 100/95 |
| 地域格差（注2） | 100/55 | 100/100 | 100/71 | 100/49 |
| 試算価格 | 1,070 円 | 1,050 円 | 940 円 | 840 円 |
| 比準価格 | 1 m²当たり 1,000 円（各試算価格の中庸値） | | | |
| 1 m²当たりの標準的画地価格 | 1,000 円 | | | |
| 本件1土地に係る農地としての価格に宅地となる期待性を加味した価格 | 5,000,000 円 | 1,000 円／m²×（1－0.1（注3））×2,757 m²≒2,500,000<br>2,500,000 円×（1＋100％（注4））＝5,000,000 | | |
| 本件2土地に係る農地としての価格に宅地となる期待性を加味した価格 | 2,550,000 円 | 1,000 円／m²×1,728 m²≒1,700,000<br>1,700,000 円×（1＋50％（注5））＝2,550,000 | | |

(注1)　間口狭小△20％及び形状△10％で合計△30％である。
(注2)　地域格差の内訳は下表のとおりである。

|  |  | 取引事例E | 取引事例F | 取引事例G | 取引事例H |
|---|---|---|---|---|---|
| 街路条件 |  | +6 | +31 | +25 | +27 |
|  | 幅員 | +1 | +6 | +5 | +7 |
|  | 系統連続性 | +5 | +20 | +20 | +20 |
|  | 舗装 |  | +5 | +5 | +5 |
| 交通・接近条件 |  | △1 | △1 | △4 | +2 |
|  | 最寄駅の接近性 | △1 | △1 | △4 | +2 |
| 環境条件 |  | △50 | △30 | △50 | △80 |
|  | 社会的環境 | △30 | △30 | △30 | △50 |
|  | 周囲の利用状況 | △20 | △20 | △20 | △30 |
|  | 上水道 |  | +20 |  |  |
| 合計 |  | △45 | 0 | △29 | △51 |

(注3) 形状△10％である。

(注4) 本件1土地は、市街化区域に存することから何十年後には地域一帯が整備される可能性はゼロとはいえず、また、都市計画道路（幅員16ｍ）が予定されており（本件土地を分断するように通る）、道路整備後にはインフラ等が整備される可能性もあることから、宅地となる期待性は＋100％である。

(注5) 本件2土地は、市街化区域に存することから何十年後には地域一帯が整備される可能性はゼロとはいえず、また、近くに都市計画道路（幅員16ｍ）が予定されており、道路整備後にはインフラ等が整備される可能性もあることから、宅地となる期待性は＋50％である。

4 鑑定評価額

|  | 評価額 | 算定根拠 |  |
|---|---|---|---|
| 本件1土地 | 6,000,000円<br>1㎡当たり2,180円 | 市街化区域内の宅地見込地から接近した価格<br>市街化調整区域内の農地から接近した価格 | 6,700,000円<br>5,000,000円 |
| 本件2土地 | 3,500,000円<br>1㎡当たり2,030円 | 市街化区域内の宅地見込地から接近した価格<br>市街化調整区域内の農地から接近した価格 | 4,200,000円<br>2,550,000円 |
|  | 本件各土地は市街化区域内に存する現況農地であり、熟成度の低い宅地見込地と判定されるものの、何十年後には地域一帯が整備される可能性等を鑑み、市街化区域内の宅地見込地から接近した価格をやや重視し、6対4の比率を乗じて、請求人鑑定評価額を決定した。 |  |  |

別表4　原処分庁による評価通達等に基づく評価額算定の概要

| 区分 |  | 本件1土地 | 本件2土地 |
|---|---|---|---|
| 正面路線価 | ① | 29,000円 | 29,000円 |
| 奥行価格補正率 | ② | 0.8 | 0.8 |
| 想定整形地の地積 | A | 18,148.5㎡（55.5ｍ×327ｍ） | 8,640㎡（45ｍ×192ｍ） |
| 地積 | B | 2,757㎡ | 1,728㎡ |
| かげ地割合（A－B）／A | C | 84.8％ | 80％ |
| 不整形地補正率表に定める補正率 | D | 0.70 | 0.70 |

| | | | | |
|---|---|---|---|---|
| 奥行長大補正率 | E | 0.9（普通住宅地区、奥行距離 327m） | 0.9（普通住宅地区、奥行距離 193m） | |
| 間口狭小補正率 | F | 0.94（普通住宅地区、間口距離 4m） | 0.94（普通住宅地区、間口距離 4m） | |
| D×F | G | 0.658 | 0.658 | |
| E×F | H | 0.846 | 0.846 | |
| 不整形地補正率（G<H） | ③ | 0.658 | 0.658 | |
| 1㎡当たりの価額（①×②×③） | ④ | 15,265円 | 15,265円 | |
| 1㎡当たりの無道路地としての価額 | ⑤ | 9,159円（評価通達20-2 100分の40を適用） | 9,159円（評価通達20-2 100分の40を適用） | |

| 費目 | | 適用面積等 | 単価 | 造成費 | 適用面積等 | 単価 | 造成費 |
|---|---|---|---|---|---|---|---|
| 整地費 | I | 2,757㎡ | 400 | 1,102,800 | 1,728㎡ | 400 | 691,200 |
| 土盛費 | J | 2,757×0.3 | 3,600 | 2,977,560 | 1,728×0.3 | 3,600 | 1,866,240 |
| 土止費 | K | 268.5×0.3 | 38,300 | 3,085,065 | 159×0.3 | 38,300 | 1,826,910 |
| 宅地造成費（I+J+K） | L | | | 7,165,425円 | | | 4,384,350円 |
| 1㎡当たりの宅地造成費 | ⑥ | | | 2,598円 | | | 2,537円 |
| 1㎡当たりの評価額（⑤－⑥） | ⑦ | | | 6,561円 | | | 6,622円 |
| 地積 | ⑧ | | | 2,757㎡ | | | 1,728㎡ |
| ⑦×⑧ | ⑨ | | | 18,088,677円 | | | 11,442,816円 |
| 都市計画道路予定地の区内にある宅地の評価をするに当たっての補正率 | ⑩ | | | 0.97（評価通達24-7 普通住宅地区、容積率200％以上、地積割合30％未満） | | | |
| 財産評価額 | ⑪ | | | 17,546,016円（⑨×⑩） | | | 11,442,816円 |

（注）整地費、土盛費、土止費の金額は、平成18年分の財産評価基準書に記載されている金額である。

### 別表5　審判所鑑定評価の概要
#### 1　地域分析及び個別分析等

| 項目 | 本件1土地 | 本件2土地 |
|---|---|---|
| 対象不動産の所在地 | ＊＊＊＊＊＊＊＊＊ | ＊＊＊＊＊＊＊＊ |
| 地目及び地積 | 畑 2,757㎡ | 畑 1,728㎡ |
| 価格時点 | ＊＊＊＊＊＊ | |
| 同一需給圏 | 農業生産活動の可能な地域である市内の農地地域 | |

| 近隣地域の状況 | 近隣地域の範囲は、本件各土地を中心に、南北約400m、東西約500mの公法上の規制（第一種住居地域、指定建ぺい率60％、指定容積率200％）下にある市街化の影響を受けた農地地域である。<br>農道の状態は、約2mの未舗装道路（建築基準法上の道路に該当しない）が標準である。<br>土地利用の状況は、田畑等の農地が集積する地域で、市街化区域に存し、徐々に市街化が進行しているが、近隣地域は、道路の状態が劣り、上水道等の施設も未整備で、市街化の進展が妨げられ、古くから農地地域として推移してきた。<br>標準的使用は、市街化の影響を受けた農地である。 |
|---|---|
| 近隣地域の標準的な土地 | 約2mの未舗装農道に面する2,000㎡程度の長方形状の平坦な中間画地である。 |
| 最有効使用 | 本件各土地は、市街化区域に存するものの、接面する農道が建築基準法上の道路に該当せず上水道等の施設も未整備で、単独での宅地転用はできず、また、周辺道路の状態等から、隣接地との併合又は周辺土地を含めた面的開発による宅地転用の可能性も低い。本件各土地は、農地として自己使用不動産に区分され、本件各土地に係る典型的な市場参加者は、＊＊＊＊の農業経営者が中心であり、最有効使用は、近隣地域の標準的使用と同じ、市街化の影響を受けた農地である。 |
| 埋蔵文化財包蔵地 | 耕作等における利用障害は特になく、特に減価要因とならない。 |
| 鑑定評価方式の適用 | 農地の評価であり、まず近隣地域の標準的使用における標準価格を取引事例比較法を採用して求めた価格を比較検討して求め、次に標準価格に本件各土地の個別的要因に係る格差修正率を乗じて本件各土地の鑑定評価額を決定する。<br>なお、近隣地域は、農地地域につき規準とすべき公示地、比準すべき基準地はない。 |
| 本件都市計画道路 | 本件相続開始日において、事業認可の時期は未定であったため、価格時点で知り得なかった後発事象として、その影響を考慮しない。 |
| ＊＊＊＊まちづくり計画 | 本件相続開始日において、＊＊＊＊まちづくり構想は決定されておらず、価格時点で知り得なかった後発事象として、その影響を考慮しない。 |

2 取引事例比較法等を採用して求めた価格

|  | 近隣地域の標準的な土地取引事例 | 取引事例A | 取引事例B | 取引事例C | 取引事例D |
|---|---|---|---|---|---|
| 所在地 | ＊＊＊＊ | ＊＊＊＊ | ＊＊＊＊ | ＊＊＊＊ | ＊＊＊＊ |
| 交通・接近条件 | ＊＊＊＊から3.1km<br>約2m未舗装道 | ＊＊＊＊から約5.8km<br>接面道路はない | ＊＊＊＊から約1km<br>東側約2.7m舗装道路 | ＊＊＊＊から5.5km<br>南西3m未舗装道路 | ＊＊＊＊から約4.6km<br>南側約6m舗装市道 |
| 自然的条件 | 地勢：平坦<br>自然的災害：なし | 地勢：平坦<br>自然的災害：なし | 地勢：平坦<br>自然的災害：なし | 地勢：平坦<br>自然的災害：なし | 地勢：平坦<br>自然的災害：なし |

| 行政的条件 | 第一種住居地域 60/200 | 第一種低層住居 40/60 | 第一種住居地域 60/200 | 市街化調整区域 60/200 | 市街化調整区域 60/200 |
|---|---|---|---|---|---|
| 取引時点 | | 平成18年6月 | 平成18年4月 | 平成17年10月 | 平成17年4月 |
| 1m²当たりの取引価格等 | | 3,033円 | 5,882円 | 3,904円 | 3,927円 |
| 事情補正 | | 100/100 | 100/100 | 100/100 | 100/100 |
| 時点修正 | | 99/100 | 98/100 | 99/100 | 98/100 |
| 現在推定価格 | | 3,003円 | 5,764円 | 3,865円 | 3,848円 |
| 標準化補正（注1） | | 100/90 | 100/87 | 100/97 | 100/103 |
| 地域要因格差（注2） | | 100/113 | 100/196 | 100/126 | 100/127 |
| 推定標準価格 | | 2,950円 | 3,380円 | 3,160円 | 2,940円 |
| 1m²当たりの標準的画地価格 | 3,000円 | 1　取引事例Ａは、無道路地で、近隣地域の標準的な土地と同じ市街化区域に存する単独での宅地開発が困難な市街化の影響を受けた農地の取引事例であり、類似性を有し、相対的な規範性は高い。<br>2　取引事例Ｂは、市街化区域に存する農地の取引事例であるが、単独での宅地開発の可能性を有する宅地見込地の取引事例であり、地域要因格差が大きく、要因比較に難があり、相対的な規範性が劣るため参考に留めた。<br>3　取引事例Ｃ及びＤは、市街化調整区域に存する資材置き場のいわゆる雑種地の取引事例であるが、＊＊＊＊に存し、近隣地域の標準的な土地と同様に、周辺の宅地に係る地価水準の影響を受け、価格水準に類似性を有すると考えられる取引事例であり、一定の規範性を有している。<br>4　以上から、取引事例Ａ，Ｃ及びＤの価格を比較検討し、標準的画地価格を3,000円と査定した。 | | | |
| 本件Ａ土地に係る鑑定評価額 | 8,020,000円<br>1m²当たり2,910円 | 3,000円/m²×（1－1.03（注））×2,757m²≒8,020,000<br>（注）不整形地であり、利用効率の劣る程度等を考慮△3% | | | |
| 本件Ｂ土地に係る鑑定評価額 | 5,180,000円<br>1m²当たり3,000円 | 3,000円/m²×1,728m²≒5,180,000 | | | |

(注1) 標準化補正の内訳

| | 取引事例Ａ | 取引事例Ｂ | 取引事例Ｃ | 取引事例Ｄ |
|---|---|---|---|---|
| 画地条件 | 規模が小さい袋状地　△10 | 道路敷を含む　△8<br>不整形地　△5 | 略三角形地　△3 | 角地　＋3 |
| 合　計 | 100/90 | 100/87 | 100/97 | 100/103 |

(注2) 地域要因格差の内訳

| | 取引事例Ａ | 取引事例Ｂ | 取引事例Ｃ | 取引事例Ｄ |
|---|---|---|---|---|

| 交通・接近条件 | 100/90 | 100/109 | 100/102 | 100/107 |
|---|---|---|---|---|
| 　　最寄駅の接近性 | △10 | +7 | | |
| 　　接面道路 | | | | |
| 　　道路の幅員 | | +2 | +2 | +7 |
| 行政的条件 | 100/100 | 100/100 | 100/95 | 100/95 |
| 　　公法上の規制 | | | △5 | △5 |
| その他 | 100/125 | 100/180 | 100/130 | 100/125 |
| 　　周囲の利用状況 | +25 | +30 | −30 | +25 |
| 　　建物建築可 | | +50 | | |
| 　　合　計 | 100/113 | 100/196 | 100/126 | 100/127 |

# Ⅲ 鑑定士視点からの考察

## 1 本件鑑定評価書の妥当性の検証

　本件は請求人側の鑑定評価が否認され、審判所が鑑定評価を取り、そちらの評価額を採用した事例です。筆者の観点から当該事例における鑑定評価の妥当性を検証します。

### ❶ 取引事例

　対象不動産は市街化区域内に存する建築基準法上の道路に接道しない農地でしたが、請求人鑑定評価で採用した事例は市街化調整区域内の事例も採用しています。建物の建築ができないという意味では建築基準法上の道路に接面しない土地も市街化調整区域内の土地も類似しています。ただし、市街化区域は「すでに市街地を形成している区域及びおおむね10年以内に優先的かつ計画的に市街化を図るべき区域」ですので、地域性を考えても、市街地に近い市街化区域内の土地と「市街化を抑制すべき区域」である市街化調整区域とではやはり地価水準に差はあると考えられます。

　この点については審判所も「本件各土地が存する地域は、極めて稀な地域的事情により取引事例が極端に少なく、近隣地域又は同一需給圏内の類似地域において適切な取引事例を選択するのが極めて困難な地域であると認められることからすれば、この点をもって直ちに請求人鑑定評価の合理性を否定すべきものとは認められない」としており、調整区域の事例を採用すること自体は否定していません。

　一方で、審判所は「本件各土地は、建物を建築できない土地ではあるものの、市街化区域内に存することから、その価額には宅地としての期待値の影響があることは否定できず、宅地化が抑制されている市街化調整区域内の農地と比較すれば、かなりの格差があることが想定されるところ、請求人鑑定評価における市街化調整区域内の農地の取引事例水準は、別表3記載のとおり、おおむね1 m² 当たり1,000円前後となっており、また、地域要因等の格差も極端に大きく、適切に各種の要因比較を行い得ているか、その合理性に疑義があることからする

と、その規範性は劣るものと認められる」としていることから、規範性については否定的に考えています。

　筆者としてはあくまで市街化区域内の事例の取引事例を収集し、比準を行うべきと考えます。詳しくは後述の「Ⅳ　筆者が鑑定評価を行う場合」で述べますが、個別的要因が類似する取引事例を収集し、直接的な比準を行って検証を行うことになるかと思います。

### ❷ 試算価格の調整

　請求人鑑定評価は市街化区域内の宅地見込地から接近した価格と市街化調整区域内の農地から接近した価格について、前者を重視して6対4の比率で鑑定評価額を決定しています。

　上述の通り、筆者は市街化調整区域内の取引事例を採用することはやや否定的に見ていますので、6対4という比率は調整区域の事例から接近した価格の比率が高いと考えられ、それにより評価額がかなり下がるのであれば審判所から指摘されてもやむを得ないと思われます。

### ❸ 鑑定評価額

　請求人鑑定評価額は1土地が6,000,000円（2,180円／m$^2$）、2土地が3,500,000（2,030円／m$^2$）、合計9,500,000円です。総額面から筆者が考察すると、上記のように審判所からの指摘はあったとしても価格帯としてはいわゆるストライクゾーンの範囲内である価格と考えられます。

　むしろ原処分庁が主張する通達評価額、1土地：17,546,016円、2土地：11,442,816円、合計：28,988,832円は総額面から見ると相当高いのではないかと筆者は考えます。このような場合、「農道に面する建物が建築できない規模の大きい土地について、果たして約2,900万円で購入する人がいるだろうか」という疑問を持つことはとても重要なことです。2,900万円であれば付近の路線価が設定されている道路沿いで200m$^2$程度の土地で一戸建て住宅が購入できる金額です。ただ規模が大きいだけの建物が建築できない土地を2,900万円で購入する、というのは個人ではなく法人だとしても現実的には相当厳しいのではないかと筆者は考えます。

## 2 審判所の判断に対する検討

### ❶ 請求人側鑑定評価

　審判所は請求人鑑定評価の取引事例比較法について、上述の通り、市街化調整区域の取引事例を採用すること自体は否定していません。しかし、その後に調整区域の農地の取引水準を調査し、調整区域の事例について規範性が劣る面を指摘し、市街化区域内の宅地見込地から接近した価格と市街化調整区域内の農地から接近した価格を6対4の調整比率で算定した請求人鑑定評価については直ちに相続開始日における価額として採用することができない、としています。確かに審判所が主張する通り、規範性が劣る市街化調整区域内の農地から接近した価格を4の比率とすると鑑定評価額は低くなるため、適切ではないと指摘されても仕方ないと思われます。市街化区域内の宅地見込地から接近した価格と鑑定評価額の差額は1土地、2土地ともに700,000円のため、評価額の差を考えると市街化区域内の宅地見込地から接近した価格を中心に鑑定評価額を決定すべきだったと筆者は考えます。

## 2 審判所鑑定評価

審判所鑑定評価について、審判所は都市計画道路の開通見込みについて、本件相続開始日においては、一般にその事業認可の時期を知り得る状況にはなかったことからすれば地域分析及び個別分析において考慮していないことは相当と判断しています。また、対象不動産が埋蔵文化財包蔵地に所在することについて、農地として継続利用することが最有効使用であること、および埋蔵文化財の発掘調査費用は土地の所有者が直ちにこれを負担することにはならないことから価格形成に影響を与えないことは相当と判断しています。

これらの点については筆者も異論はなく、上記判断は妥当と考えます。

筆者が疑問に感じたのは審判所鑑定評価の中で、取引事例C及びDの市街化調整区域内の雑種地の取引事例を採用していますが、その点について「宅地としての期待値の影響を受けている土地であり、事実上建物を建築することができないものの市街化の影響を受けた農地である本件各土地と価格水準に類似性があると認められ、また、標準的画地の価格を算定する際の格差補正も小さいことからすれば、比較する取引事例として、適切な規範性を持つものと認められる。」としている点です。市街化調整区域内の雑種地は農地とかなり異なる土地であり、採用する取引事例として類似性が認められないのではないかと筆者は考えます。考え方の相違ではあると思いますが、少なくとも筆者が鑑定評価を行う場合は雑種地の事例は採用すべきではないと判断します。

# IV 筆者が鑑定評価を行う場合

## 1 本事例において鑑定評価を採用すべきか否か

本件事例は請求人鑑定評価と審判所鑑定評価と2つの鑑定評価が請求人鑑定評価額は1土地：6,000,000円、2土地：3,500,000円、合計：9,500,000円です。審判所鑑定評価額は1土地：8,020,000円、2土地：5,180,000円、合計：13,200,000円です。原処分庁の提示する通達評価額は1土地：17,546,016円、2土地：11,442,816円、合計：28,988,832円です。本件で審判所が採用した審判所鑑定評価の合計額が1,320万円なので、原処分庁の提示する通達評価額と約1,600万円の評価額の差があります。筆者の考えとしては「農道に面する建物が建築できない規模の大きい土地」の価値は相当低いと考えますので、やはり鑑定評価を行うべきだったと考えます。ただし、平成18年当時と令和6年では地積規模の大きな宅地制度ができたことや、造成費の金額も変動があるため、最後に検証を行います。

## 2 取引事例比較法の適用

筆者が取引事例比較法を適用する場合、市街化調整区域の事例は確かに規範性が欠ける面は否めません。筆者であれば事例の収集範囲や取引時点を広範囲に広げ、あくまで市街化区域内の農地で事例を探して比準価格を査定することになると思います。その際、地域格差が大きく

なりすぎないように、地価水準がかけ離れていない事例を採用します。

また、筆者としては標準的画地を設定する通常の取引事例比較法だけではなく、類似する事例から直接的に比準を行う「直接比準価格」を検証として試算します。その場合、対象不動産と類似する建築基準法上の道路に接面しない取引事例を収集し、比準を行います。

## 3 筆者が想定する鑑定評価額

筆者が鑑定を行うとした場合、「建築基準法上の道路に接道しないかつ地積が大きい農地」として最有効使用は現況有姿ということになり、評価額はおそらく請求人側鑑定士による評価額（$m^2$単価2,000円程度）に近い評価額またはそれ以下（$m^2$単価1,500～1,900円）になったと思われます。イメージとしては下記の通りです。

近隣の路線価（4.6m道路）：29,000円／$m^2$
標準的画地：4.6m道路に面する150～200$m^2$程度の一般住宅用地
標準的画地単価：36,000円／$m^2$

〈1 土地の個別的要因〉
標準的画地からの距離（250～300m）、地積過大、建築確認不可、街路条件（幅員、系統・連続性）等で減価−95％程度（標準的画地の5％が価値率）

36,000円／$m^2$ × （1 − 0.95） × 2,757$m^2$ ≒ 5,000,000円

〈2 土地の個別的要因〉
標準的画地からの距離（255～290m）、地積過大、建築確認不可、街路条件（幅員、系統・連続性）等で減価−95％程度（標準的画地の5％が価値率）

36,000円／$m^2$ × （1 − 0.95） × 1,728$m^2$ ≒ 3,100,000円

前項で述べたように、上記の標準的画地から個別的要因を考慮して求める比準価格のほか、個別性が類似する取引事例からも直接的な比準を行い、直接的な比準価格は検証材料として上記比準価格を標準として鑑定評価額を決定することになるかと思います。

## 4 現時点での通達評価額

本件の相続が起きた平成18年時点では上記の通り、通達評価額と鑑定評価額に大きな差異があると考えられ、審判所側も鑑定評価を採用していることから「鑑定評価を行うべき」という点について対立はないと考えられます。

一方、第1部の造成費のコラムでも述べたように、昨今の造成費の上昇は著しく、国税庁が発表する造成費も年々上昇しています。本件は宅地造成費として整地費、土盛費、土止費を控除しているため、検証として本書執筆時点の令和6年の通達評価額を計算し、鑑定評価を行うべきかを考えてみます。

本件土地を関東信越国税局管内と推定し、三大都市圏と三大都市圏外とで地積規模の大きな宅地による規模格差補正率の数値が異なることから、下記の通り場合分けを行って査定しました。

〈令和6年現在の通達評価額（本件土地は三大都市圏に存すると仮定）〉
【条件】
　　・路線価は平成18年と同一
　　・本件1土地について、令和6年時点も都市計画道路は開通していないものと仮定
　　・土盛費、土止費の適用面積は原処分庁評価と同一
　　・造成費は令和6年時点の関東信越国税局管内の数値を採用

| 区分 | | 本件1土地 | | | 本件2土地 | | |
|---|---|---|---|---|---|---|---|
| 正面路線価 | ① | 29,000円 | | | 29,000円 | | |
| 奥行価格補正率 | ② | 0.8 | | | 0.8 | | |
| 想定整形地の地積 | A | 18,148.5 m² （55.5 m×327 m） | | | 8,640 m² （45 m×192 m） | | |
| 地積 | B | 2,757 m² | | | 1,728 m² | | |
| かげ地割合（A−B）／A | C | 84.8% | | | 80% | | |
| 不整形地補正率表に定める補正率 | D | 0.70 | | | 0.70 | | |
| 奥行長大補正率 | E | 0.9（普通住宅地区、奥行距離327 m） | | | 0.9（普通住宅地区、奥行距離192 m） | | |
| 間口狭小補正率 | F | 0.94（普通住宅地区、間口距離4 m） | | | 0.94（普通住宅地区、間口距離4 m） | | |
| D×F | G | 0.658 | | | 0.658 | | |
| E×F | H | 0.846 | | | 0.846 | | |
| 不整形地補正率（G<H） | ③ | 0.658 | | | 0.658 | | |
| 地積規模の大きな宅地（規模格差補正率） | ④ | 0.74 | | | 0.75 | | |
| 1 m²当たりの価額（①×②×③×④） | ⑤ | 11,296円 | | | 11,448円 | | |
| 1 m²当たりの無道路地としての価額 | ⑥ | 6,777円（評価通達20-3 100分の40を適用） | | | 6,868円（評価通達20-3 100分の40を適用） | | |
| 費目 | | 適用面積等 | 単価 | 造成費 | 適用面積等 | 単価 | 造成費 |
| 整地費 | I | 2,757 m² | 800 | 2,205,600 | 1,728 m² | 800 | 1,382,400 |
| 土盛費 | J | 2,757×0.3 | 7,700 | 6,368,670 | 1,728×0.3 | 7,700 | 3,991,680 |
| 土止費 | K | 268.5×0.3 | 81,200 | 6,540,660 | 159×0.3 | 81,200 | 3,873,240 |
| 宅地造成費（I+J+K） | L | 15,114,930円 | | | 9,247,320円 | | |
| 1 m²当たりの宅地造成費 | ⑦ | 5,482円 | | | 5,351円 | | |
| 1 m²当たりの評価額（⑥−⑦） | ⑧ | 1,295円 | | | 1,517円 | | |
| 地積 | ⑨ | 2,757 m² | | | 1,728 m² | | |

| | | | |
|---|---|---|---|
| ⑧×⑨ | ⑩ | 3,570,315 円 | 2,621,376 円 |
| 都市計画道路予定地の区域内にある宅地の評価をするに当たっての補正率 | ⑪ | 0.97（評価通達24-7 普通住宅地区、容積率200％以上、地積割合30％未満） | |
| 財産評価額 | ⑫ | 3,463,205 円 | 2,621,376 円 |

〈規模格差補正率〉

本件1土地

$$\frac{2{,}757\ m^2 \times 0.90 + 75}{2{,}757\ m^2} \times 0.8 = 0.7418 \Rightarrow 0.74$$

小数点以下第2位未満切捨て

本件2土地

$$\frac{1{,}728\ m^2 \times 0.90 + 75}{1{,}728\ m^2} \times 0.8 = 0.7547 \Rightarrow 0.75$$

小数点以下第2位未満切捨て

〈令和6年現在の通達評価額（本件土地は三大都市圏外に存すると仮定）〉

【条件】
- 路線価は平成18年と同一
- 本件1土地について、令和6年時点も都市計画道路は開通していないものと仮定
- 土盛費、土止費の適用面積は原処分庁評価と同一
- 造成費は令和6年時点の関東信越国税局管内の数値を採用

| 区分 | | 本件1土地 | 本件2土地 |
|---|---|---|---|
| 正面路線価 | ① | 29,000 円 | 29,000 円 |
| 奥行価格補正率 | ② | 0.8 | 0.8 |
| 想定整形地の地積 | A | 18,148.5 m²（55.5 m×327 m） | 8,640 m²（45 m×192 m） |
| 地積 | B | 2,757 m² | 1,728 m² |
| かげ地割合（A－B）／A | C | 84.8％ | 80％ |
| 不整形地補正率表に定める補正率 | D | 0.70 | 0.70 |
| 奥行長大補正率 | E | 0.9（普通住宅地区、奥行距離327 m） | 0.9（普通住宅地区、奥行距離192 m） |
| 間口狭小補正率 | F | 0.94（普通住宅地区、間口距離4 m） | 0.94（普通住宅地区、間口距離4 m） |
| D×F | G | 0.658 | 0.658 |
| E×F | H | 0.846 | 0.846 |
| 不整形地補正率（G<H） | ③ | 0.658 | 0.658 |
| 地積規模の大きな宅地（規模格差補正率） | ④ | 0.74 | 0.76 |

| | | | | | | |
|---|---|---|---|---|---|---|
| 1m²当たりの価額（①×②×③×④） | ⑤ | 11,296 円 | | | 11,601 円 | |
| 1m²当たりの無道路地としての価額 | ⑥ | 6,777 円（評価通達20-3 100分の40を適用） | | | 6,960 円（評価通達20-3 100分の40を適用） | |
| 費目 | | 適用面積等 | 単価 | 造成費 | 適用面積等 | 単価 | 造成費 |
| 整地費 | I | 2,757 m² | 800 | 2,205,600 | 1,728 m² | 800 | 1,382,400 |
| 土盛費 | J | 2,757×0.3 | 7,700 | 6,368,670 | 1,728×0.3 | 7,700 | 3,991,680 |
| 土止費 | K | 268.5×0.3 | 81,200 | 6,540,660 | 159×0.3 | 81,200 | 3,873,240 |
| 宅地造成費（I+J+K） | L | 15,114,930 円 | | | 9,247,320 円 | | |
| 1m²当たりの宅地造成費 | ⑦ | 5,482 円 | | | 5,351 円 | | |
| 1m²当たりの評価額（⑥-⑦） | ⑧ | 1,295 円 | | | 1,609 円 | | |
| 地積 | ⑨ | 2,757 m² | | | 1,728 m² | | |
| ⑧×⑨ | ⑩ | 3,570,315 円 | | | 2,780,352 円 | | |
| 都市計画道路予定地の区域内にある宅地の評価をするに当たっての補正率 | ⑪ | 0.97（評価通達24-7 普通住宅地区、容積率200％以上、地積割合30％未満） | | | | | |
| 財産評価額 | ⑫ | 3,463,205 円 | | | 2,780,352 円 | | |

〈規模格差補正率〉

本件1土地

$$\frac{2,757 \text{ m}^2 \times 0.90 + 100}{2,757 \text{ m}^2} \times 0.8 = 0.7490 \Rightarrow 0.74$$

小数点以下第2位未満切捨て

本件2土地

$$\frac{1,728 \text{ m}^2 \times 0.90 + 100}{1,728 \text{ m}^2} \times 0.8 = 0.7663 \Rightarrow 0.76$$

小数点以下第2位未満切捨て

　本件土地が三大都市圏に存する場合と、三大都市圏外に存する場合で通達評価額を求めました。上記から、本件1土地はいずれも同じ評価額になりましたが、本件2土地は規模格差補正率による差が生じています。

　いずれのケースについても単価を見ると著しく低い評価額となりました。この金額では鑑定評価適用の余地はありません。減額要素で大きいのはやはり宅地造成費、特に土盛費と土止費が多くを占めています。路線価が低い地域においては通達評価額が宅地造成費によって大きく異なる、という点に特に注意すべきと考えられます。

《参考：評価額の比較》

●納税者の主張：請求人鑑定評価額
　　　　　　1 土地：6,000,000 円
　　　　　　2 土地：3,500,000 円
　　　　　　合　計：9,500,000 円

●課税庁の主張：通達評価による評価額
　　　　　　1 土地：17,546,016 円
　　　　　　2 土地：11,442,816 円
　　　　　　合　計：28,988,832 円

●審判所鑑定による評価
　　　　　　1 土地：8,020,000 円
　　　　　　2 土地：5,180,000 円
　　　　　　合　計：13,200,000 円

●筆者による評価
　　　　　　1 土地：5,000,000 円
　　　　　　2 土地：3,100,000 円
　　　　　　合　計：8,100,000 円

●現時点における通達評価（三大都市圏に存する場合）
　　　　　　1 土地：3,463,205 円
　　　　　　2 土地：2,621,376 円
　　　　　　合　計：6,084,581 円

●現時点における通達評価（三大都市圏外に存する場合）
　　　　　　1 土地：3,463,205 円
　　　　　　2 土地：2,780,352 円
　　　　　　合　計：6,243,557 円

※第1部で挙げた類似実例：実例25　建築基準法の道路まで相当の距離がある無道路の農地

# CASE 8 都市計画道路計画線内に存する土地に対して鑑定評価額で申告を行った事例

## I 事案の概要

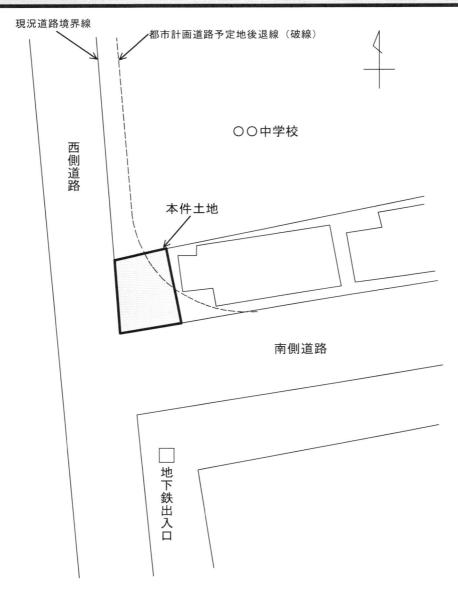

〈評価対象地〉

　平成 23 年に請求人が取得した土地。納税者側が鑑定評価による期限内申告を行った。

〈納税者の主張〉

　対象不動産は地積のほとんどが都市計画道路予定地の区域内で建築物の建築は全面的な制約を受ける等、市場性が極めて低く、通常の取引が成立するとは認められないなどといった特異性がある。本件鑑定評価はこの特異性に配慮した時価を示したものであり、通達の定めにより評価した本件持分価額は時価を上回る違法なものである。

●請求人鑑定評価による評価額

　68,500,000 円

　59,937,500 円（持分 7／8）

〈課税庁の主張〉

　本件は鑑定評価額が時価を適切に示している価額とはいえず、評価通達に定める評価方法によらないことが政党と是認され得るような特別の事情はない。

●課税庁による評価額（通達評価額）

　151,242,348 円

　132,337,054 円（持分 7／8）

## II　裁決の内容

■平成 28 年 2 月 12 日裁決（東裁（諸）平 27 第 88 号）

（＊＊＊＊は裁決書では伏字箇所）

●基礎事実

　以下の事実は、請求人と原処分庁との間に争いはなく、当審判所の調査の結果によってもその事実が認められる。

イ　（中略）

ロ　本件土地の本件相続開始日における状況等について

　本件土地の本件相続開始日における状況は、別表の「本件土地」欄のとおりであるところ、本件土地は、別紙 1 のとおり、都市計画道路（＊＊＊＊＊）予定地の区域内となる部分を有する宅地であり、その部分は、本件土地の地積の約 90％ を占め、本件土地上に建築される建築物について、階数 3 以下、高さが 10ｍ以下など建築に制限を受けることにより、宅地として通常の用途に供する場合に利用の制限がある。

ハ　請求人算定の本件持分の価額について

　請求人は、本件持分の価額について、＊＊＊＊＊の代表取締役である＊＊＊＊が作成した平成 24 年 4 月 24 日付の不動産鑑定評価書（以下「本件鑑定評価書」という。要旨は別紙 2 のとおり。な

お、別紙2における略称等は本文中の例による。）における鑑定評価額59,937,500円（以下「本件鑑定評価額」という。）が相当であるとして、上記（2）のイのとおり、本件相続税の期限内申告をした。
ニ　原処分庁算定の本件持分の価額について
　原処分庁は、本件持分の価額について、評価通達に定める評価方法によらないことが正当として是認され得るような特別の事情は認められないことから、評価通達の定めにより評価した価額132,337,055円によることが相当であるとして、上記（2）のロのとおり、本件更正処分をした。
　なお、異議審理庁は、評価通達の定めにより評価した本件持分の価額は132,337,054円であるとして異議決定をしているところ、原処分庁が本審査請求において主張する本件持分の価額は、別紙3のとおり132,337,054円である。

2　争点
　評価通達の定めにより評価した本件持分の価額は、時価を上回る違法があるか否か。

3　主張

| 原処分庁 | 請求人 |
| --- | --- |
| 　相続により取得した財産の価額は、課税の公平の観点から、評価通達に定める評価方法によらないことが正当として是認され得るような特別の事情がある場合を除き、評価通達の定めにより評価することが相当である。<br>　そして、ある不動産鑑定評価額をもって、特別の事情があるといえるためには、その不動産鑑定評価額が評価通達の定めにより評価した価額を下回り、かつ、その鑑定が一応公正妥当な鑑定理論に従っているというのみでは足りず、同一の土地について他の不動産鑑定評価があればそれとの比較において、また、周辺における公示価格等の状況、近隣における取引事例等に照らして、評価通達の定めにより評価した価額が客観的交換価値を上回ることが明らかであると認められることを要すると解されている。<br>　本件においては、次のとおり、本件鑑定評価額が本件持分の時価（客観的交換価値）を適切に示している価額であるとはいえず、評価通達に定める評価方法によらないことが正当と是認され得るような特別の事情はないことから、評価通達の定めにより評価した本件持分の価額は、相続税法第22条に規定する時価に相当する。 | 　本件土地には、①本件土地の地積のほとんどが都市計画道路予定地の区域内となっており、建築物の建築は全面的な制約を受ける、②本件土地の北側に中学校校舎、東側に7階建ての集合住宅兼事務所、南側に＊＊＊＊があり、南西側に＊＊＊＊＊＊＊が建築中であり、本件土地の最有効使用と判断される事務所ビルとしても連続性に欠ける、③周囲の区画に比して本件土地の地積が小さく、市場性が極めて低く、通常の取引が成立するとは認められないなどといった特異性がある。<br>　このように極めて特異性が強い本件土地の評価については、評価通達の定めによる評価により難く、評価通達の定めによる一律定量的な方法で評価することは不可能であり、これを考慮せず、評価通達に定める評価方法を画一的に適用するという形式的な平等を貫くことによって、かえって実質的な租税負担の平等を著しく害することは明らかである。<br>　本件鑑定評価額は、次のとおり、本件土地の上記のような特異性に配慮した時価（客観的交換価値）を示したものであって、相続税法第22条に規定する時価に相当するから、評価通達の定めにより評価した本件持分の価額は、同条に規定する時価を上回る違法なものである。 |

(1) 比準価格の個別格差率における都市計画道路予定地上の建築制限△50％（△はマイナスを示す。以下同じ。）について

　本件鑑定評価書に掲げられた各減価要素については、建築制限による建物規模格差に基因して、賃料格差、空室格差が生じ、これらにより賃貸事業リスクが生じるとしているものであり、それぞれが他の要素の点をも内包している可能性が多分にあることから、単にこれらの総和によりその減価率を判断することが合理的といえるか否かについては疑義があるところ、それらをどのように合理的に区分して重複する要因を排除しているのかが明らかとなっていない。

(2) 比準価格の個別格差率における都市計画道路予定地上の心理的不安△10％について

　都市計画道路予定地の指定前において、実際に指定を受けるか否か、また、その範囲が定かでない場合などにおいては格別、本件土地のように、実際に指定があった後において、その価額の減価要因となる心理的不安が存在するといえるか自体疑義があるところ、格差率をどのような根拠に基づいて判断したのかも明らかではない。

(3) 比準価格の個別格差率における商業連たん性△10％について

　近隣地域の特性である住商混在地において

(1) 比準価格の個別格差率における都市計画道路予定地上の建築制限△50％について

　都市計画道路予定地上の建築制限△50％は、それぞれの減価要因を分析した結果について、次のイないしニを総和したものである。

イ　建物規模格差△10％

　本件土地上に建築できる建築物は3階建て以下に制限されることを原因とする、賃貸面積（賃貸可能面積）の格差である。

ロ　賃料格差△26％

　都市計画道路予定地上の建築制限がなければ、7階建て程度の建築物が建築可能であるところ、当該建築制限に基づく3階建ての建築物と比較した場合、賃料が低位にならざるを得ないことによる格差である。

ハ　空室率格差△4％

　本件土地上に想定される建築物は、一棟貸ししか見込まれないため、空室リスクが大きく高まることを勘案したところによる当該地域の標準的な空室率との格差である。

ニ　賃貸事業リスク格差△10％

　本件土地上に想定される建築物は、テナントの誘致が困難であるばかりか、想定される賃貸需要者は、一棟借りで賃借する法人等に限定されるため、賃貸事業リスクが極めて高いと認められることによる格差である。

(2) 比準価格の個別格差率における都市計画道路予定地上の心理的不安△10％について

　本件土地に係る都市計画事業が60年以上認可されないまま現在に至っており、今後においても事業化の見込みがない状態であることから、いつ当該事業の認可がされるのか、逆に当該事業の認可に伴っていつ立退きを迫られるか分からないといった心理的不安があることによる格差である。

(3) 比準価格の個別格差率における商業連たん性△10％について

　本件土地の北側に間口約120ｍで隣接する

| | |
|---|---|
| 商業施設が連たんしないことをもって、土地価格比準表に定める普通商業地域における店舗の連たん性に係る最大の格差率6％を上回るほどの格差を生じるものとは認められない。 | 中学校があることから、商業施設が連たんしないことによる格差である。<br>　なお、土地価格比準表については、鑑定評価実務とは大きく相違しており、また、当該比準表に準じなければならない義務は課せられていない。 |
| （4）　収益価格の算定方法について<br>　本件土地のように都市計画道路予定地の区域内にある場合、いずれ事業が実施されることにより建築制限のない土地価格相当の補償がされるか、又は都市計画の変更により建築制限がなくなるものであることからすれば、その影響についてより慎重に査定する必要がある。<br>　本件土地に係る収益価格の算定に当たっては、上記影響を含む不確実な各種の事象を全て還元利回りの査定に包含する土地残余法よりも、収益見通しにおいて考慮された連続する複数の期間に発生する純収益や復帰価格の変動に係る予測をより個別具体的に査定する有期還元法の手法を採用する方がより適切であるとも考えられる。<br>　したがって、土地残余法により収益価格を算定することの合理性には疑義があるといわざるを得ない。 | （4）　収益価格の算定方法について<br>　本件土地上に、都市計画事業に係る建築制限に準拠した建築物を建築し、有限の収益期間で賃貸運用すると仮定した場合、事業が認可された時に本件土地が正常価格で買収されることを想定して有期還元法を適用しようにも、当該事業の認可の時期が予想できない以上、有期還元法の適用は不可能である。<br>　また、不動産鑑定士は、実現する確実性が認められない有限の収益期間を想定（設定）して鑑定評価を行ってはならない旨、不動産鑑定評価基準（以下「鑑定基準」という。）に定められている。<br>　したがって、本件土地の収益価格の算定に当たっては、有期還元法は適用すべきでなく、永久還元法である土地残余法を適用すべきである。 |

4　判断
(1)　法令解釈
　　　（中略）
(2)　認定事実
　請求人提出資料、原処分関係資料及び当審判所の調査の結果によれば、次の事実が認められる。
イ　本件鑑定評価書は、本件土地について、別紙2のとおり、①取引事例比較法により、近隣地域等内の取引事例から標準的画地の比準価格（1,670,000円／m²）を求め近隣地域等内に所在する公示地（以下「本件公示地」という。その詳細は、別表の「本件公示地」欄のとおりである。）の公示価格（＊＊＊＊／m²。なお、本件公示地の公示価格は＊＊＊＊／m²が正しい。）を規準とした価格（上記公示価格に個別格差率（62.8％）を乗じた＊＊＊＊／m²と査定している。以下、公示価格を規準とした価格を「規準価格」という。）との均衡にも留意したとして、当該標準的画地の比準価格に当該標準的画地と本件土地との個別的要因の比較に基づく個別格差率（△62.8％。以下「本件格差率」という。）を乗じて比準価格（621,200円／m²。以下「本件比準価格」という。）を査定するとともに、②収益還元法（土地残余法）による収益価格（445,100円／m²。以下「本件収益価

格」という。）を査定した。その上で、③本件比準価格（621,200円／m²（総額79,800,000円））と本件収益価格（445,100円／m²（総額57,200,000円））の中庸値を採用して、本件土地の鑑定評価額（532,990円／m²（総額68,500,000円））を決定し、これに持分割合（8分の7）を乗じた額を本件鑑定評価額（532,990円／m²（総額59,937,500円））としている。

ロ 本件土地の近隣に存する建築物は、別紙1のとおり、「＊＊＊＊＊＊」（地下1階付7階建て、延床面積1,899.74 m²）、「＊＊＊＊＊＊＊」（地下1階付6階建て、延床面積1,760.83 m²）及び「＊＊＊＊＊＊」（地下3階付15階建て、延床面積40,727.86 m²）である。

(3) 検討

請求人は、本件鑑定評価額は相続税法第22条に規定する時価に相当するから、評価通達の定めにより評価した本件持分の価額は、同条に規定する時価を上回る違法なものである旨主張するところ、上記(1)の法令解釈を踏まえると、当該主張の当否は、本件鑑定評価書をもって、評価通達の定めに従った評価が時価を適切に反映したものであるとの事実上の推認が覆されるか否かという観点から検討されるべきものである。

これを前提に、鑑定基準に準拠して行われた不動産鑑定評価は、一般的には客観的な根拠を有するものであることから、まずは、本件鑑定評価書に係る不動産鑑定評価が鑑定基準に準拠して行われているか否かについて検討し（下記イ）、当該鑑定評価の合理性を左右するその他の事情について、引き続き検討する（下記ロ）。

イ 公示価格との規準について

地価公示法第8条《不動産鑑定士の土地についての鑑定評価の準則》は、同法第2条《標準地の価格の判定等》第1項に規定する公示区域（以下「公示区域」という。）内の土地について鑑定評価を行う場合において、当該土地の正常な価格（同条第2項に規定する正常な価格をいう。以下同じ。）を求めるときは、公示価格を規準としなければならない旨規定し、また、同法第11条《公示価格を規準とすることの意義》は、公示価格を規準とするとは、対象土地とこれに類似する利用価値を有すると認められる一又は二以上の標準地（公示地）との位置、地積、環境等の土地の客観的価値に作用する諸要因についての比較を行い、その結果に基づき、当該標準地（公示地）の公示価格と当該対象土地の価格との間に衡を保たせることをいう旨規定している。そして、鑑定基準総論第8章《鑑定評価の手順》の第9節《鑑定評価額の決定》は、公示区域において土地の正常価格を求めるときは、公示価格を規準としなければならない旨定めている。

そうすると、本件鑑定評価書に係る不動産鑑定評価は、本件土地の正常価格を求めることを目的とするものであるから、鑑定基準に準拠したというには、本件鑑定評価額について、本件土地と類似する本件公示地の公示価格を規準としなければならず、すなわち、本件鑑定評価額と本件公示地の公示価格との間に均衡を保たせなければならないこととなる。

しかしながら、本件鑑定評価書においては、次の(イ)及び(ロ)のとおり、本件鑑定評価額と規準価格とが相当程度乖離しているにもかかわらず、その原因についての分析及び検討がないまま、本件鑑定評価額が決定されている。そうすると、本件鑑定評価書においては、本件鑑定評価額と規準価格の基となった本件公示地の公示価格との間に均衡が保たれているとはいえず、公示価格を規準としなければならないという鑑定基準に準拠して行われたとは認められない。

(イ) 規準価格と本件鑑定評価額との比較について

本件鑑定評価書においては、上記(2)のイのとおり、規準価格につき、本件公示地の公示価格（＊＊＊＊／m²）に本件格差率（△62.8％）を乗じた＊＊＊＊／m²と査定しており、本件比準価格

621,200円／m$^2$が当該規準価格を下回っているにもかかわらず、本件比準価格と本件収益価格の中庸値をもって本件鑑定評価額を決定し、結果、本件鑑定評価額（532,990円／m$^2$）は、当該規準価格（＊＊＊＊／m$^2$）を約23％下回っている。

（ロ）　本件土地の地域要因格差等を加味した規準価格と本件鑑定評価額との比較について

請求人は、本件鑑定評価書記載の地域要因格差等に関する当審判所からの照会に対し、本件公示地の公示価格が誤っていたとして、正当な額は＊＊＊＊／m$^2$である旨訂正（10,000円／m$^2$加算）するとともに、本件土地の地域要因のうち、行政的条件（基準容積率）及び街路条件（幅員）について、本件公示地の所在する地域の方が本件土地の所在する地域よりも劣る（いずれも△5％）旨訂正するも、これらの訂正は本件鑑定評価額に影響しない旨回答した。

しかしながら、上記地域要因格差等の各訂正を加味して規準価格を算定すると＊＊＊＊／m$^2$（＊＊＊＊／m$^2$÷0.95÷0.95）となり、これに本件格差率（△62.8％）を乗じると＊＊＊＊／m$^2$となる。結果、本件鑑定評価額（532,990円／m$^2$）は、当該規準価格（＊＊＊＊／m$^2$）を約31％下回ることとなり、開きはより大きくなる。

加えて、本件公示地が、最寄駅である＊＊＊＊＊＊から340mに位置する（別表の「本件公示地」欄参照）のに対し、本件土地は、最寄駅である同駅の出入口から至近距離にある（別表の「本件土地」欄参照）ことから、本件土地は交通接近条件において優れており、また、本件土地の所在する地域は、再開発計画のある＊＊＊＊＊＊の東側の道路に接面しており事務所環境のほか商業施設等が設置されることにより、利便性が向上することが期待され、本件土地は、本件公示地の所在する地域よりも環境条件等において優れていると評価することができることからしても、本件土地の地域要因格差等を加味した規準価格と本件鑑定評価額との開きはさらに大きくなる。

ロ　個別的要因の格差率について

本件鑑定評価書においては、上記（2）のイのとおり、取引事例比較法を採用し、これにより算定された価格に本件格差率（△62.8％）を乗じて本件比準価格を求めている。

しかしながら、本件格差率を判定する過程をみてみると（なお、この点は、本件鑑定評価書のほか、同評価書に関して＊＊＊＊＊＊が原処分庁に提出した、平成26年9月29日付の「＊＊＊＊所在の土地に係る不動産鑑定評価に関するご質問の件」と題する書面等からうかがえる。）、次の（イ）ないし（ヘ）のとおりであり、これらの事情を併せれば、本件格差率に合理性があるとはいえない。

（イ）　都市計画道路予定地上の建築制限△50％について

都市計画道路予定地上の建築制限による減価要因として、建物規模格差（容積率）△10％、賃料格差△26％、空室率格差△4％、賃貸事業リスク格差△10％と査定し、その総和による減価の補正率を△50％と判定している（上記3の「請求人」欄の（1）参照）が、いずれも、本件土地上に建築できる建築物は3階建て以下に制限され、1棟貸ししか見込まれないといった収益面に関するリスクのみに基づくものであることなどから、判定の合理性には疑義があり、判定した数値及び方法が客観的な根拠に基づくものであるとは認められない。

（ロ）　都市計画道路予定地上の心理的不安△10％について

事実上凍結状態にある都市計画事業の時期的な不安要素が大きいことから、心理的不安による減価の補正率を△10％と判定している（上記3の「請求人」欄の（2）参照）ところ、仮に都市計画道路予定地上の心理的不安が独立した減額要素であるとしても、その補正率△10％が相当であるといえるかは判然としないといわざるを得ず、客観的な根拠があるとは認められない。

（ハ）　商業連たん性△10％について

商業施設の連続性がなく、立地上の弱点を有することから、商業連たん性による減価の補正率を△10％と判定している（上記３の「請求人」欄の（3）参照）ところ、別紙１のとおり、本件土地の北側には＊＊＊＊中学校が存するものの、本件土地が西側で接面する道路を挟んだ向かい側には＊＊＊＊＊＊が存し、本件土地が南側で接面する道路沿いには＊＊＊＊等の事務所ビルが建ち並び、当該事務所ビルには飲食店等の店舗が入居している状況にあり、別表のとおり、そもそも本件土地のある地域は、中高層の事務所ビルが多く、住商混在地を形成する地域であることから、商業施設の連続性がないとしても、これを理由に△10％もの減価をすること自体適切でない。

(4) 小括

本件鑑定評価書に係る鑑定評価については、上記（3）のイのとおり、公示価格を規準とするという点において、鑑定基準に準拠して行われたとは認められず、加えて同ロのとおり、本件格差率に合理性があるとはいえないことからすれば、原処分庁が主張する収益価格の算定方法その他の点を判断するまでもなく、本件鑑定評価額が本件相続開始日における本件持分の客観的な交換価値（時価）を示すものとは認められず、本件鑑定評価書をもって、評価通達の定めにより評価した価額を時価とする事実上の推認は覆らない。また、その他に上記推認を覆し、あるいは妨げるに足りる事情は認められない。

したがって、評価通達の定めにより評価した本件持分の価額が、時価を上回る違法なものであるとは認められない。

なお、請求人は、本件土地は市場性が極めて低いなどの特異な土地であることを前提に、本件持分の評価においては、評価通達に定める評価方法を画一的に適用すべきでない旨主張するが、本件鑑定評価書をもって、評価通達の定めにより評価した価額を時価とする事実上の推認は覆らないことから、請求人の主張を採用することはできない。

(5) 本件更正処分について

上記（3）及び（4）で検討したとおり、評価通達の定めにより評価した本件持分の価額は、本件相続開始日における時価であると認められる。

そこで、当審判所において、評価通達24－7の定めを適用して、本件持分の価額を評価通達の定めにより評価すると、別紙３の原処分庁主張額（132,337,054円）と同額となる。これを前提に請求人の課税価格及び納付すべき税額を計算すると、いずれも上記１の（2）のロの本件更正処分に係る課税価格＊＊＊＊＊及び納付すべき税額＊＊＊＊＊と同額となるから、本件更正処分は適法である。

(6) 本件賦課決定処分について

本件更正処分は上記（5）のとおり適法であり、本件更正処分により納付すべき税額の計算の基礎となった事実が本件更正処分前の税額の計算の基礎とされていなかったことについて、国税通則法第65条《過少申告加算税》第４項に規定する正当な理由があるとは認められないことから、同条第１項及び第２項の規定に基づいてされた本件賦課決定処分は適法である。

(7) その他

原処分のその他の部分については、当審判所に提出された証拠資料等によっても、これを不相当とする理由は認められない。

よって、主文のとおり裁決する。

別表　本件土地及び本件公示地の状況

| | 本件土地 | 本件公示地 |
|---|---|---|
| 所在及び地番 | ＊＊＊＊ | ＊＊＊＊ |
| 調査基準日 | | 平成23年1月1日 |
| 価格 | | ＊＊＊＊（円／m²） |
| 地積 | 128.52 m² | 626 m² |
| 形状（間口：奥行） | 長方形（1.0：1.3） | 台形（1.2：1.0） |
| 利用区分、構造 | 建物（木造瓦葺平家建て）の敷地 | 建物（RC（鉄筋コンクリート造）8階建て）の敷地 |
| 利用現況 | 居宅 | 事務所、共同住宅兼駐車場 |
| 周辺の土地の利用状況 | 中高層の事務所ビルが多く、西側に＊＊＊＊、北側に＊＊＊＊中学校が見られる住商混在地域 | マンション、会館、事務所等が混在する住宅地域 |
| 前面道路の状況（その他の接面道路） | 南　約15 m　＊＊＊＊<br>西　約12 m　＊＊＊＊ | 東 8.0 m　（＊＊＊＊） |
| 交通施設、距離 | ＊＊＊＊北方約20 m | ＊＊＊＊340 m |
| 用途区分、高度地区、防火・準防火 | 第二種住居地域、防火地域 | 第二種住居地域、防火地域 |
| 建ぺい率・容積率 | 60％・400％ | 60％・400％ |
| 本件土地との位置関係 | | 本件公示地は、本件土地の北東方約230 m（直線距離）に位置する。 |

別紙1　本件土地及びその近隣の状況
（本書280頁参照）

別紙2　本件鑑定評価書の要旨
1　鑑定評価額（本件持分）
　　総額59,937,500円（532,990円／m²）
　　（本件土地の鑑定評価額68,500,000円（532,990円／m²））
2　対象不動産の表示
　　本件土地（公簿地積128.52 m²）（請求人の共有持分7/8）
3　価格時点
　　＊＊＊＊＊＊＊（本件相続開始日）
4　評価の条件
(1)　地上に存する建物及びその使用権は考慮外とし、更地としての独立鑑定評価である。
(2)　数量は公簿による。
5　近隣地域の分析
(1)　近隣地域の範囲
　　　＊＊＊＊＊＊＊にかけての一帯の地域
(2)　地域の特性

中高層の事務所ビル、共同住宅の建ち並ぶ住商混在地で、公共機関の事務所、弁護士、税理士、一般企業の事務所の多い地域で閑静な地域を形成している。商業地城でよく見られる騒がしさは見られず、優良なオフィス及び住環境を呈している。

(3) 地域の標準的使用

中高層の事務所及び共同住宅等の敷地

(4) 近隣地域内の標準的画地

幅員約6mの＊＊＊＊に接面する、地積約600$m^2$程度の中間画地

## 6　個別的要因の分析

(1) 交通・接近条件

＊＊＊＊＊＊まで南方約100m、＊＊＊＊＊＊まで南方約100m、＊＊＊＊＊＊まで南方約200m（いずれも道路距離）

(2) 街路条件

南側に幅員約15m、西側に幅員約12mの舗装済み＊＊＊＊＊＊に接面

(3) 環境条件

本件土地の北側に中学校校舎、東側に7階建ての集合住宅兼事務所、南側に＊＊＊＊＊、西側に＊＊＊＊＊があり、事務所としての連続性に欠けるきらいがある。

(4) 行政的条件

第二種住居地域、建ぺい率60％、容積率400％、防火地域

都市計画道路（＊＊＊＊＊）、計画幅員15m（事業未決定）

(5) 画地条件

間口約10m強、奥行約13m弱を有する長方形の画地である。

地勢は平坦である。

地質地盤ともに強固であるものと推察される。

(6) 更地としての最有効使用

本件土地の更地としての最有効使用は、事務所用地として使用することが妥当であると判断した。

## 7　鑑定評価方式の適用

本件土地の種類は商業地の更地としてである。また、本件土地の最有効使用は事務所ビルである。

したがって、取引事例比較法、収益還元法（土地残余法）を適用してそれぞれ試算価格を求め、これらを調整し、鑑定評価額を決定する。

(1) 取引事例比較法による比準価格

イ　標準的画地の価格の査定

近隣地域及び同一需給圏内の類似地域内に存する多数の取引事例より適切な事例を選択し、これらに係る取引価格に必要に応じて事情補正と時点修正を施した後、標準化補正及び地域要因の比較を行い、標準的画地の比準価格として4試算価格を求め、各価格のほぼ中庸値をもって、標準的画地の比準価格を1,670,000円/$m^2$と査定した。

ロ　個別格差率の判定

上記イの標準的画地と本件土地との個別的要因の比較を行い、本件土地の標準的画地に対する個別格差率を△62.8％（次に掲げる要因の相乗積）と判定した。

角地 +2％

小規模△10％

都市計画道路上の建築制限△ 50％

都市計画道路上の心理的不安△ 10％

商業連たん性△ 10％

ハ　規準価格

　近隣地域及び同一需給圏内に所在し、本件土地と類似する規準地として本件公示地（＊＊＊＊／㎡）を選択し、取引事例の比準と同様の比較手法（上記ロの個別格差率△ 62.8％ を乗じる。）を適用して、公示価格を規準とした価格を＊＊＊＊／㎡と査定した。

ニ　比準価格の査定

　上記イで求めた標準的画地の比準価格と上記ロの個別的要因格差率から、本件土地の比準価格を上記の公示価格を規準とした価格との均衡にも留意の上、次のとおり求めた。

　　（イ）　単価

　　　1,670,000 円／㎡×（1－62.8％）≒621,200 円／㎡

　　（ロ）　総額

　　　621,200 円／㎡×128.52 ㎡（地積）≒79,800,000 円

(2)　収益還元法（土地残余法）による試算価格

　本件土地に、想定する収益用建物としては最有効の建物を建築することを想定して土地建物一体としての純収益を求め、これから建物に帰属する純収益を控除して土地に帰属する純収益を求めた。次に、得られた純収益（2,576,240 円）を還元利回り（4.5％）還元して、収益還元法（土地残余法）による収益価格を 57,200,000 円（445,100 円／㎡）と査定した。

8　試算価格の調整及び鑑定評価額の決定

(1) 採用した評価方式による価格

　以上の手順により、本件土地の試算価格が次のように求められた。

　　取引事例比較法による比準価格　　　　　　79,800,000 円（621,200 円／㎡）

　　収益還元法（土地残余法）による収益価格　57,200,000 円（445,100 円／㎡）

(2)　試算価格の調整及び鑑定評価額の決定

　鑑定評価方式の適用及び試算の過程はいずれも妥当であると判断されるが、試算価格間にやや開差が生じたため、次において調整する。

　取引事例比較法による比準価格は、規範性を有する複数の取引事例から導出しており、また、実際の取引市場の実態を反映した価格といえるが、本件のように都市計画道路の制約があり、事実上凍結状態にある特殊性が強い場合においては、やや説得力に劣る一面を有することも否めない。

　収益還元法（土地残余法）による収益価格は、建物の計画にやや想定要素を含んでいるが理論性の高い試算価格であり、検証手段としての有効性は高い。本件の評価は土地利用の大きな制約と、ほぼ凍結状態にある土地の評価であり、収益面からのアプローチは欠かせない。

　以上それぞれの鑑定方式に良否が認められるため、双方の価格の中庸値を取って鑑定評価額を決定した。


別紙 3　原処分庁主張額

1　奥行価格補正後の 1 ㎡ 当たりの価額

　　（正面路線価）　　　（奥行価格補正率）

　　1,590,000 円　×　　1.00　　＝　1,590,000 円……①

2 側方路線影響加算後の1m²当たりの価額

　　　（①）　　　　　　（側方路線価）　（奥行価格補正率）　（側方路線影響加算率（注））
　1,590,000円 ＋ （1,570,000円 × 0.99 × 0.08×12m/13.8m） ＝ 1,698,125……②

（注）想定整形地の一部のみが側方路線に接している土地であるため、側方路線影響加算率に想定整形地の間口距離に対する実際に接している部分の距離の割合（12m/13.8m）を乗じて調整。

3 不整形地補正後の1m²当たりの価額

　　　（②）　　　（不整形地補正率（注））
　1,698,125円 × 0.99 ＝ 1,681,143円……③

（注）想定整形地に対するかげ地の割合10.5％に係る不整形地補正率0.99。

4 自用地の評価額（本件土地）

　　　（③）　　　　（地積）
　1,681,143円 ×128.52m² ＝ 216,060,498円……④

5 都市計画道路予定地の区域内にある宅地に係る補正後の価額（本件土地）

　　　（④）　　　　（補正率（注））
　216,060,498円 × 0.70 ＝ 151,242,348円……⑤

（注）評価通達24－7に定める「地区区分：普通商業併用住宅地区、容積率400％以上及び地積割合：60％以上」に係る補正率0.70。

6 相続税評価額（本件持分）

　　　（⑤）　　　　（持分割合）
　151,242,348円 × 7/8 ＝ 132,337,0549

# III 鑑定士視点からの考察

## 1 本件鑑定評価書の妥当性の検証

　本件は請求人側の当初申告による鑑定評価が否認された事例です。筆者の観点から当該事例における鑑定評価の妥当性を検証します。

### 1 最有効使用

　本件鑑定評価では対象不動産の最有効使用を「事務所用地」としています。地域の特性としては「中高層の事務所ビル、共同住宅の建ち並ぶ住商混在地で、公共機関の事務所、弁護士、税理士、一般企業の事務所の多い地域」とされています。

　ただし、対象不動産は都市計画道路の制限から、緩和措置を考えても「鉄骨造3階建」の建築物までしか建築することができません。対象不動産は角地ですので建蔽率の緩和が受けられると考えられます。そうすると、基準建蔽率は70％、単純計算で3階建てならば容積率は210％まで使用できるのではないかと考えられます。対象不動産の面積は128.52m²ですので、延床面積は最大約270m²弱、事務所ビルとしては小規模なビルになると考えられます。近隣地域の標準的画地600m²（基準容積率240％）上に建築可能なビルと比較すると狭小なビルしか建築することができません。

しかし、対象不動産上に建築可能な規模のビルも一般的に存しないわけではないので、筆者も最有効使用は事務所用地、という判定を行うことになると思います。

## 2 標準的画地

本件鑑定評価では、近隣地域内の標準的画地を「幅員約6m＊＊に接面する、地積約600㎡程度の中間画地」と設定しています。対象不動産の街路条件は「南側幅員約15m道路、西側幅員約12m道路に接面」とされています。基本的に筆者は対象不動産が存する近隣地域内の標準的画地は対象不動産とほぼ同一幅員の街路に接面するものとして設定します。本件の近隣地域の範囲は不明瞭ですが、筆者としては15mまたは12m道路に面する土地を標準的画地とした方が適切ではないかと考えます。本件鑑定評価の取引事例比較法における比準価格試算の際、幅員については増価要因として特に記載がありませんが、標準的画地幅員6mに対する対象不動産幅員15mの格差を見た方が良いと思われます。

また、公法上の規制は第2種住居地域、指定建蔽率60％、指定容積率400％の地域に存するようですが、一般的に前面道路が6mで住居系の地域であれば、基準容積率は次のようになります。

6m × 0.4 ＝ 240％

本件において容積率は特に重要な個別的要因となることから、標準的画地の基準容積率についてもきちんと記載すべきだったと思われます。

## 3 取引事例比較法による比準価格

### 1 標準的画地単価

本件鑑定評価では、標準的画地の比準価格を1,670,000円／㎡と査定されています。これは標準的画地が6m道路に接面すると設定されており、当該標準的画地の単価、ということになります。

それに対して、対象不動産の前面道路路線価は（南側15m道路が正面だと思われます）1,590,000円／㎡です。

路線価は地価公示価格の80％水準ですので、地価公示価格ベースでは、

1,590,000円／㎡ ÷ 0.8 ＝ 1,987,500円／㎡

となり、地価公示価格ベースでは標準的画地価格は2,000,000円／㎡程度になりそうです。都心の引き合いが強い住商混在地域であればより高い標準的画地価格になる可能性もあります。

おそらく上記の単価の差（410,000円／㎡）は道路幅員及び容積率（6m道路に面する標準的画地は基準容積率240％）に起因するものだと思われますが、鑑定実務上、近隣地域は「地域要因の差がない地域」ですので、上記15m道路と6m道路を同一の近隣地域の範囲としない方が良いかと思われます。

### 2 個別格差

本件鑑定評価では取引事例比較法適用過程において、個別格差を

・角地：＋2％

・小規模：△10％
　・都市計画道路上の建築制限：△50％
　・都市計画道路上の心理的不安：△10％
　・商業連たん性：△10％

として相乗積で△62.8％を全体の減価率としています。

　下記、それぞれの減価要因について検証を行います。

① 「角地＋2％」について

　角地については＋3％か＋5％等評価主体の不動産鑑定士により判断は分かれると思いますので、この点は鑑定主体の判断ということで良いかと思います。

② 「小規模△10％」について

　この点について減価要因として見るべきかやや疑問に思います。標準的画地600 $m^2$ に対して対象不動産の面積128.52 $m^2$ であることについての減価だと考えられますが、筆者の経験則では商業地の取引事例については規模の小さい取引事例（50～60 $m^2$ 程度）も多く、規模が小さいことにより明らかに標準的画地よりも低水準で取引されていると思われる事例はほぼありません（もっとも、商業地の取引事例は中心となる価格帯が把握しにくい部分もありますが）。それでは小規模であることによる減価は何に起因するかというと「建築できる建物のグレードが異なることによる格差」だと考えられます。すなわち、面積が大きいとグレードの高いビルが建築できますが、面積が小さいとグレードが低いビルしか建築できません。そして、グレードの低いビルは必然的に賃料水準も低めになり、そのことに基づく減価、ということになると考えられます。しかし、その点は下記の賃料格差△26％（賃料が低位にならざるを得ないことによる格差）に包含されていると考えられます。

　したがって、下記の賃料格差の減価率と重複して減価を計上しているとも考えられ、不合理といえます。

③ 「都市計画道路の建築制限△50％」について

　① 建物規模格差（容積率）：△10％
　② 賃料格差：△26％
　③ 空室率格差：△4％
　④ 賃貸事業リスク格差：△10％

　これらの総和で△50％としています。

　この細分化された減価要因についても、それぞれ検証を行っていきます。

① 「建物規模格差（容積率）：△10％」

　請求人側の主張として「本件土地上に想定される建築物は3階建て以下に制限されることを原因とする、賃貸面積（賃貸可能面積）の格差である。」としています。都市計画道路の制限がない標準的画地が容積率240％消化可能だとしたら、対象不動産は上記の通り210％が使用容積率の限度となります。

　単純に計算すると210％÷240％＝87.5％、減額率としては1－87.5％＝12.5％、この数値が

容積率を消化できないことによる減価になると思われます。12.5％と10％はそれほど大きな差ではなく、容積率をすべて消化するのが標準的な地域であるかは判明していませんので、単純に△10％でも良いかもしれませんが、できれば数値の根拠があると減価率の査定としては良かったのではないかと考えます。

② 「賃料格差：△26％」

　請求人側の主張として「都市計画道路の建築制限がなければ、7階建て程度の建築物が建築可能であるところ、当該建築制限に基づく3階建ての建築物と比較した場合、賃料が低位にならざるを得ないことによる格差である。」として説明されています。この主張としては7階建と3階建のビルではグレードによる格差が存する、ということになりますが、個人的にはその階層の差で26％もの賃料格差が生じるかはかなり疑問です。できれば標準的画地600 m²上に建築する想定建物の賃料について、周辺地域の同レベルのグレードのビルの賃料水準と対象不動産と同程度の狭小事務所の賃料水準を示し、その差を検証して△26％の根拠として示すべきだったと筆者は考えます。

③ 「空室率格差：△4％」

　請求人側の主張として「本件土地上に想定される建築物は、一棟貸ししか見込まれないため、空室リスクが大きく高まることを勘案したところによる当該地域の標準的な空室率との格差である。」としています。下記の賃貸事業リスクの部分でも述べますが、筆者は対象不動産について一棟貸ししか見込まれない、ということはなく、フロア貸しが可能であると考えます。そうであるならば、同規模の新築ビルの空室率を調査し、標準的画地上に建設されるビルの空室率と比較して格差を見るべきと考えます。

④ 「賃貸事業リスク格差：△10％」

　請求人側の主張として「本件土地上に想定される建築物は、テナントの誘致が困難であるばかりか、想定される賃貸需要者は、一棟借りで賃借する法人等に限定されるため、賃貸事業リスクが極めて高いと認められることによる格差である。」としています。この点について、筆者としては疑問に感じる点が多々あります。まず、テナントの誘致がなぜ困難なのかがわかりません。都市計画道路の計画線内にあることから、将来的に事業決定され、用地買収が行われるとしても計画決定の段階で事業決定まで進んでいない都市計画道路は多くあります。事実、請求人側の主張の箇所には「本件土地に係る都市計画事業が60年以上認可されないまま現在に至っており、今後においても事業化の見込みがない」とされています。

　筆者の経験では都市計画道路の計画線の範囲内にあるとしても、あくまで計画決定のみで事業決定されていなければ将来的に退去を迫られるリスクはほぼなく、テナントの誘致が困難であるとは考えられません。

　また、一棟貸ししか見込まれない、というのは疑問です。対象不動産の面積128.52 m²に建蔽率70％だとすると建築面積は約90 m²、延床面積は約270 m²弱の鉄骨造のビルが建築できることになります。レンタブル比を考えてもフロア貸しが可能であると思われます。近隣地域の特性として「中高層の事務所ビル、共同住宅の建ち並ぶ住商混在地で、公共機関の事務所、

弁護士、税理士、一般企業の事務所の多い地域」とされています。公共機関の事務所としては90 m² 弱の面積は小さいかもしれませんが、（企業規模にもよりますが）一般企業、弁護士、税理士等の士業事務所としては決して小さくはない面積だと考えられ、需要はあると考えられます。したがって、一棟貸ししか見込まれない、ということはないと考えられます。

④ 都市計画道路上の心理的不安について

請求人側の主張として、「本件土地に係る都市計画事業が60年以上認可されないまま現在に至っており、今後においても事業化の見込みがない状態であることから、いつ当該事業の認可がされるのか、逆に当該事業の認可に伴っていつ立退きを迫られるか分からないといった心理的不安があることによる格差である。」としています。筆者としては60年以上認可されないまま現在に至っており、事業化の見込みがない、ということであれば心理的不安についてはあえて減価として見る必要はないのではないかと思えます。

⑤ 商業連たん性について

請求人側の主張として、「本件土地の北側に間口120 m で隣接する中学校があることから、商業施設が連たんしないことによる格差である。」としています。筆者としてはこの点は疑問に感じます。地域の特性は「中高層の事務所ビル、共同住宅の建ち並ぶ住商混在地で、公共機関の事務所、弁護士、税理士、一般企業の事務所の多い地域」です。住商混在地としていることから、そもそも商業施設の連たん性としては強くない地域だと考えられます。よって、連たん性については減価として見る必要はないのではないかと考えます。

## 4 土地残余法による収益価格

本件鑑定評価では土地残余法を適用し、対象不動産に最有効使用の建物を建築することを想定し、土地帰属純収益を還元利回りで還元することで収益価格を求めています。その試算価格は 57,200,000 円（445,100 円／m²）とされています。

対象不動産は都市計画道路の建築制限があることから、最大でも容積率210% までしか消化できません。

しかし、本件鑑定評価では容積率240% の標準的画地単価が 1,670,000 円／m² と求められています。土地残余法の単価と比較をしてみますと、

445,100 円／m² ÷ 1,670,000 円／m² ≒ 26.65%

となりました。

一般的に、住商混在地で取引事例比較法による比準価格と土地残余法による収益価格の比率を考えると、収益価格は比準価格の 80〜85% 程度が多いです（国土交通省 HP で地価公示の鑑定評価書が閲覧可能ですので、ご覧いただくと比準価格と収益価格の比率が把握できます）。本件は対象不動産の実効容積率210% に対して標準的画地の基準容積率は240% なので、少し容積率に差はあります。その差を考慮しても土地残余法による収益価格の単価は比準価格の単価と比較して相当低いのではないかと思われます。もっとも、標準的画地単価と比較するのではなく、本件鑑定評価で求められた比準価格と比較する方が理にかなっています（取引事例比較法で査定した減価要因は土地残余法の適用過程の中でも考慮し、各試算価格の整合性を確

保する必要があるため）。その比較をすると、

　　445,100 円／m² ÷ 621,200 円／m² ≒ 71.65％

となりました。

　この比較では上記のように80～85％程度の水準までは届かないものの、約72％という比率は妥当な範囲にも考えられます。一方、裁決書の資料からは土地残余法の詳細は不明ですが、最有効使用の事務所ビル（使用容積率210％）を想定して標準的画地の比準価格の約27％というのは低すぎる気がします。後述で筆者なりに検証を行ってみましたが、都市計画道路の建築制限があり、容積率が210％しか使用できないとしても一定水準の価格は出るのではないか、と考えられます。この辺りは評価主体の不動産鑑定士により判断が分かれますので、必ずしも筆者が正しいわけではありません。また、土地残余法は想定項目（賃料水準、建物再調達原価及びそれを基にした費用項目等、還元利回り）によって数値が変動しやすい、という特徴があります。この辺りは読者の皆様も各々の考えで検証いただきたいと思います。

　なお、有期還元法について原処分庁からの指摘がありますが、筆者もこの点は有期還元法を適用する意味はあまりないと考えます。審判所からもこの点について指摘はなかったことから、この点は永久還元の土地残余法で良いかと思います。

## 5 規準価格

　本件鑑定評価における規準価格については審判所からの指摘がなされているため、検証したいと思います。まず、本件鑑定評価における規準価格単価は裁決書では明らかになっていません。審判所から「**本件鑑定評価額（532,990円／m²）は当該規準価格（＊＊円／m²）を約23％下回っている。**」と指摘されています。この文章から、規準価格は次のように推定されます。

　　532,990 円／m² ÷ （1－0.23） ≒ 692,200 円／m²

　また、規準価格について、審判所からの指摘により地域要因格差に修正があったようですが、その内容も不明瞭です。審判所は「本件土地の地域要因のうち、行政的条件（基準容積率）及び街路条件（幅員）について、本件公示地の所在する地域の方が本件土地の所在する地域よりも劣る（いずれも△5％）旨訂正する」と述べています。そして訂正後の価格について、「結果、本件鑑定評価額（532,990円／m²）は当該規準価格（＊＊円／m²）を約31％下回ることになり、開きはより大きくなる」としています。

　この文章から、訂正後の規準価格は、次のように推定されます。

　　532,990 円／m² ÷ （1－0.31） ≒ 772,400 円／m²

　ここで改めて公示地の容積率及び幅員を確認してみると、容積率400％（記載はありませんが、第1種住居地域、幅員8.0mから基準容積率は320％と推定）、幅員8.0mとされています。本件の標準的画地は「幅員6.0m、基準容積率240％」の画地として設定されていたはずであり、「本件公示地の所在する地域の方が本件土地の所在する地域よりも劣る」というのは誤りではないかと筆者は当初考えました。

　しかし、「本件土地の所在する地域」として考えると、確かに対象不動産の前面道路は15m

であり、都市計画道路の制限は考慮しないと容積率は400％使用できることになります。それで審判所は「本件公示地の所在する地域の方が本件土地の所在する地域よりも劣る」と述べたのだと思います。なぜこのようなことになってしまったかを考えると、やはり標準的画地設定が対象不動産と同一の街路条件に設定しなかったことが混乱を招く原因になってしまったように思われます。

すなわち、比準価格試算の際の標準的画地は幅員6m道路であることを前提に地域要因比較を行って査定したのにも関わらず、規準価格については標準的画地を幅員15m、容積率400％として地域要因の比較を行った際、分母である公示地の地域格差がマイナス方向になることで結果的に規準価格が高くなってしまいました。したがって、このように比準価格と規準価格との開差が大きくなり、審判所に指摘されることに至ってしまったのではないかと推定します。通常、鑑定実務では規準価格よりも比準価格の方がやや高く試算されることが多いですので、比準価格と規準価格とで31％の開きが出てしまうと審判所から指摘を受けてもやむを得ないでしょう。

## 6 試算価格の調整

本件鑑定評価では試算価格の調整について、比準価格と収益価格の中庸値をもって鑑定評価額を決定しています。本来、鑑定評価では試算価格の再吟味として各手法間の整合性が取れているかを試算価格の調整の箇所で記載することになっています。本件鑑定評価では試算価格の再吟味が記載されておらず、どのように各試算価格の間で整合性が取れているかが不明瞭で、試算価格の調整では比準価格と収益価格の中庸値で鑑定評価額を決定していることはやや説明不足の感が否めません。筆者としてはできれば取引事例比較法における各減価要因と土地残余法適用時における収益面との整合性について記載があれば説得力が出たのではないかと感じます。

## 7 鑑定評価額

本件鑑定評価額は68,500,000円（532,990円／m²）です。

ここで、上記評価額単価について、「15m道路に面する標準的画地単価」に対する割合を求め、検証を行います。

上記の繰り返しになりますが、対象不動産の正面路線価が1,590,000円／m²です。路線価は地価公示価格の80％水準ですので、地価公示価格ベースでは、

1,590,000円／m² ÷ 0.8 ＝ 1,987,500円／m²

となり、標準的画地価格は2,000,000円／m²程度と仮定します（15m道路に面する標準的画地単価）。

そうすると、本件鑑定評価額の標準的画地価格に対する比率は、次のようになります。

532,990円／m² ÷ 2,000,000円／m² ≒ 26.65％

筆者としては、この価値率は相当低いのではないかと考えます。筆者の主観になりますが、個性率が30％を切るような土地というのは、無道路地や建築確認不可物件などの建物が建築できない土地が多いです。対象不動産は都市計画道路計画線の範囲内で建築制限があるもの

の、鉄骨造3階建、容積率210％までの事務所ビルは建築可能な土地であることからすると、やはり標準的画地に対する比率としては著しく低いように思われます。

## 2 審判所の判断に対する検討

### ❶ 本件鑑定評価に関する指摘

上記で本件鑑定評価に関することを述べてきましたが、審判所の指摘には同意する部分も多く、全体的には指摘を受けても仕方がないと思われる部分も多いです。

### ❷ 特別な事情

ここで、笹岡宏保先生のご著書『難解事例から探る財産評価のキーポイント　第4集』の中で本件と同一事例について解説がされており、笹岡先生の観点から下記のように述べられています。

---

(3) 検討（特別な事情の有無）

上記(2)より、本件土地はその大部分（全体の地積の約90％以上）が都市計画道路予定地の区域内に存するという事由のために、当該事由がないものとした場合に比してその利用価値の低下が著しいものであると考えられる。

一方、この点に対して、評価通達の定めとして上記(1)より▲30％の減額割合を適用して評価することが相当である（財産評価基準制度内における対応では、これ以上の評価を望むことは認められない）とされているところ、本件裁決事例の核心は、この▲30％の減額割合による対応が、上記❶で紹介した評価通達6に定める「この通達の定めによって評価することが著しく不適当と認められる財産」（換言すれば、評価通達の定めによらないことが正当として是認される「特別な事情」の存在）に該当するか否かを論点とすることにあると考えられる。

本件裁決事例では、本件鑑定評価書に基づく本件鑑定評価額の不合理性（不動産鑑定評価基準に準拠していない点等）ばかりが目立ち、上記の論点が争点とされていない点につき、筆者は非常に遺憾に思うところである。

これは数値的な検討を伴っていない筆者の個人的な見解に過ぎないが、土地の相当の高度利用が可能（容積率400％）な場合に、建築制限に伴って全体地積の約90％の土地につき階数が3以下（高さ10ｍ以下）の規制を受けるときにおける減価割合が▲30％にしかならないと不動産の実勢市場で説明することに、躊躇を覚えることはないのか検討してみる必要があろう。

---

❸　国税不服審判所独自の本件持分に係る価額算定の必要性
　（中略）
(3)　本件持分の評価通達の定めによる評価額（132,337,054円）につき、当該価額が本件持分の客観的交換価値（時価）を超過していないか否かを国税不服審判所においてこれを独自の権原に基づいて調査確認し、納税者に対する権利救済機関として付託に応えるべきではないのか（残念ながら、本件裁決事例においては、国税不服審判所が上述のような行動を果たしたとの確認はされていない）。

---

後述の通り、筆者が検証する上では建築制限があったとしてもある程度の金額は査定されるかと思われます。本書CASE7では審判所側が鑑定評価を依頼し、審判所鑑定評価を採用して

いましたが、本件においても審判所側が鑑定評価を採用しても良かったのではないかと感じます。上記で笹岡先生が述べられているように、審判所が権利救済機関であるならば 結果として当該鑑定評価額が通達評価額に近くなったとしても審判所が時価をどのように考えるか、ということを示すべきではなかったかと筆者は考えます。

## IV 筆者が鑑定評価を行う場合

### 本事例において鑑定評価を採用すべきか否か

本件事例について鑑定評価を適用すべきか否かはとても悩ましい土地と考えられます。路線価等から推定するに、対象不動産はおそらく都心に存する地下鉄の出口からも近い利便性に優れると思われる地域内の土地です。都市計画道路計画線内で建築制限があるとはいえ、その場所で3階建鉄骨造の事務所ビルが建築可能となると、相当の評価額になってもおかしくないのではないかと筆者は考えます。

課税庁の主張する評価額は単独所有としての価格で151,242,348円（1,176,800円／$m^2$）です。

上記の繰り返しになりますが、対象不動産の正面路線価が1,590,000円／$m^2$です。路線価は地価公示価格の80％水準ですので、地価公示価格ベースでは

1,590,000円／$m^2$ ÷ 0.8 ＝ 1,987,500円／$m^2$

となり、標準的画地価格は2,000,000円／$m^2$程度と仮定します（15ｍ道路に面する標準的画地単価）。

そうすると、上記課税庁主張の評価額の単価1,176,800円／$m^2$は2,000,000円／$m^2$に対してどの程度の価値率か、ということを考える必要があると思われます。計算すると、

1,176,800円／$m^2$ ÷ 2,000,000円／$m^2$ ＝ 58.84％

となり、約59％の価値率ということになります。逆に言えば約41％の減価率ということになります。

また、これは都心の商業地に比較的顕著ですが、実際には地価公示価格ベースよりも標準的画地価格は高めに試算されることが多いです。標準的画地価格単価を2,200,000円／$m^2$と仮定すると、

1,176,800円／$m^2$ ÷ 2,200,000円／$m^2$ ＝ 53.49％

となり、約53％の価値率、及び約47％の減価率、ということになります。

筆者は本件の減価はやはり都市計画道路の建築制限による容積率未消化の要因が大きいと考えています。15ｍ道路に面する標準的画地（容積率400％）を想定し、単純に容積率の減価を考えると210％÷400％＝52.5％の価値率、減価率としては1－52.5％＝47.5％です。増価要因としては角地が挙げられ、＋3％または＋5％等の増価を考えると上記41％の減額率は比較的妥当な範囲内なのではないか、とも考えられます。ここで注意すべきは地域の標準的な

使用容積率を判断することです。筆者の経験では住商混在地域では、容積率をすべて消化する地域ではないことも多いです。たとえば、指定容積率が400％であったとしても、地域の標準的な使用容積率が300％だとしたら、容積率の減価は大きく見るべきではないでしょう。

　ここで大まかに比準価格を試算してみます。地域の標準的な使用容積率が不明であるため、暫定的に上記の容積率減価を用いて、個別的要因を55.1％の価値率（上記52.5％に角地＋5％を相乗）とします。そうすると、比準価格は次のようになります（単独所有の価格として）。

2,200,000円／m² × 0.551 × 128.52 m² ≒ 156,000,000円（1,214,000円／m²）

　この数値は容積率による減額を最大限に見ているとした場合の価格です。容積率を最大限消化する地域でなければより減価の程度は低くなります。したがって上記価格は比準価格の下限と言えるかもしれません。また、この価格は取引事例比較法による比準価格ですが、土地残余法による収益価格を求め、試算価格の調整を行ったとしても大きく下がることはないと考えられます。また、比準価格の個別的要因はできれば類似の取引事例（都市計画道路の建築制限がある土地）について、建築制限がない周辺の土地と比べてどの程度の水準で取引されているかを調査し、減価の程度を検証しても良いかと思われます。また、下記で筆者なりに土地残余法を適用してみました。土地残余法は賃料水準や建物再調達原価、還元利回り等により価格は左右されます。あくまで筆者が路線価、課税時期から推定した賃料水準、還元利回りを基に求めた価格です。その前提で収益価格を試算した結果、177,000,000円（1,377,000円／m²）となりました。

## 【土地残余法による収益価格】
○対象不動産上に3階建て事務所ビルを想定

| | | | | | | |
|---|---|---|---|---|---|---|
| 土地面積： | 128.52 m² | 建蔽率： | 70％ | 構造： | S3F | |
| 延床面積： | 269.88 m² | 容積率： | 210％ | | | |
| 建物価格： | 230,000円／m² | × | 269.89 m² | = | 62,100,000円 | |

1．総収益　　　　　　　　　　　　　　(1)～(5)　＝　15,284,700円

(1) 年額支払賃料（管理費含む）
　　1,377,000円　×　12ヵ月　＝　16,524,000円

(2) その他収入（駐車場）
　　0円　×　12ヵ月　＝　0円

(3) 貸倒れ準備費及び空室損相当額（運営収益の控除項目）
　　16,524,000円　×　8.0％　＝　1,321,920円

(4) 敷金の運用益
　　8,262,000円　×　0.01　＝　82,620円

(5) 礼金の運用益及び償却額
　　0円　×　34.00％　＝　0円

2. 総費用（必要諸経費等）　　　　　　　　（1）〜（6）　＝　　　3,099,900 円

(1) 修繕費（建物再調達原価の 0.5% を計上）　　　　　　　　　　　経費率　20.3%
　　62,100,000 円　　　×　　0.5%　　＝　　　　　　　　　　　　310,500 円
(2) 維持管理費（年額支払賃料の 5% を計上）
　　16,524,000 円　　　×　　5.0%　　＝　　　　　　　　　　　　826,200 円
(3) 公租公課（固定資産税・都市計画税）
　　　土地　　　　　　　　　　　　　　　　　　　　　　推定　1,311,000 円
　　　建物　　　　　　　　　　　　　　　　　　　　　　推定　　528,000 円
(4) 損害保険料
　　62,100,000 円　　　×　　0.1%　　＝　　　　　　　　　　　　 62,100 円
(5) 建物等の取壊し費用の積立金
　　62,100,000 円　　　×　　0.1%　　＝　　　　　　　　　　　　 62,100 円
(6) その他費用
　　なし　　　　　　　　　　　　　　　　　　　　　　　　　　　　　0 円

3. 土地・建物に帰属する純収益
　　　1 − 2　＝　　　　　　　　　　　　　　　　　　　　　12,184,800 円

4. 建物に帰属する純収益
　　62,100,000 円　　　×　　6.35%　　＝　　　　　　　　　3,943,350 円

| 建物期待利回りの査定 ||||
|---|---|---|---|
| 項　目 | 査　定 | 算　出　根　拠 ||
| ①土地還元利回り | 4.50% | 土地還元利回り（Y−g）：4.5% ||
| ^ | ^ | 割引率 Y：4.7% | 賃料変動率 g：0.2% |
| ②建物還元利回り（元利逓増償還率） | 6.35% | 躯体部分　＋　仕上部分　＋　設備部分　　2.025%　＋　2.458%　＋　1.865% ||
| 建　物　関　連 ||||
| a：新築時躯体割合 | 40.0% | na：躯体経済的残存耐用年数 | 50 年 |
| b：新築時仕上割合 | 40.0% | nb：仕上経済的残存耐用年数 | 30 年 |
| c：新築時設備割合 | 20.0% | nc：設備経済的残存耐用年数 | 15 年 |

5. 土地に帰属する純収益
　　　3 − 4　＝　　　　　　　　　　　　　　　　　　　　　8,241,450 円

6. 未収入期間を考慮した土地に帰属する純収益

  8,241,450 円  ×  0.9676  =  7,974,427 円

7. 土地の収益価格

  7,974,427 円  ×  4.5％  =  177,000,000 円
         還元利回り      1,377,000 円／m²

［総収益算定内訳］ 1～3階を事務所と想定。

| 階層 | 床面積 m² | 有効率 % | 有効面積 m² | 月支払賃料 円／m² | 月支払賃料 円 | 保証金 月数 | 礼金 月数 | 保証金 円 | 礼金 円 |
|---|---|---|---|---|---|---|---|---|---|
| 1 | 89.96 | 85％ | 76.47 | 6,000 | 459,000 | 6 | 0 | 2,754,000 | 0 |
| 2 | 89.96 | 85％ | 76.47 | 6,000 | 459,000 | 6 | 0 | 2,754,000 | 0 |
| 3 | 89.96 | 85％ | 76.47 | 6,000 | 459,000 | 6 | 0 | 2,754,000 | 0 |
| 計 | 269.88 | 85％ | 229.40 | 6,000 | 1,377,000 | — | — | 8,262,000 | 0 |

　上記で試算された収益価格からは通達評価と比べてもやはり評価額は大きく下がらないように思われます。

　したがって、筆者としては鑑定評価で評価額を下げるのは難しい土地だったのではないか、と考えます。

　以上、比準価格及び収益価格いずれも通達評価額を上回ると考えられることから、本件については鑑定評価の適用はないと考えられます。

---

《参考：評価額の比較》
●納税者の主張：鑑定評価額 68,500,000 円
         59,937,500 円（持分 7／8）
●課税庁の主張：通達評価による評価額
      151,242,348 円
      132,337,055 円（持分 7／8）

# CASE 9 河川に隣接する非線引都市計画区域内の土地について鑑定評価を行った事例

## I 事案の概要

【図1】

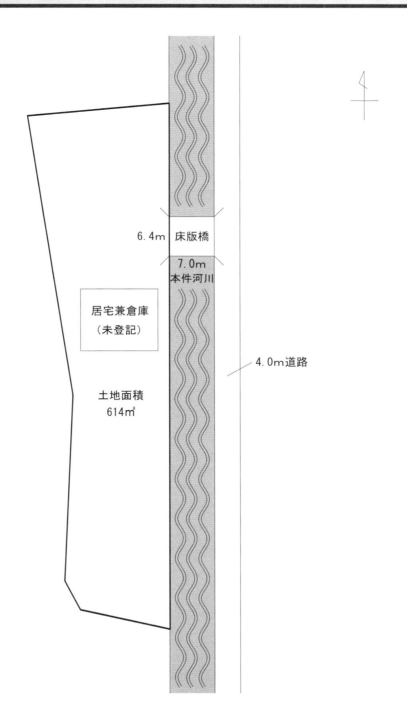

【図2】

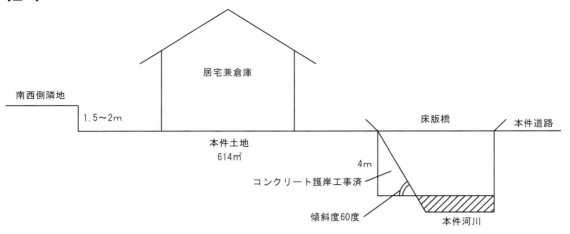

【床版橋のイメージ】

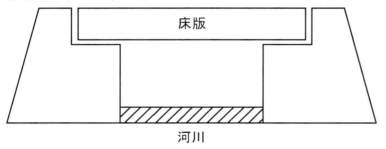

〈納税者の主張〉

本件土地は河川との間に約60度の高低差（高さ約4mの崖）が存しており、本件土地に建築物を建築する場合には崖が崩れない措置を講ずる必要があり、その措置に高額な費用がかかるか土地利用に制限がある。また、公共下水への接続困難、地中にコンクリート板が埋め込まれている、南西方民地との間に約1.6mの段差があり。本件鑑定評価額はこれらの事情を考慮したものであり、適正な時価である。

●請求人鑑定評価による評価額：7,430,000円

〈課税庁の主張〉

固定資産税評価額を基礎として評価通達の定める評価方法により評価した原処分における評価額に誤りはない。

●課税庁による評価額（通達評価額）：11,716,839円

# II 裁決の内容

■平成28年10月17日裁決（大裁（諸）平28第17号：TAINS F0-3-538）
（＊＊＊＊は裁決書では伏字箇所）

(1) （省略）
(2) （省略）
(3) 基礎事実及び審査請求に至る経緯

次の事実については、請求人と原処分庁との間に争いがなく、当審判所の調査の結果によってもその事実が認められる。

イ ＊＊＊＊（以下「本件被相続人」という。）は、＊＊＊＊（以下「本件相続開始日」という。）に死亡し、同人に係る相続（以下「本件相続」という。）が開始した。
　本件相続に係る相続人は、本件相続人の妻である＊＊＊＊、長男である＊＊＊＊及び長女である請求人の3名である。

ロ 本件被相続人は、生前、別表2記載の土地（以下「本件土地」という。）を所有しており、本件土地上には、同別表記載の家屋（以下「本件家屋」という。）が存した。

ハ 本件相続開始日における本件土地の現況等は、次のとおりである。
　(イ) 本件土地は、倉庫、作業所及び家屋の敷地として利用されている宅地であり、その位置関係等は別紙2のとおりである。
　(ロ) 本件土地は、南北約84m、東西約18m（最大距離）の、南北に細長い不整形地である。
　(ハ) 本件土地の公簿地積は、614$m^2$である。
　(ニ) 本件土地の地勢は、ほぼ平坦であるが、その南西方の民地との間で1.5mから2mの高低差があり、東方は＊＊＊＊＊（以下「本件河川」）と沿接している。
　(ホ) 本件土地は、本件河川を横断するために設置された幅約6.4m、長さ約7mの床版橋を介して、＊＊＊＊（以下本件「＊＊＊＊」という。）に面している。
　(ヘ) 本件河川は、本件土地及び本件＊＊＊＊の南側にコンクリート護岸工事が施されており、本件土地の本件河川との境界には、当該護岸による傾斜がある。
　(ト) 本件土地の存する地域は、都市計画法第17条《区域区分》に規定する区域区分及び同法第8条《地域地区》に規定する用途地域が定められておらず、その建ぺい率は60％、容積率は200％である。
　(チ) 本件土地は、宅地造成等規制法第3条《宅地造成工事規制区域》に規定する宅地造成工事規制区域内に所在している。

ニ 本件土地は、いわゆる倍率地域に存し、本体土地に係る平成21年度の固定資産税評価額は10,651,672円であり、これに適用される＊＊＊＊が定める倍率は1.1倍である。

ホ 請求人は、本件相続に係る相続税の申告に当たり、＊＊＊＊に本件土地の不動産鑑定評価を依頼した。
　＊＊＊＊は本件土地の鑑定評価額を7,430,000円（以下「本件鑑定評価額」という。）と決定し、平成25年5月8日付で、同評価額を記した鑑定評価書（以下、当該評価書記載の内容を「本件鑑定評価」という。）を請求人に提出した。
　本件鑑定評価の要旨は、別紙3のとおりである。

ヘ 本件更正処分に係る審査請求に至る経緯
 （イ） 請求人は、法定申告期限後である平成25年6月7日、別紙1の「申告」欄のとおり、本件相続に係る相続税の申告（以下「本件申告」という。）をした。本件申告においては、本件土地及び本件家屋が課税価格に含まれており、本件土地は本件鑑定評価額で評価されていた。また、本件土地及び本件家屋を含む相続財産の一部が相続人間において分割されていなかったため、請求人は、当該財産について、相続税法第55条の規定を適用し、民法の規定による相続分の割合に従って財産を取得したものとして、課税価格及び税額を計算した。
 （ロ） 原処分庁は、本件土地の価額を評価通達の定める評価方法（同通達21、21-2）により11,716,839円（10,651,672円×1.1倍）と評価して、本件申告における価額7,430,000円との差額4,286,839円を課税価格に加算し、一方、本件申告において、相続財産とならない預貯金等の金額11,287,785円が課税価格に含まれていたとしてこれを減算し、平成25年7月1日付で請求人に対し、別表1の「減額更正処分」欄のとおり、相続税を減額する旨の更正処分をした。
　　なお、請求人に係る課税価格について、相続税法第55条の規定が適用されている。
 （ハ） 請求人及び＊＊＊＊は、＊＊＊＊、＊＊＊＊を相手方として、本件被相続人に係る遺産分割調停を申し立て、＊＊＊＊に調停が成立した（以下「本件調停」という。）。
　　請求人は、本件調停により、本件土地ほか8筆の土地及び生命保険契約に関する権利等を取得した。
　　なお、本件調停において、本件家屋が、請求人固有のものであり、本件被相続人の遺産に属さないことを確認する旨の調停条項が定められた。
 （ニ） 原処分庁は、上記（ハ）のとおり請求人が本件調停により取得した財産に係る課税価格が、本件申告における民法の規定による相続分の割合に従って計算された課税価格と異なることとなったとして、平成27年5月14日付で、請求人に対し、別表1の「更正処分」欄のとおり、相続税の更正処分（以下「本件更正処分」という。）をした。
 （ホ） 請求人は、本件更正処分を不服として、平成27年7月21日付で異議申立てをしたところ、異議審理庁は、同年10月20日付で棄却の異議決定をした（異議決定書謄本の送達日は平成27年10月22日である。）。
 （ヘ） 請求人は、異議決定を経た後の本件更正処分に不服があるとして、平成27年11月24日に審査請求をした。
ト 本件督促処分に係る審査請求に至る経緯
 （イ） 原処分庁は、請求人が本件更正処分に基づき納付すべき相続税及び延滞税（以下、併せて「本件滞納国税」という。）を納期限までに納付しなかったことから平成27年7月29日付で、請求人に対し、本件滞納国税の督促処分（以下「本件督促処分」という。）をした。
 （ロ） 原処分庁は、平成27年11月9日、請求人が有する債権を差し押さえ、同年12月3日にこれを取り立てた上、同月11日、取り立てた金員を本件滞納国税に充当した。
　　これにより、本件滞納国税は完納となった。
 （ハ） 請求人は、本件督促処分について所要の異議決定を経た上、平成27年11月24日、本件督促処分についての審査請求をした。
2 争点
　評価通達の定める評価方法による本件土地の評価額が時価を超え、過大に評価されている違法があるか否か。

3 主張

| 原処分庁 | 請求人 |
|---|---|
| 本件＊＊＊＊に付された固定資産評価基準に定める路線価は、宅地造成等規制法による規制などを踏まえ、公示価格の7割程度になるよう適正に評定されたものであり、本件土地の平成21年度の固定資産税評価額は、同路線価を基礎として、本土地の形状等を考慮して算定されたものであるから、当該固定資産税評価額を基礎として、評価通達の定める評価方法により評価した原処分における本件土地の評価額に誤りはない。<br>　また、本件鑑定評価における取引事例比較法の標準化補正の数値に整合性がなく、公示価格との基準において用いられた数値の設定根拠が不明であることなどから、本件鑑定評価額は、合理的に算定されたものとはいえない。<br>　したがって、本件仮定評価額をもって、評価通達の定める評価方法による評評価額が時価を上回っているとは認められない。 | 本件土地には、本件河川との間に斜度60度の勾配（高さ約4ｍの崖）が存しており、これは建築基準法の崖に当たり、＊＊＊＊＊＊＊＊に基づく安息角を取ることが義務付けられていることから、本件土地に建築物を建築する場合には、本件河川との間に存する崖が崩れない措置を講ずる必要があるが、本件土地の地形上、その措置に高額な費用がかかるか、あるいは、土地の利用に制限がある。また、本件土地は、公共下水への接続が困難であること、地中にコンクリート板が埋め込まれていること、南西方の民地との間に約1.6ｍの段差があることから、これらの事情を考慮した価額が、本件土地の適正な時価であるというべきである。<br>　そして、本件鑑定評価額は、上記の各事情を考慮したものであり、同価額が、本件土地の適正な時価である。<br>　他方、上記の各事情を考慮していない評価通達の定める評価方法による評価額は、本件土地の適正な時価を超えている。 |

4 判断

(1) 法令解釈

　相続税法第22条は、相続財産の価額は、特別に定める場合を除き、当該財産の取得の時における時価によるべき旨を規定しており、ここにいう時価とは相続開始時における当該財産の客観的な交換価値をいうものとされる。

　この点、相続財産は多種多様であるから、客観的交換価値は必ずしも一義的に確定されるものではなく、これを個別に得価することとしたときには、その評価方法等により異なる評価額が生じて納税者間の公平を害する結果となったり、国税庁の事務負担が過多となって大量に発生する課税事務の適正迅速な処理が困難となったりするおそれがある。

　そこで、課税実務上は、相続財産評価の一般的基準が評価通達によって定められ、原則としてこれに定める画一的な評価方法によって相続財産を評価することとされている。このように、評価通達の定める評価方法によって相続財産を評価することは、税負担の公平、効率的な税務行政の運営という観点からみて合理的であると考えられるから、相続財産の評価に当たっては、評価通達の定める評価方法によっては適正な時価を適切に算定することのできない特別な事情の存しない限り、評価通達の定める評価方法によって評価を行うのが相当であり、かかる得価額をもって、当該相続財産の時価であると事実上推認することができるものというべきである。

(2) 認定事実
　請求人提出資料、原処分関係資料及び当審判所の調査の結果によれば、次の事実が認められる。
イ　本件土地は、＊＊＊＊＊＊＊＊の北西方約570ｍに位置し、その周辺は、農地、戸建住宅、共同住宅が存する住宅地域である。本体土地に近い、＊＊＊沿いには、大型スーパー、紳士服販売店、パチンコ店等が存する。
ロ　本件土地の存する行政区減である＊＊＊＊＊＊＊＊に存する公示地（地価公示法第２条の規定により、国土交通省が、毎年１月１日を基準日として公示する標準地をいう。）である別表３記載の土地（以下「本件公示地」という。）の状況等は、同別表のとおりであり、本件公示地の平成21年の公示価格（以下「本件公示価格」という。）は、44,300円／$m^2$である。
ハ　本件公示地は、別紙５のとおり＊＊＊＊沿いに存する大型スーパー前の交差点の東方約200ｍに位置し、その周辺は、農地、一般住宅、農家住宅等が混在する住宅地域である。
　本体土地は、別紙６のとおり、本件公示地の北東方約500ｍに位置している。
ニ　本件鑑定評価における本件鑑定評価額の算定過程の要旨は、次のとおりである。
　（イ）　本件土地は、河川際の画地条件が劣り、一般住宅としては規模が大きく、その形状から、分割して分譲することを想定することも困難である。また、共同住宅の建設は見込まれるが、収益性はあまり高いとはみられず、現況の作業場等では市場が制約されるから、総合的にみて市場性が限定されることに留意する必要がある。
　（ロ）　評価方法としては、取引事例比較法による比準価格、収益還元法による収益価格及び公的評価からの基準価格を相互に関連付けて更地としての鑑定評価額を決定することとし、原価法は採用しない。
　（ハ）　上記（イ）及び（ロ）を前提に、別紙３の付表1-1の取引事例を参考に、同付表1-2のとおり、取引事例比較法による比準価格を7,368,000円（12,000円／$m^2$）と試算する。
　（ニ）　上記（イ）及び（ロ）を前提に、本件土地に最有効使用の共同住宅１棟を建築、貸貸することを想定し、実際の賃貸事例を基に、当該想定建物を賃貸した場合の収益を11,676円／$m^2$、総費用を3,242円／$m^2$、想定建物に帰属する純収益を7,852円／$m^2$と査定した上で、本体土地に帰属する純収益を550円／$m^2$と査定し、これを還元利回り5.1％で還元して、収益価格を6,631,200円（10,800円／$m^2$）と試算する。
　（ホ）　公示価格との基準として、別紙３の付表２のとおり、本件公示価絡44,300円／$m^2$、時点修正及び標準化補正を施し、さらに、地域要因の比較として、付表3-1の補正を施すなどして、規準価絡を7,982,000円（13,000円／$m^2$）と算定する。
　（ヘ）　上記（ハ）の取引事例比較法による比準価格、上記（ニ）の収益還元法による収益価格及び上記（ホ）の規準価絡を加重平均した7,430,000円（上位三桁未満四捨五入 12,100円／$m^2$）を、本件土地の鑑定評価額（更地価格）と決定する。
(3) 検討
イ　本件土地を評価通達の定める評価方法（同通達21、21－2）によって評価すると、その評価額は11,716,839円となる（10,651,672円×1.1倍＝11,716,839円）。
ロ　上記（1）のとおり、評価通達の定める評価方法は一般的な合理性を有するものとして、これによる評価額は、評価通達の定める評価方法によっては適正な時価を適切に算定することのできない特別な事情の存しない限り、当該相続財産の時価であると事実上推認することができる。
ハ　請求人の主張について

この点、請求人は、本件土地には、本件河川との間に存する勾配について、これが崩れないようにするための措置を講ずる必要があるが、その措置に高額な費用がかかること、公共下水への接続が困難であること、南西方の民地との間に高低差があること、地中にコンクリート板が埋め込まれていることなどの減価要因があり、これらの事情を考慮しなければ適正な時価を算定することができないが、評価通達の定める評価方法による評価額はこれらの事情を考慮しておらず、適正な時価を超えている旨主張する。

　しかし、請求人が指摘するような本件土地の利用上の制限等に関する事情は、評価通達21に定める評価方法（倍率方式）の基礎となる固定資産税評価額の評価の基礎である固定資産評価基準において、既に定型的な減価要因として位置付けられているものであるから、評価通達の定める評価方法の不合理性を基礎付ける事情とはいえない。

　また、本件土地の利用に当たり必要となる措置等の内容は、不動産鑑定士の想定（なお、本件鑑定評価において、最有効使用は特定されていない。）によって変わり得るものであり、それ自体、一義的に定まるものではない。

　さらに、地中埋設物が存するとの点については、当該埋設物が本件土地の価額を一般的に下落させるようなものであるかは明らかでなく、かえって、上記1の（3）のロのとおり、本件相続開始日当時、本件土地上には現に本件家屋が建っていたことからすると、当該埋設物は建物に支障を及ぼさないものであるとも考えられる。

　これらによれば、請求人が指摘する事情をもって、本件土地につき、評価通達の定める評価方法によることのできない特別な事情があるとはいうことができない。

ニ　本件鑑定評価額について
（イ）　請求人は、本件土地の時価は、本件鑑定評価額の7,430,000円である旨主張する。
（ロ）　しかし、不動産鑑定評価においては、最有効使用を判定し、これに基づく需要者の価値判断を基礎として対象不動産の価格を決定すべき（不動産鑑定評価基準総論第4章、第6章）ところ、上記（2）のニの（イ）のとおり、本件鑑定評価においては、本件土地の最有効使用が特定されていないことから、本件鑑定評価の比準価格、収益価格及び基準価格の試算等における各種の設定数値等が、どのような価値判断に基づき査定されたものであるのかが明らかでない。
（ハ）　また、本件鑑定評価における取引事例比較法による比較価格の試算においては、別紙3の付表1-1のとおり、5つの取引事例が選択されている。このうち、事例bは、丘陵地に農家住宅が散在する地域の取引事例であり、事例eは、工業地域の取引事例であるが、上記（2）のイによれば、本件土地の所在、街路の状況、幹線道路への連続性、最寄り駅からの距離等の利便性等に照らし、これらの取引事例は、本件土地とは明らかに価格事情が異なるものであるといわざるを得ない。

　さらに、事例dの存する地域の標準的な画地規模を300㎡としながら、地積300㎡の事例dの標準化補正に当たり、規模5ポイントの補正を施していることは不合理である。
（ニ）　加えて、本件鑑定評価は、別紙3の付表2、同付表3-1及び3-2のとおり、公示価格との基準に係る地域要因の比較において、本件土地の存する地域と本件公示地の存する地域の地域要因「環境条件」に合計80ポイント（「居住環境 10」、「施設接近性 2」、「周辺の土地の利用状況 30」、「画地の配置、街路の整然性、自然的条件等 30」、「地域として名声・品等高その他 8」）の減価補正を施している。

　しかし、本件土地と本件公示地は、その街路の状況、幹線道路への連続性、最寄り駅との距

離、公法上の規制、公共施設等への接近の状況その他の宅地の利用上の便からみて、価格事情が大きく異なる地域に属しているものとは認め難く、上記（2）のイ及びハによると、本件公示地の存する地域の方が、本件土地の存する地域よりも住宅地としての完成度が高いものとうかがえることを考慮しても、「周辺の土地の利用状況」、「画地の配置、街路の整然性、自然的条件等」として、それぞれ30ポイントもの大幅な差を設けることの合理性を見出せない。

　　　また、上記のとおり、本件土地と本件公示地の所在する各地域の価格事情が大きく異なるとは認め難いことに加え、本体公示地の所在する地域に農地等が存していることや、同地域が第一種住居地域（住居の環境を保護するため定める地域　都市計画法9条第5項）に指定されていることなどに照らすと、本件公示地の周辺が、住宅地として特に名声の高い地域であるとはうかがわれず、両土地の所在する地域に「地域としての名声・品等高その他」として8ポイントの差を設けることの合理性も見出せない。

　　　したがって、本件鑑定評価において求められた規準価格は、合理的な判断過程を経たものであるとは認めることができず、これと比較した本件鑑定評価における各試算価格ひいては本件鑑定評価額は、公示価格との均衡が保たれたものであるとは認められない。

　（ホ）　上記（ロ）ないし（ニ）の各点に照らせば、本件鑑定評価は、合理性を欠くものであるといわざるを得ず、これをもって、本件土地につき、評価通達の定める評価方法によることのできない特別な事情があるとはいうことができない。

ホ　小括

　　以上によれば、本件土地の時価は、上記イの評価通達の定める評価方法によって評価した評価額であると認めるのが相当である。

5　本件家屋に関する請求人の主張について

　　請求人は、本件調停において、本件家屋が請求人固有のものであり、本件被相続人の遺産に属さないことが確認されたこと（上記1（3）のへの（ハ））から、本件家屋は本件相続に係る相続税の課税価格に含まれない旨主張する。

　　しかし、当審判所の調査の結果によれば、本件家屋は本件被相続人が生前所有していた相続財産であると認められ、このことは、相続人間で上記のような合意がされたことのみによって左右されるものではないから、請求人の主張は採用することができない。

6　本件更正処分の適法性について

　　以上によれば、本件更正処分は適法である。

7　本件督促処分に対する審査請求について

　　請求人は、本件督促処分の取消しを求めているが、行政処分の取消しを求めるについては、その取消しを求める処分の効力が現に存在していることが必要であるところ、上記1の（3）のトの（ロ）のとおり、原処分庁が、本件滞納国税を徴収するため、債権の差押え、取立て及び充当を行ったことにより、本件滞納国税の納付義務は消滅したから、本件督促処分の目的は達せられて、その効力は消滅しており、請求人は、もはや本件督促処分の取消しを求める法律上の利益を有しない。

　　したがって、本件督促処分に対する審査請求は、不適法である。

8　その他

　　原処分のその他の処分については、請求人は争わず、当審判所の調査の結果によっても、これを不相当とする理由は認められない。

　　よって、主文のとおり裁決する。

別表1（省略）

別表2　本件土地及び本件家屋

1　本件土地

| 項目 | 内容 |
|---|---|
| 所在 | ＊＊＊＊ |
| 地番 | ＊＊＊＊ |
| 地目 | 田（現況：宅地） |
| 地積 | 614 m$^2$ |

2　本件家屋

| 項目 | 内容 |
|---|---|
| 所在 | ＊＊＊＊ |
| 家屋番号 | （未登記） |
| 種類 | 居宅兼倉庫 |
| 構造 | 鉄骨造瓦葺2階建 |
| 延床面積 | 163.86 m$^2$ |

別表3　本件公示地の状況等

| | 本件公示地（＊＊＊＊） |
|---|---|
| 所在及び地番 | ＊＊＊＊ |
| 調査基準日 | 平成21年1月1日 |
| 価格 | ＊＊＊＊／m$^2$ |
| 地積 | 145.00 m$^2$ |
| 形状 | （間口 1.2：奥行 1.0） |
| 利用区分・構造 | 建物などの敷地、鉄骨造 2F |
| 利用現況 | 住宅 |
| 周辺の土地の利用現況 | 一般住宅・農家住宅等が混在する既成住宅地域 |
| 前面道路の状況 | 南 3.8 m　（＊＊＊＊） |
| 給排水等状況 | 水道・下水 |
| 交通施設・距離 | ＊＊＊＊・950 m |
| 用途区分 | 第一種住居地域 |
| 建ぺい率・容積率 | 60％・200％ |

別紙3　本件鑑定評価の要旨

1　鑑定評価額　7,430,000 円
2　鑑定評価の基本的事項の確定

　現況は、本件土地上に建物が存するが、更地として鑑定する（独立鑑定評価）。

　　(1)　価格時点　＊＊＊＊＊＊
　　(2)　鑑定評価を行った年月日　平成25年5月7日

(3)　価格の種類　正常価格
　　(4)　対象不動産の種別及び類型
　　　　　種別　住工混在地、類型　更地
3　鑑定評価の依頼目的　相続税申告資料とするため。
4　鑑定評価の依頼目的及び条件と価格の種類との関連
　　依頼目的に即して上記2の条件（更地としての鑑定）を付して正常価格をもって鑑定評価することが合理的かつ適法であると判定した。
5　鑑定評価上の不明事項に係る取扱い及び調査の範囲
　　(1)　周知の埋蔵文化財包蔵地外である。
　　(2)　公開情報（古地図、閉鎖登記等）と現況検分のみ行うものとした。
　　(3)　土中の状態は不明であるが、現地検分で特段の情報は得られなかった。
　　上記より有害化学物質による土壌汚染の可能性はごく低く、価格形成要因としては考慮しないものとした。
6　鑑定評価額決定の理由の要旨
　　(1)　価格形成要因の分析
　　　イ　地域要因
　　　（イ）　近隣地域の概況
　　　　A　位置・交通接近条件等について、＊＊＊の北西方直線距離約570ｍ（道路距離約830ｍ）、＊＊＊の北西方直線距離約140ｍ（道路距離約200ｍ）。地勢は概ね平坦、対象不動産の東側を小河川（＊＊＊＊＊）が北から南へ流れている。
　　　　B　近隣地域の範囲について、本件土地付近を中心として東方約50ｍ、西方約30ｍ、南方約20ｍ、北方約170ｍ程度の範囲。作業所、小規模開発の分譲住宅等がみられる地域であり、周辺には農地も多く残されている。街路系統は＊＊＊＊に近接しているが、幅員、画地の配置等から、やや劣ると判定した。
　　　　C　街路条件について、東側で幅員約4ｍの舗装＊＊＊＊＊に依存。路面はほぼ平坦である。背後を幅員約10ｍの＊＊＊＊＊が通る。
　　　　D　行政的条件について、非線引都市計画区域、用途地域指定無し（建ぺい率60％、容積率200％）、屋根不燃区域、宅地造成工事規制区域である。
　　　　E　標準的使用の現状及び将来の動向について、倉庫、一般住宅敷地としての使用が標準的使用の地域。将来の動向は、用途的に安定的と判定した。
　　　　F　特記事項　＊＊＊＊から50ｍまでは準工業地域（建ぺい率60％、容積率200％）に指定されている。本件不動産南端がかかっている可能性がある。
　　　（ロ）　市場の特性
　　　　　同一需給圏は＊＊＊＊内程度の範囲。分譲住宅地ではない一般住宅地、工業地、農家住宅地、農地のうち開発素地を含む市場である。
　　　　　需要者は＊＊＊＊周辺の不動産業者、一般法人であり、広域からの需要は弱いと考えられる。価格帯は、市場参加者の資金力が弱く、大規模なものほど需要が限定されるとみられる。
　　　ロ　個別的要因
　　　（イ）　画地条件について、南北に細長く不整形な画地。東側に小河川（＊＊＊＊）との間が北

から南に流れ、この西側（右岸）沿いに接し、左岸沿いを通る＊＊＊＊に床版橋を架橋し、通行している。南北長最大約 84 m、東西幅最大約 18 m 程度である。画地内はほぼ平坦である。

(ロ) 接面条件について、北東部において幅約 6.4 m のコンクリート製の床版橋を架し、幅約 4 m の＊＊＊＊に接続している。河川幅は岸の斜面を入れて約 7 m 程度である。架橋は占用使用許可を得ており、床版橋の南端から約 1 m 程度の部分は元の仮架橋部分で歩行用であり、コンクリート板の簡易構造である。

南西端において幅 1 m 未満の歩行幅で隣地を買い、南西側の幅約 10 m の＊＊＊＊に接面するとされるが、分筆及び所有権移転登記が未了とされ、登記部分では南西側に接面間口はない。現況では幅約 4 m を＊＊＊＊に間口をとり駐車しているが、約 3 m 以上は隣地所有者である＊＊＊＊から使用借を認められている部分である。間口の状態、権利関係、経緯を総合して、南西側＊＊＊＊には接面していないと認められ、河川介在で東側の＊＊＊＊に接続する画地と判定した。

(ハ) 供給処理施設　上水道（北方隣地の他人地経由で引き込まれている。）

(ニ) 現況　作業所、居宅、倉庫敷地

(ホ) 自然的条件について、日照・通風で特に劣る要因は認められない。地盤は河川隣接でやや軟弱とみられるほか、コンクリート板の埋込があると聴取している。

(ヘ) 隣接関係について、西側は畑に対して約 1.5 m から約 1.8 m 程度低い。南側雑種地には約 2 m 程度高く、北側農地に対し概ね等高に隣接している。河川に対しては、法面（草木が繁茂）が介在して切れ落ちている。北端部の倉庫は隣地と跨って建ち、その部分は同一所有者である。

(ト) 特記事項　地歴としては、資材置き場であったことがあり、コンクリートパネルが置かれていた。元々の地盤面は、架橋時点で現在の地面よりやや低かったとされる。河川沿いは境界から 1 m 部分については、利用に制約があるとみられる。

ハ　対象不動産の市場特性は、河川際の画地条件が劣り、一般住宅としては規模が大きく分割・分譲するにも形状、位置等で困難が予想される。また、共同住宅・建設が見込まれるが、収益性はあまり高いとはみられず、現況の作業場等では市場が制約され、総合的にみて市場性が限定されていることに留意する。

7　鑑定評価方式の適用
(1)　鑑定評価の方針

適当な造成事例が得られないため、原価方式は適用しないものとした。

取引事例比較法による比準価格、公示価格からの規準価格、収益還元法による収益価格を相互に関連づけて、更地としての鑑定評価額を決定するものとする。

(2)　取引事例比較法

比準価格　12,000 円/m$^2$（付表 1-2 参照）

同一番給圏内の類似地域における取引事例（付表 1-1 参照）を収集し、信頼性の高いものを選択し、取引価格を本件土地の属する近隣地域の標準的画地と比較した。また、近隣地域の標準的画地として、整形な約 300 m$^2$ の画地を想定した。

試算値はいずれも規範性は高いと認められるが、やや画地規模に懸隔があり、工業地で地域要因の類似性がやや劣る事例 e の試算値を 0.5 倍にウェイト付けした加重平均値を標準として

調整の結果、比準価格を決定した。
(3) 収益還元法
　　本件土地に最有効使用の賃貸建物（共同住宅）を建設、賃貸することを想定し、直接法による土地残余法・永久還元法により、対象不動産の属する純収益を求め、還元利回りで還元し、収益価格 10,800 円 /m² を求めた。
　　（550 円 /m²（土地に帰属する純収益）÷5.1％（還元利回り）≒10,800 円 /m²）
(4) 公示価格との規準
　　13,000 円 /m²（付表 2 参照）
(5) 試算価格の調整及び鑑定評価額の決定
　　事例資料の質が十分に確保されていること、近隣地域における収益目的での土地利用は一般的でなく、地域的に賃貸市場が熟成していないことから、比準価格の規範性がより高いと判定し、公示価格との均衡にも留意して、12,100 円 /m²（比準価格 45％、規準価格 35％、収益価格 20％の加重平均値）を、更地価格と決定した。
(6) 鑑定評価額の決定
　　12,100 円 /m²×614 m²＝7,430,000 円（上位三桁未満四捨五入）

付表 1-1　取引事例の概要

|  | 事例 a | 事例 b | 事例 c | 事例 d | 事例 e |
|---|---|---|---|---|---|
| 取引時点 | 平成 21 年 1 月 | 平成 21 年 5 月 | 平成 20 年 2 月 | 平成 21 年 3 月 | 平成 21 年 3 月 |
| 所在 | ＊＊＊＊＊ | ＊＊＊＊＊ | ＊＊＊＊＊ | ＊＊＊＊＊ | ＊＊＊＊＊ |
| 地積 | 500 m² | 600 m² | 700 m² | 300 m² | 2,000 m² |
| 土地の種別 | 宅地見込み地 | 農家住宅地 | 混在住宅地 | 標準住宅地 | 工業地 |
| 類型 | 更地 | 建付地 | 更地 | 建付地 | 更地 |
| 最寄駅（距離） | ＊＊＊＊＊（北東 1.67 km） | ＊＊＊＊＊（北東 2 km） | ＊＊＊＊＊（東 1.07 km） | ＊＊＊＊＊（東方 1.07 km） | ＊＊＊＊＊（東 4.88 km） |
| 形状 | 不整形 | 不整形 | ほぼ台形 | 不整形 | 不整形 |
| 接面状況 | 二方路 | 中間画地 | 中間画地 | 角地 | 角地 |
| 用途地域 | 第一種低層住居専用 | 指定なし | 指定なし | 第一種低層住居専用 | 指定なし |
| 指定建ぺい率 | 60％ | 60％ | 60％ | 60％ | 60％ |
| 指定容積率 | 200％ | 200％ | 200％ | 200％ | 200％ |
| 近隣地域の状況 | 農地が多い河川沿いの宅地見込み地地域 | 丘陵地に農家住宅が散在する地域 | 幹線道路背後の混在地域 | 低階層建住宅、作業場が建ちならぶ地域 | 高台の大規模造成された住宅地域に隣接する工業地域 |
| 標準画地面積 | 300 m² | 300～500 m² | 300 m² | 300 m² | 1,500～3,000 m² |
| 供給処理施設 | なし | 水道 | なし | 水道・下水 | 水道・ガス・下水 |
| 自然的条件 | 河川近接 | 東下がり丘陵地 | 河川近接 | 南傾斜面 | ― |

（注）本件土地と各取引事例の位置関係は、別紙 4 のとおりである。

## 付表 1-2 比準価格

| | 取引価格 | 事情補正 | 時点修正 | 標準化補正 | 建付減価補正 | 地域要因の比較 | 標準的画地の試算値 (円/m²) |
|---|---|---|---|---|---|---|---|
| ①事例 a | 19,014 | × 100/100 | × 96.7/100 | × 100/81.6 | × 100/— | × 100/100 | ≒ 22,533 |
| ②事例 b | 19,694 | × 100/100 | × 97.6/100 | × 100/92.1 | × 100/98 | × 100/106 | ≒ 20,091 |
| ③事例 c | 19,846 | × 100/100 | × 93.8/100 | × 100/79.2 | × 100/— | × 100/123 | ≒ 19,109 |
| ④事例 d | 19,757 | × 100/100 | × 96.9/100 | × 100/82.7 | × 100/98 | × 100/119 | ≒ 19,850 |
| ⑤事例 e | 17,000 | × 100/100 | × 96.8/100 | × 100/97.9 | × 100/— | × 100/88 | ≒ 19,101 |
| ⑥標準的画地の比準価格 | | | | | | | 20,300 円/m² |

| （標準的画地の比準価格） | | （個別的要因格差） | | |
|---|---|---|---|---|
| 20,300 円/m² | × | (59（注1）)/100 | ≒ | 12,000 円/m² |

（注1）上記個別要因格差は，以下の項目に係る数値を相乗したものである（▲は、マイナスを表す）。
・画地規模過大（購買層が限定され市場性が低下）　：▲12
・形状　　　　　　　　　　　　　　　　　　　　：▲10
・水路介在（利用可能間口の制約等）　　　　　　　：▲15
・背面間口（歩行のみ可）の存在　　　　　　　　　：1
・河川際で境界沿いの利用に制約があること等　　　：▲8
・地中の状態（コンクリート破片の埋込有）　　　　：▲5

（注2）各補正項目の内訳は，付表 3-1 及び付表 3-2 のとおりである。

## 付表 2 公示価格との規準

| | 公示価格 (円/m²) | 時点修正 | 標準化補正 | 建付減価補正 | 地域要因の比較 | 個別要因格差 | 標準価格 (円/m²) |
|---|---|---|---|---|---|---|---|
| ＊＊＊＊＊ | 44,300 | × 97.0/100 | × 100/104 | × 100/— | × 100/187 | × 59/100 | ≒ 13,000 |

（注1）地域要因の比較の内訳は、付表 3-1 のとおりである。
（注2）個別的要因格差の内訳は、付表 1-2（注1）のとおりである。

## 付表 3-1 各補正項目の内訳

| 補正内容 | | 事例 a | b | c | d | e | 標準地 |
|---|---|---|---|---|---|---|---|
| 標準化補正 | 街路・方位（角地・二方路） | 3 | 2 | 3 | 4 | 2 | 4 |
| | 不整形 | ▲12 | ▲5 | ▲8 | ▲7 | | |
| | 規模 | ▲10 | ▲5 | ▲12 | ▲5 | | |
| | 形状（後背が傾斜面） | | | ▲5 | | ▲4 | |
| | 画地内条件 | | | | ▲10 | | |
| | 相乗積 | ▲18 | ▲8 | ▲21 | ▲17 | ▲2 | 4 |

| 地域要因の比較 | 交通接近条件 | ▲3 | ▲5 |  | ▲4 | ▲10 | ▲1 |
|---|---|---|---|---|---|---|---|
|  | 街路条件 | ▲3 | 6 | 5 | 3 | 9 |  |
|  | 行政的条件 | 5 | 5 | 5 | 5 | 5 | 5 |
|  | 環境条件 | 1 |  | 12 | 15 | ▲15 | 80 |
|  | 相乗積 | 100 | 106 | 123 | 119 | 88 | 187 |

(注) ▲はマイナスを表す。

付表3-2 各補正項目の内訳(地域要因の比較・環境条件)

| 補正内容 | 事例 | a | b | c | d | e | 標準地 |
|---|---|---|---|---|---|---|---|
| 地域要因の比較（環境条件） | 居住環境 | 3 | 5 | 5 | 5 | ▲3 | 10 |
|  | 施設近接性 |  |  |  |  | ▲2 | 2 |
|  | 周辺の土地の利用状況 | 3 | ▲5 | 7 | ▲5 | ▲10 | 30 |
|  | 供給処理施設 | ▲5 | 0 | ▲5 | 5 | 10 |  |
|  | 画地の配置、街路の整然性、自然的条件等 |  |  | 5 | 10 | ▲10 | 30 |
|  | 地域としての名声・品等高その他 |  |  |  |  |  | 8 |
|  | 各項目数値の総和 | 1 | 0 | 12 | 15 | ▲15 | 80 |

(注) ▲はマイナスを表す。

# III 鑑定士視点からの考察

## 1 本件鑑定評価書の妥当性の検証

本件は請求人側の鑑定評価が否認された事例です。筆者の観点から当該事例における鑑定評価の妥当性を検証します。

### ❶ 最有効使用の判定

本件鑑定評価について、最有効使用が何か、という点が述べられていません。裁決書からは最有効使用の判定が難しい土地と考えられますが、「最有効使用の判定」なしに鑑定評価を行うことはやはり不合理と考えられます。接道条件（床版橋を介して道路に接道）及び地積（標準的画地規模の約2倍）等から、地積が大きくても最有効使用は1戸の住宅の敷地とすることが考えられます。または、土地の種別が住工混在地とされていることから、最有効使用は作業場等の敷地とすることも考えられますので、それらを踏まえて最有効使用の判定を行い、鑑定評価書に記載すべきだったと思われます。

なお、不動産鑑定評価基準では最有効使用の判定については第6章、第8章で述べられていますので引用します。

> 第6章　地域分析及び個別分析
> 第2節　個別分析
> 　Ⅰ　個別分析の意義
> 　　　不動産の価格は、その不動産の最有効使用を前提として把握される価格を標準として形成されるものであるから、不動産の鑑定評価に当たっては、対象不動産の最有効使用を判定する必要がある。個別分析とは、対象不動産の個別的要因が対象不動産の利用形態と価格形成についてどのような影響力を持っているかを分析してその最有効使用を判定することをいう。
>
> 第8章　鑑定評価の手順
> 第6節　資料の検討及び価格形成要因の分析
> 　（中略）
> 　価格形成要因の分析に当たっては、収集された資料に基づき、一般的要因を分析するとともに、地域分析及び個別分析を通じて対象不動産についてその最有効使用を判定しなければならない。

したがって、不動産鑑定評価において「最有効使用」を判定することは必須、ということになります。

## ❷ 取引事例比較法の適用

本件鑑定評価の取引事例比較法を適用過程について、はじめに取引事例の選択について検証します。

本件鑑定評価では標準的画地を $300\,\mathrm{m}^2$ と設定し、取引事例 a〜e の 5 事例から標準的画地価格を $20,300\,\text{円}/\mathrm{m}^2$ と求めています。各取引事例の取引価格はいずれも 1 万円台後半の単価であることから、価格帯としては適正かもしれません。ただし、取引事例 e については審判所からの指摘にもある通り、工業地の取引事例であることから、住工混在地内の土地である対象不動産と類似性があるのかはやや疑問です。また、取引事例 b 及び取引事例 d について、それぞれ「東下がり丘陵裾」「南傾斜面」とされていることから、個別性が強い取引事例と考えられます。標準化補正において取引事例 b、d は当該要因が適切に反映されているかの判断は難しいですが、標準的画地価格を求める際はできる限り個別性が強くない取引事例を選択すべきと考えられます。ただし、周辺地域にそのような事例がない場合にはやむを得ない部分もあるかと思われます。

次に、比準価格ですが、上記❶との関連で、最有効使用が何かということに基づき、価格を試算すべきと筆者は考えます。対象不動産上に建築物（住宅または作業所）を建築する場合、法面の工事は必要なのか。その場合には造成費がどれくらいかかるかを査定し、仮に相当な造成費がかかるとしたら、どれくらいの費用がかかるかを建築士等の外部の専門家に見積を依頼した上で鑑定評価額に反映すべきと筆者は考えます。

なお、裁決文の請求人の主張では「本件土地に建築物を建築する場合には、本件河川との間

に存する崖が崩れない措置を講ずる必要があるが、本件土地の地形上、その措置に高額な費用がかかるか、あるいは、土地の利用に制限がかかる」とされています。しかし、本件鑑定評価の要旨を読む限りでは当該要因について反映されていないように思われます。なぜその辺りの部分が比準価格に反映されなかったのかは不明ですが、この辺りも最有効使用の判定を明確化させなかったことの影響が出ているように考えられます。

### 3 収益還元法（土地残余法）の適用

本件鑑定評価では収益還元法（土地残余法）を適用しています。その際、「最有効使用の賃貸建物（共同住宅）」を建設、賃貸することを想定し、収益価格を試算しています。裁決書を読む限りでは、対象不動産の存する地域は相当に収益性が低い地域と考えられ、収益価格単価が比準価格単価と接近していることは収益性が低い地域ではまずありえないと考えられます。したがって、収益還元法（土地残余法）を適用する必要があったのかは疑問です。

### 4 規準価格

規準とした価格単価が比準価格よりも高くなっています。また、地域格差で100／187とされており、審判所からの指摘にもありますが、地域格差で大幅な差を設けることは適切ではないと思われます。対象不動産は用途地域の指定がない地域で、公示地は第2種住居地域に指定されています。対象不動産の固定資産税路線価が10,000円とすると、倍率1.1倍から相続税路線価は11,000円程度の水準です。

一方、公示地の推定路線価は44,300円／m$^2$×0.8≒35,400円／m$^2$程度と考えられます。そうすると、そもそも地域格差が3倍程度の開きがあることから、別の公示地を規準とすべきだったとも考えられます。多少距離が遠いとしても、より適切な公示地があればそちらの方が地域格差も大きくならず、審判所からの指摘もなかったかもしれません。

## 2 審判所の判断に対する検討

### 1 固定資産税評価額

請求人からの主張「本件土地には、本件河川との間に存する勾配について、これが崩れないようにするための措置を講ずる必要があるが、その措置に高額な費用がかかること、公共下水への接続が困難であること、南西方の民地との間に高低差があること、地中にコンクリート板が埋め込まれていることなどの減価要因があり、これらの事情を考慮しなければ適正な時価を算定することはできないが、評価通達の定める評価方法による評価額はこれらの事情を考慮しておらず、適正な時価を超えている」に対し、審判所は、「請求人が指摘するような本件土地の利用上の制限等に関する事情は、評価通達21に定める評価方法（倍率方式）の基礎となる固定資産税評価額の評価の基準である固定資産評価基準において、既に典型的な減価要因として位置付けられているものであるから、評価通達の定める評価方法の不合理性を基礎付ける事情とはいえない。」として否定しています。

しかし、筆者としては請求人側が挙げたような上記の要因が多数あり、それが固定資産税評価額に織り込んであるか、という点についてはかなり疑問です。筆者の経験上ですが、固定資

産評価基準の中ではがけ地等について、水平投影面積で査定を行い、当該面積が対象不動産の面積に対してどれくらいの割合か、ということで減額率を定めており、その減額率だけでは減価を反映し切れていない事例も見てきました。

したがって、審判所の主張については対象不動産の固定資産税評価額について、具体的に対象不動産が存する自治体の固定資産評価基準に則った上で検証し、数値として根拠を示すべきではなかったかと感じます。

### 2 公示価格との規準

公示価格との規準について、審判所は地域格差について大幅な差を設けることの合理性が見出せないと審判所は述べていますが、筆者も地域格差が大きいことについて疑問であることは上記で述べた通りです。したがって、審判所の主張には同意する部分もあります。

ただ、そうであるならば代替性のある他の公示地・基準地のポイントを示してほしかったと考えます。筆者の不動産鑑定士の立場としては、本件鑑定評価では他の規準とする公示地がないことでやむを得ず当該公示地を選択し、結果的に地域格差を大きくせざるを得なかったケースもあると推測され、その点のみで合理性がないと指摘されてしまうことは残念に感じます。

## Ⅳ 筆者が鑑定評価を行う場合

### 1 本事例において鑑定評価を採用すべきか否か

本件について鑑定評価を行うべきかの判断は難しいところです。あくまで想定項目が多くなりますが、筆者としての考えを示していきたいと思います。まず、手法としては取引事例比較法による比準価格のみを適用し、土地残余法による収益価格は試算しないと思われます（公示価格を規準とした価格は試算します）。また、取引事例比較法は通常の取引事例比較法（標準的画地価格からのアプローチ）、及び直接比準価格の2つのアプローチからそれぞれ価格を求め、鑑定評価額を決定することになるかと思われます。

### 2 取引事例比較法による比準価格

請求人の主張として、「本件土地に建築物を建築する場合には、本件河川との間に存する崖が崩れない措置を講ずる必要があるが、本件土地の地形上、その措置に高額な費用がかかるか、あるいは、土地の利用に制限がかかる」とされていますが、これについてはあくまで請求人の主張であり、本件鑑定評価の中では記載されておらず、原処分庁の主張や審判所の検討でも述べられていないため、筆者としてはこれをそのまま鵜呑みにはできないかと考えています。仮に、擁壁設置等の造成工事で相当の費用がかかるとすると、造成工事費用が土地値を上回ることとなり、採算が合わなくなることから、最有効使用は建物の建築を前提とする土地ではなく、資材置場等に限定されてしまいます。

現場を見ていないことから、あくまで想定の上で述べていくことになりますが、筆者として

は高額な造成工事の必要はないものと想定しての鑑定評価額を推定してみます。

　まず、床版橋を介してのみの接道だとすると、いわゆる間口狭小の減価があると考えられます。その他に地積過大、不整形、法面が存することによる有効宅地面積の減少、これらの要因でおそらくは－30％程度の減価率にはなるのではないでしょうか。法面については敷地内の傾斜地というより、床版橋があり、その下が傾斜地になっているようなイメージです（【図2】参照）。そうであるならば、法面になっている箇所は有効宅地面積にはなり得ません。おそらく床版橋を介しての接道義務を満たし、建築確認が取れることを考えると、地方都市であっても単価が安すぎる金額にはならないのではないかと考えます。

　したがって、想定する鑑定評価額として、標準的画地価格を20,000円／$m^2$程度とすると、

　　20,000円／$m^2$　×　（1－0.3）　×　614$m^2$　≒　8,600,000円

程度の評価額になると考えます。

《参考：評価額の比較》
　●納税者の主張：請求人鑑定評価額　　　　　7,430,000円
　●課税庁の主張：通達評価による評価額　　11,716,839円
　●筆者による評価：　　　　　　　　　　　　8,600,000円

# CASE 10 市街化調整区域内の宅地、貸家建付地、雑種地に対して不動産鑑定士による価格調査報告書で申告を行った事例

## I 事案の概要

**【本件各土地の位置関係及び形状（概要）】**

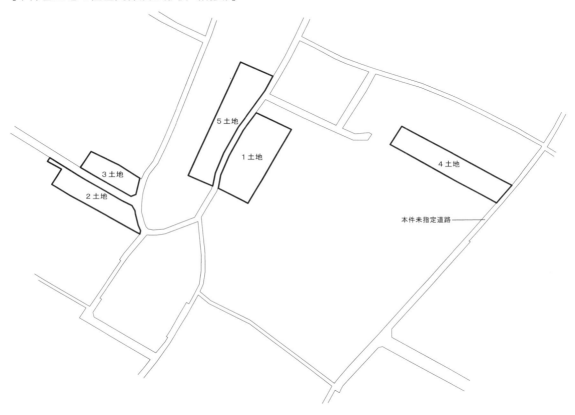

〈評価対象地〉

　平成25年に請求人が取得した市街化調整区域内の各土地。原処分庁による税務調査が行われた所、納税者側は平成28年4月22日に不動産鑑定士の価格調査報告書（平成26年8月15日作成）を提出した。1土地から5土地までの5件。各土地の状況は以下の通り。

　1土地：被相続人所有居宅の敷地（宅地）
　2土地：被相続人所有の平家建の敷地（貸家建付地）
　3土地：被相続人所有の平家建の敷地（貸家建付地）
　4土地：車両22台分の月極駐車場（雑種地）
　5土地：車両33台分の月極駐車場（雑種地）

〈納税者の主張〉

　本件土地調査価格は時価を表しており、評価通達に定める評価方法によっては適正な時価を算定できない特別な事情が存するから、本件原処分庁主張額には時価を上回る違法がある。

〈課税庁の主張〉

　評価通達の定める評価方法によっては適正な時価を適切に算定することのできない特別な事情が存すると解することはできないから、本件原処分庁主張額には時価を上回る違法はない。

## II　裁決の内容

■令和元年10月23日裁決（東裁（諸）令元第34号）

（＊＊＊＊は裁決書では伏字箇所）

1　事実
(1)　（省略）
(2)　（省略）
(3)　基礎事実

当審判所の調査及び審理の結果によれば、以下の事実が認められる。

イ　相続について

　＊＊＊＊（以下「本件被相続人」という。）は、＊＊＊＊（以下「本件相続開始日」という。）に死亡し、相続（以下「本件相続」という。）が開始した。

　本件相続に係る共同相続人は、本件被相続人の子である請求人らであり、本件被相続人が生前所有していた別表1の順号1ないし5に記載の各土地（以下、各土地を順次「本件1土地」ないし「本件5土地」といい、これらを併せて「本件各土地」という。）を取得した。

　本件各土地の位置関係及び形状は別図2のとおりであり、また、本件各土地の地積、登記地目、現況地目及び平成25年度の固定資産税評価額は別表1に記載のとおりである。

　なお、請求人らの間で、平成26年8月10日、本件相続に係る遺産分割協議が成立した（内訳は別表1の「取得者」欄記載のとおりである。）。

ロ　本件相続開始日における本件各土地の状況について

(イ)　本件各土地に共通する事項

A　本件各土地は、＊＊＊＊＊＊＊の南方約1,600mないし1,700m（道路距離）に位置し、都市計画法第7条《区域区分》に規定する市街化調整区域内に所在しており、その建蔽率（建築基準法第53条《建蔽率》第1項に規定する割合をいう。以下同じ。）は50％、容積率（同法第52条《容積率》第1項に規定する割合をいう。以下同じ。）は80％である。

B　＊＊＊＊が評価通達に基づき定めた平成25年分の財産評価基準書によれば、本件各土地が所在する＊＊＊＊＊＊の市街化調整区域は、評価通達21に定める倍率方式により評価する地域である。

　そして、同地域の宅地の評価倍率は1.0倍であり、同地域の畑は、中間農地として分類され、その評価倍率は98倍であるところ、同地域において、雑種地に係る評価倍率の定めはな

　　　　い。
　（ロ）本件1土地について
　　　A　本件1土地は、北西側で幅員約3.2ｍの市道に接面する間口約48ｍ奥行約21ｍのほぼ長方形の土地である。
　　　B　本件1土地は、本件被相続人が所有する家屋番号＊＊＊＊の建物及び家屋番号＊＊＊＊の建物並びに＊＊＊＊がその配偶者と共有する家屋番号＊＊＊＊の建物の敷地として使用されており、これらの建物は、いずれも本件被相続人及び請求人らの居宅として利用されていた。
　　　C　＊＊＊＊及びその配偶者は、上記Bの家屋番号＊＊＊＊＊の建物の敷地部分である本件土地の一部を本件被相続人から使用貸借により借り受けていた。
　（ハ）本件2土地について
　　　A　本件2土地は、北東側で幅員約4.5ｍの市道に、東側で幅員約3.6ｍの市道にそれぞれ接面する間口約52ｍ奥行約11ｍのほぼ長方形の土地である。
　　　B　本件2土地は、本件被相続人が所有する昭和44年12月5日新築の木造瓦葺平家建ての建物（家屋番号＊＊＊＊）、同日新築の木造瓦葺平家建ての建物（家屋番号＊＊＊＊）及び同年10月10日新築の木造瓦葺平家建ての建物（家屋番号＊＊＊＊）の敷地として使用されており、これらの建物は、いずれも第三者に賃貸されていた。
　（ニ）本件3土地について
　　　A　本件3土地は、南西側で幅員約4.5ｍの市道に、東側で幅員約3.6ｍの市道にそれぞれ接面する間口約32ｍ奥行約11ｍのほぼ長方形の土地である。
　　　B　本件3土地は、本件被相続人が所有する昭和44年10月10日新築の木造瓦葺平家建ての建物（家屋番号＊＊＊＊）及び同日新築の木造瓦葺平家建ての建物（家屋番号＊＊＊＊）の敷地として使用されており、これらの建物は、いずれも第三者に賃貸されていた。
　（ホ）本件4土地について
　　　A　本件4土地は、南東側で幅員約2.5ｍの市道（建築基準法42条《道路の定義》2項の規定による指定がされていない道路。以下「本件未指定道路」という。）に接面する間口約13ｍ奥行約67ｍのほぼ長方形の土地であり、接面する本件未指定道路と等高の平坦な土地である。
　　　B　本件4土地の登記記録上の地目は畑であるが、被相続人は、平成5年7月1日に、畑から駐車場に転用するとして、農地法4条《農地の転用の制限》1項に規定する転用の許可を受け、砂利敷きに整備した上、車両22台分の区画がある月ぎめ駐車場として第三者に使用させていた。
　　　C　本件4土地の固定資産課税台帳に登録された現況地目は雑種地である。
　（ヘ）本件5土地について
　　　A　本件5土地は、南東側で幅員約3.2ｍの市道に接面する間口約70ｍ奥行約19ｍのほぼ長方形の土地であり、接面する市道と等高の平坦な土地である。
　　　B　本件5土地の登記記録上の地目は山林であるが、砂利敷きに整備され、車両33台分の区画がある月ぎめ駐車場として第三者に使用させていた。
　　　C　本件5土地の固定資産課税台帳に登録された現況地目は雑種地である。
（4）審査請求に至る経緯
イ　請求人は、本件相続に係る相続税（以下「本件相続税」という。）について、別表2の「当初申告」欄のとおり記載した申告書を法定申告期限までに共同して原処分庁に提出した。

当初申告書には、＊＊＊＊が平成26年7月30日付で作成した内報と題する書面（以下「内報」という。）が添付されており、別表3-1の「申告額」欄のとおり、当該申告書第11表「相続税がかかる財産の明細書」中の本件1土地ないし本件3土地の価額欄には、内報に記載された本件1土地ないし本件3土地の評価額に基づく価額が記載され（ただし、本件相続税の課税価格に算入する価額は、本件1土地のうち＊＊＊＊が相続した持分については、租税特別措置法第69条の4《小規模宅地等についての相続税の課税価格の計算の特例》第1項第1号の規定を適用した後の価額）、本件4土地及び本件5土地の価額欄には、平成25年度のそれぞれの固定資産税評価額に1.0を乗じた価額が記載されていた。

ロ 原処分庁所属の調査担当職員が本件相続税に係る調査を実施したところ、請求人らは、平成28年4月22日、原処分庁に対し、＊＊＊＊が平成26年8月15日付で本件各土地それぞれにつき作成した価格調査報告書5通（これを併せて以下「本件各価格調査報告書」といい、本件各価格調査報告書に記載された各土地ごとの調査価格を、順次「本件1土地調査価格」ないし「本件5土地調査価格」といい、これらを併せて「本件各土地調査価格」という。）を提出した（本件各価格調査報告書記載の要旨は、別紙3-1ないし同3-6のとおりである。）。

なお、本件1土地調査価格ないし本件3土地調査価格の決定において選択された取引事例は、別表4の順号1ないし4のとおりである。

原処分庁は、平成30年7月27日付で、本件各土地の価額は評価通達の定めに基づき評価すべきであるなどとして、別表2の「更正処分等」欄のとおり、本件相続税の各更正処分（以下「本件各更正処分」という。）及び過少申告加算税の各賦課決定処分（以下「本件各賦課決定処分」という。）をした。

ハ 原処分庁が評価通の定めに基づき評価した本件各土地の価額は、別表3-1の「原処分庁主張」欄に記載の各価額（以下「本件各原処分庁主張額」という。）のとおりである。

ニ 請求人らは、平成30年10月29日、本件各更正処分及び本件各賦課決定処分の一部に不服があるとして、審査請求をするとともに、同日、＊＊＊＊を総代として選任し、その旨を当審判所に届け出た。

なお、本審査請求において請求人らが取消しを求めているのは、本件各土地に係る本件各更正処分のうち、本件各土地調査価格（別表3-1の「請求人ら主張額」欄の各金額）を上回る部分の額である。

2 争点
(1) 本件各原処分庁主張額には、時価を上回る違法があるか否か（争点1）。
(2) 本件4土地を評価通達の定めにより評価するとした場合、その比準土地は宅地又は農地のいずれとすべきか（争点2）。

3 争点についての主張
(1) 争点1（本件各原処分庁主張額には、時価を上回る違法があるか否か。）について

| 原処分庁 | 請求人ら |
| --- | --- |
| 評価通達に定める評価方法は、相続税法第22条に規定する時価を求めるための合理的な評価方法であるから、評価通達に定める評価方法によっては本件各土地の適正な時価を適切に算定することのできない特別の事情が存しない限り、 | 次のとおり、本件各土地調査価格は時価を表しており、評価通達に定める評価方法によっては適正な時価を適切に算定できない特別な事情が存するから、本件各原処分庁主張額には、時価を上回る違法がある。 |

本件各原処分庁主張は、本件各土地の時価を上回るものではないと推認される。

　そして、次のとおり、本件各土地調査価格は適正な時価であるとは認められず、評通達に定める評価方法によっては適正な時価を適切に算定することのできない特別な事情が存すると解することはできないか本件各原処分庁主張額には、時価を上回る違法はない。

イ　本件各価格調査報告書は、鑑定評価を行うに当たり必須とされる一般的要因の分析がない上、本件各土地が属する同一需給圏や近隣地域の範囲及び状況の具体的な記載も一切なく、不動産鑑定評価基準にのっとったものではないから、鑑定評価書と同程度の証拠価値を認めることはできず、本件各土地調査価格に合理性や信用性は認められない。

ロ　本件１土地調査価格について
　（イ）　本件１土地調査価格は、建物及びその敷地の価格調査として求められた価格であるが、請求人らは、この価格を本件１土地の価格とした上で評価通達に定める評価方法によって評価した価額と比較しており、比較対象を誤っている。
　（ロ）　比準価格の試算において採用された各取引事例は、いずれも本件１土地とは地積規模が著しく異なり、最有効使用が異なっていることから、これらの各取引事例の規範性は低い。
　（ハ）　比準価格の試算において採用した基準地の標準価格に対して、環境要因格差の修正などをしているが、用途の多様性に係る格差、市街化進行程度に係る格差及び周辺既存住宅地域等の性格・規模等に係る格差は、既に固定資産税路線価の評定において反映されているから、重ねて考慮するのは相当でない。
　（ニ）　本件１土地を戸建住宅の分譲用地として開発するとした場合には、同土地の形状、道路との接続等の状況か道路などの公共公益的施設用地の負担は生じないから、地積

イ　本件各価格調査報告書は、報酬や時間的な要因により一般的要因の記載を省略しているだけであるから、合理性や信頼性がないとはいえない。

　また、同一需給圏や近隣地域の範囲及び状況は調査価格決定の理由の要旨に記載されている。

ロ　本件１土地調査価格について
　（イ）　本件１土地上の各建物は、本件被相続人又はその親族が所有するものであるため、当該各建物を取り壊すに当たり客観的な制約はなく、建物取壊し費用を控除することが、土地（建付地として）の客観的な交換価値である時価を表している。
　（ロ）　比準価格の試算における近隣地域の標準地の地積は130 $m^2$であるから、取引事例の60 $m^2$ないし80 $m^2$の土地は狭小地ではなく、標準的範囲に含まれる。

　（ハ）　基準地の標準価格に対して、固定資産税路線価に係る格差マイナス30％、用途の多様性に係る格差マイナス10％、市街化進行程度に係る格差マイナス10％及び周辺既存住宅地域等の性格・規模等に係る格差マイナス10％の相乗積として、環境要因格差をマイナス50％と査定した。

　（ニ）　本件１土地の地積規模は、地域の標準面地の規模に比して著しく大きく、仮に潰れ地のない区画割計画であったとしても、袋地の区画を含むのであれば、相応の減価

| 原処分庁 | 請求人ら |
|---|---|
| が大きいことに基づく減額補正は不要であり、規格差を考慮する必要はない。 | を考慮すべきであるから、一般的減価要因となる。 |
| ハ　本件2土地調査価格及び本件3土地調価格について<br>（イ）本件2土地調査価格及び本件3土地調査価格は、貸家及びその敷地としての価格調査として求められた価格であるが、請求人らは、この価格を土地価格とした上で各土地を評価通達に定める評価方法によって評価した価額と比較しており、比較対象を誤っている。<br>（ロ）本件2土地調査価格においては、積算価格と収益価格に約2倍の開差があり、また、本件3土地調査価格においては、同約3倍の開差があるにもかかわらず、試算価格の調整において、両価格とも等しく説得力が高いと判断するのは不合理である。<br>　また、本件1土地調査価格において、その存する地域は、賃貸市場が未成熟であると判断していることからすると、同一地域に存する本件2土地及び本件3土地については、低位に求められた収益価格の説得力は低い。 | ハ　本件2土地調査価格及び本件3土地調価格について<br>　本件2土地及び本件3土地は、現況の客観的な交換価値から判断した場合、各土地上の建物の有効率が低く、借家人が相場よりも安い賃料で入居しているため、最有効使用が制限されている。<br>　そこで、当該制限等について、建物取壊し費用及び借家人への立退き料等の建付減額により考慮し、また、建物価格を零円としていることで、土地（建付地として）の客観的な交換価値である時価を表している。 |
| ニ　本件4土地調査価格及び本件5土地調査価格について<br>　本件4土地調査価格においては、比準価格と収益価格に約1.9倍の開差があり、また、本件5土地調査価格においては、同約1.7倍の開差があるにもかかわらず、試算価格の調整において、両価格とも等しく説得力が高いと判断するのは不合理である。 | ニ　本件4土地調査価格及び本件5土地調査価格について<br>　本件4土地及び本件5土地の評価通達の定めに基づき評価した価額は、各土地固定資産税評価額と比べると、本件4土地は約4倍、本件5土地は約3倍高く、著しい乖離がみられる。これは、当各土地が市街化調整区域内の雑種地であるという個別的要因を、評価通達に定める評価方法が十分に反映しきれず、適正な時価が評価できないことを示すものである。 |

(2)　争点2（本件4土地を評価通達の定めにより評価するとした場合、その比準土地は宅地又は農地のいずれとすべきか。）について

| 原処分庁 | 請求人ら |
|---|---|
| 本件4土地の存する＊＊＊＊の畑は中間農地に該当し、純農地であるとは認められず、また、 | 本件4土地は、隣接が全て農地であり、また、接面する本件未指定道路には、ライフラインで |

| | |
|---|---|
| 本件4土地の北西側に住宅地が広がっていることから、比準土地は宅地となる。<br>　請求人が主張する事情は、本件4土地の雑種地として競争力が同一需給圏内の代替競争不動産と比べて劣ることを指摘するものにすぎず、比準土地を農地法の規制を受ける農地と判定すべき根拠とはならない。<br>　そして、本件4土地は幹線道路沿いや市街化区域との境界付近に所在する土地ではなく、建物の建築制限に係る減価率を50％としてしんしゃくすることが相当であるから、その評価は、別表3-2の「原処分庁主張額」に掲げる金額となる。 | ある上水道及び都市ガスが敷設されておらず、建築基準法上の道路でもないことから、建築物を建築することができない。加えて、駐車場での借り手が少なく、農地としてしか利用できない状況であるから、比準土地は農地とすべきである。<br>　そして、評価通達に定める評価方法により評価する場合には、評価通達24-5《農業用施設用地の評価》に準じて評価するのが相当であり、その評価額は、別表3-2の「請求人ら主張額」欄に掲げる金額となる。 |

4　当審判所の判断
(1)　争点1（本件各原処分庁主張額には、時価を上回る違法があるか否か。）について
　イ　法令解釈等
　　（イ）　相続税法第22条は、同法第3章で特別の定めのあるものを除くほか、相続又は遺贈により取得した財産の価額は、当該財産の取得の時における時価により算定する旨を定めるところ、この「時価」とは、相続開始時における当該財産の客観的交換価値をいうものと解される。
　　　そして、相続財産の客観的交換価値は、必ずしも一義的に確定されるものではないところ、これを個別に評価する方法を採ると、その評価方法、基礎資料の選択の仕方等によって異なる評価額が生じることを避け難く、また、課税庁はこの事務負担が重くなり、迅速かつ適切な課税事務の処理が困難となるおそれがあることなどから、課税実務においては、法に特別の定めのあるものを除き、相続財産評価の一般的基準が評価通達（これに従って定められた定めを含む。）によって定められ、原則としてこれに定められた画一的な評価方法によって、当該財産の評価をすることとされている。このような扱いは、税負担の公平、納税者の便宜、徴税費用の節減といった観点からみて合理的であり、これを形式的に全ての納税者に適用して財産の評価を行うことは、通常、税負担の実質的な公平を実現し、租税平等主義にかなうものであるということができる。
　　　その上で、評価対象の財産に適用される評価通達に定める評価方法が適正な時価を算定する方法として一般的な合理性を有するものであり、かつ、当該財産の相続税の課税価格がその評価方法に従って決定された場合には、相続財産の価額は、評価通達に定める評価方法を画一的に適用することによって、当該財産の「時価」を超える評価額となり、適正な時価を求めることができない結果となるなど、評価通達に定める評価方法によるべきではない特別な事情がない限り、評価通達に定める評価方法によって評価するのが相当であり、評価通達に定める評価方法に従い算定された評価額をもって「時価」であると事実上推認することができるものというべきである。
　　　このような場合には、審査請求人において、財産評価の基礎となった事実関係に誤りがある

等、その評価方法に基づく価額の算定過程自体に不合理な点があることを具体的に指摘して上記推認を妨げ、あるいは、不動産鑑定評価等の証拠資料に基づいて、評価通達の定めに従って評価した価額が、当該事案の具体的な事情の下における当該相続財産の時価を適切に反映したものではなく、客観的な交換価値を上回るものであることを主張立証するなどして上記推認を覆すことがない限り、評価通達の定めに従って評価した価額が時価であると認めるのが相当である。

（ロ）　土地の適正な時価、すなわちその客観的な交換価値というものは、その土地の面積、形状、地域的要因等の各個別の事情、需要と供給のバランスなど様々な要素により変動するものであるから、これを一義的に把握することは困難であり、不動産鑑定士による鑑定評価額も、それが公正妥当な不動産鑑定理論に従うとしても、なお鑑定士の主観的な判断及び資料の選択過程が介在することを免れないのであって、鑑定士が異なれば、同一の土地についても異なる評価額が出てくることは避けられないのであるから、土地の客観的な交換価値には、ある程度の幅があるとみなければならない。かかる観点からすれば、評価通達の定めに従って評価した価額が時価とみるべき合理的な範囲内にあれば、相続税法第22条違反の問題は生じないと解するのが相当である。

　　したがって、土地に関し、評価通達の定めに従って評価した価額が客観的な交換価値を上回っているといえるためには、当該価額を下回る不動産鑑定評価が存在し、その鑑定が一応公正妥当な鑑定理論に従っているというのみでは足りず、同一の土地についての他の不動産鑑定評価があればそれとの比較において、また、周辺における公示価格や基準地の標準価格の状況、近隣における取引事例等の諸事情に照らして、評価通達の定めに従って評価した価額が客観的な交換価値を上回ることが明らかであると認められることを要するものというべきである。

ロ　認定事実

請求人ら提出資料、原処分関係資料並びに当審判所の調査及び審理の結果によれば、以下の事実が認められる。

（イ）　本件各土地の近隣で同じ市街化調整区域内に所在する宅地の基準地（基準地番号＊＊＊＊、以下「本件基準地」という。本件各土地との位置関係は別図1のとおり。）について

　A　本件基準地は、＊＊＊＊＊＊＊に所在する土地（地積146㎡）で、その建蔽率50％及び容積率80％は、上記1の（3）のロの（イ）のAのとおり、本件各土地の建蔽率及び容積率と同じである。

　B　本件基準地は、本件1土地調査価格ないし本件3土地調査価格の決定においても規準とされているところ（別紙3-2の3の（2）のイの（イ）のA、同3-3の3の（2）のイの（イ）のA及び同3-4の3の（2）のイの（イ）のA）、その標準価格（価格時点は各年の7月1日）は、平成25年及び平成26年と150,000円／㎡である。

　C　平成26年の＊＊＊＊＊＊地価調査において作成された、本件基準地に係る鑑定評価書には、要旨次の記載がある。

　　（A）　評価額等

　　　　　鑑定評価額　150,000円／㎡

　　　　　比準価格（取引事例比較法）160,000円／㎡（選択された取引事例は、別表4の順号5ないし9の宅地で、いずれも市街化調整区域内に所在する。）

　　　　　収益価格（収益還元法）　75,000円／㎡

規準価格：150,000 円／m$^2$（規準した地価公示地は標準地番号：＊＊＊＊土地（以下「本件地価公示地」という。）である。本件地価公示地は、市街化調整区域内に所在する地積 165 m$^2$、建蔽率 50％、容積率 80％ の土地で、本件各土地の西方約 7,000 m（道路距離）、＊＊＊＊＊の南方約 2,300 m（道路距離）に位置する。）

　　　（B）　試算価格の調整・検証及び鑑定評価額の決定の理由
　　　　　地域内外にアパート等も見られるが、採算面等からみて、収益目的での土地需要はほとんど期待できず、地域内での土地取引は自用目的が中心と判断されるため、規範性の高い取引事例を基に試算し、市場の動向をより的確に反映していると認められる比準価格を中心とし、収益価格がかなり低めに試算されたことも参酌するとともに、類似的地域内の地価公示地の価格との検討も踏まえ、鑑定評価額を決定した。

　（ロ）　本件各土地の近隣で同じ市街化調整区域内に所在する標準宅地（標準宅地番号：＊＊＊＊。以下「本件標準宅地」という。）について
　　Ａ　＊＊＊＊における土地の固定資産税評価額は、評価対象の土地が接面する街路に付された固定資産税路線価を基に評価することとされており、街路に付設する固定資産税路線価は、主要な街路（地価公示地、基準地又は標準宅地に接面する街路）の固定資産税路線価に比準街路条件、交通接近条件、環境条件及び行政条件等の価格形成要因（個別的要因）を相互に比較検討して付設する旨定められている（別紙２の４の（1）ないし（4））。
　　Ｂ　本件標準宅地は＊＊＊＊に所在する土地（地積 257 m$^2$）で、その建蔽率 50％ 及び容積率 80％ は、上記１の（3）の口の（イ）のＡのとおり、本件各土地の建蔽率及び容積率と同じであるところ、本件各土地に接面する街路の固定資産税路線価が比準する主要な街路は、本件標準宅地が接面する街路である。
　　Ｃ　本件標準宅地については、平成 23 年 1 月 1 日及び同 26 年 1 月 1 日を価格時点とする鑑定評価書がそれぞれ作成されており、平成 23 年 1 月 1 日を価格時点とする鑑定評価書での標準価格は 125,000 円／m$^2$ である。
　　　　また、平成 26 年 1 月 1 日を価格時点とする鑑定評価書には、要旨次の記載がある。
　　　（A）　評価額等
　　　　　　標準価格：124,000 円／m$^2$
　　　　　　比準価格（取引事例比較法）：131,000 円／m$^2$（選択された取引事例は、別表４の順号 10 ないし 12 の宅地で、いずれも市街化調整区域内に所在する。）
　　　　　　収益価格（収益還元法）　68,900 円／m$^2$
　　　　　　規準価格：123,000 円／m$^2$（規準した基準地は本件基準地）
　　　（B）　試算価格の調整と標準価格の査定
　　　　　　当地域では、宅地の取引は自用目的が中心で、地域内外にアパート等も見られるが、市街化調整区域であることや採算面からみて、収益目的での需要はあまり期待できないと判断されるため、規範性の高い取引事例を基に試算し、市場の動向をより的確に反映していると認められる比準価格を中心とし、収益価格がかなり低めに試算されたことも参酌するとともに、諸条件が比較的よく似た市街化調整区域内の基準地価格から求めた規準価格との均衡も考慮して再調整を行い、標準価格を決定した。

　（ハ）　平成 25 年度の固定資産税路線価について
　　　平成 25 年度の固定資産税路線価は、本件基準地が接面する街路が 103,000 円／m$^2$（平成 22 年

の本件基準地の標準価格152,000円／m²に基づく価格)、本件標準宅地が接面する街路が87,000円／m²（上記（ロ）の平成23年1月1日を価格時点とした標準価格125,000円／m²に基づく価格）、本件1土地が接面する街路が79,000円／m²である。

（ニ）　本件5土地の空き地率（駐車場としての区画があるものの賃貸されていない区画の割合をいう。以下同じ。）は、本件被相続人が原処分庁に提出した平成23年分ないし平成25年分の所得税青色申告決算書（不動産所得用）によれば、平成23年中が9.1％、平成24年中が9.8％、平成25年の本件相続開始日までの10か月の期間が10.0％であり、これらの期間の平均空き地率は9.6％である。

ハ　当てはめ
（イ）　本件各原処分庁主張額について

上記イのとおり、評価通達に定める評価方法によるべきではない特別な事情がない限り、評価通達の定める評価方法に従い算定された評価額をもって「時価」であると事実上推認することができる。

そして、原処分庁が本件各土地について評価通達の定めに従って評価したとする本件各原処分庁主張額は、別表3-1の「原処分庁主張額」のとおりである。

この点、当審判所が本件各土地を評価通達の定めに従って評価すると本件1土地の価額は別表5-1のとおり75,210,950円であるから、別表3-1の原処分庁主張を40円上回り、本件2土地ないし本件5土地の各価額はいずれも原処分庁主張額と同額となる（別表5-2ないし同5-5のとおり。）。

なお、本件4土地については、後記（2）で述べる当審判所の判断のとおり、その比準土地を宅地として評価通達の定めにより評価するのが相当である（以下、当審判所が本件各土地を評価通達の定めに従って評価した別表5-1ないし同5-5の価額を、順次「本件1土地審判所認定額」ないし「本件5土地審判所認定額」といい、これらを併せて「本件各審判所認定額」という。）。

したがって、本件各審判所認定額が本件相続開始日における本件各土地の時価であると事実上推認される。

そこで、請求人らの主張立証がかかる推認を覆すものであるか否かについて、以下検討する。

（ロ）　本件各土地調査価格について
　A　本件1土地調査価格について

本件1土地については、取引事例比較法による比準価格及び開発法による価格により、別紙3-2の3の（3）のロのとおり、調査価格を決定しているところであり、その合理性について検討する。

（A）　取引事例比較法による比準価格の合理性について

不動産鑑定評価基準によれば、取引事例比較法とは、近隣地域又は同一圏内の類似地域から収集選択した取引事例に係る取引価格に必要に応じて事情補正及び時点修正を行い、かつ、地域要因の比較及び個別的要因の比較を行って求められた価格を比較考量して対象不動産の価額を求める手法である。

取引事例比較法が、上記手法であることからすると、適切な取引事例の収集及び選択は、取引事例比較法において基本となる重要な事項である。

そこで、本件1土地調査価格の決定において選択された取引事例（別表4の順号1ないし4）をみると、1m²当たりの平均価格は、取引価格が74,113円、補修正後の価格が90,575

円である。

　これに対して、本件相続開始日と評価時点の近い、①本件基準地に係る平成26年の鑑定評価額の決定において選択された取引事例（別表4の順号5ないし9）及び②本件標準宅地に係る平成26年の標準価格の決定において選択された取引事例（同表の順号10ないし12）では、同じ1m²当たりの平均価格は、①の取引事例の価格が148,001円、補修正後の価格が151,600円、②の取引事例の価格が135,900円、補修正後の価格が130,573円である。

　別表4の各取引事例は、いずれも市街化調整区域内の土地であり、公法上の規制にそれほどの違いが見受けられないにもかかわらず、本件1土地調査価格の決定における取引事例は、上記①又は②の取引事例に比し、取引価格では50％程度、補修正後の価格においても30％から40％程度低廉であり、その開差の大きいことが認められる。そうすると、比較対象が規範性の高い基準地の鑑定評価に係る取引事例等であることからして、本件1土地調査価格の決定における取引事例の収集及び選択が適切であったか否か疑問を抱かざるを得ない。

　また、本件基準地の標準価格を規準とする価格の査定では、地域要因の比較における「環境条件」に150分の100（別紙3-2（付表2））の補正がされており、請求人は、その内容は①固定資産税路線価に係る格差マイナス30％、②用途の多様性に係る格差マイナス10％、③市街化進行程度に係る格差マイナス10％及び④周辺既存住宅地域等の性格・規模等に係る格差マイナス10％の相乗積である旨主張する（上記3の(1)の「請求人ら」欄のロの(ハ)）。

　確かに、上記ロの(ハ)のとおり、本件基準地に係る固定資産税路線価（103,000円／m²）と本件1土地にかかる固定資産税路線価（79,000円／m²）とは23％程度の格差はあるものの、上記ロの(ロ)のとおり、固定資産税路線価の付設においては、主要な街路の固定資産税路線価に比準するに当たって諸要因（街路条件、交通・接近条件、環境条件及び行政条件等）が検討されていることからすると、上記②ないし④の格差は、既に固定資産税路線価（上記①の格差）に反映されていると認められるから、本件における「環境条件」の150分の100は、上記②ないし④の格差を重複した過大な補正であるといわざるを得ず、その算定に合理性は認められない。

(B) 開発法による分譲収入の合理性について

　不動産鑑定評価基準によれば、開発法とは、分割利用をすることが合理的と認められるときは、更地を区画割りして標準的な宅地とすることを想定し、販売総額から通常の造成費相当額及び発注者が直接負担すべき通常の付帯費用を控除して求める手法である。

　そうすると、販売総額（分譲収入）の算定は、開発法による価格の試算において重要な要素となる。

　これを、本件についてみると、分譲収入のうちの土地の原価について、最近の周辺地域の標準的な戸建住宅用地の価格であるとして、標準単価を91,000円／m²としているが（別紙3-2（表3）の2「収支計画」の「分譲収入」欄）、当該標準単価は、上記（A）のとおり、価格査定に疑問のある取引事例比較法により求められた標準価格（90,600円／m²）に近似する価額であることから、当該標準単価に基づく分譲収入の算定が適正であったか否かにも疑問を抱かざるを得ない。

(C) 小括

上記（A）及び（B）のとおり、取引事例比較法により求められた比準価格及び開発法により求められた価格のいずれについても、その試算内容に合理性が認められないことから、それぞれの価格を調整した結果である本件1土地調査価格は、本件1土地の客観的交換価値を表すものとは認められない。

B　本件2土地調査価格及び本件3土地調査価格について

本件2土地及び本件3土地については、原価法による積算価格（取引事例比較法による比準価格から建付減価（取壊し費用及び立退き料）を控除した価格）及び賃料収入に基づき試算した収益還元法による収益価格により、別紙3-3の3の（3）のロ及び同3-4の3の（3）のロのとおり、調査価格を決定しているところであり、その合理性を検討する。

(A)　取引事例比較法による比準価格の合理性について

本件2土地調査価格及び本件3土地調査価格の決定における比準価格の査定では、本件土地調査価格の決定において選択した取引事例を採用しているが（別紙3-3の3の（2）のイの（イ）のA及び同3-4の3の（2）のイの（イ）のA）、上記Aの（A）のとおり、当該取引事例の収集及び選択に疑問があることから、求められた比準価格に合理性は認められない。

(B)　価格調査方式の合理性について

不動産鑑定評価基準では、不動産の最有効使用の判定に当たっては、現実の建物の用途等を継続する場合の経済価値と建物の取壊しや用途変更等を行う場合のそれらに要する費用等を適切に勘案した経済価値を十分比較考量することとされている。

この点において、本件2土地調査価格及び本件3土地調査価格の決定では、土地の最有効使用は、「住宅用敷地」であると判定している一方、建物及びその敷地としての最有効使用は、対象地上の建物がいずれも貸家住宅として利用されていることを理由に、現状（貸家住宅）の利用方法を前提とした「貸家及びその敷地」であると判定している（別紙3-3の3の（1）のロ及びハ並びに同3-4の3の（1）のロ及びハ）。

しかしながら、本件2土地及び本件3土地上には、上記1の（3）のロの（ハ）のB及び同（ニ）のBのとおり、いずれも耐用年数をはるかに経過した貸家住宅が存していることからすると、当該貸家住宅の用途等を継続する場合の経済価値と当該貸家住宅の取壊しや用途変更等を行う場合に要する費用等を適切に勘案した経済価値（例えば開発法による試算価格）とを比較考量することが必要であったものと考えられるが、本件においては、かかる比較考量は行われておらず、適用した価格調査方式が合理的であったか否か疑問を抱かざるを得ない。

(C)　試算価格の調整の合理性について

不動産鑑定評価基準では、試算価格の調整とは、鑑定評価の複数の手法により求められた各試算価格の再吟味及び各試算価格が有する説得力に係る判断を行い、鑑定評価における最終判断である鑑定評価額の決定に導く作業をいい、試算価格の調整に当たっては、対象不動産の価格形成を論理的かつ実証的に説明できるようにすることが重要であるとされている。

本件2土地調査価格及び本件3土地調査価格の決定においては、試算した原価法による積算価格及び収益還元法による収益価格とも等しく説得力が高いとして、それぞれの価格の平均をもって調査価格を決定している（別紙3-3の3の（3）及び同3-4の3の（3））。平均と

した理由は明らかではないが、積算価格に対する収益価格の割合が、本件２土地は52.9％、本件３土地は35.3％であることから、積算価格と収益価格の平均とすることによって、低位な収益価格の影響を受けることとなる。

　これに対し、本件基準地及び本件標準宅地に係る鑑定評価書においては、試算価格の調整等に関して、上記ロの（イ）のＣ及び同（ロ）のＣのとおり、規範性の高い取引事例を基に試算した比準価格を中心とし、収益還元法による収益価格は参酌する程度にとどめている。また、本件１土地調査価格の決定においては、価格調査方式を選択するに当たり収益性に基づく価格設定は馴染まないと判断し、収益還元法は適用していない（別紙3-2の3の(2)）。

　そうすると、本件においては、試算価格（本件では比準価格に基づき査定された積算価格と収益価格）が有する優劣の判断に関して、上記の本件基準地に係る鑑定評価書等と明らかな相異が認められるから、積算価格と収益価格の中値とする試算価格の調整が合理的であったか否か疑問を抱かざるを得ない。

(D)　小括

　上記（A）ないし（C）のとおり、取引事例比較法により求められた比準価格、適用した価格調査方式及び試算価格の調整に合理性が認められないことから、これらを前提として決定された本件２土地調査価格及び本件３土地調査価格は、本件２土地及び本件３土地それぞれの客観的交換価値を表すものとは認められない。

Ｃ　本件４土地調査価格及び本件５土地調査価格について

　本件４土地及び本件５土地については、取引事例比較法による比準価格及び賃料収入に基づき試算した収益還元法による収益価格により、別紙3-5（3）及び同3-6の3の（3）調査価格を決定しているところであり、その合理性について検討する。

(A)　取引事例比較法による比準価格の合理性について

　不動産鑑定評価基準では、公示区域において土地の正常価格を求めるときは、公示価格（公示価格がない場合には、基準地の標準価格）を規準とする旨定められているところ（別紙2の3）、地価公示法第11条《公示価格を規準とすることの意義》では、公示価格を規準とするとは、対象土地の価格を求めるに際して、当該対象土地とこれに類似する利用価値を有すると認められる１又は２以上の地価公示地との位置、地積、環境等の土地の客観的価値に作用する諸要因についての比較を行い、その結果に基づき、当該地価公示地の公示価格と当該対象土地の価格との間に均衡を保たせることをいう旨規定している。

　これを、本件においてみると、本件４土地調査価格及び本件５土地調査価格の決定において規準とされた地価公示地は、市街化調整区域内に存する＊＊＊＊＊＊＊（標準地番号：＊＊＊＊。以下「請求人地価公示地」という。）であるが（別紙3-5（付表2））、請求人地価公示地は、本件４土地及び本件５土地から道路距離にして約30㎞も離れた＊＊＊＊＊＊に所在する上、最寄り駅は＊＊＊＊＊の＊＊＊＊＊と本件４土地及び本件５土地とは異なる沿線の地域に存している。

　他方、本件４土地及び本件５土地の近隣には、本件地価公示地及び本件基準地が存在し、これらの土地は、本件４土地及び本件５土地に比して地積は小さいものの、その位置及び環境等の要因は、上記ロの（イ）のとおり、明らかに請求人地価公示地よりも、本件４土地及び本件５土地に類似するものであることからすると、本件において規準とした請求人地価公

示地については、その類似性の有無や諸要因の比較の合理性に疑問を抱かざるを得ない。

また、本件4土地及び本件5土地の近隣地域における標準的な画地を500㎡の雑種地と設定しているが、選択された取引事例（別紙3-5の3の（2）のイの（イ）のA及び付表1並びに同3-6の3の（2）のイの（イ）のA）の地積は、最小が122.32㎡と、設定された標準的な画地と地積が大きく異なるにもかかわらず、地積規模に係る個別的要因の補正はされておらず、設定した標準的な画地の規範性が乏しいといわざるを得ない。

(B) 収益還元法による収益価格の合理性について

　a　本件4土地の収益価格について

本件4土地は、その最有効使用を資材置場等用敷地とした上で（別紙3-5の3の（1）のロ）、資材置場として賃貸に供した場合に得られるであろう賃料を基に収益価格を試算している（別紙3-5（付表3）の総収益算出内訳（1）。年間支払見込賃料1,860,360円、1㎡当たりの金額は2,220円。）。

しかしながら、本件4土地は、上記1の（3）のロの（ホ）のBのとおり、本件相続開始日において、現に駐車場用地として使用されているにもかかわらず、駐車場用地（別紙3-6（付表）の総収益算出内訳（1）。本件5土地の収益価格における年間支払見込賃料3,570,600円、1㎡当たりの金額は3,426円。）と比較して賃料収入が低位に求められることとなるから、資材置場等用敷地を最有効使用とした判断には疑問を抱かざるを得ない。

また、初期投資費用として土地整備費用3,000,000円を減額しているが（別紙3-5（付表3））、その具体的な算定根拠等は明らかでなく、本件4土地が、上記1の（3）のロの（ホ）のA及びBのとおり、接面する本件未指定道路と等高で、砂利敷きに整備されていることからすると、当該土地整備費用の減額に合理性は認められない。

　b　本件5土地の収益価格について

本件5土地の収益価格の試算においては、空き地による損失相当額として年間賃料の40％相当の金額を減額している（別紙3-6（付表））。

確かに、空き地率の算定に当たっては、本件5土地の利用状況に限らず、本件5土地が存する地域の需要動向も考慮して適正に算定すべきではあるが、40％としている具体的な算定根拠等が明らかでない上、実際の本件5土地の空き地率は、上記ロの（ニ）のとおり、本件相続開始日前約3年間の平均が9.6％とその開差が大きいことからすると、40％相当の金額を減額することの合理性には疑問を抱かざるを得ない。

また、初期投資費用として土地整備費用3,000,000円を減額しているが（別紙3-6（代表））、その具体的な算定根拠等は明らかでなく、本件5土地が、上記1の（3）のロの（ヘ）のA及びBのとおり、接面する市道と等高で、地盤が砂利敷きで平坦に整備されていることからすると、当該土地整備費用の減額に合理性は認められない。

(C) 小括

上記（A）及び（B）のとおり、取引事例比較法により求められた比準価格及び収益還元法による収益価格のいずれについても、その試算内容に合理性が認められないことから、それぞれの価格を調整した結果である本件4土地調査価格及び本件5土地調査価格は、本件4土地及び本件5土地それぞれの客観的交換価値を表すものとは認められない。

(ハ) 本件各土地の各価額について

上記（ロ）のとおり、本件各土地調査価格によっても、本件各審判所認定額が本件相続開始日

における本件各土地の客観的な交換価値を上回ることが明らかであるとはいえず、本件各審判所認定額が本件相続開始日における本件各土地の時価であるとの推認を覆すに足りるものとは認められない。

　　したがって、評価通達に基づき評価した本件各土地の各価額（本件各審判所認定額）をもって、相続財産である本件各土地の時価と認めるのが相当である。
ニ　請求人らの主張について
（イ）請求人らは、上記3の（1）の「請求人ら欄」のイないしハのとおり、本件各土地調査価格が客観的交換価値を示した時価であることを前提として、評価通達に定める評価方法によっては適正な時価を適切に算定することのできない特別の事情がある旨主張するが、上記ハの（ハ）のとおり、本件各土地調査価格によっても、本件各審判所認定額が本件相続開始日における本件各土地の時価であるとの推認を覆すに足りるものとは認められない。
（ロ）請求人らは、上記3の（1）の「請求人ら欄」のニのとおり、本件4土地及び本件5土地の評価通達の定めに従った評価額は、当該土地の固定資産税評価額と比べると著しい乖離がみられるから、評価通達に定める評価方法では適正な時価が評価できない旨主張する。

　　この点について、＊＊＊＊における土地の固定資産税評価額の算定では、市街化調整区域内に所在する雑種地を評価するに当たって市街地宅地評価法が採用され、当該雑種地が接する街路に付された路線価を基礎に、画地計算法を適用して求めた基本価額を70％減額した価額から、当該雑種地を宅地に転用する場合において通常必要であると認められる造成費に相当する額（本件においては最低額の9,000円／m²）を控除して求めることとされている（別紙2の4の（2）及び（5））。

　　一方、評価通達の定めに従った評価額の算定は、別紙5-4及び同5-5のとおり、建物の建築制限に係るしんしゃく割合50％を減額した価額から宅地造成費（平たん地における整地費400円／m²）を控除しており、請求人らが主張する固定資産税評価額との乖離は、主に減価率の相違（50％又は70％）及び造成費の相違（9,000円／m²又は400円／m²）に基因するものと認められる。

　　しかしながら、評価通達の定めに従った評価額の算定に関しては、減価率の50％は、都市計画法に基づく利用制限があることに着目して、評価通達27-5《区分地上権に準ずる地役権の評価》が家屋の建築が全くできない場合の減価率を50％と借地権割合のいずれか高い割合と定めていること（別紙2の1の（3））を参考にして決定したものであり、このことに不合理な点があるとは認められない。また、宅地造成費の400円／m²は、本件4土地及び本件5土地が接面道路と等高の平坦な土地である（上記1の（3）のロの（ホ）のA及び同（ヘ）のA）という現況に応じた金額の計上であるから合理的な算定であると認められる。

　　そうすると、評価通達に従った評価額について、固定資産税評価額と乖離がみられたとしても、直ちにこれが不合理であるとは認められない。
（ハ）したがって、請求人らの主張はいずれも採用できない。
（2）争点2（本件4土地を評価通達の定めにより評価するとした場合、その比準土地は宅地又は農地のいずれとすべきか。）について
イ　法令解釈等
　　評価通達82において、雑種地の価額は、原則として、その雑種地と状況が類似する付近の土地（比準土地）について評価通達の定めるところにより評価した1m²当たりの面積を基とし、比準土地

とその雑種地との位置、形状等の条件の差を考慮して評定した価額に、その雑種地の地積を乗じて計算した金額によって評価する旨定めている。これは、土地の価額が、一般的にその土地の最有効使用を前提として形成されると考えられること、そして、この最有効使用の態様は、周辺土地の標準的な使用状況によって影響を受けるものであるから、比準土地の判定に当たっては、評価対象地の周囲の状況を十分考慮して判定するのが適切であると考えられることによるもので、合理的な判断手法ということができる。そして、市街化調整区域に所在する雑種地の価額を評価する場合の比準土地の判定に当たっては、その雑種地が店舗等の建築が可能な幹線道路沿いや市街化区域との境界付近にある場合には、宅地化の可能性があることから、付近の宅地の価額を基とするのが相当であり、他方、その雑種地の周囲が純農地、純山林、純原野である場合には、基本的には、付近の純農地等の価額を基とするのが相当であるが、これらのいずれにも当たらない場合には、一律に比準土地を定めるのが困難であることから、その雑種地の周囲の状況を十分考慮した上で個別に判定すべきである。

また、課税実務においては、市街化調整区域に所在する雑種地について比準土地を宅地として評価する場合、当該雑種地が建物の建築に当たり法的規制を受けることを踏まえ、建物の建築制限に係るしんしゃく割合（減価率）を、①原則として建物の建築が禁止されている場合は50％、②店舗等の建築が可能な幹線道路沿いや市街化区域との境界付近の地域に所在し、家屋の構造、用途等に制限を受ける場合には30％、③上記②と同様の地域に所在し、宅地価格と同等の取引実態が認められる場合には0％とすることとして取り扱っている。この取扱いは、評価通達82に定める条件の差を考慮したものとして、当審判所においても相当と認められる。

ロ　認定事実

請求人ら提出資料、原処分関係資料並びに当審判所の調査及び審理の結果によれば、以下の事実が認められる。

(イ)　本件相続開始日における本件4土地の周囲の状況について

A　本件4土地の南方に約200ｍ、東方に約300ｍ及び西方に約400ｍの位置に、それぞれ市街化区域との境界がある。さらに、南方約200ｍの市街化区域側には＊＊＊＊＊（UR都市機構が管理し、スーパーマーケット2店を擁する住宅戸数＊＊＊＊の団地）が近接する。

B　本件4土地は、その北東側及び南西側、並びに南東側で接面する本件未指定道路の反対側はいずれも農地（畑）であるものの、北西側では一団の居宅等の建築物が建築されている地域と隣接している。

C　本件4土地の周囲は、宅地、農地及び駐車場が混在する地域であるところ、半径がおおむね100ｍの距離の区域内には、50戸を超える居宅等の建築物が存している。また、本件4土地の南方向約20ｍの位置には、＊＊＊＊＊が経営する「＊＊＊＊＊」が存している。

D　本件4土地の周囲には、純農地、純山林、及び純原野はなく、周囲の農地は、申請者から転用許可申請がなされた場合に原則として転用が許可されない農地には該当しない。

(ロ)　本件4土地の法的規制について

本件4土地は、上記1の(3)のロ(イ)のAのとおり、都市計画法7条に規定する市街化調整区域に所在していることから、農家住宅や農業用施設等を建築する場合を除き、原則として建築物を建築することはできない。

(ハ)　本件4土地の固定資産税評価額について

本件4土地の平成25年度の固定資産税評価額は、現況地目を雑種地として、本件未指定道路に付された宅地としての固定資産税路線価に比準してその価額を求める方法により算出されており

（別紙2の4の（2）ないし（4））、その評価額は6,806,554円である。
ハ　当てはめ
　上記のイのとおり、評価通達82において、雑種地の評価は、原則として、比準土地の評価額を基として評価する旨定められているところ、本件4土地は、店舗等の建築が可能な幹線道路沿いなどにはなく、他方、その周囲が純農地、純山林、純原野でもないことから（上記ロの（イ）のD）、一律に比準土地を定めるのが困難であるため、その周囲の状況を十分考慮した上で、個別に判定することとなる。

　そうすると、本件相続開始日において、①本件4土地は、大型団地を含む市街化区域に近接していること（上記ロの（イ）のA）、②本件4土地は、北西側では一団の宅地と連たんし、半径がおおむね100mの距離の区域内には、幼稚園のほか、50戸を超える居宅等の建築物が存すること（上記ロの（イ）の4及びC）、③本件4土地は、農地法4条の規定による転用の許可を受け、駐車場として使用され、接面する本件未指定道路と等高の平坦な土地であること（上記1の（3）のロの（ホ）のA及び4）、及び④本件4土地の固定資産税評価額は、宅地に比準して求める方法により算出されていること（上記ロの（ハ））を併せ考慮すれば、本件4土地と状況が類似する付近の土地は宅地と認めるのが相当である。

　したがって、本件4土地の比準土地は、宅地と判定すべきであり、評価通達の定めによる評価額は、別表3-2の「原処分庁主張額」欄の金額（本件4土地審判所認定額と同額。）となる。
ニ　請求人らの主張について
　請求人らは、上記3の（2）の「請求人ら」欄のとおり、本件4土地には建築物を建築することができないことに加え、駐車場での借り手も少なく、農地としてしか利用できない状況であるから、比準土地を農地とすべき旨主張する。

　しかしながら、本件4土地と状況が類似する付近の土地は、上記ハのとおり、宅地であると認められるから、比準土地を農地とすることは相当でない。

　なお、本件4土地に建築物を建築することができない点については、上記イの後段の取扱いに基づき、建築制限に係るしんしゃく割合を50%とする減額を行うことによって考慮されているから、かかる事情も、比準土地を農地として評価すべき根拠とはならない。

　したがって、請求人らの主張には理由がない。
(3)　本件各更正処分の適法性について
　上記（1）のハの（ハ）のとおり、本件各審判所認定額には時価を上回る違法は認められず、評価通達の定めにより評価した本件各土地の各価額は、本件各審判所認定額のとおりである。これを前提に請求人らの課税価格及び納付すべき税額を計算すると、別表2の「更正処分等」欄の請求人らの課税価格及び納付すべき税額といずれも同額となる。

　また、本件各更正処分のその他の部分については、請求人らは争わず、当審判所に提出された証拠資料等によっても、これを不相当とする理由は認められない。

　したがって、本件各更正処分はいずれも適法である。
(4)　本件各賦課決定処分の適法性について
　上記（3）のとおり、本件各更正処分は適法であり、本件各更正処分により納付すべき税額の計算の基礎となった事実が本件各更正処分前の税額の計算の基礎とされていなかったことについて、正当な理由があるとは認められない。そして、本件各更正処分により納付すべき税額を基礎として請求人らに係る過少申告加算税の額を計算すると、別表2の「更正処分等」欄の過少申告加算税の額とそれぞ

れ同額となる。

したがって、本件各賦課決定処分は適法である。

(5) 結論

よって、審査請求は理由がないから、これを棄却することとし、主文のとおり裁決する。

別表1　本件各土地の明細

| 順号 | 区分 | 所在地 | 地積 | 登記地目 | 現況地目 | 固定資産税評価額 | 取得者 |
|---|---|---|---|---|---|---|---|
| 1 | 本件1土地 | ＊＊＊＊ | 100 m² | 山林 | 宅地 | 7,238,928 円 | 分合筆後の南側 342.43 m²（実測） ＊＊＊＊＊＊ 分合筆後の北側 684.83 m²（実測） ＊＊＊＊＊＊＊ 各1／2 |
| | | ＊＊＊＊ | 113 m² | | | 8,891,292 円 | |
| | | ＊＊＊＊ | 722.49 m² | 宅地 | | 52,300,630 円 | |
| | | ＊＊＊＊ | 86.17 m² | | | 6,780,200 円 | |
| | | （固定資産税評価の合計額）75,210,950 円 | | | | | |
| 2 | 本件2土地 | ＊＊＊＊ | 594.65 m² | 宅地 | 宅地 | 44,136,064 円 | ＊＊＊＊ |
| 3 | 本件3土地 | ＊＊＊＊ | 364.23 m² | 宅地 | 宅地 | 29,384,619 円 | ＊＊＊＊ |
| 4 | 本件4土地 | ＊＊＊＊ | 838 m² | 畑 | 雑種地 | 6,806,554 円 | ＊＊＊＊＊ 各1／3 |
| 5 | 本件5土地 | ＊＊＊＊ | 1,042 m² | 山林 | 雑種地 | 15,256,130 円 | ＊＊＊＊ |

（注）「地積」、「現況地目」及び「固定資産税評価額」の各欄は「平成25年度固定資産税・都市計画税（土地・家屋）課税明細書」における「課税地積床面積」、「現況地目等又は種類・構造」及び「価格」の各欄の記載による。

別表2（省略）

別表3-1　本件各地の当事者の主張額等　　　　　　　　　　　　　　　　　　　　　（単位：円）

| 本件各土地 | 申告額 | 原処分庁主張額 | 請求人ら主張額（本件各土地調査価格） |
|---|---|---|---|
| 本件1土地 | 65,900,001 | 76,210,910 | 65,600,000 |
| 本件2土地 | 31,000,000 | 37,515,654 | 30,700,000 |
| 本件3土地 | 20,900,000 | 24,976,926 | 20,700,000 |
| 本件4土地 | 6,806,554 | 24,565,970 | 13,000,000 |
| 本件5土地 | 15,256,130 | 39,757,510 | 27,200,000 |
| 総額 | 139,862,685 | 202,026,970 | 157,200,000 |

別表 3-2　本件 4 土地を評価通達の定めにより評価する場合の両当事者の主張額

| 項目 | 区分 | 原処分庁主張額 | 請求人ら主張額 |
|---|---|---|---|
| 比準土地（宅地又は農地）の 1 m² 当たりの固定資産税評価額 | ① | 77,688 円 | 76 円 |
| 宅地又は農地の倍率 | ② | 1.0 | 98 |
| 評価の基とした宅地又は農地 1 m² 当たりの評価額（①×②） | ③ | 77,688 円 | 7,448 円 |
| 奥行価格補正率 | ④ | 0.85 | |
| 不整形地補正率 | ⑤ | 0.90 | |
| しんしゃく割合 | ⑥ | 50％ | |
| 造成費の金額 | ⑦ | 400 円 | 400 円 |
| 本件 4 土地の 1 m² 当たりの評価額（③×④×⑤×(1−⑥)−⑦）又は（③＋⑦） | ⑧ | 29,315 円 | 7,848 円 |
| 本件 4 土地の地積 | ⑨ | 838 m² | |
| 本件 4 土地の評価額（⑧×⑨） | ⑩ | 24,565,970 円 | 6,576,624 円 |

（注）1　「原処分庁主張」の①に記載された 1 m² 当たりの固定資産税評価額（77,688 円）は、本件 4 土地が接面する道路に付された平成 24 基準年度の宅地の固定資産税評価額 78,000 円に時点修正率（平成 24 年度 0.995、平成 25 年度 1.0）を乗じたものである。
　　　2　「請求人ら主張額」欄の①に記載された 1 m² 当たりの固定資産税評価額（76 円）は、本件 4 土地に隣接する＊＊＊＊（畑）の平成 25 年度固定資産税評価額 143,813 円を当該土地の地積 1,890 m² で除したものである。

別表 4　取引事例の明細

| 順号 | 区分 | 取引年 | 所在 | 現況地目 | 地積（m²） | 1 m² 当たりの価格（円） | 補正後 1 m² 当たりの価格（円） |
|---|---|---|---|---|---|---|---|
| 1 | 本件 1 土地調査価格ないし本件 3 土地調査価格に係る取引事例 | 平成 24 年 | ＊＊＊＊ | 宅地 | 147.91 | 52,735 | 97,100 |
| 2 | | 平成 23 年 | ＊＊＊＊ | 宅地 | 187.00 | 81,110 | 88,100 |
| 3 | | 平成 23 年 | ＊＊＊＊ | 宅地 | 68.29 | 95,182 | 91,200 |
| 4 | | 平成 2 年 | ＊＊＊＊ | 宅地 | 77.12 | 67,427 | 85,900 |
| 5 | 本件基準地に係る取引事例 | 平成 25 年 | ＊＊＊＊ | 宅地 | 113.83 | 147,589 | 162,000 |
| 6 | | 平成 25 年 | ＊＊＊＊ | 宅地 | 165.98 | 126,521 | 132,000 |
| 7 | | 平成 25 年 | ＊＊＊＊ | 宅地 | 176.48 | 174,710 | 160,000 |
| 8 | | 平成 26 年 | ＊＊＊＊ | 宅地 | 207.10 | 152,100 | 158,000 |
| 9 | | 平成 26 年 | ＊＊＊＊ | 宅地 | 210.30 | 139,087 | 146,000 |
| 10 | 本件標準宅地に係る取引事例 | 平成 25 年 | ＊＊＊＊ | 宅地 | 165 | 126,500 | 130,547 |
| 11 | | 平成 26 年 | ＊＊＊＊ | 宅地 | 207 | 152,100 | 131,730 |
| 12 | | 平成 2 年 | ＊＊＊＊ | 宅地 | 102 | 129,100 | 129,442 |

別表 5-1 本件 1 土地審判所認定額の明細

| 区分 | | 金額等 |
|---|---|---|
| 固定資産税評価額 | ① | 75,210,950 円 |
| 倍率 | ② | 1.0 |
| 価額（①×②） | ③ | 75,210,950 円 |

（注）「価額③」欄の金額は、別表 3-10 の本件 1 土地に係る原処分庁主張額「75,210,910 円」を 40 円上回る。

別表 5-2 本件 2 土地審判所認定額の明細

| 区分 | | 金額等 |
|---|---|---|
| 固定資産税評価額 | ① | 44,136,064 円 |
| 倍率 | ② | 1.0 |
| 借地権割合 | ③ | 50％ |
| 借家権割合 | ④ | 30％ |
| 価額（①×②×（1−③×④）） | ⑤ | 37,515,654 円 |

別表 5-3 本件 3 土地審判所認定額の明細

| 区分 | | 金額等 |
|---|---|---|
| 固定資産税評価額 | ① | 29,384,619 円 |
| 倍率 | ② | 1.0 |
| 借地権割合 | ③ | 50％ |
| 借家権割合 | ④ | 30％ |
| 価額（①×②×（1−③×④）） | ⑤ | 24,976,926 円 |

別表 5-4 本件 4 土地審判所認定額の明細

| 区分 | | 金額等 |
|---|---|---|
| 近傍宅地価額 | ① | 77,688 円／m² |
| 倍率 | ② | 1.0 |
| 奥行価格補正率 | ③ | 0.85 |
| 奥行価格補正後の金額（①×②×③） | ④ | 66,034 円／m² |
| 不整形地補正率 | ⑤ | 0.90 |
| 不整形地補正後の金額（④×⑤） | ⑥ | 59,430 円／m² |
| しんしゃく割合（建築制限） | ⑦ | 50％ |
| 造成費の金額 | ⑧ | 400 円／m² |
| 本件 4 土地の地積 | ⑨ | 838 m² |
| 価額（（⑥×（1−⑦）−⑧）×⑨） | ⑩ | 24,565,970 円 |

（注）1 「近傍宅地価額①」欄は、本件 4 土地が接面する道路に付された平成 24 基準年度の固定資産税路線

価 78,000 円に時点修正率（平成 24 年度 0.996 及び平成 25 年度 1.0）を乗じた額である。
2 「奥行価格補正率③」欄は、本件 4 土地の奥行距離に応じた、評価通達 15《奥行価格補正》に定める普通住宅地区の奥行価格補正率である。
3 「不整形地補正率⑤」欄は、別表 5-4 の付表の⑦欄のとおりである。

別表 5-4 の付表

| 区分 | | 補正率 |
|---|---|---|
| 想定整形地の地積（（間口距離）21 m×（奥行距離）67 m） | ① | 1,407 m² |
| 本件 4 土地の地積 | ② | 838 m² |
| かげ地割合（（①－②）÷①） | ③ | 40.44％ |
| 不整形地補正率表に定める補正率 | ④ | 0.92 |
| 間口狭小補正率 | ⑤ | 1.00 |
| 不整形地補正率（④×⑤） | ⑥ | 0.98 |
| 不整形地補正率（④×⑤又は⑤×⑥のいずれか低い率） | ⑦ | 0.90 |

（注）1 「不整形地補正率表に定める補正率④」欄は、かげ地割合に応じた、評価通達 20《不整形地の評価》に定める普通住宅地区の不整形地補正率である。
2 「間口狭小補正率⑤」欄は、本件 4 土地の間口距離に応じた、評価通達 20-3《間口が狭小な宅地等の評価》に定める普通住宅地区の間口狭小補正率である。
3 「奥行長大補正率⑥」欄は、本件 4 土地の奥行距離と間口距離に応じた、評価通達 20-3 に定める普通住宅地区の奥行長大補正率である。

別表 5-5 本件 5 土地審判所認定額の明細

| 区分 | | 金額等 |
|---|---|---|
| 近傍宅地価額 | ① | 78,684 円／m² |
| 倍率 | ② | 1.0 |
| 奥行価格補正率 | ③ | 1.00 |
| 奥行価格補正後の金額（①×②×③） | ④ | 78,684 円／m² |
| 不整形地補正率 | ⑤ | 0.98 |
| 不整形地補正後の金額（④×⑤） | ⑥ | 77,110 円／m² |
| しんしゃく割合（建築制限） | ⑦ | 50％ |
| 造成費の金額 | ⑧ | 400 円／m² |
| 本件 5 土地の地積 | ⑨ | 1,042 m² |
| 価額（（⑥×（1－⑦）－⑧）×⑨） | ⑩ | 39,757,510 円 |

（注）1 「近傍宅地価額①」欄は、本件 5 土地が接面する道路に付された平成 24 基準年度の固定資産税路線価 79,000 円に時点修正率（平成 24 年度 0.996 及び平成 25 年度 1.0）を乗じた額である。
2 「奥行価格補正率」欄は、本件 5 土地の奥行距離に応じた、評価通達 15 に定める普通住宅地区の奥行価格補正率である。
3 「不整形地補正率⑤」欄は、別表 5-6 の付表の⑥欄のとおりである。

別表 5-5 の付表

| 区分 | | 補正率 |
|---|---|---|
| 想定整形地の地積（（間口距離）70 m×（奥行距離）19.5 m） | ① | 1,365 m² |
| 本件 5 土地の地積 | ② | 1,042 m² |
| かげ地割合（（①－②）÷①） | ③ | 23.66％ |
| 不整形地補正率表に定める補正率 | ④ | 0.98 |
| 間口狭小補正率 | ⑤ | 1.00 |
| 不整形地補正率（④×⑤） | ⑥ | 0.98 |

（注）1 「不整形地補正率表に定める補正率④」欄は、かげ地割合に応じた、評価通達 20 に定める普通住宅地区の不整形地補正率である。
   2 「間口狭小補正率⑤」欄は、本件 5 土地の間口距離に応じた、評価通達 20-3 に定める普通住宅地区の間口狭小補正率である。

別紙 1（省略）

別紙 2（省略）

別紙 3-1　本件各価格調査報告書に共通する事項の概要
1　業務の目的と範囲等に関する事項
　　依頼目的　資産評価（遺産分割協議のための参考資料）
2　本件各価格調査報告書作成に当たっての基本的な事項
　(1)　価格時点
　　　＊＊＊＊＊（本件相続開始日）
　(2)　本件各価格調査報告書を作成した日
　　　平成 26 年 8 月 14 日
　(3)　価格の種類
　　　正常価格
　(4)　評価条件（付加条件）
　　　本件各土地の価格調査においては、以下の各事項については考慮外とする。
　　　イ　対象地及び隣接地に関する土壌汚染の存否及びその影響
　　　ロ　対象地及び隣接地に関する埋蔵文化財の存否及びその影響
　　　ハ　対象地及び隣接地に関する上記以外の地下埋設物の存否及びその影響
　(5)　依頼目的及び評価条件と価格の種類との関連
　　　　本調査は、上記依頼目的及び条件により、市場を限定するものではない。よって、現実の社会経済情勢の下で合理的と考えられる条件を満たす市場で形成されるであろう市場価値を表示する適正な価格を求めるものであり、その価格の基礎となる価格は正常価格である。

別紙 3-2　本件 1 土地に係る価格調査報告書の要旨
1　調査価格
　　65,600,000 円
2　価格調査報告書作成に当たっての基本的な事項
　　不動産の種別・類型：住宅地・自用の建物及びその敷地

3 調査価格決定の理由の要旨
(1) 対象不動産の状況・市場の特性
　イ　環境条件
　　　近隣地域は、「戸建住宅の外、駐車場等の空地も多く見られる地域」である。
　ロ　土地の最有効使用の判定
　　　対象不動産に係る交通利便性、街路、環境、行政条件及び規模、画地の状態等の個別性を考慮して、対象不動産の最有効使用を「戸建分譲素地」と判定した。
　ハ　建物及びその敷地としての最有効使用の判定
　　　対象不動産の建物及びその敷地としての最有効使用は、現状の建物を取り壊した上、「戸建分譲素地」として利用することと判定した。
(2) 価格調査方式の適用
　　本件は、標準的な画地に比べて規模の大きな土地及び建物の価格調査であり、対象不動産の最有効使用は、対象地上の建物を取り壊した上、「戸建分譲素地」として利用することである。よって、評価に当たっては取引事例比較法並びに開発法（戸建分譲を想定）を適用して試算を行う。なお、収益還元法については、対象地が存する地域は最寄り駅から徒歩圏外の周囲に空地も多く見られる地域であり、賃貸市場が未成熟であり適切な賃貸事例を収集することができなかったことから、収益性に基づく価格接近は馴染まないと判断した。よって、収益還元法は適用しない。
　イ　土地価格（更地価格）
　　(イ)　取引事例比較法による比準価格（付表1及び同2）
　　　A　標準画地の比準価格
　　　　　対象地上に近隣地域等における標準的な画地（規模130㎡の宅地）を設定し、この標準的画地と規模性格等の類似性を有する取引事例との要因比較を行うことにより、標準価格を査定した。
　　　　　標準画地の比準価格 90,600円／㎡（100円未満四捨五入）
　　　　　基準地標準価格に比して求めた価格 89,000円／㎡（100円未満四捨五入）
　　　　　比準価格は、実際の売買市場において実際に取引された事例に基づき試算された市場性を反映した実証的かつ客観的な価格である。
　　　　　本評価で採用した取引事例は、いずれも同一受給圏内の類似地域に存する市街化調整区域内の宅地としての性格を有する土地である。各事例との補修正については、まず、画地条件等の個別的要因の比較を行い、次いで街路条件、交通接近条件、環境条件、行政的条件等の地域要因の比較を行い試算した。
　　　　　その結果求められた各事例の価格は、85,900円／㎡〜97,100円／㎡とやや開差が生じた。そこで各事例について再検討を加えたところ、各事例との要因格差修正はいずれも妥当な範囲で行われており特段の問題は見当たらず、また基準地標準価格との均衡も保たれていることから、本件においては、各取引事例の価格の平均を採用して標準価格を上記のとおり試算した。
　　　B　比準価格
　　　　　対象不動産は、標準画地に比し以下の個別的要因が認められるので、標準価格に個別的要因の格差修正を行い対象不動産の比準価格を試算する。

（個別的要因）

| 項　目 | 標準画地 | 対象地 | 格差率 |
|---|---|---|---|
| 系統・連続性 | やや劣る | やや劣る | ±0.0 |
| 幅員 | 約4.0 m | 約3.2 m | ▲1 |
| 舗装の状態 | アスファルト | アスファルト | ±0.0 |
| 駅距離 | 約1,600 m | 約1,600 m | ±0.0 |
| 方位 | 北西 | 北西 | ±0.0 |
| 形状 | 長方形 | ほぼ整形 | ±0.0 |
| 間口奥行の関係 | 普通 | 普通 | ±0.0 |
| 高低差 | 等高 | 等高 | ±0.0 |
| 接面状況 | 中間画地 | 中間画地 | ±0.0 |
| 規模 | 約130 m² | 約1,029.51 m² | ▲20 |
| その他 | セットバックなし | セットバックあり | ▲2 |
|  |  | （相乗積） | 77.6 |

　　　　（標準価格）　　　（個別格差率）　　　（比準価格）
　　　90,600円／m² ×　77.6％　＝　70,300円／m²（100円未満四捨五入）

（ロ）　開発法による価格

対象地を「分譲想定図」のとおり区画割りした上で戸建分譲を想定し、付表3の戸建分譲収支計画に基づき、次のとおり試算した。

開発法による価格　69,600円／m²（100円未満四捨五入）

(3)　試算価格と価格調査額の決定

イ　試算価格の調整（各試算価格が有する説得力に係る判断）

市場分析のとおり、対象不動産に関する典型的な需要者は、戸建分譲を得意とする地場不動産業者である。

比準価格は、実際に市街化調整区域内で宅地利用されている不動産取引市場における住宅地価格を反映した価格といえる。また、彼ら需要者の関心は、対象不動産から得られるであろう事業利益であり、そのような観点から対象不動産に対する投下資本収益率を織り込んで求められた開発法による価格の重要性も高い。

これらを踏まえ本件では、比準価格・開発法による価格とも等しく説得力が高いと判断した。

ロ　価格調査額の決定

以上により、本調査では比準価格、開発法による価格を関連付けた価額から、建物取壊し費用を控除して価格調査額を次のとおり決定した。

（70,300円／m² ＋　69,600円／m²）÷　2 ≒　70,000円／m²（100円未満四捨五入）
70,000円／m² ×　1,029.51 m² ≒　72,100,000円（100,000円未満四捨五入）

　（試算価額）　　　　　（取壊し費用）　　　　（価格調査額）
　72,100,000円　－　6,500,000円（注）　＝　65,600,000円

（注）　＊＊＊＊の解体業者へのヒアリングをもとに標準的な費用を査定した。

別紙 3-2（付表 1） 取引事例比較法（比準価格）等

| 符号 | | 標準画地 | 取-1 | 取-2 | 取-3 | 取-4 |
|---|---|---|---|---|---|---|
| 所在地 | | ＊＊＊＊＊<br>（＊＊に想定） | ＊＊＊＊＊ | ＊＊＊＊＊ | ＊＊＊＊＊ | ＊＊＊＊＊ |
| 取引時点 | | — | 平成 24 年 4 月 | 平成 23 年 6 月 | 平成 23 年 11 月 | 平成 24 年 11 月 |
| 取引価格 | | — | 52,735 円／m² | 81,110 円／m² | 95,182 円／m² | 67,427 円／m² |
| 概要 | 地積等 | 宅地 130 m² | 宅地 147.91 m² | 宅地 187.00 m² | 宅地 68.29 m² | 宅地 77.12 m² |
| | 形状 | 長方形 | 不整形 | ほぼ長方形 | 長方形 | ほぼ長方形 |
| 事情補正 | | — | 100／80<br>（売り急ぎ） | 100／100 | 100／100 | 100／100 |
| 時点修正率 | | — | 99.0／100 | 98.1／100 | 98.6／100 | 99.9／100 |
| 個別的要因の標準化補正 | | 100／100.0 | 100／83.3 | 100／90.3 | 100／99.0 | 100／100.0 |
| 地域要因の比較 | ①街路条件 | — | 100／97.0 | 100／99.0 | 100／101.0 | 100／99.0 |
| | ②交通・接近条件 | 100／100<br>＊＊＊＊<br>南方約 1.6 km | 100／104<br>＊＊＊＊<br>約 1.2 km | 100／101<br>＊＊＊＊<br>約 1.4 km | 100／103<br>＊＊＊＊<br>約 1.3 km | 100／99<br>＊＊＊＊<br>約 1.9 km |
| | ③環境条件 | 100／100 | 100／80 | 100／100 | 100／100 | 100／80 |
| | ④行政的条件 | 100／100<br>市街化調整区域<br>（50／80） | 100／100<br>市街化調整区域<br>（50／80） | 100／100<br>市街化調整区域<br>（50／80） | 100／100<br>市街化調整区域<br>（50／80） | 100／100<br>市街化調整区域<br>（50／80） |
| | ①～④の相乗積 | 100／100.0 | 100／80.7 | 100／100.0 | 100／104.0 | 100／78.4 |
| 比準価格 | | — | 97,100 円／m² | 88,100 円／m² | 91,200 円／m² | 85,900 円／m² |

（注）「④行政的条件」欄の括弧書（50／80）は、建蔽率 50％、容積率 80％を表す。

別紙 3-2（付表 2） 公示地（基準地価格規準表）

| 基準地 | | ＊＊＊＊ |
|---|---|---|
| 所在地 | | ＊＊＊＊＊＊＊＊ |
| 評価時点 | | 平成 25 年 7 月 1 日 |
| 標準価格 | | 150,000 円／m² |
| 概要 | 地積等 | 宅地：146 m² |
| | 形状 | （1.0：1.0） |
| 時点修正率 | | 100.0／100 |
| 個別的要因の標準化補正 | | 100／101.0 |

| 地域要因の比較 | ①街路条件 | ＋2　100／102 |
|---|---|---|
| | ②交通・接近条件 | ＋9　100／109　＊＊＊＊　750 m |
| | ③環境条件 | ＋50　100／150　一般住宅、アパート等が混在する住宅地域 |
| | ④行政的条件 | ±0　100／100　市街化調整区域（50／80） |
| | ①〜④の相乗積 | 100／166.8 |
| 比準価格 | | 89,000 円／m² |

別紙 3-2（付表 3）　開発法による価格

| 土地 | ①総面積 | 1,029.51 m²（100％） |
|---|---|---|
| | ②公共潰地 | 62.29 m²（6.1％） |
| | 　道路 | 62.29 m²（6.1％） |
| | 　公園・緑地 | m²（　％） |
| | 　その他（ゴミ集積場所） | m²（　％） |
| | ③有効面積（①－②） | 967.22 m²（93.9％） |
| | ④分譲総区画数 | 7 区画 |
| | ⑤一区画当たりの標準的面積 | 138 m² |
| | ⑥標準的接面道路 | 北西側 幅員約 4.5 m |
| 建物 | ①標準的タイプ | 木造 4LDK |
| | ②一戸当たり平均的延床面積 | 95 m² |
| | ③建築戸数 | 7 戸 |

2　収支計画

| 費目 | 金額 |
|---|---|
| 分譲収入 | 31,000,000 円／区画×7 区画＝217,000,000 円 |
| | 分譲収入の内、土地の原価については、標準単価 91,000 円／m² に区画割後の各区画の個別性（形状、方位等）を考慮し、さらに近隣分譲事例の状況も参考にして査定した。 |
| 宅地造成工事費 | 9,600 円／m²×1,029.51 m²＝9,883,296 円 |
| | 標準的な土地費用及び上下水道等の引込費用を考慮して査定した。 |
| 建築工事費 | 14,300,000 円／m²×7 戸＝100,100,000 円 |
| | ＊＊＊＊で戸建分譲住宅の建築を継続して行っている建築会社へのヒアリング結果に基づき、最近の資材及び労務費の上昇を考慮して、標準的な単価を 150,000 円／m² と査定し建築工事費を計上した。 |
| 販売費及び一般管理費 | 217,000,000 円×10％＝21,700,000 円 |
| 投下資本利益率 | 年 15％と査定 |

3　試算

| | 費用 | 割合 | 金額 | 割引期間 | 複利現価率 | 複利現価 |
|---|---|---|---|---|---|---|
| 収入 | 売上総収入 | 5％ | 10,850,000 円 | 3か月 | 0.9657 | 10,477,845 円 |
| | | 50％ | 108,500,000 円 | 9か月 | 0.9005 | 97,704,250 円 |
| | | 45％ | 97,650,000 円 | 11か月 | 0.8798 | 85,912,470 円 |
| | 合計 | | 217,000,000 円 | | | 194,094,565 円 |
| 支出 | 造成工事費 | 60％ | 5,929,978 円 | 3か月 | 0.9657 | 5,726,580 円 |
| | | 40％ | 3,953,318 円 | 4か月 | 0.9545 | 3,773,442 円 |
| | 建築工事費 | 30％ | 30,030,000 円 | 3か月 | 0.9657 | 28,999,971 円 |
| | | 30％ | 30,030,000 円 | 6か月 | 0.9325 | 28,002,975 円 |
| | | 40％ | 40,040,000 円 | 9か月 | 0.9006 | 36,056,020 円 |
| | 販売費及び一般管理費 | 30％ | 6,510,000 円 | 3か月 | 0.9657 | 6,286,707 円 |
| | | 30％ | 6,510,000 円 | 9か月 | 0.9005 | 5,862,255 円 |
| | | 40％ | 8,680,000 円 | 11か月 | 0.8798 | 7,636,664 円 |
| | 合計 | | 131,683,296 円 | | | 122,344,614 円 |

| 開発法による価格 | 収入－支出　71,749,951 円 | 71,700,000 円<br>(69,600 円／m²) |
|---|---|---|

別紙3-3　本件2土地に係る価格調査報告書の要旨
1　調査価格
　　30,700,000 円
2　価格調査報告書作成に当たっての基本的な事項
　　不動産の種別・類型：住宅地・貸家及びその敷地
3　調査価格決定の理由の要旨
　(1)　対象不動産の状況・市場の特性
　　イ　環境条件
　　　　近隣地域及びその周辺は、「戸建住宅の外、駐車場等の空地も多く見られる地域」である。
　　ロ　土地の最有効使用の判定
　　　　対象不動産に係る交通利便性、街路、環境、行政条件及び規模画地の状態等の個別性を考慮して、対象不動産の最有効使用を「住宅用敷地」と判定した。
　　ハ　建物及びその敷地としての最有効使用の判定
　　　　対象不動産の建物及びその敷地としての最有効使用は、現状の利用方法を前提とした「貸家及びその敷地」として利用することと判定した。
　(2)　価格調査方式の適用
　　本件は貸家及びその敷地の価格調査であるので、不動産鑑定評価基準によれば、収益還元法により試算した収益価格を標準とし、原価法による積算価格及び取引事例比較法による比準価格を比較考量して試算価格を決定するものとされている。しかし、本件では対象不動産と類似性を有する複

合不動産の取引事例を収集することができなかったため、取引事例比較法は適用しない。
イ　原価法
（イ）　土地価格（取引事例比較法による比準価格）
　　A　標準画地の比準価格
　　　別紙3-2の3の（2）のイの（イ）のAに同じ。
　　B　比準価格
　　　対象不動産は、標準画地に比し以下の個別的要因が認められるので、標準価格に個別的要因の格差修正を行い、さらに建付減価を考慮し、対象不動産の比準価格を試算する。

（個別的要因）

| 項　目 | 標準画地 | 対象地 | 格差率 |
|---|---|---|---|
| 系統・連続性 | やや劣る | 普通 | ＋1 |
| 幅員 | 約4.0 m | 約4.5 m | ＋1 |
| 舗装の状態 | アスファルト | アスファルト | ±0.0 |
| 駅距離 | 約1,600 m | 約1,700 m | ▲1 |
| 方位 | 北西 | 北東 | ±0.0 |
| 形状 | 長方形 | やや不整形 | ▲5 |
| 間口奥行の関係 | 普通 | 普通 | ±0.0 |
| 高低差 | 等高 | 等高 | ±0.0 |
| 接面状況 | 中間画地 | 中間画地 | ±0.0 |
| 規模 | 約130 m² | 約594.65 m² | ▲10 |
| その他 | セットバックなし | セットバックあり | ▲1 |
|  |  | （相乗積） | 85.5 |

（標準価格）　　（個別格差率）　　（比準価格）
90,600円／m² × 85.5％ ＝ 77,500円／m²（100円未満四捨五入）
77,500円／m² × 594.65 m² ≒ 46,100,000円（100,000円未満四捨五入）
　　C　建付減価
　　　対象地上に老朽化が進んでいる建物が3棟存することにより、対象不動産の最有効使用が制約されている。本件では、取壊し費用及び賃借人への立退き料について検討し、これらの額を考慮した上、建付減価額を約6,000,000円程度と査定した。
　　　（比準価格）　46,100,000円　－　6,000,000円　＝　40,100,000円
（ロ）　建物価格
　建物は、いずれも新築後約40年以上を経過して老朽化が進んでいることから、価値は零と判断した。
（ハ）　積算価格
　40,100,000円（土地価格）　＋　0円（建物価格）　＝　40,100,000円
ロ　収益還元法による価格
　対象不動産を賃貸に供し、現に賃借人から得ている賃料収入に基づき、次のとおり試算した。
　収益還元法による収益価格（直接還元法による収益価格査定表（付表）のとおり。）
　21,200,000円（100,000円未満四捨五入）

(3) 試算価格の調整と価格調査額の決定
イ 試算価格の調整（各試算が有する説得力に係る判断）
　市場分析のとおり、対象不動産に関する典型的な需要者は、アパート経営に熱心な個人投資家等である。彼ら需要者の関心は、対象不動産から将来得られるであろう純収益であり、そのような観点から求められた収益価格の説得力は高い。
　一方、原価法のうち土地価格の査定で求められた比準価格は、実際に市街化調整区域内で宅地利用されている不動産取引市場における住宅地価格を反映した価格といえる。また、需要者である個人投資家等は、収益性に加えて試算性も考慮して意思決定を行うことから、積算価格の重要性も高い。
　これらを踏まえ本件では、収益価格・積算価格とも等しく説得力が高いと判断した。
ロ 価格調査額の決定
　以上により、本調査では積算価格、収益価格による価格を関連付けて価格調査額を次のとおり決定した。

　　　（積算価格）　　　　　（収益価格）　　　　　　　　　（価格調査額）
　（40,100,000円　+　21,200,000円）　÷　2　≒　30,700,000円（100,000円未満四捨五入）

別紙3-3（付表）　直接還元法による収益価格査定表　　　　　　　　　　　　　　（単位：千円）

| | | 一年度収支 | 査定根拠 | | |
| | | | 過去一年間の実際収支 | 今後一年間に予測される実際収支 | 市場標準 |
|---|---|---|---|---|---|
| 運営収益 | 貸室賃料収入（a） | 3,000 | 3,396 | 3,396 | 3,000 |
| | 共益費収入（b） | | | | |
| | （共益費込み貸室賃料収入）（c）[（a）+（b）] | 3,000 | 3,396 | 3,396 | 3,000 |
| | 水道光熱費収入（d） | | | | |
| | 駐車場収入（e） | | | | |
| | その他の収入（看板、自動販売機等）（f） | | | | |
| | ① (c)+(d)+(e)+(f) | 3,000 | 3,396 | 3,396 | 3,000 |
| | (c)(d) 空室等損失 | 240 | | | 240 |
| | (e)(f) 空室等損失 | | | | |
| | 空室等損失合計（g） | 240 | | | 240 |
| | 貸倒損失（h） | | | | |
| ②運営収益（①－(g)－(h)） | | 2,760 | 3,396 | 3,396 | 2,760 |

| | | | | | | |
|---|---|---|---|---|---|---|
| 運営費用 | 維持管理費（i） | | | | | |
| | 水道光熱費（j） | | | | | |
| | 修繕費（k） | | 273 | | 273 | 273 |
| | プロパティマネジメントフィー（l） | | 83 | | | 83 |
| | テナント募集費用等（m） | | 115 | | | 115 |
| | 公租公課（n） | 土地 | 98 | 98 | 98 | 98 |
| | | 建物 | 38 | 38 | 38 | 38 |
| | | 償却資産 | | | | |
| | 損害保険料（o） | | 30 | 30 | 30 | 30 |
| | その他費用（p） | | | | | |
| | ③運営費用（(i)+(j)+(k)+(l)+(m)+(n)+(o)+(p)） | | 637 | 156 | 439 | 637 |
| ④運営純収益（②－③） | | | 2,123 | 3,230 | 2,957 | 2,123 |
| | 一時金の運用益（q） | | | | | |
| | 資本的支出（r） | | 636 | | 636 | 636 |
| ⑤純収益（④＋(q)－(r)） | | | 1,487 | 3,230 | 2,321 | 1,487 |
| 参考 | OER（運営費用／運営収益） | | 0.231 | 0.049 | 0.129 | 0.231 |
| | 預かり一時金（敷金・保証金等）残高 | | | | | |

| ⑥還元利回り | 7% |
|---|---|
| 収益価格（⑤÷⑥） | 21,200 千円 |

| 還元利回り・査定根拠 |
|---|
| ＊＊＊＊の標準的な賃貸共同住宅の利回りを6.0％と査定し、これに立地格差（＋0.5）、建物格差（＋0.5）を考慮して還元利回りを査定した。 |

【収益費用・査定根拠】

貸室賃料収入：依頼者ご提示の実質賃料収入を基に周辺状況を考慮して査定。
空室等損失：8％程度を見込み計上。
修繕費：建物再調達原価の3％を資本的支出と配分して計上。
プロパティマネジメントフィー：運営収益の3％を見込み計上。
テナント募集費用等：月額賃料に稼働率と平均入れ替え期間を考慮して計上。
公租公課・土地：依頼者ご提示の実額を計上。
公租公課・建物：依頼者ご提示の実額を計上。
損害保険料：建物再調達原価の0.1％を計上。
資本的支出：建物再調達原価の3％を修繕費と配分して計上。

別紙3-4　本件3土地に係る価格調査報告書の要旨
1　調査価格
　　20,700,000円
2　価格調査報告書作成に当たっての基本的な事項

不動産の種別・類型：住宅地・貸家及びその敷地
3 調査価格決定の理由の要旨
(1) 対象不動産の状況・市場の特性
 イ 環境条件
  近隣地域及びその周辺は、「戸建住宅の外、駐車場等の空地も多く見られる地域」である。
 ロ 土地の最有効使用の判定
  対象不動産に係る交通利便性、街路、環境、行政条件及び規模、画地の状態等の個別性を考慮して、対象不動産の最有効使用を「住宅用敷地」と判定した。
 ハ 建物及びその敷地としての最有効使用の判定
  対象不動産の建物及びその敷地としての最有効使用は、現状の利用方法を前提とした「貸家及びその敷地」として利用することと判定した。
(2) 価格調査方式の適用
  本件は貸家及びその敷地の価格調査であるので、不動産鑑定評価基準によれば、収益還元法により試算した収益価格を標準とし、原価法による積算価格及び取引事例比較法による比準価格を比較考量して試算価格を決定するものとされている。しかし、本件では対象不動産と類似性を有する複合不動産の取引事例を収集することができなかったため、取引事例比較法は適用しない。
 イ 原価法
  （イ）土地価格（取引事例比較法による比準価格）
   A 標準画地の比準価格
    別紙3-2の3の(2)のイの(イ)のAに同じ。
   B 比準価格
    対象不動産は、標準画地に比し以下の個別的要因が認められるので、標準価格に個別的要因の格差修正を行い、さらに建付減価を考慮し、対象不動産の比準価格を試算する。

（個別的要因）

| 項　目 | 標準画地 | 対象地 | 格差率 |
|---|---|---|---|
| 系統・連続性 | やや劣る | 普通 | +1 |
| 幅員 | 約4.0m | 約4.5m | +1 |
| 舗装の状態 | アスファルト | アスファルト | ±0.0 |
| 駅距離 | 約1,600m | 約1,700m | ▲1 |
| 方位 | 北西 | 南西 | +3 |
| 形状 | 長方形 | ほぼ整形 | ±0.0 |
| 間口奥行の関係 | 普通 | 普通 | ±0.0 |
| 高低差 | 等高 | 等高 | ±0.0 |
| 接面状況 | 中間画地 | 角地 | +2 |
| 規模 | 約130m$^2$ | 約364.23m$^2$ | ±0.0 |
| その他 | セットバックなし | セットバックあり | ▲1 |
|  |  | （相乗積） | 105.0 |

(標準価格)　　　　（個別格差率）　　　　（比準価格）
90,600 円／m² 　×　 105％ 　＝ 　95,100 円／m²（100 円未満四捨五入）
95,100 円／m² 　×　 364.23 m² 　≒ 　34,600,000 円（100,000 円未満四捨五入）

　　C　建付減価
　　　対象地上に老朽化が進んでいる建物が 2 棟存することにより、対象不動産の最有効使用が制約されている。本件では、取壊し費用及び賃借人への立退き料について検討し、これらの額を考慮した上、建付減価額を約 4,000,000 円程度と査定した。
　　　（比準価格）　34,600,000 円　－　4,000,000 円　＝　30,600,000 円
　(ロ)　建物価格
　　　建物は、いずれも新築後約 40 年以上を経過して老朽化が進んでいることから、価値は零と判断した。
　(ハ)　積算価格
　　　30,600,000 円（土地価格）　＋　0 円（建物価格）　＝　30,600,000 円
　ロ　収益還元法による価格
　　　対象不動産を賃貸に供し、現に賃借人から得ている賃料収入に基づき、次のとおり試算した。
　　　収益還元法による収益価格（直接還元法による収益価格査定表（付表）のとおり。）
　　　10,800,000 円（100,000 円未満四捨五入）
(3)　試算価格の調整と価格調査額の決定
　イ　試算価格の調整（各試算価格が有する説得力に係る判断）
　　　市場分析のとおり、対象不動産に関する典型的な需要者は、アパート経営に熱心な個人投資家等である。彼ら需要者の関心は、対象不動産から将来得られるであろう純収益であり、そのような観点から求められた収益価格の説得力は高い。
　　　一方、原価法のうち土地価格の査定で求められた比準価格は、実際に市街化調整区域内で宅地利用されている不動産取引市場における住宅地価格を反映した価格といえる。また、需要者である個人投資家等は、収益性に加えて試算性も考慮して意思決定を行うことから、積算価格の重要性も高い。
　　　これらを踏まえ本件では、収益価格・積算価格とも等しく説得力が高いと判断した。
　ロ　価格調査額の決定
　　　以上により、本調査では積算価格、収益価格による価格を関連付けて価格調査額を次のとおり決定した。

　　　（積算価格）　　　　　（収益価格）　　　　　　　　　（価格調査額）
　（30,600,000 円　＋　10,800,000 円）　÷　2　＝　20,700,000 円

別紙3-4（付表）　直接還元法による収益価格査定表　　　　　　　　　　　　　　（単位：千円）

| | | | 一年度収支 | 査定根拠 | | |
|---|---|---|---|---|---|---|
| | | | | 過去一年間の実際収支 | 今後一年間に予測される実際収支 | 市場標準 |
| 運営収益 | | 貸室賃料収入（a） | 1,776 | 1,908 | 1,908 | 1,776 |
| | | 共益費収入（b） | | | | |
| | | （共益費込み貸室賃料収入）（c）[（a）＋（b）] | 1,776 | 1,908 | 1,908 | 1,776 |
| | | 水道光熱費収入（d） | | | | |
| | | 駐車場収入（e） | | | | |
| | | その他の収入（看板、自動販売機等）（f） | | | | |
| | | ①（c）＋（d）＋（e）＋（f） | 1,776 | 1,908 | 1,908 | 1,776 |
| | | （c）（d）空室等損失 | 142 | | | 142 |
| | | （e）（f）空室等損失 | | | | |
| | 空室等損失合計（g） | | 142 | 0 | 0 | 142 |
| | 貸倒損失（h） | | | | | |
| ②運営収益（①－（g）－（h）） | | | 1,634 | 1,908 | 1,908 | 1,634 |
| 運営費用 | | 維持管理費（i） | | | | |
| | | 水道光熱費（j） | | | | |
| | | 修繕費（k） | 194 | | | 194 |
| | | プロパティマネジメントフィー（l） | 49 | | | 49 |
| | | テナント募集費用等（m） | 68 | | | 68 |
| | 公租公課（n） | 土地 | 65 | 65 | 65 | 65 |
| | | 建物 | 23 | 23 | 23 | 23 |
| | | 償却資産 | | | | |
| | | 損害保険料（o） | 22 | 22 | 22 | 22 |
| | | その他費用（p） | | | | |
| | | ③運営費用（（i）＋（j）＋（k）＋（l）＋（m）＋（n）＋（o）＋（p）） | 421 | 110 | 110 | 421 |
| ④運営純収益（②－③） | | | 1,213 | 1,798 | 1,798 | 1,213 |
| | | 一時金の運用益（q） | | | | |
| | | 資本的支出（r） | 454 | | | 454 |
| ⑤純収益（④＋（q）－（r）） | | | 759 | 1,798 | 1,798 | 759 |
| 参考 | OER（運営費用／運営収益） | | 0.258 | 0.058 | 0.058 | 0.258 |
| | 預かり一時金（敷金・保証金等）残高 | | | | | |

| ⑧還元利回り | 7% |
|---|---|

| 還元利回り・査定根拠 |
|---|
| ＊＊＊の標準的な賃貸共同住宅の利回りを6.0％と査定し、これに立地格差（＋0.5）、建物格差（＋0.5）を考慮して還元利回りを査定した。 |

| 収益価格（⑤÷⑥） | 10,800千円 |
|---|---|

【収益費用・査定根拠】

| |
|---|
| 貸室賃料収入：依頼者ご提示の実質賃料収入を基に周辺状況を考慮して査定。 |
| 空室等損失：8％程度を見込み計上。 |
| 修繕費：建物再調達原価の3％を資本的支出と配分して形上。 |
| プロパティマネジメントフィー：運営収益の3％を見込み計上。 |
| テナント募集費用等：月額賃料に稼働率と平均入れ替え期間を考慮して計上。 |
| 公租公課・土地：依頼者ご提示の実額を計上。 |
| 公租公課・建物：依頼者ご提示の実額を計上。 |
| 損害保険料：建物再調達原価の0.1％を計上。 |
| 資本的支出：建物再調達原価の3％を修繕費と配分して計上。 |

別紙3-5　本件4土地に係る価格調査報告書の要旨

1　調査価格

　　13,000,000円

2　価格調査報告書作成に当たっての基本的な事項

　　不動産の種別・類型：雑種地・更地

3　調査価格決定の理由の要旨

　(1)　対象不動産の状況・市場の特性

　　イ　環境条件

　　　　近隣地域及びその周辺は、「戸建住宅の外、駐車場等の空地も多く見られる地域」である。

　　ロ　土地の最有効使用の判定

　　　　対象不動産に係る交通利便性、街路、環境、行政条件及び規模画地の状態等の個別性を考慮して、対象不動産の最有効使用を「資材置場等用敷地」と判定した。

　(2)　価格調査方式の適用

　　　本件は更地の価格調査であるので、不動産鑑定評価基準によれば、更地並びに自用の建物及びその敷地の取引事例に基づく比準価格並びに土地残余法による収益価格を関連付けて決定するものとされている。しかし、本件では対象地には一般的な住宅等を建築することはできないため、土地残余法は適用せず、資材置場としての賃料収入に基づく純収益を査定して収益価格を試算する。

　　イ　取引事例比較法

　　（イ）取引事例比較法による比準価格（付表1及び同2）

　　　　A　標準画地の比準価格

　　　　　近隣地域等における標準的な画地（規模500㎡の雑種地）を設定し、この標準的画地と規模・性格等の類似性を有する取引事例との要因比較を行うことにより、標準価格を査定した。

　　　　　標準画地の比準価格　33,100円／㎡

公示価格を規準として求めた価格　28,600円／m$^2$（100円未満四捨五入）

比準価格は、実際の売買市場において実際に取引された事例に基づき試算された市場性を反映した実証的かつ客観的な価格である。

本評価で採用した取引事例は、いずれも同一需給圏内の類似地域に存する市街化調整区域内の雑種地としての性格を有する土地である。各事例との補修正については、まず、画地条件等の個別的要因の比較を行い、次いで街路条件、交通接近条件、環境条件、行政的条件等の地域要因の比較を行い試算した。

その結果求められた各事例の価格は、28,700円／m$^2$～35,100円／m$^2$とやや開差が生じた。そこで各事例について再検討を加えたところ、各事例との要因格差修正はいずれも妥当な範囲で行われており特段の問題は見当たらず、また公示価格との均衡も保たれていることから、本件においては、各取引事例の価格の平均を採用して標準価格を上記のとおり試算した。

B　比準価格

対象不動産は、標準画地に比し以下の個別的要因が認められるので、標準価格に個別的要因の格差修正を行い対象不動産の比準価格を試算する。

（個別的要因）

| 項　目 | 標準画地 | 対象地 | 格差率 |
|---|---|---|---|
| 系統・連続性 | やや劣る | やや劣る | ±0.0 |
| 幅員 | 約3.2m | 約2.5m | ▲1 |
| 舗装の状態 | アスファルト | アスファルト | ±0.0 |
| 駅距離 | 約1,600m | 約1,700m | ▲1 |
| 形状 | 長方形 | 長方形 | ±0.0 |
| 間口奥行の関係 | 普通 | 劣る | ▲10 |
| 高低差 | 等高 | 等高 | ±0.0 |
| 接面状況 | 中間画地 | 中間画地 | ±0.0 |
| 規模 | 約500m$^2$ | 約838m$^2$ | ±0.0 |
| その他 | 市場性　普通 | 市場性　劣る | ▲30 |
|  |  | （相乗積） | 61.7 |

（標準価格）　　　（個別格差率）　　（比準価格）
33,100円／m$^2$　×　61.7％　＝　20,400円／m$^2$（100円未満四捨五入）
20,400円／m$^2$　×　838m$^2$　≒　17,100,000円（100,000円未満四捨五入）

イ　収益還元法による価格

対象不動産を資材置場として賃貸することを想定し、賃借人から得られるであろう賃料収入に基づき、次のとおり試算した。

収益還元法による収益価格（直接還元法による収益価格査定表（付表3）のとおり。）

8,900,000円（100,000円未満四捨五入）

(3)　試算価格の調整と価格調査額の決定

イ　試算価格の調整（各試算価格が有する説得力に係る判断）

市場分析のとおり、対象不動産に関する典型的な需要者は、資材置場等として利用する法人若しくは駐車場経営に熱心な個人投資家等である。彼ら需要者の関心は、対象不動産を利用した場合の事業の効率化の程度や、対象不動産から将来得られるであろう純収益である。
　　比準価格は、実際に市街化調整区域内で雑種地として利用されている不動産取引市場における実情を反映した価格といえる。一方、収益性の観点から求められまた収益価格の説得力も高い。
　　これらを踏まえ本件では、比準価格・収益価格とも等しく説得力が高いと判断した。
ロ　価格調査額の決定
　　以上により、本調査では比準価格、収益価格による価格を関連付けて価格調査額を次のとおり決定した。

　　　　　　（比準価格）　　　　　（収益価格）　　　　　　　　　（価格調査額）
　　　（17,100,000 円　＋　8,900,000 円）　÷　2　＝　13,000,000 円

別紙 3-5（付表 1）　取引事例比較法（比準価格）等

| 符号 | | 標準画地 | 取-1 | 取-2 | 取-3 | 取-4 |
|---|---|---|---|---|---|---|
| 所在地 | | ＊＊＊＊＊<br>（＊＊に想定） | ＊＊＊＊＊ | ＊＊＊＊＊ | ＊＊＊＊＊ | ＊＊＊＊＊ |
| 取引時点 | | — | 平成24年9月 | 平成24年6月 | 平成24年9月 | 平成24年12月 |
| 取引価格 | | — | 30,303 円／m² | 35,154 円／m² | 32,034 円／m² | 33,477 円／m² |
| 概要 | 地積等 | 約 500 m² | 雑種地<br>445.87 m² | 雑種地<br>122.32 m² | 雑種地<br>295.00 m² | 雑種地<br>348.00 m² |
| | 形状 | 長方形 | 台形 | ほぼ長方形 | 不整形 | ほぼ長方形 |
| 事情補正 | | — | 100／100 | 100／100 | 100／100 | 100／100 |
| 時点修正率 | | — | 98.3／100 | 97.8／100 | 98.3／100 | 98.6／100 |
| 個別的要因の標準化補正 | | 100／100.0 | 100／96.9 | 100／100.0 | 100／96.9 | 100／100.0 |
| 地域要因の比較 | ①街路条件 | — | 100／101.0 | 100／100.0 | 100／98.0 | 100／103.0 |
| | ②交通・接近条件 | 100／100<br>＊＊＊＊<br>南方約 1.6 km | 100／106<br>＊＊＊＊<br>約 1.1 km | 100／98<br>＊＊＊＊<br>約 2.7 km | 100／95<br>＊＊＊＊<br>約 4.2 km | 100／95<br>＊＊＊＊<br>約 4.3 km |
| | ③環境条件 | 100／100 | 100／100 | 100／100 | 100／100 | 100／100 |
| | ④行政的条件 | 100／100<br>市街化調整区域<br>（50／80） | 100／100<br>市街化調整区域<br>（50／80） | 100／100<br>市街化調整区域<br>（50／80） | 100／100<br>市街化調整区域<br>（50／80） | 100／100<br>市街化調整区域 |
| | ①～④の相乗積 | 100／100.0 | 100／107.1 | 100／98.0 | 100／93.1 | 100／97.9 |
| 比準価格 | | — | 28,700 円／m² | 35,100 円／m² | 34,900 円／m² | 33,700 円／m² |

（注）「④行政的条件」欄の括弧書（50／80）は、建蔽率 50％、容積率 80％ を表す。

別紙 3-5（付表 2） 公示地（基準地価格規準表）

| 概要 | 公示地 | ＊＊＊＊ |
|---|---|---|
| | 所在地 | ＊＊＊＊＊＊＊＊＊ |
| | 評価時点 | 平成 25 年 1 月 1 日 |
| | 標準価格 | 33,100 円／m² |
| | 地積等 | 宅地：770 m² |
| | 形状 | （1.0：1.5） |
| | 時点修正率 | 98.7／100 |
| 個別的要因の標準化補正 | | 100／100.0 |
| 地域要因の比較 | ①街路条件 | ＋3　100／103 |
| | ②交通・接近条件 | ▲26　100／74　＊＊＊＊約 14.5 km |
| | ③環境条件 | ±0　100／100 |
| | ④行政的条件 | ＋50　100／150　市街化調整区域（50／100）住宅建築可 |
| | ①～④の相乗積 | 100／114.3 |
| | 比準価格 | 28,600 円／m² |

別紙 3-5（付表 3） 収益還元法
総収益算出内訳

| | 用途 | 面積 (m²) | 有効率 | 有効面積 (m²) | 月額支払賃料 (円/m²) | 月額支払賃料 (円) | 共益費 (円/m²) | 共益費 (円) | 保証金・敷金等 (月数) | 保証金・敷金等 (円) | 権利金・礼金等 (月数) | 権利金・礼金等 (円) |
|---|---|---|---|---|---|---|---|---|---|---|---|---|
| | 資材置場 | 838.00 | 100.00% | 838.00 | 185 | 155,030 | 0 | 0 | 2 | 310,060 | 0 | |
| | | 838.00 | 100.00% | 838.00 | | 155,030 | | | | 310,060 | | 0 |
| 用途別計 | 資材置場 | 838.00 | | 838.00 | | 155,030 | | | | 310,060 | | 0 |

| 項目 | 査定額 | 査定根拠 |
|---|---|---|
| （1）年額支払賃料（共益費込み） | 1,860,360 円 | 155,030 円×12 か月 |
| （2）貸倒損失 | 0 円 | 保証金等により担保されているので計上しない |
| （3）空き地による損失相当額（資材置場） | 0 円 | 資材置場の年額支払賃料 1,860,360 円×0.0% |
| 小計 | 1,860,360 円 | （1）＋（2）－（3） |
| （5）保証金・敷金等の運用益（空き地損失考慮後） | 6,201 円 | 310,060 円×（1－0.0%）×2% |
| （6）保証金・敷金等の運用益及び償却額（空き地損失考慮後） | 0 円 | （償却年数 7 年　運用利回り 2.0%）<br>0×（1－0.0%）×0.1545 |

| 総収益 | 1,866,561 円<br>(2,227 円／m²) | 小計＋(5)＋(6) |

総費用算出内訳

| 項目 | 査定時 | 査定根拠 |
|---|---|---|
| (1) 維持管理費 | 0 円 | 計上すべきその他の費用はない |
| (2) テナント募集費 | 22,147 円 | 平均入れ替え期間を7年と想定し、稼働率を考慮して査定した。 |
| (3) 公租公課　土地 | 68,704 円 | 提示資料における実態 |
| (4) その他の費用 | 0 円 | 計上すべきその他の費用はない |
| 総費用 | 88,851 円<br>(106 円／m²) | (1)～(3)の合計　経費率 4.8％ |

土地に帰属する純収益

| (1) 総収益 | 1,866,561 円 | |
| (2) 総費用 | 88,851 円 | |
| (3) 土地に帰属する純収益 | 1,777,710 円 | (1)－(2) |

| (1) 還元利回り | 15.00％ | 市場における最も投資リスクが低いと認められる不動産の利回りを基準として、対象不動産に係る地域性を考慮するとともに、将来の動向を織り込んで査定した。 |
| 土地の収益価格1 | 11,900,000 円<br>(14,200 円／m²) | 土地に帰属する純収益÷還元利回り |
| 初期投資費用 | △3,000,000 円 | 土地整備費用を計上 |
| 土地の収益価格2 | 8,900,000 円<br>(10,600 円／m²) | 土地に帰属する純収益÷還元利回り |

別紙3-6　本件5土地に係る価格調査報告書の要旨
1　調査価格
　　27,200,000 円
2　価格調査報告書作成に当たっての基本的な事項
　　不動産の種別・類型：雑種地・更地
3　調査価格決定の理由の要旨
　(1)　対象不動産の状況・市場の特性
　　イ　環境条件
　　　　近隣地域及びその周辺は、「戸建住宅の外、駐車場等の空き地も多く見られる「地域」」である。
　　ロ　土地の最有効使用の判定
　　　　対象不動産に係る交通利便性、街路、環境、行政条件及び規模、画地の状態等の個別性を考慮して、対象不動産の最有効使用を「資材置場若しくは駐車場用敷地」と判定した。

(2) 価格調査方式の適用

本件は更地の価格調査であるので、不動産鑑定評価基準によれば、更地並びに自用の建物及びその敷地の取引事例に基づく比準価格並びに土地残余法による収益価格を関連付けて決定するものとされている。しかし、本件では対象地には一般的な住宅等を建築することはできないため、本件では土地残余法は適用せず、現状の駐車場としての賃料収入に基づく純収益を査定して収益価格を試算する。

イ 取引事例比較法

（イ）取引事例比較法による比準価格

　　A 標準画地の比準価格

　　　別紙3-5の3の（2）のイの（イ）のAに同じ。

　　B 比準価格

　　　対象不動産は、標準画地に比し以下の個別的要因が認められるので、標準価格に個別的要因の格差修正を行い対象不動産の比準価格を試算する。

（個別的要因）

| 項　目 | 標準画地 | 対象地 | 格差率 |
|---|---|---|---|
| 系統・連続性 | やや劣る | やや劣る | ±0.0 |
| 幅員 | 約3.2 m | 約3.2 m | ±0.0 |
| 舗装の状態 | アスファルト | アスファルト | ±0.0 |
| 駅距離 | 約1,600 m | 約1,600 m | ±0.0 |
| 形状 | 長方形 | 長方形 | ±0.0 |
| 間口奥行の関係 | 普通 | 普通 | ±0.0 |
| 高低差 | 等高 | 等高 | ±0.0 |
| 接面状況 | 中間画地 | 中間画地 | ±0.0 |
| 規模 | 約500 m² | 約1,042 m² | ±0.0 |
|  |  | （相乗積） | 100.0 |

（標準価格）　　（個別格差率）　　（比準価格）
33,100円／m² × 100% ＝ 33,100円／m²
33,100円／m² × 1,042 m² ≒ 34,500,000円（100,000円未満四捨五入）

ロ 収益還元法による価格

対象不動産を駐車場として賃貸に供し、現に賃借人から得ている賃料収入に基づき、次のとおり試算した。

収益還元法による収益価格（直接還元法による収益価格査定表（付表）のとおり。）

19,800,000円（100,000円未満四捨五入）

(3) 試算価格の調整と価格調査額の決定

イ 試算価格の調整（各試算価格が有する説得力に係る判断）

市場分析のとおり、対象不動産に関する典型的な需要者は、資材置場等として利用する法人若しくは駐車場経営に熱心な個人投資家等である。彼ら需要者の関心は、対象不動産を利

用した場合の事業の効率化の程度や、対象不動産から将来、得られるであろう純収益である。

比準価格は、実際に市街化調整区域内で雑種地として利用されている不動産取引市場における実情を反映した価格といえる。一方、収益性の観点から求められた収益価格の説得力は高い。

これらを踏まえ本件では、比準価格・収益価格とも等しく説得力が高いと判断した。

□　価格調査額の決定

以上により、本調査では比準価格、収益価格による価格を関連付けて価格調査額を次のとおり決定した。

　　　　（比準価格）　　　（収益価格）　　　　　　　（価格調査額）
　　　（34,500,000 円＋19,800,000 円）　÷　2　≒　27,200,000 円（100,000 円未満四捨五入）

別紙 3-6（付表）　収益還元法

総収益算出内訳

| | 用途 | 面積(m²) | 有効率 | 有効面積 (m²) | 月額支払賃料 | | 共益費 | | 保証金・敷金等 | | 権利金・礼金等 | |
|---|---|---|---|---|---|---|---|---|---|---|---|---|
| | | | | | (円/m²) | (円) | (円/m²) | (円) | (月数) | (円) | (月数) | (円) |
| | 駐車場 | 1042.00 | 51.92% | 541.00 | 550 | 297,550 | 0 | 0 | 1 | 297,550 | 0 | |
| 用途別計 | 駐車場 | 1042.00 | 51.92% | 541.00 541.00 | | 297,550 297,550 | | 0 0 | | 297,550 297,550 | | 0 0 |

| 項目 | 査定額 | 査定根拠 |
|---|---|---|
| (1) 年額支払賃料（共益費込み） | 3,570,600 円 | 297,550 円×12 か月 |
| (2) 貸倒損失 | 0 円 | 保証金等により担保されているので計上しない |
| (3) 空き地による損失相当額（駐車場） | 1,428,240 円 | 資材置場の年額支払賃料 3,570,600 円×40.0% |
| 小計 | 2,142,360 円 | (1)＋(2)－(3) |
| (5) 保証金・敷金等の運用益（空き地損失考慮後） | 3,571 円 | 297,550 円×(1－40.0%)×2.0% |
| (6) 権利金・礼金等の運用益及び償却額（空き地損失考慮後） | 0 円 | （償却年数 2 年 運用利回り 2.0%）<br>0×(1－40.0%)×0.5150 |
| 総収益 | 2,145,931 円<br>(2,059 円/m²) | 小計＋(5)＋(6) |

総費用算出内訳

| 項目 | 査定額 | 査定根拠 |
|---|---|---|
| (1) 維持管理費 | 312,600 円 | 1 m² 当たり 300 円を計上　1,042 m² |

| (2) テナント募集費 | 89,265円 | 平均入れ替え期間を2年と想定し、稼働率を考慮して査定した。 |
|---|---|---|
| (3) 公租公課　土地 | 149,510円 | 提示資料における実態 |
| (4) その他の費用 | 0円 | 計上すべきその他の費用はない |
| 総費用 | 551,375円<br>(529円／m²) | (1)～(3)の合計　経費率25.7% |

土地に帰属する純収益

| (1) 総収益 | 2,145,931円 | |
|---|---|---|
| (2) 総費用 | 551,375円 | |
| (3) 土地に帰属する純収益 | 1,594,566円 | (1)－(2) |

| (1) 還元利回り | 7.0% | 市場における最も投資リスクが低いと認められる不動産の利回りを基準として、対象不動産に係る地域性を考慮するとともに、将来の動向を織り込んで査定した。 |
|---|---|---|
| 土地の収益価格1 | 22,800,000円<br>(21,900円／m²) | 土地に帰属する純収益÷還元利回り |
| 初期投資費用 | △3,000,000円 | 土地整備費用を計上 |
| 土地の収益価格2 | 19,800,000円<br>(19,000円／m²) | 土地に帰属する純収益÷還元利回り |

別図1（省略）
別図2　本件各土地の位置関係及び形状（321頁の図と同一）

# III 鑑定士視点からの考察

## 1 本件価格調査報告書の妥当性の検証

　本件は請求人側の価格調査報告書による評価が否認された事例です。筆者の観点から本件における価格調査報告書の妥当性を検証します。

　なお、争点には挙げられていませんが、原処分庁の主張では、本件価格調査報告書について、鑑定評価基準に則っていないことから合理性や信用性がないとしています。裁決書では争点とはなっていませんが、筆者の考えでは形式的なことで疑義がつくのであれば、やはり鑑定評価書という形式で提出することが良いと考えます。下記はあくまで形式的なことではなく報告書の内容について検証を行っていきます。

### 1 1土地の検証

#### 1 類型

　1土地は、被相続人の居宅の敷地とされていた土地です。本件調査報告書では、1土地について類型を「自用の建物及びその敷地」としています。本件は評価依頼目的が「資産評価（遺産分割協議のための参考資料）」とされていますが、相続税申告に用いるのであれば、建物は

あくまで固定資産税評価額で評価し、土地は建物等が存しない更地としての評価を行うべきと考えられます。

したがって、建物取壊費用を控除すべきではないと考えられます。

### 2 取引事例比較法

取引事例比較法について、本件価格調査報告書では標準的画地を 130 m² と設定し、いわゆる一般住宅の敷地としています。筆者としては 1 土地の最有効使用が戸建分譲用地であり、戸建開発法も適用するのであれば、取引事例比較法では対象不動産と同様に市街化調整区域内で開発可能である土地の取引事例（開発素地の取引事例）を収集し、比準価格を求めるべきと考えます。おそらく市街化調整区域内の分譲素地の取引事例は決して多くはないと考えられますが、裁決書で図示された地域の状況からは比較的市街化が進んでいる地域とも考えられ、事例収集範囲等を広げれば採用すべき事例は見つかるはずです。

また、比準価格単価について、本件価格調査報告書では 91,000 円／m² として査定しています。裁決書によると固定資産税路線価は 79,000 円／m² であり、これを地価公示価格ベースにすると、79,000 円／m²÷0.7≒112,900 円／m² となります。この水準からすると、上記 91,000 円／m² は約 20％ 低い価格水準であり、この単価を基にした比準価格は適切ではないと考えられます。上記の通り、標準的画地を大規模な開発素地と設定し、不動産業者の仕入価格の比準価格を求めるのであれば、当該価格は妥当性を有するかもしれませんが、一般住宅の敷地を標準的画地とするならば地価公示価格ベースより 20％ 低い標準的画地価格はその時点で妥当ではないと判断されても仕方がないと思われます。

### 3 規準価格

地価調査価格との規準価格について、本件価格調査報告書では、地域格差を 100／166.8 としています。裁決書によると、本件評価で採用した基準地に係る固定資産税路線価は 103,000 円／m² とされており、地域格差を固定資産税路線価ベースで考えると、79,000 円／m²÷103,000 円／m²＝100／130 となります（審判所の文言では 23％ の格差とされていますが、これは計算方法の違いで、1－（79,000 円／m²÷103,000 円／m²）≒0.23 となり、23％ の格差となります。対象地を 100 とすると基準地は 130 となり、30％ の格差になります）。それを踏まえると、やはり本件価格調査報告書の規準価格について、地域格差を 100／166.8 とするのは格差をつけすぎており、規準価格を低めに出そうとしていると判断されても仕方がないと思われます。

### 4 開発法

開発法価格について、本件価格調査報告書では、分譲価格単価について、上記比準価格と同水準の 91,000 円／m² としています。裁決書の中ではその根拠が示されていないため、どのように分譲価格単価を査定したかは不明ですが、単純に取引事例比較法で求めた標準的画地価格を基にしたのであれば、上記取引事例比較法の部分でも述べたように、固定資産税路線価を考えると低い土地価格水準と言わざるを得ません（地価公示価格ベースよりも低い水準で取引が行われている地域であればまた話は異なってきます。ただし、筆者の経験上、新規の戸建分譲

価格が地価公示価格ベースよりも20％低い、というのはまずありえないと考えます）。

また、上記でも述べたように、筆者としては取引事例比較法による比準価格は分譲素地の取引事例を採用して試算すべきと考えます。戸建開発法の分譲価格単価についてはきちんと戸建住宅地の事例で比準を行い、取引事例比較法と開発法の分譲価格の査定において採用する取引事例はそれぞれ分けるべきと考えます。本件価格調査報告書では、分譲価格単価は戸建住宅地の取引事例を使って求めたという根拠はなく、その点も説得力が乏しくなっていると考えます。

さらに、投下資本収益率15％は筆者の感覚ではやや高めと感じます。投下資本収益率が高いと複利減価で価格時点に割り戻した際、分譲収入が低くなる要因となるため、こちらも価格を低くしようと判断されても仕方がないかと思われます。

宅地造成工事費（9,600円／m²）については道路を入れないのであれば適正ではないかと考えます。

## 2 2土地・3土地の検証

2土地と3土地は道路を挟んでいずれも貸家及びその敷地であり、まとめて述べることしします。

### 1 類型

本件価格調査報告書では、2土地・3土地はいずれも貸家及びその敷地の内訳価格として土地価格が査定されています。上記1土地の箇所でも述べましたが、本件は評価依頼目的が「資産評価（遺産分割協議のための参考資料）」とされていますが、相続税申告に用いるのであれば、貸家及びその敷地としてではなく、やはり更地としての価格を求めるべきだと考えられます。

### 2 最有効使用の判定

本件2土地・3土地ともに土地建物の最有効使用は「現状利用の継続」とされていますが、積算価格を求める際は建付減価として更地価格から取壊し費用及び立退料を控除しています。これは現状利用の継続を最有効使用とすることと矛盾するのではないかと考えられます。収益還元法の適用において現状の賃料収入を基にした収益価格を試算するのであれば、積算価格と収益価格の前提が異なり、各試算価格の整合性が図れていないことになります。さらに、最有効使用が現状利用の継続であれば、取壊し前提の積算価格より収益価格が低く試算されるのは不合理ではないかとも考えられます。

また、更地としての最有効使用を「住宅用敷地」と書かれていますが、これは一般住宅の敷地、区画割りしてからの分譲住宅の敷地、現状の共同住宅の敷地と複数の意味が考えられますが、曖昧な表現であることから、より明確にすべきと考えます（あくまで本来は更地としての独立鑑定評価を行うべきという筆者の考えは変わりません）。

### 3 積算価格

積算価格を試算する際の土地価格の査定（取引事例比較法適用）について、本件価格調査報告書では2土地・3土地の土地比準価格について、1土地と同じ価格を採用しています。確か

に、1土地と2土地・3土地は近距離に位置しますが、下記のように街路条件が異なります。
  1土地：北西側約3.2m道路
  2土地：北東側約4.5m道路・東側約3.6m道路
  3土地：南西側約4.5m道路・東側約3.6m道路

　このように街路条件が異なる土地について、同じ標準的画地価格を使用するのはやや安易に比準価格を求めていると考えられます。したがって、きちんとそれぞれの街路に面する標準的画地を設定し、同じ取引事例を採用するとしても格差付けは行うべきです。

　また、面積について、2土地：594.65㎡、3土地：364.23㎡です。比較的規模が大きい土地です。一般住宅の敷地が130㎡程度であるならば、2土地は4区画、3土地は2～3区画に分けることが可能と考えられることから、開発法の適用を検討しても良いかと思われます。

　同じく面積について、本件価格調査報告書では2土地（594.65㎡）では規模の格差を－10として計上しています。一方、3土地（364.23㎡）については規模の格差は計上していません。2土地は標準的画地の約4.6倍、3土地は標準的画地の約2.8倍の規模です。格差付けは不動産鑑定士の判断に任されていますが、3土地についても規模による格差付けを行っても良いのではないかと考えます。

　また、本件価格調査報告書では2土地・3土地ともに建付減価として建物取壊し費用と賃借人への立退料を計上しています。その理由として「対象地上に老朽化が進んでいる建物が（中略）存することにより、対象不動産の最有効使用が制約されている。」とされています。この時点で最有効使用の判定と矛盾が生じています。本件価格調査報告書では、2土地・3土地ともに建物及びその敷地の最有効使用の判定について、「現状の利用方法を前提とした貸家及びその敷地として利用すること」としています。すなわち、「最有効使用の判定について現状の利用方法を前提としながらも、老朽化建物が存する現状について最有効使用が制約されている」と述べており、一つの報告書の中で整合性が取れていないことになっています。不動産鑑定評価において最有効使用の判定はその後の鑑定評価方式の適用においても指針となるものであり、この点に矛盾が生じていると、当該部分のみをもって本件価格調査報告書が不合理であると言わざるを得ません。このように最有効使用の判定を的確に行っていないことが積算価格と収益価格の整合性が取れていないことにも繋がっていると考えられます。

### 4　収益価格

　収益価格について、2土地・3土地ともに現状の賃貸収入に基づき、収益価格を試算しています。結論としては積算価格（本件価格調査報告書では更地価格から建物取壊し費用及び立退料を控除）よりも低い価格が試算されています。このように、収益価格が低く試算されている時点で「現状の利用方法を継続」が最有効使用ということに無理があるように思われます。

### 5　試算価格の調整と価格調査額の決定

　本件価格調査報告書の試算価格の調整の箇所で「市場分析のとおり、対象不動産に関する典型的な需要者は、アパート経営に熱心な個人投資家等である。」とされていますが、平成25年の価格時点で築40年以上経過した市街化調整区域内のアパートについて熱心な投資家とい

うのは想定し難いと思われます。

　そして、価格調査額の決定では積算価格と収益価格の中庸値で評価額を決定しています。しかし、上記で述べたように、本件価格調査報告書は積算価格と収益価格の整合性がとれておらず、その時点で不合理な評価となっています。また、積算価格と収益価格では2土地は約1.9倍、3土地は約1.5倍の価格差があることから、安易に中庸値を採用してしまうと、何を重視して評価額を決定しているのかがわかりません。したがって、筆者としては本件価格調査報告書の評価額はその過程においても不合理な点が多く、評価そのものも適切な評価ではないと言わざるを得ません。

### ❸ 4土地・5土地の検証
#### 1　4土地・5土地の規準価格の公示地

　本件価格調査報告書では4土地の規準価格について、1～3土地とは異なる公示地を規準として査定しています。1～3土地では単価150,000円／$m^2$の基準地を、4土地・5土地では単価33,100円／$m^2$の公示地をそれぞれ採用しています。特に1土地と5土地は道路を挟んで向かい合っているため、近隣地域と言って差し支えない位置関係にあります。また、4土地はやや離れた位置に存しており、建築基準法第42条2項の指定がない道路（法外道路）に面する土地ではありますが、価格水準が著しく異なる地域とまでは言えないと考えられます。市街化調整区域内の宅地の公示地及び基準地は「建物が建築することができる」箇所がポイントとして選定されています。したがって、遠方の公示地だとしても「市街化調整区域内の雑種地」の地価公示地はなく、審判所の指摘にもありましたが、約30km も離れた公示地を規準するためのポイントとして選択することは不合理だと思われます。

　筆者の推測になりますが、このように距離のあるポイントを規準価格査定の際の公示地とした理由は、公示地の価格水準だけに着目してしまい、距離があるとしても採用してしまったのではないかと推測します。1～3土地と同じ基準地を用いる場合、市街化調整区域内の雑種地を標準的画地とした比準価格に近い水準の規準価格を試算するためには地域格差で差をつけざるを得なくなり、それもまた不合理になってしまいます。筆者としては「市街化調整区域内の雑種地の公示地・基準地は存在しないことから、公示価格等からの規準価格は試算しない」という文言を入れることで良かったように思えます。

#### 2　取引事例比較法による比準価格

　本件価格調査報告書では取引事例比較法による比準価格について、4土地・5土地ともに標準的画地価格を33,100円／$m^2$と試算しています。これは市街化調整区域内の雑種地、すなわち建築物が建築できず、資材置場や駐車場としての利用しかできない土地の標準的画地、ということになります。一般的に建物が建築できない土地は建物が建築できる土地に比べて、30％程度になることが多いです。本件価格調査報告書では5土地の向かいにある1土地の標準的画地について91,000円／$m^2$と査定している（ただし、上述の通り、固定資産税路線価から考えるとこの標準的画地価格も低めに査定されていますが）ことから、本件価格調査報告書における4土地・5土地の標準的画地価格33,100円／$m^2$が特別に低く査定されているとまでは

言えません。

　ただし、市街化調整区域内の雑種地については、単純に宅地の30％程度の価格水準とは言えず、同一需給圏内の市街化調整区域内の雑種地の取引事例を精査し、価格水準を把握すべきと考えます。

　4土地について、本件価格調査報告書では比準価格を試算する際に、個別的要因として市場性が劣るとして－30％の格差を計上していますが、根拠がなく不合理と考えます。一方、地積については個別格差を計上していません。地積の個別格差についてはある程度鑑定主体の判断で良いかと思われますが、標準的画地規模500㎡に対して4土地面積838㎡であるならば、個人的には多少の減価があっても良いのではないかと思われます。

　5土地について、本件価格調査報告書では比準価格を試算する際に、個別的要因として4土地同様に地積については個別格差を計上していません。5土地については標準的画地規模500㎡に対して5土地面積1,042㎡であり、4土地よりもさらに地積が大きいことからやはり減価があっても良いのではないかと思われます。

　一方、需要者は法人が想定され、総額面から考えてそれほどの差がないという理由で地積過大による減価は計上しなくて良いという判断があっても良いかと思われます。

### ③　収益還元法による収益価格

　4土地は・5土地ともに建物が建築できないことから、4土地については資材置場、5土地については駐車場を前提とした収益を基に収益価格を試算しています。

　まず4土地について、資材置場としての月額賃料は155,030円と想定されています。4土地は面積が838㎡であることから、賃料単価は185円／㎡（612円／坪）となります。筆者のこれまでの鑑定経験からではありますが、この水準は相当に低いのではないかと考えます。5土地が現状の駐車場収入を基に収益価格を査定していますが、その台数は33台、賃料収入は月額297,550円となっています。1台当たりの月額賃料を査定すると1台約9,017円となります。4土地について駐車場が同水準、端数処理して1台当たり月額9,000円と想定すると、9,000円　×　22台　＝　198,000円となります。

　したがって、資材置場としての月額賃料155,030円を上回ることとなり、資材置場よりも月極駐車場の方が高い賃料を得ることができる、ということになります。それならば最有効使用は月極駐車場、ということになります。もっとも上記で述べたように資材置場としての月額賃料が相当安く設定されていることから、想定された賃料のみをもって最有効使用が月極駐車場と言い切ることはできませんが、本件価格調査報告書間での整合性は図れていないと言えます。

　また、空き地による損失相当額について、本件価格調査報告書では5土地について40.0％もの空き地を想定していますが、根拠がないにも関わらず40.0％もの空き地を想定することは不合理と考えます。一般的に、貸家及びその敷地の評価等で現状の空室が多い場合、空室部分についてそれが埋まるような賃料設定をして満室想定をし、空室損失については一般的な空室率を想定して収益価格を試算します。したがって、仮に現在駐車場が埋まっていなかったと

したら駐車場の賃料設定を下げた想定をし、空き地部分については一般的な空室率に基づく空き地損失を計上する方法が良いかと思われます。

さらに、4土地・5土地ともに収益価格を査定した後に初期投資費用として土地整備費用を控除していますが、これは不要とも考えられます。現状が4土地・5土地いずれも月極駐車場として利用されている現状でさらに土地整備費用が必要となるのかは疑問です。また、その査定根拠がなく、やはり土地値を低くしようとしていると判断されても仕方ないと考えられます。

### 4 試算価格の調整

4土地・5土地について、本件価格調査報告書では比準価格と収益価格を試算し、両者を関連付けて評価額を決定しています。各試算価格の割合を見ると、4土地の収益価格は比準価格の約52％の水準、5土地の収益価格は比準価格の約57％の水準となっています。4土地・5土地ともに比準価格と収益価格にかなりの開差があることから、この両者を関連付けて評価額を決定するのはやや不適切かと思われます。

収益価格を重視するということは、投資需要が強く、市場参加者は収益獲得目的の投資家がメインということになります。本件価格調査報告書では駐車場経営に熱心な個人投資家が想定されていますが、本来はそのような市場参加者は想定し難いのではないかと筆者は考えます。市場参加者は地域にもよりますが、市街化調整区域内の雑種地は自社利用の資材置場として利用する目的の法人（建設資材等や産業廃棄物等を取り扱い、大型トラック等を出入りさせるような業種）も多く見られます。同一需給圏内の取引事例の検証が重要になりますが、売買された雑種地は投資目的で取引されたものは少ないのではないかと推測します。

また、上記のような開差が生じている各試算価格をいずれも重視して関連付けて価格を決定すると、何を重視して価格を決定するのかが曖昧になってしまいます。筆者としては比準価格を中心に、収益価格を比較考量して価格を決定するのが良いかと考えます。

## 2 審判所の判断に対する検討

### 1 各1～5土地の審判所の指摘

審判所は、本件価格調査報告書の評価に対し、上記の通り数々の指摘をし、本件価格調査報告書について合理的ではない旨を述べています。そして、その判断は相当程度上記の筆者の主張と類似しており、本件価格調査報告書に関する審判所の判断について筆者は意見を述べる箇所はありません。

### 2 4土地を評価通達の定めで評価する場合の地目

争点2つ目である4土地の評価通達の定めで評価する場合の地目について、審判所は状況が類似するのは宅地であるとし、請求人が主張する農地を否定しています。

筆者も固定資産税課税地目が雑種地であり、現況が月極駐車場、裁決書に書かれている地域の状況等を踏まえると比準すべきは「宅地」であると考えます。ここに議論の余地はないとわれます。

# Ⅳ 筆者が鑑定評価を行う場合

## 1 本事例において鑑定評価を採用すべきか否か

　本件に関して、まず通達評価が正しかったかの検証を行いますが、1～3土地は倍率評価ですので通達評価は正しいと思われます。4・5土地については雑種地の評価で、近傍宅地からの評価になります。検証としてCAD図面を作成した結果、裁決書記載の数値とほぼ同じ数値となったため、こちらも通達評価については正しいと思われます。

● 4 土地財産評価図面（筆者作成）

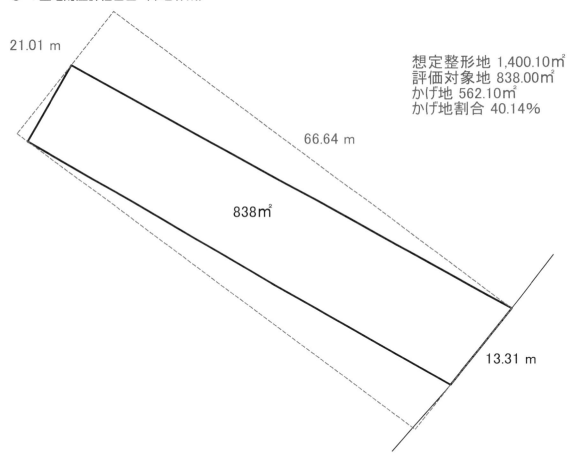

● 5 土地財産評価図面（筆者作成）

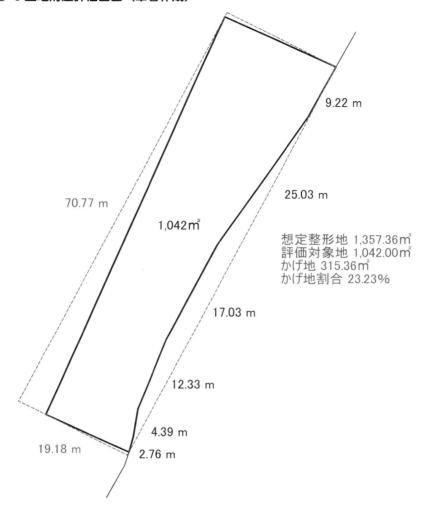

間口距離
実際に接している距離
9.22m + 25.03m + 17.03m + 12.33m + 4.39m + 2.76m
＝70.76m
想定整形地の間口
70.77m
∴
70.76m

　次に鑑定評価の適用ですが、筆者は1～3土地については鑑定評価を行うという選択肢はほぼないと判断します。財産評価額は固定資産税の倍率が1.0であることから固定資産税評価額そのものになります。また、本件価格調査報告書の1土地の開発法については上記の通り安めの分譲価格から査定されているため、低く査定されていること、2・3土地については試算価格の調整等で不合理な点があること等、本件価格調査報告書の価格に疑義があることは上記で述べたとおりです。
　ただし、改めて筆者の想定した鑑定評価額について開発法を用いて査定することにより、財

産評価額より評価が下がるか否かの検証は行ってみたいと思います。

4・5土地については評価額が下がる可能性もあると思われます。したがって、下記で具体的な評価を想定し、通達評価額より低くなるか否かを検証します。

## 2 具体的な鑑定評価

### 1 1土地

鑑定評価を行うべきかの判断は難しいところですが、検証のために価格を求めてみます。そもそも開発法適用の際の標準的画地価格が本件価格調査報告書では低めに査定されていると考えているため、筆者が評価を行う場合は当然それより高い分譲価格を基にします。

1土地は概算で開発法を行うと7,900万円程度になります。
標準的画地価格113,000円／m²、造成費15,000円、新設道路なしでは評価額はほぼ下がらないと考えます。検証として開発法を想定して評価を行ってみましたので、下記に記します。なお、簡便化のため、開発法のみの価格を求め、比準価格は想定しません。

● 1土地区画割イメージ

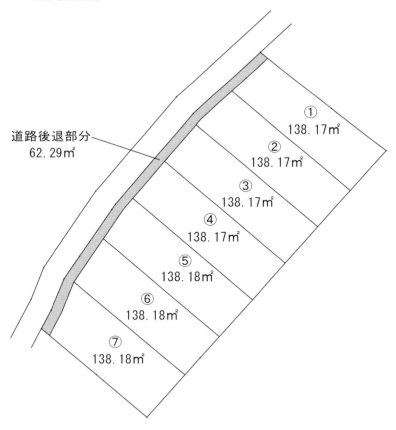

## 1 販売総額の査定

個別的要因の比較については、各画地の個別的要因を考慮し、面積比を基礎とした相乗積の評点により下記の通り査定し、販売総額を以下の通り査定しました。

| No. | 個別的要因の内訳 | 格差率 ① 相乗積 | 面 積 ② (m²) | 販売額 ③ 更地価格×①② |
|---|---|---|---|---|
| 1～7 | 各宅地の方位（北西） | 1.010 | 967.22 | 110,400,000 |
| | 合 計 | | 967.22 | 110,400,000<br>114,100 円／m² |

○開発計画の概要

（イ）開発面積　　　　1,029.51 m²
（ロ）有効宅地面積　　967.22 m²（有効宅地化率 93.9％）
（ハ）設備　　　　　　なし
（ニ）画地　　　　　　1区画平均　約 138.17 m²
（ホ）分譲戸数　　　　7戸

## 2 開発スケジュール

| 月数 | 準備期間 | 造成期間 | 配分 | 販売期間<br>販売収入 | 配分 | 販売費及び一般<br>管理費 | 配分 |
|---|---|---|---|---|---|---|---|
| 0 | （価格時点） | | | | | | |
| 1 | 設計期間 | | | | | | |
| 2 | 設計期間 | | | | | | |
| 3 | | | | | | | |
| 4 | | 造成開始 | 50％ | | | | |
| 5 | | 造成完了 | 50％ | | | 造成中間点 | 70％ |
| 6 | | | | 販売開始 | 50％ | | |
| 7 | | | | | | | |
| 8 | | | | | | | |
| 9 | | | | 販売終了 | 50％ | | 30％ |

## 3 事業収支計画

| | 項　目 | 金　額（円） | 査定の根拠 |
|---|---|---|---|
| 収入 | 販売総額 | 110,400,000 | 販売総額の査定参照 |
| | 販売単価（円／m²） | 114,100 | |

| 支出 | 協力用地買収 | 0 | |
|---|---|---|---|
| | 造成工事費（総額） | 15,000,000 | |
| | 造成単価（円／m²） | 14,600 | |
| | 販売費及び一般管理費 | 5,500,000 | 販売総額の5％と査定 |

## 4  投下資本収益率の査定

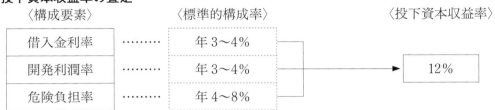

〈構成要素〉　　　〈標準的構成率〉　　　　　　〈投下資本収益率〉

借入金利率　……… 年3〜4％
開発利潤率　……… 年3〜4％　　→　12％
危険負担率　……… 年4〜8％

## 5  開発法を適用して求めた素地価格（割戻方式による土地価格）

| | 項目 | 金額 | 配分 | 期間 | 複利現価率 | 複利現価 |
|---|---|---|---|---|---|---|
| 予想収入 | 販売収入 | 55,200,000 | 50％ | 6 | 0.944911183 | 52,159,000 |
| | | 55,200,000 | 50％ | 9 | 0.918515486 | 50,702,000 |
| | 合計 | 110,400,000 | 100％ | ── | （A） | 102,861,000 |
| 予想支出 | 用地取得費 | 0 | 100％ | 1 | 0.990600398 | 0 |
| | 造成工事費 | 7,500,000 | 50％ | 4 | 0.962928393 | 7,222,000 |
| | | 7,500,000 | 50％ | 5 | 0.953877249 | 7,154,000 |
| | 小計 | 15,000,000 | 100％ | ── | ── | 14,376,000 |
| | 販売費及び一般管理費 | 3,850,000 | 70％ | 5 | 0.953877249 | 3,672,000 |
| | | 1,650,000 | 30％ | 9 | 0.918515486 | 1,516,000 |
| | 小計 | 5,500,000 | 100％ | ── | ── | 5,188,000 |
| | 合計 | 20,500,000 | | | （B） | 19,564,000 |

| | 項目 | | | | | |
|---|---|---|---|---|---|---|
| 土地関係支出 | 仲介手数料 | L×0.03 | | | | 0.03 L |
| | 不動産取得税 | L×0.7×0.5×0.03 | | | | 0.0105 L |
| | 登録免許税 | L×0.7×0.015 | | | | 0.0105 L |
| | 固定資産税 | L×0.7×0.5×0.014× | | 9 | /12 | 0.0037 L |
| | 都市計画税 | L×0.7×0.5×0.003× | | 9 | /12 | 0.0008 L |
| | 合　計 | | | | （C） | 0.0555 L |

```
土地価格　L　＝　（A）－（B）－（C）
　　　　　L　＝　83,297,000円　－　0.0555 L
　　1.0555 L　＝　83,297,000円
　　　　　L　＝　83,297,000円　÷　1.0555 L　＝　79,000,000円
```

## ❷ 2土地

2土地・3土地については1土地同様に建物が建築可能な住宅地としての価格を求めることとなります。筆者としては現状の貸家の敷地としてではなく、更地としての評価、すなわち独立鑑定評価を行うことを想定します。そして、2土地の面積は594.65 m²、3土地の面積は364.23 m²であることから、開発法を適用することになると思われます（審判所の判断でも開発法の適用について述べられています）。

1土地同様、標準的画地価格113,000円／m²、造成費15,000円／m²程度で試算します。

● 2土地区画割イメージ

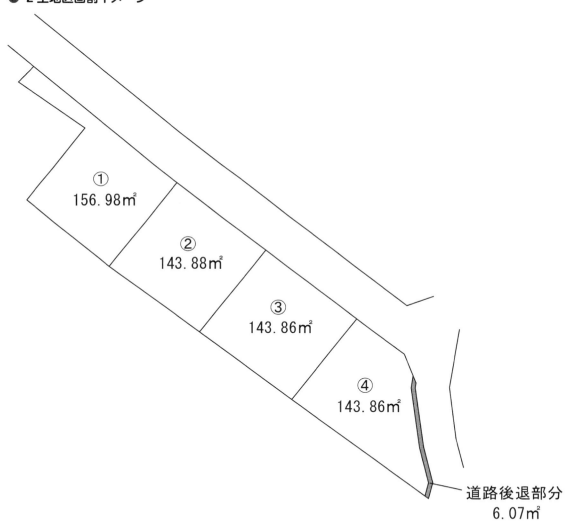

### 1 販売総額の査定

個別的要因の比較については、各画地の個別的要因を考慮し、面積比を基礎とした相乗積の評点により下記の通り査定し、販売総額を以下の通り査定しました。

| No. | 個別的要因の内訳 | 格差率 ① 相乗積 | 面積 ② (m²) | 販売額 ③ 更地価格×①② |
|---|---|---|---|---|
| 1~4 | 各宅地の方位、角地等 | 0.995 | 588.58 | 66,200,000 |
| | 合　計 | | 588.58 | 66,200,000<br>112,500 円／m² |

○開発計画の概要

（イ）開発面積　　　　594.65 m²

（ロ）有効宅地面積　　588.58 m²（有効宅地化率 99.0％）

（ハ）設備　　　　　　なし

（ニ）画地　　　　　　1 区画平均　約 147.15 m²

（ホ）分譲戸数　　　　4 戸

## 2 開発スケジュール

| 月数 | 準備期間 | 造成期間 | 配分 | 販売期間 販売収入 | 配分 | 販売費及び一般管理費 | 配分 |
|---|---|---|---|---|---|---|---|
| 0 | （価格時点） | | | | | | |
| 1 | 設計期間 | | | | | | |
| 2 | | | | | | | |
| 3 | | | | | | | |
| 4 | | 造成開始 | 50％ | | | | |
| 5 | | 造成完了 | 50％ | | | 造成中間点 | 70％ |
| 6 | | | | 販売開始 | 50％ | | |
| 7 | | | | | | | |
| 8 | | | | 販売終了 | 50％ | | 30％ |

## 3 事業収支計画

| | 項　目 | 金　額（円） | 査定の根拠 |
|---|---|---|---|
| 収入 | 販売総額 | 66,200,000 | 販売総額の査定参照 |
| | 販売単価（円／m²） | 112,500 | |
| 支出 | 協力用地買収 | 0 | |
| | 造成工事費（総額） | 8,900,000 | |
| | 造成単価（円／m²） | 15,000 | |
| | 販売費及び一般管理費 | 3,300,000 | 販売総額の5％と査定 |

## 4 投下資本収益率の査定

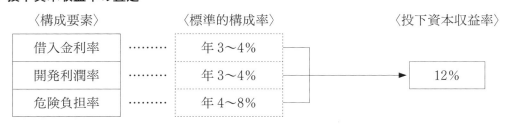

## 5 開発法を適用して求めた素地価格（割戻方式による土地価格）

| | 項目 | 金額 | 配分 | 期間 | 複利現価率 | 複利現価 |
|---|---|---|---|---|---|---|
| 予想収入 | 販売収入 | 33,100,000 | 50% | 6 | 0.944911183 | 31,277,000 |
| | | 33,100,000 | 50% | 8 | 0.92723109 | 30,691,000 |
| | 合計 | 66,200,000 | 100% | — | (A) | 61,968,000 |
| 予想支出 | 用地取得費 | 0 | 100% | 1 | 0.990600398 | 0 |
| | 造成工事費 | 4,450,000 | 50% | 4 | 0.962928393 | 4,285,000 |
| | | 4,450,000 | 50% | 5 | 0.953877249 | 4,245,000 |
| | 小計 | 8,900,000 | 100% | — | — | 8,530,000 |
| | 販売費及び一般管理費 | 2,310,000 | 70% | 5 | 0.953877249 | 2,203,000 |
| | | 990,000 | 30% | 8 | 0.92723109 | 918,000 |
| | 小計 | 3,300,000 | 100% | — | — | 3,121,000 |
| | 合計 | 12,200,000 | | | (B) | 11,651,000 |
| | 項目 | | | | | |
| 土地関係支出 | 仲介手数料 | L×0.03 | | | | 0.03 L |
| | 不動産取得税 | L×0.7×0.5×0.03 | | | | 0.0105 L |
| | 登録免許税 | L×0.7×0.015 | | | | 0.0105 L |
| | 固定資産税 | L×0.7×0.5×0.014× | | 8 | /12 | 0.0033 L |
| | 都市計画税 | L×0.7×0.5×0.003× | | 8 | /12 | 0.0007 L |
| | 合計 | | | | (C) | 0.055 L |

土地価格　L　＝　(A) － (B) － (C)
　　　　　L　＝　50,317,000 円　－　0.055 L
　　　1.0550 L　＝　50,317,000 円
　　　　　L　＝　50,317,000 円　÷　1.055 L　＝　48,000,000 円

## ❸ 3 土地

● 3 土地区画割イメージ

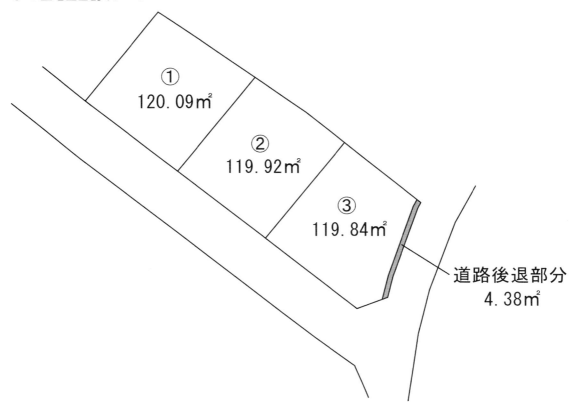

### 1 販売総額の査定

個別的要因の比較については、各画地の個別的要因を考慮し、面積比を基礎とした相乗積の評点により下記の通り査定し、販売総額を以下の通り査定しました。

| No. | 個別的要因の内訳 | 格差率<br>①<br>相乗積 | 面　積<br>②<br>(m²) | 販売額<br>③<br>更地価格×①② |
|---|---|---|---|---|
| 1〜3 | 各宅地の方位、角地等 | 1.050 | 359.85 | 42,700,000 |
| | 合　計 | | 359.85 | 42,700,000<br>118,700 円／m² |

○開発計画の概要

　（イ）開発面積　　　　　364.23 m²
　（ロ）有効宅地面積　　　359.85 m²（有効宅地化率 98.8％）
　（ハ）設備　　　　　　　なし
　（ニ）画地　　　　　　　1 区画平均　約 119.95 m²
　（ホ）分譲戸数　　　　　3 戸

## ❷ 開発スケジュール

| 月数 | 準備期間 | 造成期間 | 配分 | 販売期間 販売収入 | 配分 | 販売費及び一般管理費 | 配分 |
|---|---|---|---|---|---|---|---|
| 0 | (価格時点) | | | | | | |
| 1 | 設計期間 | | | | | | |
| 2 | 設計期間 | | | | | | |
| 3 | 設計期間 | | | | | | |
| 4 | | 造成開始 | 50% | | | | |
| 5 | | 造成完了 | 50% | | | 造成中間点 | 70% |
| 6 | | | | 販売開始 | 50% | | |
| 7 | | | | | | | |
| 8 | | | | 販売終了 | 50% | | 30% |

## ❸ 事業収支計画

| | 項目 | 金額(円) | 査定の根拠 |
|---|---|---|---|
| 収入 | 販売総額 | 42,700,000 | 販売総額の査定参照 |
| | 販売単価(円/m²) | 118,700 | |
| 支出 | 協力用地買収 | 0 | |
| | 造成工事費(総額) | 5,460,000 | |
| | 造成単価(円/m²) | 15,000 | |
| | 販売費及び一般管理費 | 2,100,000 | 販売総額の5%と査定 |

## ❹ 投下資本収益率の査定

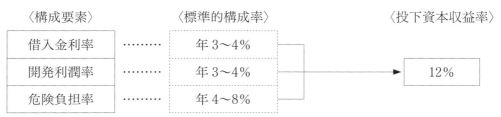

## ❺ 開発法を適用して求めた素地価格(割戻方式による土地価格)

| | 項目 | 金額 | 配分 | 期間 | 複利現価率 | 複利現価 |
|---|---|---|---|---|---|---|
| 予想収入 | 販売収入 | 21,350,000 | 50% | 6 | 0.944911183 | 20,174,000 |
| | | 21,350,000 | 50% | 8 | 0.92723109 | 19,796,000 |
| | 合計 | 42,700,000 | 100% | — | (A) | 39,970,000 |

| | | | | | | |
|---|---|---|---|---|---|---|
| 予想支出 | 用地取得費 | 0 | 100% | 1 | 0.990600398 | 0 |
| | 造成工事費 | 2,730,000 | 50% | 4 | 0.962928393 | 2,629,000 |
| | | 2,730,000 | 50% | 5 | 0.953877249 | 2,604,000 |
| | 小計 | 5,460,000 | 100% | —— | —— | 5,233,000 |
| | 販売費及び一般管理費 | 1,470,000 | 70% | 5 | 0.953877249 | 1,402,000 |
| | | 630,000 | 30% | 8 | 0.92723109 | 584,000 |
| | 小計 | 2,100,000 | 100% | —— | —— | 1,986,000 |
| | 合計 | 7,560,000 | | | (B) | 7,219,000 |
| | 項目 | | | | | |
| 土地関係支出 | 仲介手数料 | L×0.03 | | | | 0.03 L |
| | 不動産取得税 | L×0.7×0.5×0.03 | | | | 0.0105 L |
| | 登録免許税 | L×0.7×0.015 | | | | 0.0105 L |
| | 固定資産税 | L×0.7×0.5×0.014× | | 8 | /12 | 0.0033 L |
| | 都市計画税 | L×0.7×0.5×0.003× | | 8 | /12 | 0.0007 L |
| | 合　　計 | | | | (C) | 0.055 L |

```
土地価格    L  =   (A) － (B) － (C)
            L  =   32,751,000 円 －   0.055 L
      1.0550 L  =   32,751,000 円
            L  =   32,751,000 円 ÷ 1.055 L  =   31,000,000 円
```

## ❹ 4土地

4土地・5土地については市街化調整区域内の雑種地であるため、類似の取引事例から比準価格を求め、また、収益価格については現状の駐車場利用を前提とした収益価格を求めることになると思われます。

以下、4土地と5土地に分けて価格を想定します。4土地は法外道路に面すること、道路幅員等の面では地域的には5土地よりも劣る地域になるとも考えられますが、5土地は周辺が住宅であり、雑種地としては4土地の方が良いとも考えられます。

### 1 収益価格

標準的画地価格を30,000円／m² 程度とし、地積過大、奥行長大の減価を合わせて10％の減価をして試算します。

30,000円／m² × (1 － 0.1) × 838.00 m² ≒ 22,600,000円

### 2 収益価格

駐車場22台の賃貸を想定します。詳細が不明のため、本件価格調査報告書の数値を一部踏襲して価格を査定します。

【総収入】
　駐車場収入：9,000 円／台　×　22 台　×　12 ヶ月　＝　2,376,000 円
　空室（空区画）損失：上記収入の 10％ と査定　：　▲237,600 円
【総費用】
　テナント募集費用：91,080 円（入替え期間 2 年とし、稼働率を考慮して査定）
　公租公課：66,700 円（百円未満切り捨て）
【純収益】
　1,980,620 円（総収益から総費用を控除）
【還元利回り】
　12％ と査定
【収益価格】
　16,500,000 円

### 3　鑑定評価額

比準価格を標準とし、収益価格を比較考量し、22,000,000 円程度の評価額になると考えます。

## 5　5 土地

### 1　比準価格

標準的画地価格を 28,000 円／m² 程度とし、地積過大の減価として 10％ の減価をして試算します。

　28,000 円／m²　×　（1　－　0.1）×　1,042.00 m²　≒　26,300,000 円

### 2　収益価格

駐車場 33 台の賃貸を想定します。詳細が不明のため、本件価格調査報告書の数値を一部踏襲して価格を査定します。

【総収入】
　駐車場収入：9,000 円／台　×　33 台　×　12 ヶ月　＝　3,564,000 円
　空室（空区画）損失：上記収入の 10％ と査定　：　▲356,400 円
【総費用】
　テナント募集費用：133,650 円（入れ替え期間 2 年とし、稼働率を考慮して査定）
　公租公課：149,500 円（百円未満切り捨て）
【純収益】
　2,924,450 円（総収益から総費用を控除）
【還元利回り】
　12％ と査定
【収益価格】
　24,400,000 円

### 3 鑑定評価額

比準価格を標準とし、収益価格を比較考量し、26,000,000円程度の評価額になると考えます。

## 4 鑑定評価の適用の可否

1土地は評価が高くなると思われることから鑑定評価の適用はないかと思われます。2土地・3土地も自用地としての比較と行うと鑑定評価の適用はないかと思われます。4土地・5土地は取引事例次第、ということにもなるかと思われますが、強いて言えば5土地のみは鑑定評価の適用の余地があるかと思われます。

《参考：評価額の比較》
●当初申告額
　1土地：65,900,001円
　2土地：31,000,000円
　3土地：20,900,000円
　4土地：6,806,554円
　5土地：15,256,130円
　計：139,862,685円
　　※1〜3土地は鑑定内報値、4．5土地は固定資産税評価額×1.0で申告。
●納税者の主張：H26.8.15付価格調査報告書額
　1土地：65,600,000円
　2土地：30,700,000円
　3土地：20,700,000円
　4土地：13,000,000円
　5土地：27,200,000円
　計：157,200,000円
●課税庁の主張：通達評価による評価額
　1土地：75,210,910円
　2土地：37,515,654円（自用地価格：44,136,064円）
　3土地：24,976,926円（自用地価格：29,384,619円）
　4土地：24,565,970円
　5土地：39,757,510円
　計：202,026,970円（※）
　　※2土地・3土地を自用地とした場合の合計：213,055,073円
●筆者による評価
　1土地：79,000,000円

2 土地：48,000,000 円（自用地価格）
3 土地：31,000,000 円（自用地価格）
4 土地：22,000,000 円
5 土地：26,000,000 円
計：206,000,000 円

〈著者略歴〉

## 永井　宏治（ながい　こうじ）

株式会社東京アプレイザル　取締役
不動産鑑定士
不動産証券化協会認定マスター
宅地建物取引士

　昭和54年千葉県出身。平成14年明治大学商学部商学科卒業。IT企業勤務等を経て平成21年株式会社東京アプレイザル入社。平成23年不動産鑑定士登録。国土交通省地価公示鑑定評価員、千葉県地価調査鑑定評価員。（公社）日本不動産鑑定士協会連合会「相続専門性研修プログラム」修了。
　「綿密な調査に基づいた正確な対象不動産の把握の上に、適切な鑑定評価・財産評価が成り立つ」ことを信条とし、相続財産である不動産についてCADを用いた評価単位判定を推進している。令和7年より、土地評価に特化した「相続土地評価アカデミー」を開講。東京アプレイザル実務セミナー、税理士会支部研修、税理士事務所研修における講師歴多数。

【主な著書】
『不動産鑑定士が教える！相続税土地評価に生かす不動産調査とCAD作図術』（清文社）
『相続税申告で鑑定評価を採用すべきケース25』（共著・清文社）

● ● ●

### ●株式会社　東京アプレイザル

　全国の1,400を超える会計事務所と業務提携契約を結び、累計5,000件以上の不動産鑑定評価を中心に業務を行っている。
　また、税理士、公認会計士、不動産業者など相続問題に直面する実務家を対象としたTAP実務セミナーを年間150講座以上開催している。

相続税土地評価における
鑑定評価実例と裁決事例考察

2025年1月20日　発行

著　者　　永井　宏治　ⓒ

発行者　　小泉　定裕

発行所　　株式会社 清文社
　　　　　東京都文京区小石川1丁目3－25（小石川大国ビル）
　　　　　〒112-0002　電話03(4332)1375　FAX03(4332)1376
　　　　　大阪市北区天神橋2丁目北2－6（大和南森町ビル）
　　　　　〒530-0041　電話06(6135)4050　FAX06(6135)4059
　　　　　URL https://www.skattsei.co.jp/

印刷：㈱精興社

■著作権法により無断複写複製は禁止されています。落丁本・乱丁本はお取り替えします。
■本書の内容に関するお問い合わせは編集部までFAX(03-3518-8864)またはe-mail（edit-e@skattsei.co.jp）
　でお願いします。
＊本書の追録情報等は、当社ホームページ（https://www.skattsei.co.jp）をご覧ください。

ISBN978-4-433-72884-7